DINÂMICA DA REGULAÇÃO

ESTUDO DE CASOS DA JURISPRUDÊNCIA BRASILEIRA: A CONVIVÊNCIA DOS TRIBUNAIS E ÓRGÃOS DE CONTROLE COM AGÊNCIAS REGULADORAS, AUTORIDADE DA CONCORRÊNCIA E LIVRE INICIATIVA

FLORIANO DE AZEVEDO MARQUES NETO
EGON BOCKMANN MOREIRA
SÉRGIO GUERRA

DINÂMICA DA REGULAÇÃO

ESTUDO DE CASOS DA JURISPRUDÊNCIA BRASILEIRA: A CONVIVÊNCIA DOS TRIBUNAIS E ÓRGÃOS DE CONTROLE COM AGÊNCIAS REGULADORAS, AUTORIDADE DA CONCORRÊNCIA E LIVRE INICIATIVA

3ª edição revista, ampliada e atualizada

Belo Horizonte
FÓRUM
CONHECIMENTO JURÍDICO
2023

FÓRUM
CONHECIMENTO JURÍDICO

Luís Cláudio Rodrigues Ferreira
Presidente e Editor

Coordenação editorial: Leonardo Eustáquio Siqueira Araújo
Aline Sobreira de Oliveira

Rua Paulo Ribeiro Bastos, 211 – Jardim Atlântico – CEP 31710-430
Belo Horizonte – Minas Gerais – Tel.: (31) 99412.0131
www.editoraforum.com.br – editoraforum@editoraforum.com.br

Técnica. Empenho. Zelo. Esses foram alguns dos cuidados aplicados na edição desta obra. No entanto, podem ocorrer erros de impressão, digitação ou mesmo restar alguma dúvida conceitual. Caso se constate algo assim, solicitamos a gentileza de nos comunicar através do *e-mail* editorial@editoraforum.com.br para que possamos esclarecer, no que couber. A sua contribuição é muito importante para mantermos a excelência editorial. A Editora Fórum agradece a sua contribuição.

Dados Internacionais de Catalogação na Publicação (CIP) de acordo com ISBD

M357d Marques Neto, Floriano de Azevedo

Dinâmica da regulação. Estudo de casos da jurisprudência brasileira: a convivência dos tribunais e órgãos de controle com agências reguladoras, autoridade da concorrência e livre iniciativa. -- 3. ed. -- / Egon Bockmann Moreira, Sérgio Guerra. Belo Horizonte: Fórum, 2023.

387p. 14,5x21
ISBN 978-65-5518-588-1

1. Direito econômico. 2. Regulação econômica. 3. Controle externo da Administração Pública. 4. Direito constitucional. 5. Defesa da concorrência. 6. Direito empresarial. I. Marques Neto, Floriano de Azevedo. II. Moreira, Egon Bockmann. III. Guerra, Sérgio. IV. Título.

CDD: 341.378
CDU: 346

Ficha catalográfica elaborada por Lissandra Ruas Lima – CRB/6 – 2851

Informação bibliográfica deste livro, conforme a NBR 6023:2018 da Associação Brasileira de Normas Técnicas (ABNT):

MARQUES NETO, Floriano de Azevedo; MOREIRA, Egon Bockmann; GUERRA, Sérgio. *Dinâmica da regulação. Estudo de casos da jurisprudência brasileira*: a convivência dos tribunais e órgãos de controle com agências reguladoras, autoridade da concorrência e livre iniciativa. 3. ed. Belo Horizonte: Fórum, 2023. 387p. ISBN 978-65-5518-588-1.

Agradecemos aos nossos alunos dos programas de Pós-Graduação da Faculdade de Direito da Universidade de São Paulo (USP), da Faculdade de Direito da Universidade Federal do Paraná (UFPR) e da FGV – Direito Rio.

SUMÁRIO

APRESENTAÇÃO DA 3ª EDIÇÃO

Em vista do imenso sucesso editorial da 1ª e 2ª edições deste *Dinâmica da Regulação*, os autores optaram por efetivar a revisão integral do livro, com a respectiva atualização e o acréscimo de mais cinco novos *leading cases* do Direito da Regulação Econômica brasileira.

Foram selecionados e minuciosamente analisados os seguintes casos: *regulação de bens públicos e interfaces regulatórias* (Caso "STF e gratuidade do uso de bens públicos para instalação de redes"); *limitação à livre iniciativa – fomento e regulação* (Caso "Cota de Tela": Acórdão Rec. Extr. nº 627.432-RS, STF); *competências interfederativas e regulação de contingência* (Caso "STF e proibição do corte de energia durante a pandemia"); *sanções administrativas, legalidade e agências reguladoras* (Caso "Tipificação de Sanções": ADI nº 5.906, STF) e *controle sobre regulação e interfaces da regulação com a concorrência* (Caso "TCU e tarifas de movimentação de containers (THC-2))".

Persiste ativo, portanto, o projeto de apresentar ao público leitor o livro do Direito Administrativo e Direito Econômico brasileiros exclusivamente dedicado ao estudo de casos concretos, representativos dos reais desafios da regulação econômica. Mantidos e atualizados os casos anteriores, porque emblemáticos, a eles foram acrescidos alguns dos julgados que hoje efetivamente representam a experiência da regulação brasileira. Assim, e como se pode constatar, esta 3ª edição trata do estado da arte da jurisprudência brasileira – e da convivência dos tribunais e órgãos de controle com as agências reguladoras e autoridade da concorrência e livre iniciativa.

Os autores aproveitam para agradecer o inestimável auxílio do Dr. Lucas Thevenard Gomes, professor e pesquisador do Projeto Regulação em Números da FGV Direito Rio, na revisão e atualização do livro.

São Paulo – Curitiba – Rio de Janeiro, abril de 2023.

Floriano de Azevedo Marques Neto
Egon Bockmann Moreira
Sérgio Guerra

APRESENTAÇÃO DA 2ª EDIÇÃO

A primeira edição deste livro experimentou significativa repercussão editorial e acadêmica. Surpreendentemente, houve intensa procura desde a pré-venda, e a edição restou esgotada exatamente no dia do lançamento do livro, em evento na Escola de Direito da FGV-RJ. Por outro lado, alguns (ou todos) dos casos estudados neste livro foram acolhidos Brasil afora, em programas de pós-graduação, especialização e graduação em Direito.

Estímulo melhor não poderia haver para a garimpagem de novos casos, representativos do estado de arte da regulação econômica brasileira. Para esta edição, foram selecionados e debatidos quatro acórdãos do Supremo Tribunal Federal, que tratam da distinção entre política e regulação (caso ANP *vs.* CNPE); dos desafios da regulação diante da questão federativa (caso Lei Paulista de Antenas de Celular); das distinções necessárias entre regulamentação e regulação (caso Regulação setorial do Tabaco) e das ordens profissionais e autorregulação (caso Música e Polícia).

Além disso e apesar de alguns poucos casos tratados na primeira edição haverem sido objeto de julgamento definitivo (sobretudo aqueles cujos acórdãos versavam sobre decisões iniciais), eles serão mantidos no livro. Isso porque persiste íntegra não só sua importância para o debate, mas, especialmente, devido ao fato de que a *ratio decidendi* não foi afetada nos julgamentos posteriores. Persistem vivas as razões pelas quais tais casos foram selecionados.

Além de ser a forma mais sincera de agradecer a seus leitores, com esta segunda edição, os autores esperam estar, modestamente, colaborando para a compreensão da dinâmica da regulação econômica brasileira.

São Paulo – Curitiba – Rio de Janeiro, dezembro de 2020.

Floriano de Azevedo Marques Neto
Egon Bockmann Moreira
Sérgio Guerra

O DIREITO DA REGULAÇÃO ECONÔMICA SOB SUA PERSPECTIVA DINÂMICA

Este livro é um dos resultados do projeto de pesquisa instalado a partir do segundo semestre de 2017, que envolveu a integração de três núcleos acadêmicos de pós-graduação: *Controle da Administração Pública*, da Universidade de São Paulo – USP, liderado pelo Professor Floriano de Azevedo Marques Neto, *Núcleo de Pesquisa em Direito Econômico – Nupede*, da Universidade Federal do Paraná – UFPR, liderado pelo Professor Egon Bockmann Moreira, e *Direito e Regulação*, da Escola de Direito da Fundação Getúlio Vargas – Rio de Janeiro, liderado pelo Professor Sérgio Guerra. As inquietações e desafios acadêmicos congregaram os autores e constituíram o melhor dos incentivos para este projeto de pesquisa concretizado pelas três instituições de pós-graduação em direito.

O principal objetivo do projeto de cooperação interinstitucional foi o de analisar o estágio de desenvolvimento da regulação econômica brasileira – o chamado "Estado Regulador" –, contextualizando a prática da regulação em seu cenário institucional, econômico e social. Dessa análise acadêmica, foram construídas soluções práticas para os principais desafios regulatórios brasileiros.

O ponto de partida foi a seleção conjunta de casos concretos, emblemáticos do estado da arte da regulação econômica brasileira. Esse mapeamento derivou de pesquisa sobre os temas mais sensíveis do direito administrativo e do direito econômico contemporâneos, com especial enfoque nas nossas peculiaridades regulatórias. O foco foi ampliativo, oriundo de pesquisa empírica nas instituições em que a regulação foi posta a teste: Poder Judiciário, Tribunais de Contas e autoridade da concorrência. Os casos concretos foram selecionados, esmiuçados e objeto de reflexões pelos três coordenadores do projeto – para, em seguida, ser levados ao debate acadêmico nas três instituições mães:

Faculdade de Direito da USP, Programa de Pós-Graduação em Direito da UFPR e Escola de Direito da FGV/RJ.

A grande questão que estava por detrás dessas inquietações acadêmicas é a de se podemos afirmar que há um Estado Regulador no Brasil. Se sim, em que sentido é adequado indicarmos o modelo de Estado brasileiro como o regulatório? Qual a compreensão institucional dessa constatação? Como se dá a sua aplicação prática? Esses paradigmas ensejam a necessária reflexão sobre o papel da regulação na disciplina de mercados e na satisfação última de finalidades públicas, mas também instigam o diagnóstico sobre a conformação do Estado brasileiro e como suas instituições cumprem com suas funções. Desse modo, depois da fase de estabelecimento da regulação no Brasil na década de 1990, apesar de a experiência regulatória preceder esse momento institucional, passa-se ao estágio de aperfeiçoamento das instituições e dos instrumentos regulatórios a partir da experiência de casos acumulados. O projeto de pesquisa se alinhou a essa proposta revisional e propositiva da regulação no Brasil.

Foram definidos três eixos de análise, a saber: (i) *Regulação: conceitos, limites e impactos*; (ii) *Regulação: consenso, cooperação e competição*; e (iii) *Regulação: assimetrias, conflitos e soluções*. Como o leitor poderá constatar, trata-se da estrutura deste livro, que, com a finalidade de analisar criticamente o atual estágio da regulação, congrega debates acadêmicos com estudos de casos a fim de propiciar uma visão realista da prática da regulação e de suas discussões. O conjunto desses casos proporcionará fundamentos teóricos e habilidades práticas para que sejam enfrentados os principais desafios regulatórios.

Tal como seu objeto de análise, a implementação do projeto de pesquisa foi dinâmica: alunos e professores das três instituições conviveram durante mais de 2 anos, em aulas (graduação e pós) e seminários. Os casos foram postos a tese, em debates que contaram com juristas, economistas, contadores e engenheiros – oriundos de diversos programas de pós-graduação, especialistas em múltiplos assuntos, a enriquecer a transdisciplinaridade e, também, a transpor os limites geográficos dos núcleos de pesquisa promotores do projeto.

O escopo do projeto – traduzir os atuais contornos da regulação no Brasil – agora é consolidado pelos professores responsáveis e posto à prova do público leitor. Cada um dos autores dedicou-se a consolidar os principais debates e inquietações, a fim de permitir amplo acesso ao instrumental necessário para lidar, na prática profissional ou em trabalhos acadêmicos, com casos regulatórios complexos. Os capítulos foram escritos com total autonomia pelos três autores (inclusive, com a colaboração de acadêmicos especialistas em assuntos específicos), a fim de propiciar métodos e visões independentes.

Sublinhe-se que este *Dinâmica da Regulação* é o primeiro livro do direito administrativo e do direito econômico brasileiros dedicado exclusivamente ao estudo de casos. Por meio de pesquisa e debates, pretendeu-se conectar o conhecimento acadêmico à experiência concreta – apresentando ao leitor o direito regulatório vivo, tal como revelado na prática. A sua função não é apenas descritiva dos casos, mas também explanatória, com o intuito de construir novas soluções regulatórias. Por meio deste livro, profissionais e acadêmicos poderão compreender o atual estado da regulação econômica brasileira, bem como os seus próximos passos.

São Paulo – Curitiba – Rio de Janeiro, agosto de 2019.

Floriano de Azevedo Marques Neto
Egon Bockmann Moreira
Sérgio Guerra

SEÇÃO 1

REGULAÇÃO: CONCEITOS, LIMITES E IMPACTOS

REGULAÇÃO: CONCEITOS, LIMITES E IMPACTOS: *CASO ANP VS. CNPE*: ACO Nº 2865, STF

FLORIANO DE AZEVEDO MARQUES NETO

Tutela Antecipada na ACO 2.865, STF. Tutela Antecipada na Ação Cível Originária ajuizada pelo Estado do Rio de Janeiro contra a União e a ANP, julgada em decisão monográfica (Rel. Min. Luiz Fux) em 5 de maio de 2016.

> EMENTA. TUTELA ANTECIPADA NA AÇÃO CÍVEL ORIGINÁRIA. FIXAÇÃO DE VALORES DE REFERÊNCIA PARA CÁLCULO DE COMPENSAÇÃO FINANCEIRA RELATIVA À EXPLORAÇÃO DE PETRÓLEO. ART. 20, §1º, DA CRFB/88. SUMARIEDADE DA COGNIÇÃO. CARACTERIZAÇÃO DA COMPETÊNCIA ORIGINÁRIA DESTA CORTE, NOS TERMOS DO ART. 102, I, 'F', DA CRFB/88, DIANTE DA POTENCIALIDADE DE CONFLITO FEDERATIVO DECORRENTE DA LIDE ORA NOTIFICADA. LEI Nº 9.478/97. DECRETO Nº 2.705/98. ATRIBUIÇÕES DA AGÊNCIA NACIONAL DE PETRÓLEO, GÁS NATURAL E BIOCOMBUSTÍVEIS – ANP E DO CONSELHO NACIONAL DE POLÍTICA ENERGÉTICA – CNPE. AUTONOMIA, INDEPENDÊNCIA E DISCRICIONARIEDADE TÉCNICA DAS AGÊNCIAS REGULADORAS. PORTARIA ANP Nº 206/2000. APARENTE INTROMISSÃO, PELO CNPE, EM MATÉRIA DE COMPETÊNCIA RESERVADA POR ATO NORMATIVO À ANP. LIMITAÇÃO DA CAPACIDADE INSTITUCIONAL DO JUDICIÁRIO PARA DEFINIÇÃO DE QUESTÕES TÉCNICAS. PEDIDO DE TUTELA ANTECIPADA PARCIALMENTE DEFERIDO, NOS

TERMOS DO ART. 303 DO CPC/2015. DESIGNAÇÃO DE AUDIÊNCIA DE CONCILIAÇÃO, NOS TERMOS DO ART. 343 DO CPC/2015.

Acórdão ACO 2.865, STF. Ação Cível Originária ajuizada pelo Estado do Rio de Janeiro contra a União e a ANP, julgada em decisão monográfica (Rel. Min. Luiz Fux) em 10 de abril de 2017.

DECISÃO MONOCRÁTICA. AÇÃO CÍVEL ORIGINÁRIA. MARCO REGULATÓRIO PARA FIXAÇÃO DO PREÇO MÍNIMO DO PETRÓLEO A SER ADOTADO PARA FINS DE CÁLCULO DAS PARTICIPAÇÕES GOVERNAMENTAIS. TRANSCURSO DO PRAZO FIXADO EM ÚLTIMO ACORDO. DESIGNAÇÃO DE NOVA AUDIÊNCIA.

1 Introdução

O preço mínimo do petróleo (PMP) consiste no principal referencial para definição de políticas relacionadas à exploração de petróleo, análises de desenvolvimento econômico internacional e projeção de mercado. No Brasil, o preço mínimo do petróleo é tomado para cálculo de *royalties* e participações especiais na exploração e comercialização do petróleo,[1] pois integra o preço de referência do petróleo.[2] Tradicionalmente, a sua definição é política, de atribuição exclusiva do Governo central (chefe do Poder Executivo, Ministérios e, ancilarmente, empresas estatais).

A Emenda Constitucional nº 9/95 findou o monopólio na exploração de jazidas de petróleo e gás natural e determinou a criação de um "*órgão regulador*" para disciplina dessa atividade (art. 177, §2º, CF). No contexto da implantação do *Estado Regulador no Brasil*,[3] deve-se compreender as caraterísticas dessa autoridade reguladora à luz do desenho das Agências Reguladoras que então se constituíam. Entre os principais atributos, ressalta-se a *blindagem política*.

À época, compreendeu-se que entidades com autonomia e independência frente ao chefe do Executivo e ao primeiro escalão burocrático (Ministérios) seria fundamental para a atração de investimentos porque minimizariam os riscos de intervenção política

[1] Cf. art. 20, §1º, da Constituição Federal.

[2] Cf. Decreto nº 2.705/98, art. 7º.

[3] Cf. Guerra, Sérgio. *Teoria do Estado regulador*. Curitiba: Juruá, 2017. v. III.

nas futuras concessões. Especialmente se for considerado o cenário pós-crise que antecedeu a Reforma Regulatória brasileira, o estatismo então prevalecente e os altos investimentos para retorno em longo prazo, mecanismos de redução da intervenção política na disciplina de mercados mostraram-se imprescindíveis. É nesse contexto que se explicam, por exemplo, o mandato dos dirigentes, a ausência de subordinação hierárquica e de tutela ao Governo central, o sistema de rodízio nas nomeações e o rol expresso de competências regulatórias exclusivas às Agências Reguladoras. Na seara da exploração do petróleo não seria diferente.

A Lei nº 9.478/97 criou a Agência Nacional do Petróleo, Gás Natural e Biocombustíveis (ANP) com autonomia e independência, figurando-se como o órgão regulador referido no texto constitucional. Todas as características de blindagem política se encontram no texto da lei, em sintonia com o modelo de Agências Reguladoras que então se espraiava a partir da publicação do paradigma da Lei Geral de Telecomunicações.[4] A tentativa de segregar *política* de *regulação* é evidente na Lei da ANP. Não por outra razão também ela criou o Conselho Nacional de Política Energética (CNPE), vinculado à Presidência e presidido pelo Ministro de Minas e Energia, com a finalidade última de definir questões afeitas às políticas públicas energéticas (art. 2º). Assim, ficaram definidos dois quadrantes da exploração de petróleo: o político, a cargo do CNPE, e o regulatório, de incumbência da ANP.

No que tange à definição do preço mínimo do petróleo, o que se verificaria seria a nova compreensão de uma *regulação do preço mínimo de petróleo*. A proposta seria reduzir o nível de decisões políticas na exploração desse importante insumo não renovável. Derivariam dessa regulação técnica e politicamente blindada outros relevantes componentes do mercado de exploração de petróleo, como o preço dos *royalties* e de participação especial devidos à União, a Estados e Municípios.

O caso ANP *vs.* CNPE insere-se nesse cenário de segregação entre política e regulação. Seria essa uma possibilidade real? Certo é que não existe nenhuma instituição politicamente neutra e também que o estabelecimento de limites à ingerência política pode ser vital em determinadas searas, como é na regulação da exploração de petróleo pela ANP. Passados quase vinte anos de criação dessa agência reguladora, a

---

[4] Cf. Sundfeld, Carlos Ari. Meu depoimento e avaliação sobre a Lei Geral de Telecomunicações. *Revista de Direito da Informática*, Belo Horizonte, Fórum, v. 2, 2007.

fronteira entre regulação e política foi desafiada no tema da disciplina do preço mínimo de petróleo.

2 O caso concreto

A primeira disciplina regulatória do preço mínimo do petróleo se deu com a publicação da Portaria nº 155 pela ANP, em 1998, posteriormente revogada pela Portaria ANP nº 206, de 2000. Além da fórmula de cálculo do preço mínimo do petróleo, calculada mensalmente em cada campo, o regulamento dispunha sobre a publicação periódica dos valores por concessão e por mês. Essa era a normativa vigente à época do caso ANP *vs*. CNPE, tendo sido justamente a revisão regulatória da Portaria nº 206/2000 pela ANP que ensejou a contenda.

Como já analisado, a definição do preço mínimo do petróleo é uma referência internacional no cômputo dos *royalties* e das participações especiais. O fator determinante da instauração do *processo administrativo de revisão* da Portaria nº 206/2000 pela ANP foi a demanda de determinados Estados recebedores de significativa parcela de *royalties* do petróleo, como Espírito Santo e Rio de Janeiro, que alegavam defasagem dos critérios praticados diante do cenário internacional. O processo administrativo ANP nº 48610.000618/2015/11 tem natureza *normativa* e contou com a produção de diversos estudos técnicos de grupos de interesse e pela própria Agência,[5] além de manifestação jurídica da Procuradoria Federal Especializada junto à ANP.[6]

No dia 28 de dezembro de 2015 foi editada Resolução pela Diretoria Colegiada da ANP que aprovou a minuta de regulamento para substituir a Portaria nº 206/2000 e fixou a realização de consulta pública pelo período de 45 dias, seguida de audiência pública que ocorreria no dia 10 de março de 2016.[7] A principal modificação viria com a descontinuidade da publicação periódica mensal do preço mínimo do petróleo, passando as concessionárias a consultarem o preço de referência do petróleo com base em novos parâmetros de fixação desse preço de referência.

---

[5] São os exemplos da Nota Técnica da Coordenadoria de Defesa da Concorrência nº 083/CDC; da Nota Técnica da Superintendência de Refino, Processamento de Gás Natural e Produção de Biocombustíveis nº 025/2015/SRP-ANP; e da Nota Técnica da Superintendência de Participações Governamentais nº 45/2015/SGP-ANP.

[6] Cf. Parecer nº 711/2015/PF-ANP/PGF/AGU.

[7] Cf. publicação no *DOU* de 5 de janeiro de 2016.

Porém, no dia 20 de janeiro de 2016, o CNPE editou a Resolução nº 1/2016 contendo a determinação de que a ANP mantenha a atual sistemática de apuração dos preços mínimos de petróleo e gás natural.[8] Trata-se de provisão de substancial impacto regulatório, tendente a inviabilizar o prosseguimento do processo administrativo normativo em curso, bem como de deslocamento da competência regulatória sobre a disciplina do preço mínimo do petróleo da ANP para o CNPE. Como motivação, o CNPE apresentou os seguintes fundamentos:

> (...) considerando que o atual cenário mundial vem produzindo fortes impactos no mercado de petróleo e gás natural, com preços que dificultam a viabilização econômica dos investimentos; novos investimentos na indústria petrolífera requerem regras estáveis e prazo de vigência que permitam o planejamento de longo prazo, assegurando a manutenção dessas regras ao longo do período de realização dos investimentos e de sua remuneração; e o segmento de óleo e gás tem grande relevância para a cadeia produtiva nacional, com forte impacto sobre a capacidade de crescimento do País, resolve: (...).

Diante da Resolução CNPE nº 1/2016, o Diretor-Geral Substituto da ANP editou o Comunicado publicado no *DOU* no dia 25 de janeiro de 2016 para suspender a realização da etapa de participação administrativa:

> *COMUNICADO.*
> *O DIRETOR-GERAL SUBSTITUTO DA AGÊNCIA NACIONAL DO PETRÓLEO, GÁS NATURAL E BIOCOMBUSTÍVEIS – ANP, no uso das atribuições que lhe foram conferidas pela Portaria nº 12, de 15 de janeiro de 2016, com fundamento na Resolução CNPE nº 1, de 20 de janeiro de 2016, ad referendum da Diretoria Colegiada, comunica a suspensão da Consulta Pública e Audiência Pública nº 2/2016.*

Diante da consequente suspensão do processo administrativo normativo de revisão dos critérios de composição do preço mínimo do petróleo, o Estado do Rio de Janeiro ajuizou ação cível ordinária contra a União e a ANP visando: (i) anulação da Resolução CNPE nº 01/2016 e da Resolução de Diretoria/ANP nº 34/2016; (ii) impedir que a CNPE delibere sobre os parâmetros de fixação do preço de referência

---

[8] Art. 1º, Resolução CNPE nº 1/2016: "(d)eterminar à Agência Nacional do Petróleo, Gás Natural e Biocombustíveis – ANP que mantenha a atual sistemática de apuração dos preços mínimos do petróleo e gás natural, considerados para o efeito das apurações dos valores a serem pagos a título de royalties ou de Participação Especial".

para o pagamento de participações governamentais; e (iii) determinar o prosseguimento pela ANP do processo administrativo normativo de revisão dos critérios de composição do preço mínimo do petróleo.

Segundo a peça inicial do Estado do Rio de Janeiro, há uma série de irregularidades que fundamentam os seus pedidos: (i) vício formal da Resolução CNPE nº 1/2016 por ausência de ata de reunião do colegiado; (ii) substituição da competência do colegiado do CNPE pelo Ministro de Minas e Energia; (iii) usurpação de competência exclusiva da ANP para fixar o preço de referência para cálculo de *royalties* e participações especiais; (iv) violação *"da função regulatória fixada pelo art. 177 da Constituição da República e positivada na Lei 9.478/97, pela substituição de uma decisão técnica e especializada pelo arroubo voluntarista e imotivado do agente isolado"*; e (v) violação ao princípio democrático pelo excesso de poder em um agente isolado decidir à revelia de órgão colegiado técnico e especializado.

No dia 5 de maio de 2016, o Min. Rel. Luiz Fux decidiu a Antecipação de Tutela da ACO nº 2.865/STF. Primeiramente, reconheceu ser de competência da ANP a definição dos critérios gerais para o cálculo e cobrança das participações especiais e do preço mínimo do petróleo, nos termos do art. 7º, *caput*, do Decreto nº 2.705/98:

> Decreto nº 2.705/98
> Art. 7º. O preço de referência a ser aplicado a cada mês ao petróleo produzido em cada campo durante o referido mês, em reais por metro cúbico, na condição padrão de medição, será igual à média ponderada dos seus preços de venda praticados pelo concessionário, em condições normais de mercado, ou ao seu preço mínimo estabelecido pela ANP, aplicando-se o que for maior.

Na sequência, apoiou-se em doutrina de direito regulatório brasileira e norte-americana para alcançar as duas premissas decisórias no caso: (i) a garantia de autonomia das agências reguladoras; e (ii) o reconhecimento da limitação da capacidade institucional do Poder Judiciário. Desse modo, defere parcialmente o pedido de tutela antecipada para suspender os efeitos da Resolução CNPE nº 1/2016 até decisão definitiva da ACO nº 2.865, bem como decidir pela continuação do processo administrativo de revisão da Portaria ANP nº 206/2000.

O deferimento parcial deve-se fundamentalmente à premissa de "limitação da capacidade institucional" do Poder Judiciário em afirmar com solidez a distribuição de competências entre as instituições de política energética, muito embora o Min. Luiz Fux tenha afirmado que, no caso concreto, "aparenta-se evidenciar, nesta primeira análise da questão, uma indevida intromissão realizada pelo Conselho Nacional de Política Energética – CNPE nas atribuições autônoma e independentemente asseguradas pela Lei nº 9.478/97 e pelo Decreto nº 2.705/1998 à Agência Nacional do Petróleo, Gás Natural e Biocombustíveis – ANP". Na prática, o Min. Luiz Fux preferiu designar audiência de conciliação e inaugural de processo de mediação entre as partes como estratégia de conforto decisório.

Na audiência de conciliação realizada no dia 13 de setembro de 2016, as partes acolheram a proposta do juízo em suspender o processo administrativo normativo da ANP até o dia 10 de novembro de 2016 para definição das diretrizes políticas a serem consideradas na realização de audiência pública. Nesse meio tempo, as partes deveriam se articular para chegar a uma decisão consensual a contento.

Nova audiência de conciliação foi realizada no dia 15 de dezembro de 2016, na qual ficou definida a seguinte engenharia decisória: a ANP, no prazo de 30 dias, publicaria a portaria contendo os critérios para fixação do preço mínimo do petróleo, com base no qual seriam calculadas as participações governamentais. Para tanto, a ANP deveria necessariamente seguir as diretrizes políticas fornecidas pelo CNPE:

> Diante desse cenário, foi proposto por este juízo e aceito, integralmente, por todas as partes desta ação, inclusive pelo Ministério Público Federal, um acordo nos seguintes termos:
> 1) A Agência Nacional de Petróleo, Gás Natural e Biocombustíveis – ANP, à luz das diretrizes políticas a serem fornecidas pelo Conselho Nacional de Política Energética – CNPE no prazo de 30 (trinta dias), fará publicar, até a data máxima de 1º de março de 2017, a Portaria resultante do processo administrativo nº 48610.000618/2015/11, destinada a estabelecer os critérios para a fixação do preço mínimo do petróleo, produzido mensalmente em cada campo, a ser adotado para fins de cálculo das participações governamentais.
> 2) Até a referida data, as partes noticiarão nos autos eventual acordo a que chegarem, para os fins de extinção do processo ou reapreciação da tutela antecipada.

Essa foi a proposta oriunda do juízo e integralmente acolhida por todas as partes da ação. Assim ficou homologado na ACO nº 2865 pelo Rel. Min. Luiz Fux no dia 10 de abril de 2016.

No dia 27 de setembro de 2017, a ANP publicou a Resolução nº 703/2017, estabelecendo-se novo critério para fixação do Preço de Referência do Petróleo e a descontinuidade da publicação do Preço

Mínimo do Petróleo. A Resolução nº 206/2000 permaneceu em vigor até 2022, quando suas disposições foram objeto de um processo de consolidação normativa que não alterou substantivamente o conteúdo normativo do regime do Preço de Referência do Petróleo.[9]

3 Conclusão

Processo administrativo normativo

Como analisado, o processo administrativo de revisão da Portaria nº 206/2000 instaurado pela ANP tem natureza jurídica de *processo administrativo normativo*, informado por estudos técnicos e participação administrativa. Um processo administrativo se caracteriza como normativo enquanto tiver por principal atribuição instrumentalizar o exercício da função normativa, ainda que não termine na produção de um regulamento, embora essa seja a sua destinação natural. No caso concreto, evidencia-se uma *simbiose* de funcionalidades do processo normativo. Primeiramente, trata-se de um instrumento de estudo técnico para se analisar criticamente a atualidade e os impactos da vigência dos atuais critérios de definição do preço mínimo do petróleo. Assim, esse mesmo processo pode servir para informar a extinção da Portaria nº 206/2000 por *revogação* expressa no novo normativo. Por fim, esse processo informa a construção mais racional, técnica e eficiente dos novos critérios de composição do preço mínimo do petróleo, já que composto por diversos estudos técnicos e oportunidade de participação administrativa, notadamente audiência e consulta pública.

Mecanismos de segurança jurídica: regime de transição e análise de impacto regulatório

No curso do processo administrativo, chegou-se a debater a definição do regime de transição no advento de novo regulamento. Considerando o atual regime jurídico, que prevê a obrigatoriedade de realizar análise de impacto regulatório, seria juridicamente viável pedido de reabertura do processo administrativo de revisão para que seja realizado o estudo?

---

9 Em abril de 2022, a ANP adotou a Resolução nº 874 e a Resolução nº 875, que consolidaram oito atos normativos relativos aos preços de referência do petróleo e do gás natural, respectivamente. Esse processo de consolidação normativa abrangeu as disposições da Portaria nº 206/2000, expressamente revogada pelo art. 12 da Resolução ANP nº 874/2022.

Tempo da participação administrativa

Outro aspecto relevante a se considerar no Caso ANP *vs*. CNPE corresponde ao momento da realização da audiência e da consulta pública. Conforme a própria autoridade reguladora, na Nota Técnica da Superintendência de Participações Governamentais (NT nº 45/2015/ SPG-ANP),

> (a)pós quase um ano de estudos, análises, reuniões com concessionárias, beneficiários, agências de informação de preços, entre outros agentes econômicos e sociais, entendemos que a minuta da resolução está pronta para ser discutida com a sociedade brasileira.

A participação administrativa não se deu no curso do processo administrativo, mas apenas ao final, quando a minuta normativa já se encontrava "*pronta*", escrutinada por importantes grupos de interesses e madura. Para além de se mostrar como mecanismos de legitimação das decisões administrativas, especialmente aquelas tomadas por autoridades que gozam de autonomia e de independência frente ao Governo Central, a participação administrativa serve para recolher subsídios de outros grupos de interesses que não são "convidados" a se manifestar no curso do processo – e potencialmente sentirão os efeitos da decisão –, assim como a sociedade em geral. Nessa linha, audiências e consultas públicas terminam por também funcionarem como mecanismos de controle, evitando-se a "captura" da regulação por determinados grupos de interesse. A realização de audiências e de consultas públicas apenas ao final do processo mingua todas essas potencialidades, tirando do debate importantes atores e reduzindo a sua contribuição a mera formalidade, pois dificilmente, após todo o curso do processo, ela irá mudar de posição.[10]

Conciliação e posição de vantagem na negociação

A situação contenciosa regulatória foi resolvida em sede de audiência de conciliação entre representantes da União, do CNPE e da ANP. Essa proposta de resolução apenas ganhou projeção após o julgamento monocrático da antecipação de tutela, que se posicionou favoravelmente à ANP, ainda que sem decidir em definitivo a questão.

---

[10] Nesse sentido, as atuais recomendações da OCDE a respeito de boas práticas de participação social incluem a necessidade de se realizarem consultas desde os estágios iniciais do processo regulatório, de forma que os atores sociais possam influenciar o processo de elaboração das minutas. Cf. OCDE, *Recommendation of the Council on Regulatory Policy and Governance*. Paris: 2012.

Desse modo, a consensualidade não foi invocada antes da judicialização ou no seu início, mas somente depois do provimento mais favorável à ANP. Na prática, isso pode significar que o CNPE aderiu à proposta de solução alternativa de conflitos somente quando vislumbrou que a Resolução nº 1/2016 não foi bem recepcionada pelo Poder Judiciário. Consequentemente, a ANP passou a figurar em posição de vantagem na negociação.

A solução tomada em audiência de conciliação é consensual?

Há alguns elementos que colocam em xeque a descrição do caso ANP vs. CNPE como consensual. Primeiramente, não houve efetiva negociação do conflito, resumindo-se as partes a anuir com a proposta oriunda do Poder Judiciário. Em segundo lugar, o objeto da solução consensual não foi efetivamente negociado, mas apenas uma elucidação de uma dinâmica de repartição de competências que se depreende automaticamente da leitura da lei: a ANP tem a competência de editar a Portaria do processo administrativo de revisão da Portaria nº 206/2000 à luz das diretrizes definidas pelo CNPE. Importante ressaltar que não há nenhuma definição mais concreta dos termos do acordo, que simplesmente explicita o texto do Decreto nº 2.705/98.

Ausência de posicionamento definitivo sobre a regra de competência

O Judiciário não se posicionou em definitivo sobre a competência para a revisão dos critérios de definição do preço mínimo do petróleo para fins de cálculo dos valores de referência para quantificar os *royalties* e as participações especiais devidas. Argumentando pela "incapacidade institucional" do Judiciário, a decisão de antecipação de tutela indicou todos os fundamentos para a competência da ANP na matéria, mas sem se posicionar em definitivo. A crítica da incapacidade institucional procede,[11] mas isso não significa que possa ser utilizada como subterfúgio para não decidir sobre Direito Econômico. É extenso o debate sobre o controle judicial da regulação,[12] mas, em síntese, o Judiciário se encontra plenamente habilitado a decidir sobre competência, forma dos atos regulatórios praticados e o devido processo legal. Isso se deve ao fato de que esses aspectos derivam diretamente do texto

---

[11] Cf. Komesar, Neil. *Imperfect alternatives*: choosing institutions in law, economics, and public policy. Chicago: University of Chicago Press, 1994.

[12] Cf. Jordão, Eduardo. Entre o Prêt-à-Porter e a Alta Costura: procedimentos de determinação da intensidade do controle judicial no direito comparado. *Revista Brasileira de Direito Público*, Belo Horizonte, Fórum, v. 52, 2016.

legal e não demandam a análise de substância da decisão técnica. Posicionar-se sobre a competência da ANP em concreto é bem diferente de deliberar sobre o preço mínimo do petróleo, produto do exercício desta competência. Sobre competência, forma e processo, é mais que esperado posicionamento definitivo do Judiciário; trata-se de aspecto fundamental para assegurar a segurança jurídica.

Vigência da Portaria ANP nº 206/2000

Apesar da tutela antecipada suspendendo a Resolução nº 1/2016 e a resolução consensual pela competência da ANP para revisão dos critérios de cômputo do preço mínimo do petróleo, o processo administrativo não resultou em novo regulamento de revogação da Portaria nº 206/2000. Quais são as consequências de o Judiciário não se posicionar sobre as "regras do jogo" mais básicas na regulação, particularmente a regra de competência? A consensualidade teria diluído a competência da ANP, determinando-se arranjo de interesses fora do âmbito do processo administrativo em curso? A audiência e a consulta pública nº 2/2016 não foram realizadas pela ANP.

É possível diferenciar regulação de política?

O Caso da ANP vs. CNPE coloca em perspectiva a diferenciação entre regulação e política. Muito embora essa tenha sido a base decisória no julgamento da tutela antecipada, seria o resultado final um produto de diálogo político-institucional? Se não é viável blindar por completo a regulação da política – e nem isso seria saudável para a governabilidade –, como minimizar os efeitos deletérios da política sobre a regulação? Qual é o valor do processo administrativo para esse fim?

LIMITES À REGULAÇÃO: LIBERDADE DE INICIATIVA – *CASO UBER*, STF

FLORIANO DE AZEVEDO MARQUES NETO

JULIANA BONACORSI DE PALMA

ADPF nº 449/2019, Rel. Min. Luiz Fux, julgada procedente pelo Plenário no dia 8.5.2019 por unanimidade de votos.

RE nº 1.054.110/2019, Rel. Min. Luiz Roberto Barroso, julgado procedente pelo Plenário no dia 8.5.2019 por unanimidade de votos.

1 Introdução: a questão de fundo

No dia 8.5.2019, o STF firmou entendimento sobre leis municipais que limitam, restringem ou sacrificam a atividade de transporte individual de passageiros por meio de aplicativos.

No RE nº 1.054.110 ("Caso Uber em São Paulo"), com repercussão geral, o Supremo negou provimento ao recurso extraordinário apresentado pela Câmara Municipal de São Paulo contra decisão do TJ-SP que declarou inconstitucional a Lei nº 16.279/2015, que "dispõe sobre a proibição do uso de carros particulares cadastrados em aplicativos para o transporte remunerado individual de pessoas no Município de São Paulo, e dá outras providências".[13] Juntamente com a análise

[13] Cf. TJ-SP, Órgão Especial. ADI nº 2216901-06.2015.8.26.0000, j. 5.10.2016, por unanimidade.

do Caso Uber em São Paulo, o STF julgou procedente a ADPF nº 449 contra a Lei nº 10.553/2016 de Fortaleza (CE), que proíbe o uso de carros particulares, cadastrados ou não em aplicativos, para o transporte remunerado individual de pessoas. Em ambos os casos, o Supremo se manifestou por unanimidade.

A lei paulistana e a lei de Fortaleza são representativas de um conjunto de leis municipais que seguiram a reboque do início das atividades de transporte remunerado individual de passageiros por aplicativos, como o Uber, Cabify, 99 Táxi etc. Em comum, essas leis limitam o exercício da atividade.[14] Trata-se de autêntica *regulação*, ainda que proveniente de órgãos legislativos e formalizado em leis formais. É importante não confundir regulação com *regulamentação*.[15] O estudo dessa dinâmica regulatória traz à tona desafiadora ordem de reflexão.

Primeiramente, a regulação do transporte remunerado privado de passageiros resgata a seminal inquietação da agenda de estudos regulatórios: *por que regular?* Em outros termos, quais seriam os fundamentos da regulação desta específica atividade? A primeira grande teoria que explica a intervenção indireta na ordem econômica, sob a qual se erigiram as grandes ideias e desenhos institucionais para a regulação, corresponde à *teoria do interesse público*, segundo a qual a regulação tem lugar quando o interesse público assim determinar ou quando existirem falhas de mercado (notadamente monopólio natural, externalidades, bens públicos e assimetria informacional).[16]

Porém, a partir da década de 1960, ganhou projeção a *teoria da captura*, com uma visão marcadamente mais realista que a teoria originária para tentar explicar as razões pelas quais o Estado regula. Seus vários autores[17] indicam haver atores interessados que, ao participar do processo regulatório, buscam maximizar os seus interesses com a regulação, ainda que isso implique sacrificar as finalidades públicas a que deveria primacialmente atender. Por um lado, os reguladores estatais pretendem imprimir sua agenda política, manter-se no cargo ou ser

---

[14] São exemplos de cidades com leis municipais que restringem o transporte privado remunerado de passageiros por aplicativo Aracaju (SE) – Lei nº 4.738/2015, Salvador (BA) – Lei nº 9.107/2007 e Campinas (SP) – Lei nº 13.775/2010.

[15] Cf. MARQUES NETO, Floriano de Azevedo. *Agências reguladoras independentes*: fundamentos e seu regime jurídico. Belo Horizonte: Fórum, 2009. p. 35-36.

[16] Cf. LEVINE, Michael E.; FORRENCE, Jennifer L. Regulatory capture, public interest, and the public agenda: toward a synthesis. *Journal of Law, Economics, and Organization*, 1990. Special issue. p. 172.

[17] Há muitos autores que perfilham a teoria da captura, mas três deles são referências no debate: George Stigler (*The theory of economic regulation*, 1971); Richard Posner (*Theories of economic regulation*, 1974); e Sam Peltzman (*Toward a more general theory of regulation*, 1976).

reconduzido, ganhar reputação, receber apoio político e financiamento de campanha eleitoral, enfim, o que quer que motive os burocratas. Por outro lado, as empresas buscam a regulação que seja a mais favorável para os seus interesses, preferencialmente impedindo a entrada de novos concorrentes ao mercado. Essas duas forças criam um cenário favorável à captura do regulador, de modo que a regulação passa a ser aquela "encomendada" pelo regulado.[18]

Não apenas no Brasil, o Caso Uber reaviva o debate sobre a *teoria da captura* que então havia perdido seu protagonismo com a *teoria da escolha pública*. A questão é saber se a regulação que limita os aplicativos de transporte remunerado individual de passageiro resultaria de uma captura dos grupos de interesse que resistem ao desenvolvimento dessa atividade privada (no caso, os taxistas). Neste caso, a regulação seria legítima? Haveria algum vício de processo ou de finalidade, como o desvio de finalidade, caso a regulação não seja produto de autêntico escrutínio técnico e conjuntural visando ao interesse público, mas a satisfazer determinado grupo de interesse em troca de benesses burocráticas? Essa mesma ordem de discussão se colocou no panorama internacional e, não raro, os interesses dos grupos de resistência aos aplicativos prevaleceram. Cidades como Nova York e Vancouver e países como Itália e Dinamarca não dispõem mais da atividade de transporte remunerado individual de passageiros por aplicativos.

Nessa perspectiva, é importante ressaltar como o Caso Uber posiciona o Judiciário no centro das discussões sobre legitimidade e validade desta regulação. Apesar de tecnicamente decisões judiciais não se conformarem como regulação, na prática a resposta do STF foi muito esperada pelo mercado e usuários para conferir segurança jurídica ao modelo de negócio no Brasil. Além de reconhecer a validade do transporte remunerado privado de passageiros, o Supremo tomou importante precedente com relação à questão federativa: podem os municípios restringirem atividades econômicas reguladas na esfera federal por meio de leis municipais? O próprio STF foi sensível à relevância do julgamento para consolidação do modelo regulatório em discussão, como se depreende de trecho do voto do Min. Rel. Luiz Fux na ADPF nº 449:

---

[18] Cf. POSNER, Richard. The concept of regulatory capture. A short, inglorious history. *In*: CARPENTER, Daniel; MOSS, David A. (Coord.). *Preventing regulatory capture*. Special interest influence and how to limit it. Cambridge: (s.n.), 2014. p. 50.

> No que tange ao plano da constitucionalidade material, cuida-se de oportuna ocasião para que esta Corte defina os limites do poder regulador em relação ao ambiente concorrencial e ao exercício das profissões, provendo segurança jurídica não apenas para as inovações disruptivas decorrentes da novíssima "economia compartilhada", mas também para a iniciativa privada nos mais diversos setores de mercado.

O Caso Uber é representativo de uma ordem de debate regulatório envolvendo a questão federativa que, potencialmente, trabalha para uma integração nacional mais efetiva na regulação.

2 O caso concreto

2.1 RE nº 1.054.110

O município de São Paulo editou a Lei nº 16.279/2015, que trouxe expressa proibição à atividade de transporte privado remunerado de passageiro por aplicativos nos termos de seu art. 1º: "(f)ica proibido no âmbito da Cidade de São Paulo o transporte remunerado de pessoas em veículos particulares cadastrados por meio de aplicativos para locais preestabelecidos". Contra essa lei, a Confederação Nacional de Serviços – CNS ajuizou ação direta de inconstitucionalidade, que contou com o Cade como *amicus curiae*. O TJ-SP declarou a lei inconstitucional e, em face dessa decisão, foi apresentado o RE nº 1.054.100 ao Supremo, de relatoria do Min. Luís Roberto Barroso.

Primeiramente, o Min. Rel. Luís Roberto Barroso considerou que o transporte privado remunerado de passageiros se caracteriza como efetiva atividade econômica livre à iniciativa privada, passível de regulação, mas não de interdição. A atividade não se caracterizaria como de utilidade pública e muito menos se confundiria com um serviço público. Não por outra razão, a Lei nº 13.640/2018 alterou a Lei de Mobilidade Urbana (Lei nº 12.587/2012) para segmentar dois regimes distintos de transporte individual: o transporte público individual oferecido pelo sistema de táxi e o transporte privado individual, que pode ser oferecido por meio de aplicativos.[19]

Na leitura constitucional do Min. Rel. Luís Roberto Barroso, não há necessidade de prévia autorização para desenvolver atividade de transporte privado remunerado de passageiros por aplicativos, como

[19] Cf. art. 4º, incs. VII e X, da Lei nº 12.587/2012.

corolário da livre iniciativa. Tampouco existe regra constitucional que assegure a manutenção de um único modelo de transporte individual de passageiros: qualquer interpretação em sentido contrário traria o efeito prático de criar reservas de mercado aos taxistas. Em suas palavras:

> A regulação estatal não pode afetar o núcleo essencial da livre-iniciativa, privando os agentes econômicos do direito de empreender, inovar e competir. A restrição desproporcional ao transporte ao transporte individual por motoristas cadastrados em aplicativos contraria a Constituição.

A *ratio decidendi* do Min. Rel. Luís Roberto Barroso é sintetizada em três frentes: (i) inconstitucionalidade da proibição da atividade de transporte remunerado individual por motoristas cadastrados em aplicativos por violação à livre iniciativa e à livre concorrência; (ii) pelos mesmos fundamentos, inconstitucionalidade da edição de regulação que, na prática, inviabilize esta atividade; e (iii) legitimidade da atuação para preservar o mercado concorrencial em benefício do usuário/consumidor.

2.2 ADPF nº 449

O transporte remunerado privado de passageiros foi significativamente restringido no município de Fortaleza (CE) pela Lei nº 10.553/2016, cujo art. 1º assim dispõe: "(é) vedado no município de Fortaleza o transporte público individual de passageiro sem a devida permissão legal". Ao submeter a atividade ao regime de táxi[20] e, assim, condicionar o seu exercício a prévio título habilitador emitido pela municipalidade, a Câmara Municipal de Fortaleza terminou por inviabilizar o transporte privado remunerado de passageiros, além de reforçar barreira à entrada no mercado de transporte público de passageiros.

---

[20] A Lei de Mobilidade Urbana (Lei nº 12.587/2012) assim define o transporte público individual de passageiros em seu art. 4º, inc. VIII: "transporte público individual: serviço remunerado de transporte de passageiros aberto ao público, por intermédio de veículos de aluguel, para a realização de viagens individualizadas". Com a alteração promovida pela Lei nº 13.640/2018, o transporte remunerado privado individual de passageiros passou a dispor da seguinte definição legal no art. 4º, inc. X: "transporte remunerado privado individual de passageiros: serviço remunerado de transporte de passageiros, não aberto ao público, para a realização de viagens individualizadas ou compartilhadas solicitadas exclusivamente por usuários previamente cadastrados em aplicativos ou outras plataformas de comunicação em rede".

A ADPF foi ajuizada pelo PSL com os seguintes pedidos: (i) declarar formal e materialmente inconstitucionais os arts. 1º e 2º da Lei nº 10.553/2016, do município de Fortaleza, e, (ii) subsidiariamente, diferenciar transporte público individual (atividade própria de táxi) de transporte privado individual, que seria prestado por aplicativos como Uber, Cabify, 99 Táxi etc. O Supremo seguiu o voto do Min. Relator Luiz Fux por unanimidade para julgar procedente a ação em 8.5.2019.

A questão trazida na ADPF nº 449 pode ser assim sintetizada: é possível ao Estado proibir ou restringir o exercício da atividade econômica de transporte individual urbano de passageiros por intermédio de plataformas digitais à luz dos princípios constitucionais da livre iniciativa e do valor social do trabalho (art. 1º, inc. IV, CF), da liberdade profissional (art. 5º, inc. XIII, CF), da livre concorrência (art. 170, *caput*, CF), da defesa do consumidor (art. 170, inc. V, CF) e da busca pelo pleno emprego (art. 170, inc. VIII, CF)?

A *ratio decidendi* pode ser sintetizada em duas linhas argumentativas: a primeira, referente à competência federativa para disciplinar a atividade de transporte privado remunerado de passageiros por aplicativos e, a segunda, referente aos fundamentos da regulação.

2.2.1 Competência privativa para a União para disciplinar os modais de mobilidade

A partir da leitura do art. 22, incs. IX e XI, da Constituição, o Min. Rel. Luiz Fux reconheceu que a atividade de transporte privada remunerada de passageiros por aplicativos encontra-se compreendida na competência privativa da União para legislar sobre diretrizes da política nacional de transportes e sobre trânsito e transporte. Em sua avaliação, esta interpretação considera a necessidade de estabelecer uniformidade nacional aos modais de mobilidade, pois, do contrário, a fragmentação regulatória decorrente das diferentes soluções jurídicas adotadas no âmbito municipal tornaria a atividade excessivamente custosa e ineficiente ou mesmo a inviabilizaria.[21] Na ponta, o transporte

[21] "Nesse contexto, afigura-se incompatível com a distribuição constitucional de competências a edição de lei municipal que restrinja o exercício de atividade de transporte de natureza estritamente privada, sob pena de transformar-se o modelo federativo em óbice ao pleno desenvolvimento do país, considerada a profusão desordenada de legislações conflitantes" (trecho do voto do Min. Rel. Luiz Fux na ADPF nº 449).

remunerado individual de passageiros por aplicativos é assunto que transcende os limites do interesse local dos municípios, de modo que se caracteriza como competência federal a ser plenamente satisfeita pela União. Ainda segundo a argumentação do Min. Rel. Luiz Fux, a competência privativa federal para dispor sobre transporte remunerado individual de passageiros por aplicativos é reforçada pela atribuição exclusiva da União para estabelecer as condições para o exercício de profissões (art. 22, inc. XVI, CF).

2.2.2 Fundamentos da regulação: o exercício de atividades econômicas e profissionais por particulares deve ser protegido da coerção arbitrária por parte do Estado

O Min. Rel. Luiz Fux se valeu da *teoria da captura* para aproximar a edição de leis municipais restritivas à atividade de transporte privado remunerado de passageiros por aplicativos à dinâmica em que um grupo de interesse industrial se "apropria" do exercício do poder extroverso estatal para que o Poder Público emita uma regulação que maximalize os seus interesses, preferencialmente pela previsão de barreiras à entrada, à subvenção direta em dinheiro e à fixação de preços.[22] Trata-se de autêntico "mercado regulatório", em que a regulação é "adquirida" por indústrias reguladas em troca de benefícios aos reguladores, como reputação, financiamento de campanha ao correspondente partido político, apoio para permanência no cargo etc.[23] Em sua avaliação:

[22] Na acepção de Daniel Carpenter, "captura regulatória é o resultado de um processo pelo qual a regulação, abstrata ou concreta, é constantemente ou repetidamente desviada do interesse público e direcionada para os interesses da indústria regulada por vontade e ação da própria indústria" (CARPENTER, Daniel; MOSS, David A. Detecting and mesuring capture. *In*: CARPENTER, Daniel; MOSS, David A. (Ed.). *Preventing regulatory capture*. Special interest influence and how to limit it. Cambridge: Cambridge University Press, 2013. p. 57. Tradução livre).

[23] O autor mais comentado no voto do Min. Rel. Luiz Fux é George Stigler, precursor da Escola da Teoria da Captura, em cujo artigo *The theory of economic regulation*, de 1971, assevera que "a regulação tanto pode ser ativamente perseguida por uma indústria, como também pode ser imposta a ela. Uma das teses centrais deste artigo é a de que, em regra, a regulação é adquirida pela indústria, além de concebida e operada fundamentalmente em seu benefício" (tradução livre). São também desse período os trabalhos de Richard Posner (*Theories of economic regulation*, 1974) e Sam Peltzman (*Toward a more general theory of regulation*, 1976), ainda hoje grandes referências no estudo da teoria da captura.

> O cenário ora delineado representa a existência de evidente captura regulatória dos órgãos públicos para proibir o esvaziamento do valor das licenças de táxi em razão da abertura de mercado, ainda que isso represente dano aos consumidores e demais trabalhadores que pretendem ingressar no setor. A norma restritiva da atividade de transporte individual consiste em odiosa forma de transferência de recursos dos consumidores para os detentores de licenças, diminuindo as opções de escolha daqueles para favorecer estes últimos. (...)
> Sendo assim, uma vez evidenciada a captura regulatória, legitima-se o Judiciário a rever a medida suspeita, como instituição estruturada para decidir com independência em relação a pressões políticas, a fim de evitar que a democracia se torne um regime serviente a privilégios de grupos organizados. Vale notar que, no caso concreto, a própria Câmara Municipal de Fortaleza/CE justificou a norma impugnada com base na "necessidade de proteção quanto ao sistema e aos profissionais do setor", tornando cristalina a finalidade da lei, qual seja: preservar a renda e a restrição de mercado em favor de determinados agentes profissionais.

Assim, a captura regulatória, que o Min. Rel. Luiz Fux reconhece ter se efetivado na edição da Lei nº 10.553/2016 pelo município de Fortaleza, torna ilegítima a limitação de entrantes no mercado de prestadores de serviço de transporte de passageiros. Haveria clara violação aos princípios da igualdade (art. 5º, *caput*, CF), da liberdade profissional (art. 5º, inc. XIII, CF) e da livre iniciativa (art. 170, *caput*, CF), em sua avaliação, caso se reconhecesse a validade da lei.

3 Conclusão

- *Efeitos práticos da decisão do Supremo*. A decisão do STF na ADPF nº 448 e no RE nº 1.054.110 é um dos mais relevantes posicionamentos do Supremo nos últimos anos. Seu efeito prático foi conferir segurança jurídica e uniformidade à regulação do transporte individual de passageiros, assegurando-se a continuidade de uma atividade emergente no Brasil.
- *Tese de repercussão geral*. Após considerar inconstitucionais as leis municipais que inviabilizam o transporte remunerado individual de passageiros por aplicativos, o Supremo firmou a seguinte tese de repercussão geral:

1. A proibição ou restrição da atividade de transporte privado individual por motorista cadastrado em aplicativo é inconstitucional, por violação aos princípios da livre iniciativa e da livre concorrência.
2. No exercício de sua competência para regulamentação e fiscalização do transporte privado individual de passageiros, os Municípios e o Distrito Federal não podem contrariar os parâmetros fixados pelo legislador federal (CF/1988, art. 22, XI).

- *Lei nº 13.640/2018*. Editada para alterar a Lei de Mobilidade Urbana (Lei nº 12.587/2012) e, assim, dispor sobre o transporte remunerado privado individual de passageiros, a Lei nº 13.640/2018 reconheceu ser de competência *exclusiva* dos municípios e do Distrito Federal a regulação desta atividade (art. 11-A, *caput*), sendo-lhe discricionária a opção pela regulamentação (art. 11-B, *caput*). A Lei nº 13.640 foi editada no dia 26.3.2018, enquanto o julgamento do Supremo sobre a matéria, levada à sua apreciação antes da alteração, data de 8.5.2019. Há clara incompatibilidade entre o texto da lei e os votos condutores. Qual deve ser a interpretação dos referidos arts. 11-A e 11-B da Lei de Mobilidade Urbana? Eles são constitucionais?
- *Precedente Mototáxi*. Na ADI nº 3.136/2006, o STF firmou entendimento de serem inconstitucionais leis estaduais e distritais regulamentadoras do licenciamento de motocicletas para transporte de passageiros por usurpação da competência da União para legislar sobre a matéria. Esse foi um dos precedentes invocados pelo Min. Rel. Luiz Fux na ADPF nº 449 para decidir pela inconstitucionalidade de leis municipais restritivas da atividade de transporte privado remunerado por aplicativos. Na sua avaliação, é oportuna e cabível a invocação do Precedente Mototáxi no Caso Uber?
- *Buser, Wemobi, FlixBus e 4Bus*. Buser, Wemobi, FlixBus e 4Bus são aplicativos de "fretamento colaborativo" de ônibus para viagens intermunicipais ou interestaduais. Por meio dessa tecnologia, o passageiro se cadastra para ter acesso aos grupos de viagem ou mesmo criar um novo grupo de viagem. Uma vez atingido o número mínimo de passageiros pagantes, o aplicativo contrata a viação para realizar a viagem para o destino e as datas fixadas. O valor da passagem depende do trajeto e da quantidade de pessoas interessadas, funcionando em um sistema de rateio do custo total do fretado. A Buser, criada em 2016, foi o primeiro aplicativo desse tipo criado no Brasil. Noticia-se economia média de 60% na comparação com o mercado dos serviços públicos de

transporte coletivo de passageiros. Em junho de 2022, em meio a questionamentos acerca da legalidade das atividades desenvolvidas pela Buser no Brasil,[24] a FlixBus recebeu autorizações da ANTT para atuar na prestação do serviço regular de transporte rodoviário coletivo interestadual e internacional de passageiros.[25] O precedente analisado pode ser aplicado para resolver problemas análogos envolvendo aplicativos como a Buser?

[24] Cf. GIMENEZ, José Higídio. Judicialização de atividade de fretamento de ônibus divide tribunais no país. *Consultor Jurídico*, 19 fev. 2022. Disponível em: https://www.conjur.com.br/2022-fev-19/tribunais-divergem-autorizacao-funcionamento-buser. Acesso em: 15 mar. 2022.

[25] Cf. Decisão da Superintendência de Serviços de Transporte Rodoviário de Passageiros da ANTT de 13 de junho de 2022, publicada no DOU em 14 de junho de 2022.

CAPÍTULO 3

NORMATIVIDADE LEGAL *V.* REGULATÓRIA – CASO *TV A CABO*, STF: ADI Nº 4.923, STF

EGON BOCKMANN MOREIRA

1 Resumo

Ao tratar de controle objetivo em caso que entrelaça temas de acesso à cultura, regulação técnica, abuso do poder econômico e titularidade de competências normativas (legislativa e regulamentar), o Plenário do Supremo Tribunal Federal – STF consolidou o entendimento quanto ao princípio da legalidade no sistema constitucional brasileiro, prestigiando a atribuição legislativa de poderes normativos ao Poder Executivo (em especial, às agências reguladoras independentes).

2 Introdução: a questão de fundo

Em junho de 2015, o Plenário do STF julgou simultaneamente 4 ações diretas de constitucionalidade, todas de relatoria do Ministro Luiz Fux, versando sobre um único assunto central: o núcleo duro do princípio da legalidade e suas derivações (estampado nos arts. 5º, inc. II; 84, inc. IV e 174 da Constituição). Em específico para este artigo, importa destacar que o acórdão tratou dos limites constitucionais à atribuição, por lei, de competência normativa às agências reguladoras brasileiras. A ADI que liderou os julgamentos foi a de nº 4.923, continente das 4.679, 4.747 e 4.756.

Todas as ações voltaram-se contra a Lei nº 12.485/2011 ("Lei do Serviço de Acesso Condicionado – SeAC"), que dispõe sobre a *comunicação audiovisual de acesso condicionado* (conhecida como "TV paga", "TV por assinatura" etc.). Com isso, conforme consignado no voto do ministro relator, o legislador pretendeu "unificar a disciplina normativa aplicável ao setor, até então fragmentada em diplomas diferentes, a depender da tecnologia usada para a transmissão do sinal ao consumidor".

Entre outras medidas, a Lei nº 12.485/2011 atribuiu à Agência Nacional do Cinema – Ancine competência regulatória para disciplinar atividades de produção, programação e empacotamento de conteúdo, definidas como "livres para as empresas constituídas sob as leis brasileiras e com sede e administração no Brasil" (art. 9º), bem como estabeleceu obrigação de oferta de "canais de programação de distribuição obrigatória" (art. 32).

As ações impugnaram vinte e três artigos da Lei nº 12.485/2011 (e respectivos incisos e parágrafos). Em breve síntese, alegou-se a inconstitucionalidade de preceitos que tratam especialmente de: deveres e direitos culturais; poder de controle das empresas prestadoras de serviços de telecomunicações; direito de autor e de exploração de imagem; liberdade de iniciativa, de empresa, de profissão, de concorrência, de expressão, jornalística e de manifestação; igualdade entre brasileiros e estrangeiros; reserva de mercado para empresas brasileiras de capital nacional e produtos brasileiros; poder de polícia administrativo; distinção entre comunicação social livre (TV aberta) e condicionada (TV paga); cotas de conteúdo nacional; vício formal de iniciativa legislativa; obrigatoriedade de licitação para o SeAC; equilíbrio econômico-financeiro de contratos administrativos; intervenção do Estado no domínio econômico e, *last but not least*, a ampla e genérica competência normativa atribuída por lei à Ancine.

A respeito do último tópico acima arrolado – a competência regulatória das agências independentes – versará este artigo, não sem antes chamar a atenção para aquela que é a principal peculiaridade do direito administrativo contemporâneo, estampada com clareza logo na abertura do voto do Ministro Luiz Fux: a "complexidade e interdisciplinaridade dos temas trazidos a debate".

Aliás, e bem vistas as coisas, não se trata de privilégio jurídico, mas de característica fulcral da vida contemporânea, à qual o direito não pode virar as costas.[26] Se antes houve um tempo em que os problemas eram simples, as escolhas eram limitadas e a aplicação do direito cingia-se à subsunção automática da norma ao caso concreto, ele ficou no passado.

Para confirmar a hipótese do incremento da complexidade e correspondente manejo de outras ferramentas cognitivas, pense-se nas primeiras ações diretas de inconstitucionalidade depois da atual lei fundamental. As de número 1 a 3 sequer foram conhecidas, eis que tratavam de leis promulgadas sob a Constituição anterior. Já a ADI nº 4 foi julgada em 1991 e só dizia respeito à aplicabilidade imediata do art. 192, §3º, da Constituição, que estabeleceu teto à cobrança de juros bancários (prestigiado por parecer da Consultoria-Geral da República, aprovado pelo presidente e, assim, detentor de efeitos normativos).[27] Considerações à parte à ironia do destino de que a primeira ação direta de constitucionalidade pós-1988 tenha tido como objeto um ato administrativo com efeitos regulamentares (e não uma lei em sentido estrito), fato é que se debateu a propósito de só um tema: a eficácia de determinado preceito constitucional. Isto é, se determinada norma (contida na expressão "juros reais") tinha aplicabilidade imediata (ou não). Como se sabe, esta é uma das teses centrais da teoria constitucional.[28] O constitucionalismo em estado de pureza cognitiva.

---

[26] Sobre os desafios dessa multidisciplinariedade, unida ao excesso de informações nos diversos campos do saber, v. LEVITIN, Daniel J. *The organized mind*: thinking straight in the age of information overload. New York: Dutton, 2014; SIMON, Herbert A. *Administrative behaviour*. 4. ed. New York: The Free Press, 1997; GAWANDE, Atul. *Checklist*: como fazer as coisas bem feitas. Tradução de A. C. Cunha Serra. Rio de Janeiro: Sextante, 2011, e KAHNEMAN, Daniel. *Rápido e devagar*: duas formas de pensar. Tradução de C. Arantes Leite. Rio de Janeiro: Objetiva, 2012. Estes livros são pequena amostra da complexidade crescente de todas as profissões – neurociência, psicanálise, economia, medicina, administração etc. Ao ampliar a bolha de conhecimento, as respectivas escolhas e o nível de erros e de desconhecimento aumentam em proporção geométrica. Constatação que expande aplicação, racionalidade e limites do direito administrativo, como bem pontuado por Leonardo Coelho Ribeiro e sua "caixa de ferramentas" (RIBEIRO, Leonardo Coelho. O direito administrativo como caixa de ferramentas e suas estratégias. *Revista de Direito Administrativo*, Rio de Janeiro, v. 272, p. 209-249, nov. 2016. Disponível em: http://bibliotecadigital.fgv.br/ojs/index.php/rda/article/view/64303. Acesso em: 26 jul. 2019; e RIBEIRO, Leonardo Coelho. *O direito administrativo como "caixa de ferramentas"*: uma nova abordagem da ação pública. São Paulo: Malheiros, 2017).

[27] ADI nº 4. Rel. Min. Sydney Sanches, Tribunal Pleno, j. 7.3.1991. *DJ*, 25 jun. 1993. As anteriores são as seguintes: ADI nº 1. Rel. Min. Célio Borja, j. 24.2.1992. *DJ*, 27 fev. 1992 (extinta liminarmente); ADI nº 2 MC. Rel. Min. Djaci Falcão, Tribunal Pleno, j. 20.10.1988. *DJ*, 25 nov. 1988; ADI nº 3. Rel. Min. Moreira Alves, Tribunal Pleno, j. 7.2.1992. *DJ*, 18 set. 1992. Todas versavam sobre controle objetivo de leis pretéritas à Constituição promulgada em outubro de 1988 (que haviam sido – ou não – revogadas ou ressignificadas por ela).

[28] Por exemplo: SILVA, José Afonso da. *Aplicabilidade das normas constitucionais*. 8. ed. São Paulo: Malheiros, 2012; BARROSO, Luís Roberto. *Interpretação e aplicação da Constituição.*

Milhares de ações depois, a ADI nº 4.923 trata de múltiplos assuntos, todos de elevada complexidade técnica (para além das fronteiras da ciência do direito). Para se decidir sobre o controle objetivo de uma lei, é preciso descobrir os meandros de outras técnicas e conhecimentos. Necessário se faz examinar os fatos e conhecer suas peculiaridades, a fim de se avaliar a constitucionalidade da norma impugnada. Não foi devido a um acaso, portanto, que o julgamento foi antecedido de audiência pública para esclarecimentos técnicos (30 expositores) e contou com a participação de *amici curiae*. Essa constatação revela o ponto em que está a dinâmica da regulação brasileira, em que o STF, para cumprir o seu dever de guardião da Constituição, precisa sentar-se à mesa com outras ciências e, assim, compreender minúcias técnicas de setor com magna importância socioeconômica, como é o das telecomunicações.

O caso demonstra a expansão da complexidade do controle, eis que trata, precipuamente, do direito à cultura e do acesso à informação *versus* as peculiaridades científicas de setor de tecnologia de ponta. A instalar severas inquietações para o aplicador da Constituição – mesmo em termos abstratos. Afinal, e para começo de conversa, o que é "cultura"? Sob que condição ela convive com o direito e seus aplicadores? Todavia, como observou Vasco Pereira da Silva, "definir cultura apresenta-se mesmo como uma impossibilidade cultural", pois ela "não se compadece com lógicas imobilistas e neutrais de natureza definitória".[29] A palavra "cultura", assinalou Raymond Williams, é intensamente complexa (uma das de mais difícil definição), pois alberga, em momentos e locais diferentes, conceitos distintos (muitos deles até incompatíveis entre si).[30] É mais adequado, portanto, falar-se em "culturas", a referir-se a vários modos de vida oriundos de diversos países, povos, grupos, habitantes, comunidades e classes sociais (com alguns pontos em comum à humanidade).

Mais ainda e como acentuou Peter Häberle, "quando se pensa na cultura, não se parte nem do conceito jurídico nem do estatal, muito pelo contrário: se passa a ideia de cultura à de Direito, completando os pensamentos cotidianos com dados e definições sociológicas e

---

7. ed. São Paulo: Saraiva, 2009; SILVA, Virgílio Afonso da. *Constitucionalização do direito*. 4. tir. São Paulo: Malheiros, 2014.

[29] SILVA, Vasco Pereira da. *A cultura a que tenho direito* – Direitos fundamentais e cultura. Coimbra: Almedina, 2007. p. 8.

[30] WILLIAMS, Raymond. *Palavras-chave*: um vocabulário de cultura e sociedade. Tradução de S. G. Vasconcelos. São Paulo: Boitempo, 2007. p. 117-125.

antropológicas".[31] Nesse sentido e especificamente quanto ao direito constitucional brasileiro, José Afonso da Silva alinhavou três concepções a propósito da palavra "cultura": (i) antropológica (o conjunto de obras humanas: bens materiais, hábitos, crenças e costumes construídos e adquiridos socialmente pelo homem); (ii) filosófica (vida humana objetivada: valores espirituais sobre os objetos, impregnando-os de sentido estético, ético e/ou religioso) e (iii) semiótica (a interação, o contexto de compreensão entre signos interpretáveis).[32] Esse direito às culturas consta do Título VIII da Constituição (*Da Ordem Social*), em seu Capítulo III (*Da Educação, da Cultura e do Desporto*), mais especificamente nos arts. 215 e 216. O que importa dizer que, nada obstante a imprecisão, ou mesmo impossibilidade de definição, fato é que bens culturais haverão de ser destacados como objeto de especial proteção das autoridades públicas. Esse dever é peremptório e instala desafios ao intérprete da Constituição (e legislação infra, desde as leis até os atos concretos, regulamentos e contratos).

Aliás, em seu voto nesta ADI nº 4.923, o Ministro Edson Fachin acentuou que "a própria cultura revela-se um dos termos com mais significados potencialmente conflitivos e plúrimos da modernidade, a despeito de seu alcance global e relevância social". Por isso, é "imperativo transladar o paradigma constitucional da cultura na ordem jurídica pátria, afirmado no direito fundamental à cultura garantido pelo Estado, no estabelecimento do Plano Nacional de Cultura, de duração periódica, e na centralidade do Sistema Nacional de Cultura". Pode-se afirmar, portanto, que existe o *direito fundamental* à *cultura* (autônomo, de titularidade das pessoas, presentes e futuras), em paralelismo assimétrico ao *dever fundamental de promover a cultura* (também autônomo, cometido às pessoas públicas e privadas).

É fácil constatar e dúvida não pode haver de que o direito à cultura, e respectivos deveres, estão espalhados pela Constituição brasileira. A mesma norma definidora dos poderes públicos e do seu exercício funcionaliza-os à promoção e preservação das culturas nacionais. Idêntico é o *status* constitucional das liberdades (empresarial, profissional, de manifestação e expressão etc.), que são conaturais ao ambiente normativo de prestígio às culturas. Situação que instala elevada complexidade na definição – formal e material – das competências

---

31 HÄBERLE, Peter. *Teoría de la Constitución como ciencia de la cultura*. Tradução de E. Mikunda. Madrid: Tecnos, 2000. p. 24. Tradução livre.

32 SILVA, José Afonso da. *Ordenação constitucional da cultura*. São Paulo: Malheiros, 2001. p. 29-33.

públicas, direitos privados e respectivas autoridades que coabitarão esse ambiente normativo. Daí a relevância do julgamento da ADI nº 4.923 – e sua repercussão, em cadeia, para os correlatos controles infraconstitucionais.

Por conseguinte, o acórdão desta ADI confirma que já se passou o tempo dos sistemas normativos puros, fechados e autossuficientes – constatação que vem a ser a mais preciosa chave para explicar e justificar a necessidade de respeito à competência regulamentar das agências independentes brasileiras, como decidido no caso em exame. Em outras palavras, a ADI nº 4.923 prova demais: o seu rito, a amplitude dos temas levados ao Plenário do STF, a pluralidade de sujeitos participantes etc., tudo está a comprovar que setores de elevada complexidade técnica necessitam de regulação independente, a emanar atos administrativos dinâmicos (concretos e regulamentares) em decorrência de sua capacidade institucional, instauradores do correspondente dever de deferência dos órgãos de controle.

3 O caso concreto

O caso requer análise aprofundada também devido ao fato de que seu núcleo duro é a aplicação da Constituição econômica brasileira. Essa constatação consta do voto do Ministro Luiz Fux, ao sintetizar os objetivos gerais da Lei nº 12.485/2011:

> (i) promove a uniformização regulatória do setor de TV por assinatura frente ao processo de convergência tecnológica, (ii) reduz as barreiras à entrada no mercado, (iii) restringe a verticalização da cadeia produtiva, (iv) proíbe a propriedade cruzada entre setores de telecomunicação e radiodifusão, e (v) institui cotas para produtoras e programadoras brasileiras.

E, mais adiante, o ministro relator consigna que a ADI nº 4.923 insere-se entre aquelas que, uma vez que cogitam do controle de "marcos regulatórios específicos, de setores técnicos e especializados, podem ter repercussões sistêmicas deletérias para valores constitucionais em jogo; repercussões essas imprevisíveis no interior do processo judicial, marcado por nítidas limitações de tempo e de informação".

Essa parte do voto é de muita importância para a revelação dos parâmetros da convivência judicial com a Administração Pública complexa de nossos dias (inclusive, em sede de controle objetivo).[33]

Existe aqui forte tensão, sobretudo em razão da natural assimetria de informações, entre o sistema de controle judicial e os marcos regulatórios eivados de significativa tecnicidade; sobrecarga instaladora do dever de revelação e manejo cooperativo de informações, a atenuar os confrontos e gerar soluções prospectivas. Isto é, a importância que os fatos – a situação fática concreta – têm para a aplicação do direito, inclusive em sede de controle concentrado. A situação factual concreta não é dado secundário (ou posterior) à aplicação do direito, mas, na dicção de Castanheira Neves, configura um *prius metodológico*, "verdadeiramente a perspectiva problemática-intencional que tudo condiciona e em função da qual tudo deverá ser interrogado e resolvido".[34] O caso em exame, portanto, alinha-se ao alerta de Konrad Hesse, para quem "não existe interpretação constitucional independente de problemas concretos".[35] A Constituição se interpreta em vista da situação factual, não em função de abstrações porventura formuladas pelo intérprete com lastro em cogitações normativas puras.

Em específico no que respeita à atribuição de competência normativa à agência reguladora, a norma impugnada foi a seguinte, com especial acento no art. 9º da Lei nº 12.485/2011:

> Art. 9º As atividades de produção, programação e empacotamento são livres para empresas constituídas sob as leis brasileiras e com sede e administração no País.
> Parágrafo único. As atividades de programação e de empacotamento serão objeto de regulação e fiscalização pela Agência Nacional do Cinema – Ancine no âmbito das competências atribuídas a ela pela Medida Provisória nº 2.228-1, de 6 de setembro de 2001.

Note-se bem: não se trata de divergência quanto ao exercício da competência regulatória (e seu conteúdo), mas a própria outorga legislativa de novas competências, dentro do mesmo setor econômico. A lei se reporta à norma criadora da Ancine, estendendo a ela a regulação e fiscalização das "atividades de programação e empacotamento" do

---

[33] Por todos, v. JORDÃO, Eduardo. *Controle judicial de uma Administração Pública complexa*. São Paulo: Malheiros, 2015.

[34] NEVES, António Castanheira. *Metodologia jurídica*. Coimbra: Coimbra Ed., 1993. p. 142.

[35] HESSE, Konrad. *Elementos de direito constitucional da República Federal da Alemanha*. Tradução de L. A. Heck. Porto Alegre: Fabris, 1998. p. 62.

SeAC. Necessário se faz, portanto, a leitura das competências originárias da Ancine, estatuídas sobretudo nos arts. 5º e 7º da MP nº 2.228-1/2001, a seguir transcritos no que interessa:

> Art. 5º Fica criada a Agência Nacional do Cinema – ANCINE, autarquia especial, vinculada ao Ministério do Desenvolvimento, Indústria e Comércio Exterior, observado o disposto no art. 62 desta Medida Provisória, órgão de fomento, regulação e fiscalização da indústria cinematográfica e videofonográfica, dotada de autonomia administrativa e financeira. (...)
> Art. 7º A ANCINE terá as seguintes competências:
> I – executar a política nacional de fomento ao cinema, definida na forma do art. 3º;
> II – fiscalizar o cumprimento da legislação referente à atividade cinematográfica e videofonográfica nacional e estrangeira nos diversos segmentos de mercados, na forma do regulamento; (...)
> IV – aplicar multas e sanções, na forma da lei;
> V – regular, na forma da lei, as atividades de fomento e proteção à indústria cinematográfica e videofonográfica nacional, resguardando a livre manifestação do pensamento, da criação, da expressão e da informação;
> VI – coordenar as ações e atividades governamentais referentes à indústria cinematográfica e videofonográfica, ressalvadas as competências dos Ministérios da Cultura e das Comunicações; (...)
> XVIII – regular e fiscalizar o cumprimento dos princípios da comunicação audiovisual de acesso condicionado, das obrigações de programação, empacotamento e publicidade e das restrições ao capital total e votante das produtoras e programadoras fixados pela lei que dispõe sobre a comunicação audiovisual de acesso condicionado; (Incluído pela Lei 12.485/2011)

Ou seja, o art. 5º define a Ancine como *autarquia especial*, qualificada por sua *autonomia administrativa e financeira*, para o exercício de suas competências de *fomento, regulação e fiscalização*. Atributos especificados no art. 7º (e demais dispositivos). Possui competência fomentadora (a fim de instalar incentivos para condutas dos agentes privados que atendam ao interesse público),[36] regulatória (estabelecer normas gerais,

---

[36] Sobre o fomento e suas intersecções com a regulação, v. MENDONÇA, José Vicente Santos de. Uma teoria do fomento público. *Revista de Direito – PGE/RJ*, Rio de Janeiro, v. 65, p. 115-176, 2010. Disponível em: https://www.pge.rj.gov.br/comum/code/MostrarArquivo.php?C=MTE0OA%2C%2C. Acesso em: 27 jul. 2019.

para disciplinar comportamentos dos agentes privados)[37] e fiscalizadora/ sancionatória (supervisiona a conduta dos agentes regulados e pode puni-los ou celebrar acordos substitutivos).[38]

Em outras palavras, como sumarizou o voto do Ministro Luiz Fux:

> Ressalto, *ab initio*, que a questão jurídica suscitada na presente arguição de inconstitucionalidade toca o cerne da dogmática juspublicista e, não por outro motivo, vem sendo objeto de acalorados debates doutrinários aqui e alhures. Cuida-se de definir os limites dos poderes normativos conferidos às agências reguladoras, pauta temática que, no Brasil, passou a ganhar relevo na vida política e jurídica com a reforma gerencial por que passou a Administração Pública a partir da década de 90 do século passado. Sua importância é auto-evidente: o reconhecimento de autoridade normativa a agências reguladoras independentes põe em xeque concepções mais tradicionais quanto à centralidade da lei formal na disciplina das relações sociais. O que está em jogo, portanto, é a própria noção conceitual de legalidade, pedra de toque do Estado de Direito.

A temática central é o princípio da legalidade (ou juridicidade), portanto. Muito embora expresso na norma constitucional e nela mantido com redação imutável, resta saber se o significado da norma persiste o mesmo – a concepção oitocentista referente à única e exclusiva "fiel execução" da lei (Constituição, art. 84, inc. IV), como se estivéssemos circunscritos a normas administrativas emanadas pelo superior hierárquico para respeito e obediência de toda a cadeia de subordinados – ou se sofreu mutação e demanda compreensão distinta no que respeita à convivência regulamentar público-privada, nos termos do art. 174 da Constituição.[39]

---

37 Cf. CUÉLLAR, Leila. Agências reguladoras e seu poder normativo. São Paulo: Dialética, 2001; JUSTEN FILHO, Marçal. O direito das agências reguladoras independentes. São Paulo: Dialética, 2002; GUERRA, Sérgio. Discricionariedade, regulação e reflexividade. 5. ed. Belo Horizonte: Fórum, 2018; MARQUES NETO, Floriano de Azevedo. Agências reguladoras independentes. Belo Horizonte: Fórum, 2005; MOREIRA, Egon Bockmann. Passado, presente e futuro da regulação econômica no Brasil. Revista de Direito Público da Economia – RDPE, Belo Horizonte, v. 44, p. 87-118, out./dez. 2013.

38 PALMA, Juliana Bonacorsi de. Sanção e acordo na Administração Pública. São Paulo: Malheiros, 2015; MOREIRA, Egon Bockmann. Agências reguladoras independentes, poder econômico e sanções administrativas. *In*: GUERRA, Sérgio (Coord.). *Temas de direito regulatório*. Rio de Janeiro: Freitas Bastos, 2005.

39 Sobre a mutação constitucional do princípio da legalidade especificamente em razão das agências reguladoras independentes, v. MOREIRA, Egon Bockmann; CAGGIANO, Heloisa Conrado. O poder normativo das agências reguladoras na jurisprudência do STF: mutação constitucional do princípio da legalidade?. *Revista de Direito Público da Economia – RDPE*, Belo Horizonte, v. 43, p. 35-58, jul./set. 2013.

O Ministro Luiz Fux adota posição clara a esse respeito, ao assim conduzir o julgamento:

> O princípio da legalidade, neste novo cenário histórico e político, não pode mais se prender ao paradigma liberal clássico, que enxergava na lei formal (i.e., aquela emanada dos órgãos constitucionalmente investidos de função legiferante, notadamente o Parlamento) o único padrão de regência da vida pública ou privada, capaz de esgotar, em seu relato abstrato, todos os comandos necessários à disciplina social.

E, mais adiante, em cristalina conclusão:

> A bem de ver, a técnica legislativa empregada no diploma em exame é exatamente aquela típica do Estado regulador contemporâneo, em que a lei define as metas principais e os contornos da atividade do órgão regulador, cometendo-lhe (nestes limites e sob o controle do Judiciário e do próprio Legislativo) margem relativamente ampla de atuação. E, como também já apontado, é bom que assim o seja, na medida em que (i) a matéria, de um lado, se reveste de significativo dinamismo, como denotam as tendências de convergência tecnológica que tornaram obsoleta a legislação nacional anterior, e (ii) a disciplina do setor audiovisual, em diferentes aspectos, suscita questões de elevada complexidade técnica, a exigir conhecimento especializado, como aquele titularizado pela ANCINE. Nesse cenário, exigir que a lei formal esgote o conteúdo normativo aplicável à espécie é tanto impraticável quanto desaconselhável, reconduzindo-nos a um paradigma de legalidade criado para um perfil de Estado que já não existe mais.

Esse excerto do voto do ministro relator serve como síntese do estado da arte da compreensão dos princípios da separação de poderes e legalidade, a exigir o acolhimento das respectivas competências atribuídas por lei aos sistemas dinâmico-regulatórios de específicos setores econômicos. O art. 174 da Constituição prescreve expressamente essa competência do Estado brasileiro, ao defini-lo como "agente normativo e regulador da atividade econômica". O Estado é detentor de competência imediatamente constitucional (a ser aplicada por meio de leis como a que ora se examina), inabdicável e instituidora do *dever-poder* de positivar *normas* e *regulamentos* que disciplinem as atividades econômicas (sem limitar desproporcionalmente os direitos fundamentais da liberdade de iniciativa, de empresa, de concorrência, de profissão etc.). Tal competência pode ser exercida também pelas agências reguladoras independentes, cujas leis instituidoras ressalvam as nuances técnicas dessa atividade regulatória infralegal e fixam os *standards* para o seu exercício.

Nesse caminho, o Ministro Edson Fachin foi claro ao sublinhar o seguinte:

> a jurisprudência desta Corte reconhece a autoridade normativa das agências reguladoras para regulamentar administrativamente em dinâmica própria setor econômico de sua alçada. Penso ser o mesmo raciocínio aplicável ao caso, uma vez que a Ancine possui relativa liberdade de conformação e discricionariedade técnica no que diz respeito à área artística audiovisual.

Ou seja, o assunto está consolidado em termos de normatividade constitucional – tanto em termos horizontais (o STF a respeitar os seus próprios precedentes) como em termos verticais (obediência aos precedentes por todo o Poder Judiciário e, por que não dizer, pelas autoridades administrativas, inclusive as de controle).[40]

Essa compreensão é confirmada e expandida no voto da Ministra Rosa Weber, com menção entre aspas a trabalho acadêmico do Ministro Luís Roberto Barroso:[41]

> O advento das agências reguladoras setoriais – "autarquias especiais que desempenham funções administrativas, normativas e decisórias, dentro de um espaço de competências que lhes é atribuído por lei" – representa inegável aperfeiçoamento da arquitetura institucional do Estado de direito contemporâneo no sentido do oferecimento de uma resposta da Administração Pública para fazer frente à complexidade das relações sociais verificadas na modernidade. A exigência de agilidade e flexibilidade cada vez maiores do Estado diante das ininterruptas demandas econômicas e sociais que lhe são direcionadas levou à emergência de estruturas administrativas relativamente autônomas e independentes – as chamadas agências – dotadas de mecanismos aptos e eficazes para a regulação de setores específicos, o que inclui a competência para editar atos qualificados como normativos.

---

[40] Ampliar em OLIVEIRA, Rafael Carvalho Rezende. *Precedentes no direito administrativo*. Rio de Janeiro: Forense, 2018; MOREIRA, Egon Bockmann; PEREIRA, Paula Pessoa. Art. 30 da LINDB – O dever público de incrementar a segurança jurídica. *Revista de Direito Administrativo*, Rio de Janeiro, p. 243-274, nov. 2018. Edição Especial. Disponível em: http://bibliotecadigital.fgv.br/ojs/index.php/rda/article/view/77657. Acesso em: 27 jul. 2019.

[41] BARROSO, Luís Roberto. *Temas de Direito Constitucional – volume III*. Rio de Janeiro: Renovar, 2008.

Mais adiante, citando Leila Cuéllar e seu precursor *Agências reguladoras e seu poder normativo* (2001), a Ministra Rosa Weber assim consigna:

> Nesse quadro, não se pode deixar de considerar que "a ação disciplinadora dos entes reguladores tornar-se-ia inócua e restariam frustradas as razões de sua instituição, se tais órgãos se restringissem à prática de atos repressivos, por exemplo, sem poder elaborar normas de caráter geral", uma vez que "as agências reguladoras precisam dispor de meios de atuação, de poderes compatíveis com as funções que lhes foram outorgadas".

Por fim, o voto da Ministra Weber traz importante conclusão:

> A norma regulatória preserva a sua legitimidade quando cumpre o conteúdo material da legislação setorial. Nesse exercício, pode, sim, conter regras novas, desde que preservada a ordem vigente de direitos e obrigações, que se impõe como limite ao agir administrativo: regras novas, e não direito novo.

Isto é, está diante da percepção descrita no voto da Ministra Cármen Lúcia, no sentido de que cabe ao STF, ao prestigiar a competência normativa das agências reguladoras, simultaneamente fixar:

> a interpretação pontual dos atos regulatórios segundo a máxima de convergência entre o propósito legislativo, as diretrizes políticas de criação (e legitimação) da agência reguladora e a autonomia técnica de seus integrantes – com menção à posição consolidada do Plenário da Corte na ADI 4.093 (Relatora Ministra Rosa Weber, DJe 17/10/2014) e na ADI 4.965 (Relatora Ministra Rosa Weber, DJe 30/10/2014).

Por conseguinte, é pacífica a constitucionalidade de normas que atribuem competência normativa secundária (infralegal) às agências reguladoras brasileiras, ainda que em termos abstratos e gerais, desde que a lei criadora especifique os *standards* que permitam o exercício dessas competências. Se porventura houver excessos ou desvios, o controle jurisdicional poderá incidir quando do exercício dessa competência normativa – seja em caráter abstrato, seja em cada caso concreto. Como sintetizado no voto da Ministra Cármen Lúcia, a atenção do intérprete precisa dar um passo avante e ser focada nestes pontos da questão:

> Assim, a incidência do controle legal, e porventura judicial, sobre as normas advindas dos dispositivos normativos ora questionados, considerado que "as agências reguladoras estão submetidas, como órgãos administrativos, ao princípio da legalidade" (ADI 4.954, Relator o Ministro Marco Aurélio, Plenário, DJe 29.10.2014), aliada à previsão de balizas legais próprias pertinentes à atuação da Agência Nacional do Cinema – Ancine convalidam a atribuição normativa daquela agência reguladora na espécie vertente, pelo que os arts. 9º, parágrafo único, 21 e 22 da Lei n. 12.485/2011 não se revelam, nos termos da fundamentação posta, contrários à Constituição da República.

Em síntese, a *ratio decidenci* do acórdão do Plenário do STF merece ser celebrada e deve ser estendida para todas as decisões – administrativas e judiciais (CPC, art. 926; LINDB, art. 30) – sobre a legalidade da competência normativa das agências reguladoras brasileiras.

4 Conclusão

O acórdão da ADI nº 4.923 se dissocia do passado que já não mais existe e se projeta na efetiva construção do direito administrativo do futuro. Constata que o direito não pode – nem o administrativo, menos ainda o constitucional – se pretender imune aos fatos, nem ao transcurso do tempo e respectivos desafios. Sintetiza, portanto, alguns dos desafios do atual direito público brasileiro – e dá um passo avante em sua solução.

Por exemplo: existe alguma lógica em se classificar regulamentos administrativos só no sistema binário "executivo *v.* autônomo", desprezando as nuances da dissociação normativa constante dos arts. 84, IV, e 174, da Constituição? Como fica a noção clássica de autarquia diante das agências reguladoras? Essas perguntas são resolvidas por este julgado do STF.

Finalmente, propõem-se as seguintes questões para melhor fixar os aspectos relevantes trazidos pelo caso:

1. A legislação instituidora das agências reguladoras brasileiras, unida à jurisprudência do STF sobre a matéria, permite que se defenda a mutação constitucional do princípio da legalidade?
2. Os regulamentos administrativos brasileiros submetem-se exclusivamente aos limites do art. 84, inc. IV, da Constituição, ou encontram fundamento no art. 174 da Lei Fundamental?

3. O atual estado da arte da economia brasileira – e respectivas demandas factuais (investimentos, mercados, cenário internacional) – permite que se limite toda e qualquer regulação à fonte normativa legal, em sentido estrito?
4. Qual influência a complexidade factual contemporânea pode gerar nas análises de constitucionalidade de leis e legalidade de atos administrativos? Em que as circunstâncias fáticas podem incidir nos julgamentos?
5. Qual efeito o precedente positivado pelo Plenário do STF na ADI nº 4.923, e de outros julgados no mesmo sentido, pode ter em razão do controle externo de atos das agências reguladoras independentes? Será necessário proceder ao *distinguishing*, caso a caso?
6. Pense o caso concreto à luz das teorias da capacidade institucional-regulatória e da deferência aos atos regulamentares por órgãos de controle externo. Qual a importância delas para a definição e controle, constitucional, legislativo e infra, das competências das agências reguladoras brasileiras?

REGULAMENTAÇÃO E REGULAÇÃO: DISTINÇÕES NECESSÁRIAS – CASO *ANVISA: REGULAÇÃO SETORIAL DO TABACO*: ADI Nº 4874, STF

SÉRGIO GUERRA

1 Resumo

No presente caso, ao tratar do controle de constitucionalidade de lei e, por consequência ou arrastamento, de norma regulatória e conteúdo normativo suficientemente primário envolvendo o controle do tabaco (Resolução da Diretoria Colegiada nº 14/2012, da Agência Nacional de Vigilância Sanitária – ANVISA), o Plenário do Supremo Tribunal Federal (STF) trouxe importantes entendimentos sobre a função regulatória e os limites materiais do poder normativo, contemplando, entre outros, a distinção entre *regulamento*, expedido pelo Chefe do Poder Executivo, e norma de *regulação* editada pelas agências reguladoras, assim como acerca da conformação do princípio da legalidade e da deslegalização na regulação setorial.

2 Introdução: a questão de fundo

Diante da complexidade surgida na sociedade foi sendo reconhecido formalmente, ou, em alguns casos, consentido tacitamente, algum espaço normativo ao Poder Executivo para fazer face à necessidade de suprir, de modo célere e adequado, as lacunas legais. Desse modo, no ordenamento jurídico brasileiro a Constituição Federal está no grau mais elevado da hierarquia, à qual todas as demais normas devem se adaptar. Em ordem decrescente, têm-se as leis complementares, as leis ordinárias, os decretos e os demais regulamentos e atos normativos inferiores. Nestes incluem-se as instruções, portarias e resoluções, que, em virtude do princípio da legalidade, têm caráter dependente de lei.[42]

Quando da criação das Agências Reguladoras, na década de 90 do século passado, surgiram teorias de que suas normas se enquadrariam na delegação legislativa ou no regulamento executivo e autônomo. Contudo, parte da doutrina sustentou que "tanto a delegação legislativa quanto a teoria dos regulamentos não trazem respostas seguras para o enfrentamento da regulação normativa por meio das entidades reguladoras, por não se enquadrarem na modalidade tradicional de regulamentação secundária".[43]

Nesse contexto, *regulamentar* uma lei corresponde a um ato de competência do Executivo Central, comandado pelo Presidente da República, com preponderância política, e *regular* constitui uma nova categoria jurídica de competência das Agências Reguladoras no exercício de sua capacidade preponderantemente técnica, que ultrapassa a mera expedição de ato normativo visando trazer uma solução de concordância prática entre as normas constitucionais em tese aplicáveis a determinado caso concreto, abandonando reducionismos do pensamento catalogatório da hierarquia normativa e simplificado sob a forma piramidal.

Diogo de Figueiredo Moreira Neto leciona que além da modalidade tradicional da regulamentação secundária, que produz efeitos incontroversos como característica dos órgãos administrativos, existem aquelas tipicamente regulatórias, que se caracterizam por seus efeitos extroversos sobre as matérias deslegalizadas e na estrita medida em que o tenham sido.[44] Com essa diferença entre regulamentar e regular, os atos normativos decorrentes desta segunda categoria representam "a materialização de escolhas, com base na Constituição Federal e na lei, que busquem confrontar o problema a ser solucionado em face da Constituição, e os bens e valores jurídicos que ali estariam

---

[42] GUERRA, Sérgio. *Discricionariedade, regulação e reflexividade*: uma nova teoria sobre as escolhas administrativas. 5. ed. Belo Horizonte, 2018. p. 225.

[43] *Idem*, p. 223.

[44] MOREIRA NETO. *Direito regulatório*: a alternativa participativa e flexível para a administração pública de relações setoriais complexas no estado democrático. Rio de Janeiro: Renovar, 2003. p. 108-109.

conflitando, estabelecendo-se qual ou quais desses valores em conflito deverá prevalecer".[45]

> Desse modo, normas editadas por entidades reguladoras devem, em tese, obedecer aos preceitos legais – standards –, pois a Administração Pública não tem um poder normativo incondicional e geral, como ocorre com o Poder Legislativo. Entretanto, não se pode enquadrar essas normas como sendo função regulamentar da lei, de competência do Presidente da República, pois, em termos de regulação de atividades econômicas, a lei não consegue tudo prever havendo um espaço normativo de "reserva do regulador". Assim, a polêmica acerca da função normativa das entidades reguladoras se insere em uma discussão mais profunda, que envolve sua adaptação ao sistema tripartite oitocentista, subsumido no princípio da separação e do equilíbrio entre os poderes estatais, que impõe também uma revisão da hierarquia normativa. Nessa ordem de convicções, é jurídico sustentar a constitucionalidade do exercício da função normativa "secundária" pelas entidades reguladoras por não se detectar qualquer usurpação da função legiferante, de competência do Poder Legislativo, nem, tampouco, do poder regulamentar de atribuição precípua do Chefe do Poder Executivo.[46]

3 O caso concreto

A ADI nº 4.874 discute a constitucionalidade do art. 7º, III e XV, parte final, da Lei nº 9.782/1999, que disciplinou o Sistema Nacional de Vigilância Sanitária e criou a ANVISA. Ademais, por consequência ou arrastamento, a ação questiona a validade constitucional, em sua integralidade, da Resolução da Diretoria Colegiada (RDC) da ANVISA nº 14/2012.

A autora da ADI, Confederação Nacional da Indústria, questiona a definição dos contornos e limites da função normativa exercida pelas agências reguladoras, em particular pela ANVISA, notadamente a referida norma regulatória que proibe a importação e a comercialização no país de produtos fumígenos derivados do tabaco que contenham as substâncias ou compostos que define como aditivos.

---

[45] GUERRA, Sérgio. *Discricionariedade, regulação e reflexividade*: uma nova teoria sobre as escolhas administrativas. 5. ed. Belo Horizonte, 2018. p. 226.

[46] Idem, p. 227-228.

O argumento central apresentado pela CNI é de que (i) os arts. 2º, 5º, II, e 37, *caput*, da Constituição da República vedam a delegação de poder normativo desacompanhada de critérios claros e obrigatórios para o seu exercício, a caracterizar a chamada delegação legislativa "em branco"; e (ii) a restrição ao princípio da livre iniciativa, sobretudo com viés ablativo, pressupõe, a teor dos arts. 1º, IV, e 170, parágrafo único, da Lei Maior, a existência de lei formal. Alega ser inconstitucional a interpretação do referido preceito no sentido de que a competência por ele conferida à ANVISA para proibir, em caso de risco iminente à saúde, a fabricação, a importação, o armazenamento, a distribuição e a comercialização de produtos e insumos, não autorizaria a agência a instituir proibição genérica, ausente o pressuposto fático concernente à situação concreta de risco iminente à saúde.

Defende que, interpretado em consonância com a Constituição da República, o art. 7º, XV, *in fine*, da Lei nº 9.782/1999 não expressa atribuição de competência normativa primária, e sim de poder de polícia sanitário – competência executiva, concreta e específica – vinculado à legalidade em sentido estrito e de caráter marcadamente cautelar, "apta a permitir o exercício excepcional e temporário de aplicação do Direito a casos concretos, com destinatários certos, em que, diante de uma efetiva e comprovada urgência, clame-se a suspensão, por ato administrativo, de determinado produto ou substância".

Refere inadmissível qualquer exegese da norma impugnada que "transforme as autoridades reguladoras em autênticos legisladores, em substituição ao Congresso Nacional", sendo certo que qualquer proibição de uma atividade econômica, em caráter geral e abstrato, só pode ser legitimada por lei em sentido formal.

Afirma, ainda, que, arvorada na exegese reputada inconstitucional do dispositivo impugnado, a Diretoria Colegiada da ANVISA editou a Resolução nº 14/2012, ato normativo de caráter genérico e abstrato, proibindo a importação e a comercialização de produtos fumígenos derivados do tabaco que contenham "qualquer substância ou composto, que não seja tabaco ou água, utilizado no processamento das folhas de tabaco e do tabaco reconstituído, na fabricação e no acondicionamento de um produto fumígeno derivado do tabaco, incluindo açúcares, adoçantes, edulcorantes, aromatizantes, flavorizantes e ameliorantes".

Pontua que à Administração Pública compete "fazer valer as decisões do legislador, devendo agir apenas quando a lei autorizar (art. 37 da CRFB)", limitado o poder regulamentar a "preencher vazios e estabelecer balizas sobre a aplicação da lei, sem subverter o comando de fiel execução dos textos legais (art. 84, IV, CRFB)". Ao banir peremptoriamente, mediante enunciação genérica e abstrata, e sem supedâneo em previsão legal, o uso de ingredientes costumeiramente utilizados na fabricação de produtos fumígenos, a RDC nº 14/2012 traduziria ilegítimo exercício de competência normativa primária.

Complementa seu argumento acrescendo que "apenas a lei poderia proscrever com abstração e generalidade, só fazendo sentido que o administrador proíba quando a lei for descumprida (como na primeira parte do inciso XV mencionado), ou quando exista um risco grave, aferível concretamente e urgente à saúde (como na incorreta interpretação da parte final do dispositivo), casos em que atuará no exercício de seu poder de polícia".

Destaca inadmissível "que restrição tão intensa à liberdade de iniciativa, a ponto de retirar do mercado certo bem, decorra de regulamentos e da vontade do administrador" e aduz que a pretensão da ANVISA ao editar a RDC nº 14/2012 – assumidamente, a de instituir nova política pública de desestímulo e redução do fumo – apresenta natureza essencialmente política, o que não se coaduna com o caráter rigorosamente técnico e complementar do poder normativo atribuído à agência.

Instada a se manifestar sobre a ação, a Presidência da República defendeu a improcedência, sustentando que "as normas guerreadas são idôneas, necessárias e proporcionais, e que não violam o princípio da isonomia ou da liberdade na ordem econômica".

O Senado Federal também se manifestou no sentido de que "não há (...) qualquer irregularidade na Lei Federal 9.782/99, se mostrando atual ao seu tempo". Referiu inviável, ainda, a impugnação autônoma da RDC nº 14/2012 pela via da ação direta.

O Advogado-Geral da União manifestou-se pelo conhecimento parcial da ação direta e, no mérito, pela improcedência do pedido, "devendo ser declarada a constitucionalidade do inciso XV do artigo 7º da Lei Federal nº 9.782, de 26 de janeiro de 1999, bem como da Resolução da Diretoria Colegiada (RDC) da ANVISA nº 14, de 15 de março de 2012".

Sustenta abrangida pelo poder normativo atribuído à ANVISA a edição de "atos infralegais dotados das características de generalidade e abstração", por se tratar de "importante mecanismo técnico-jurídico para a Administração desempenhar seu papel constitucionalmente reservado". Pontua que a RDC nº 14/2012, "ao controlar e regulamentar um produto comprovadamente nocivo", não consubstancia inovação de conteúdo legal, tampouco abuso de poder regulamentar, uma vez lastreada na premissa constitucional da proteção da saúde.

O Procurador-Geral da República também se manifestou contra a ADI, opinando pela improcedência por ser "possível a elaboração de normas com caráter geral e abstrato pelas agências reguladoras, inovando no ordenamento jurídico, intervindo nos diversos setores da economia e atuando de maneira criativa, e não, simplesmente, reproduzindo os comandos legais, desde que pautada no conjunto de princípios, diretrizes e standards destinados à sua área de atuação pelo legislador ordinário e pela Constituição da República".

Ponderou que o poder normativo das agências reguladoras se caracteriza por ostentar um grau de *discricionariedade técnica* tal que "fundamenta, inclusive, a elaboração de atos com certo viés político, desde que estejam de acordo com as políticas públicas destinadas ao setor". Assevera que "a ANVISA não só possui competência normativa para elaborar normas em caráter geral e abstrato, mas também tem o dever de atuar nesse sentido, de modo a concretizar as finalidades para as quais foi criada e garantir a promoção da proteção da saúde, nos moldes delineados pela Constituição da República e pela legislação infraconstitucional".

A ADI foi conhecida, seja diante da impugnação de dispositivo de lei ordinária federal, seja quanto à legitimidade ativa *ad causam* da CNI e, no mérito, negada por maioria.

Nos termos do voto da Relatora, Ministra Rosa Weber, o escopo da competência normativa das agências reguladoras, bem como suas repercussões sobre os princípios da legalidade, da separação de poderes e da legitimação democrática das decisões políticas, passa pela "gradual sofisticação do conceito de *poder de polícia*", diante da complexidade das relações sociais.

Para ela, a atividade regulatória sobre *pactos* incide sobre uma *relação de sujeição especial*, na qual, mediante a celebração de um contrato de concessão, a empresa assente formalmente com um grau mais intenso de ingerência do Estado, que é o titular da atividade. Nessa modalidade de vínculo administrativo, o contrato de concessão emerge como justo título a autorizar *menor rigidez na incidência do princípio da legalidade estrita*, legitimando, consequentemente, a *maior discricionariedade* da Administração na elaboração das regras de regência da relação jurídica.

Diversamente, na regulação social exercida pela ANVISA, há um disciplinamento de atividades exercidas em caráter eminentemente privado, não titularizadas pelo Estado, e de grande relevância ao interesse público. Segundo a Ministra, "não adstrita à regulação concorrencial, tampouco à regulação de serviços públicos, sobressaem, na vocação dessa agência, senão inteiramente, pelo menos com preponderância, os contornos de típico exercício do poder de polícia da Administração, no caso, a sanitária, (seja por) atos específicos de efeitos concretos quanto pela edição de atos normativos abstratos e de alcance generalizado".

Ademais, assevera, com arrimo em Marcos Juruena Villela Souto,[47] que a função normativa das agências reguladoras não se confunde com a função, tradicionalmente exercida pela Administração, de regulamentar as leis de modo a viabilizar o seu cumprimento (art. 84, IV, da Lei Maior), e nem com a figura do regulamento autônomo (arts. 84, VI, 103-B, §4º, I, e 237 da CF).

Não as enquadrando em normas primárias, asseverou que a liberdade de ação – ou discricionariedade normativa – das agências reguladoras encontra limites nos objetivos fixados na lei e nas políticas públicas estabelecidas pela Administração central.

Essa característica da regulação social afeta o princípio da legalidade que, nesses casos, não necessariamente deve ser estrito. Com efeito, se de um lado "o poder normativo exercido pelas agências reguladoras vê os seus limites materiais condicionados aos parâmetros fixados pelo legislador", de outro,

> o campo no qual o agente regulador atua com liberdade tem suas margens definidas pelos conteúdos que podem ser extraídos, senão da letra da lei, pelo menos do propósito manifesto do legislador. Mostra-se legítima a atuação normativa do agente regulador sempre que capaz de ser justificada como a integração de uma evidente escolha legislativa. Em outras palavras, a orientação seguida pelo Administrador deve necessariamente traduzir uma escolha previamente realizada pelo Legislador, que lhe confere autoridade.
> O Legislador, de fato, não pode delegar a responsabilidade pela decisão política, mas a escolha dos meios para a persecução da política por ele definida pode ser objeto de delegação. Isso em absoluto significa reduzir a regulação setorial ao preenchimento de lacunas e muito menos à execução mecânica da lei. Dotada de inquestionáveis relevância e responsabilidade, a função regulatória só é dignificada pelo reconhecimento de que não é inferior nem exterior à legislação. Exerce-se, isto sim, em um espaço que se revela qualitativamente diferente, pelo seu viés técnico, ainda que conformada pela ordem constitucional e legal vigentes.[48]

[47] SOUTO, Marcos Juruena Villela. *Direito Administrativo regulatório*. Rio de Janeiro: Lumen Juris, 2002.

[48] Voto da Relatora, Ministra Rosa Weber.

Quanto ao pedido sucessivo à declaração de inconstitucionalidade da Resolução da Diretoria Colegiada (RDC) nº 14/2012 da ANVISA, em caráter autônomo, por violação direta à Constituição da República, a Relatora também votou pelo conhecimento. Reconheceu a cognoscibilidade do pedido de declaração de inconstitucionalidade por se tratar, a Resolução impugnada, de ato normativo que, destinado a expressar imperatividade e coerção estatais, reúne as características da abstração, da generalidade e da autonomia.

Entendeu que, ao transferir às agências reguladoras parte da tarefa de elaboração normativa, não pode o Estado prescindir de mecanismos institucionais de fiscalização, em face da Constituição da República, da legitimidade formal e material dessa produção normativa extraparlamentar, sob pena de se admitir uma situação paradoxal: as normas gerais e abstratas emanadas do Congresso Nacional ficam sujeitas ao controle de constitucionalidade ao mesmo tempo em que normas de mesma densidade, igualmente marcadas pelos traços de generalidade e abstração, pairam acima dos limites impostos pela Carta da República ao Poder Legislativo quando emanadas das mais diversas estruturas burocráticas que não contam com a mesma legitimação democrática proporcionada pelo voto popular.

No mérito, a magistrada votou no sentido de que a atuação da ANVISA se legitima em expressa atribuição contida no conceito jurídico indeterminado sobre produtos que envolvem risco à saúde pública, os cigarros, cigarrilhas, charutos e qualquer outro produto fumígeno, derivado ou não do tabaco, nos termos do art. 8º, §1º, X, da Lei nº 9.782/1999. Esse dispositivo legal seria suficiente para estabelecer um regime específico e diferenciado de controle e fiscalização sanitária da ANVISA, à qual incumbe, nos termos do *caput*, regulamentá-los, controlá-los e fiscalizá-los:

> Art. 8º Incumbe à Agência, respeitada a legislação em vigor, regulamentar, controlar e fiscalizar os produtos e serviços que envolvam risco à saúde pública.
> §1º Consideram-se bens e produtos submetidos ao controle e fiscalização sanitária pela Agência: (...)
> X – cigarros, cigarrilhas, charutos e qualquer outro produto fumígero, derivado ou não do tabaco;

Interpretando a referida norma legal, constatou-se, no que se refere aos produtos fumígenos derivados do tabaco, que o mesmo se enquadra no conceito de produtos que envolvem risco à saúde pública;

e se submete à regulamentação, ao controle e à fiscalização sanitária pela ANVISA; isto é, insere-se, entre as prerrogativas exercidas legitimamente pela Agência, a edição de atos normativos gerais complementares às leis relacionadas às matérias de sua especialidade. Tal dispositivo encerra, para a Relatora, inequívoca autorização legislativa para a decisão da ANVISA, formalizada na Resolução da Diretoria Colegiada nº 14/2012, de proibir, em caráter geral e primário, produtos ou insumos (aditivos) que aumentam a atratividade dos produtos fumígenos derivados do tabaco:

> Nesse contexto, o art. 8º, caput e §1º, X, da Lei nº 9.782/1999 estabelece regime diferenciado específico de poderes regulatórios a serem exercidos pela ANVISA no tocante aos produtos fumígenos, derivados ou não do tabaco. Daí o suporte legal à RDC 14/2012, observadas as balizas hermenêuticas impostas pela Constituição.[49]

Diante disso, a Ministra relatora destacou a *teoria da deferência judicial* em cotejo entre as limitações às atividades privadas com escolhas regulatórias que traduzem imposições aos particulares ao amparar o direito fundamental à saúde, pugnando que "em face de ato normativo editado por agência reguladora com base em exegese do diploma legislativo definidor das suas próprias competências e atribuições, a tônica do exame de constitucionalidade deve ser a deferência da jurisdição constitucional à interpretação empreendida pelo ente administrativo".

A fundamentação da Relatora se amparou no direito norte-americano, em que os Estados Unidos da América atribuíram à Food and Drug Administration (FDA), agência reguladora federal que serviu de modelo para congêneres mundo afora, inclusive a ANVISA, competência específica para dispor sobre o conteúdo dos produtos de tabaco. Também se valeu das restrições à utilização de aditivos no fabrico de produtos de tabaco pela União Europeia, por meio de Diretiva do Parlamento Europeu e do Conselho da União Europeia.

Diante desses aspectos, a Relatora julgou improcedente o pedido sucessivo, declarando a constitucionalidade dos arts. 6º, 7º e 9º da Resolução da Diretoria Colegiada (RDC) nº 14/2012 da ANVISA.

Acompanhando parcialmente o voto relator, o Ministro Alexandre de Moraes sustentou ter havido uma evolução do princípio da legalidade, de modo que o próprio STF vem reconhecendo a constitucionalidade da função regulatória exigindo apenas que o ato regulatório "apresente

[49] Idem.

'lastro legal', isto é, uma correspondência direta com diretrizes e propósitos afirmados em lei ou na própria Constituição (ADI 4093, Rel. Min. ROSA WEBER, Tribunal Pleno, DJe de 16/10/2014; ADI 4954, Rel. Min. MARCO AURÉLIO, Tribunal Pleno, DJe de 29/10/2014; RMS 28.487, Rel. Min. DIAS TOFFOLI, Primeira Turma, DJe de 14/3/2013); na forma do já citado binômio 'centralização política governamental' – 'descentralização administrativa'":

> Em conclusão, pedindo vênia à Ministra Relatora, conheço integralmente a presente ação, mas a julgo improcedente em relação à lei e parcialmente procedente em relação à Resolução, da seguinte forma: (a) para declarar a nulidade parcial com redução de texto do artigo 1º da Resolução da ANVISA, excluindo o texto que diz que essa resolução se aplica à "restrição do uso de aditivos em todos os produtos fumígenos derivados do tabaco comercializados no Brasil", porque a resolução não trata somente disso. A resolução trata de dois assuntos: (i) trata dos níveis máximo e mínimo de nicotina, alcatrão – aí o papel, a meu ver, da Agência Reguladora, e (ii) aproveita para proibir de forma absoluta a questão dos aditivos. (b) para declarar inconstitucionais os artigos 3º, 6º, 7º e 9º da Resolução, porque se referem à regulamentação dessa vedação. (c) para declarar nulidade parcial com redução de texto do artigo 10, excluindo-se somente a menção ao artigo 6º.

Na sequência de votos, valendo-se da doutrina de Egon Bockmann Moreira, o Ministro Edson Fachin acompanhou o voto da Relatora, entendendo que os padrões constitucionais e de legalidade infraconstitucional foram cumpridos pela ANVISA, tendo a lei agido de forma coerente com o dispositivo do art. 174 da Constituição Brasileira, que atribui ao Estado o papel normativo regulador. Para ele, estão presentes os *standards* legais autorizativos para que a ANVISA regule os produtos e serviços que o próprio legislador reputou envolverem riscos à saúde:

> A rigor, a força – real e simbólica – dos arts. 173 e 174 (máxime este) reside na positivação de várias competências, múltiplas, simultâneas e dúcteis ('exploração direta'; 'agente normativo e regulador'; 'fiscalização'; 'incentivo'; 'planejamento') a serem exercitadas na dependência da realidade concreta e derivadas, sobretudo, das opções do legislador ordinário. Ao mesmo tempo em que se referem à realidade econômica brasileira, tais signos estampados na Constituição constituem essa mesma realidade. Ampliara-se, por conseguinte, as alternativas do Poder Legislativo, a fim de que ele possa definir, setor a setor, caso a caso, momento a momento, como se dará a interação do Estado com a Economia. E as opções são muito mais amplas e dinâmicas: podem

> ocorrer por meio de normas (legais e/ou regulamentares) e/ou exploração direta; com caráter hard e/ou soft; dirigidas à Administração e/ou às pessoas privadas; e assim por diante. Devem, inclusive, conjugar harmoniosamente tais perspectivas – nem sempre de modo idêntico em cada um dos setores econômicos e/ou respectivos atores (que certamente apresentarão demandas sociorregulatórias diferentes entre si). Porém uma coisa é certa: não se trata da mesma lógica anterior – constatação que é confirmada pela estruturação infraconstitucional do relacionamento do Estado Brasileiro com a Economia, em especial depois de 1995.[50]

O Ministro Luiz Fux tratou da questão sobre a ótica da deferência e da motivação dos atos regulatórios. Sustentou que o controle judicial tem o seu lugar notadamente quando as normas extrapolarem sua competência, existir a necessidade de tutela efetiva de direitos fundamentais e, também, quando o tema afetar solução técnica que possa ser equacionada de várias maneiras possíveis e proporcionais. Sobre o dever de motivação e fundamentação técnico-científica dos atos administrativos normativos exarados pela agência reguladora, aduziu que o questionamento em juízo será cabível quando pareça desbordar do papel institucional legalmente criado para tanto:

> Como já nos adverte Sérgio Guerra (Controle judicial dos atos regulatórios, 2005. p. 264), 'para a validade dos atos regulatórios emanados das Agências Reguladoras impõe-se que os mesmos sejam profundamente motivados, com a perfeita identificação da fundamentação técnica e a razoabilidade e proporcionalidade justificadora da decisão que atingirá todo um subsistema'.

Quanto ao poder normativo das agências reguladoras, evidenciou, no caso, tratar-se de deslegalização, pela qual um preceito normativo (lei), de forma genérica, fundamenta a atuação da agência reguladora. Nesses casos, decidindo questões de índole predominantemente técnica com base em abertura normativa muito ampla, exige-se da Agência um ônus argumentativo mais elevado.

O Ministro sustentou que a deslegalização ocorre pela manifesta incapacidade de o Poder Legislativo acompanhar a complexidade atual, de modo que se vale de princípios e de regras contendo conceitos

---

[50] MOREIRA, Egon Bockmann. Qual é o Futuro do Direito da Regulação no Brasil? In: SUNDFELD, Carlos Ari; ROSILHO, André (org.) Direito da regulação e políticas públicas. São Paulo: Malheiros, 2014, p. 107-139, p. 127-128.

jurídicos indeterminados, de modo a deferir substancial parcela de poder decisório ao aplicador diante do caso concreto.

Assevera que este fenômeno denominado "crise da lei" tem conduzido, em setores e sistemas, à atuação de Agências Reguladoras, dotadas de competência para "desenvolver o conteúdo das regras gerais e abstratas editadas pelo Legislativo com atenção às particularidades e especificidades do domínio regulado, com a possibilidade de resposta ágil diante da evolução da matéria provocada por novos desafios tecnológicos".

E fazendo alusão à doutrina estadunidense, complementa:

> Se, por certo, não se pode mais ignorar a possibilidade de que o Legislador habilite formalmente às agências reguladoras a desenvolverem o conteúdo normativo previsto em Lei, nem por isso deve-se rejeitar qualquer perspectiva crítica do fenômeno à luz do princípio democrático. É que, a habilitação das agências não pode configurar uma renúncia do Poder Legislativo quanto à sua competência para expressar a vontade geral do povo, devendo, ao contrário, ser fixada invariavelmente acompanhada de standards de conteúdo, de diretrizes políticas que limitem a atuação da Administração Pública a fim de que a norma habilitante não corresponda a um "cheque em branco". Nesse sentido é que a jurisprudência da Suprema Corte norte-americana já estabeleceu a denominada "intelligible principle doctrine", considerando inconstitucionais as delegações operadas por Lei sem a previsão de parâmetros claros que direcionem a atuação normativa do Executivo (...).

E, sobre a deslegalização, manifestou-se no sentido de que é amplamente possível, e modernamente aconselhável, desde que operada com o estabelecimento de parâmetros inteligíveis, em prestígio ao princípio democrático. Para que a deslegalização seja considerada legítima, (i) não poderá envolver matérias sujeitas, por decisão constitucional, à reserva de lei, e (ii) há de ser acompanhada de parâmetros mínimos e claros, que, de modo enfático, limitem a atuação da agência reguladora, e permitam a fiscalização dos seus atos.

Quanto ao mérito, e não obstante os argumentos acima, entendeu que a intensidade regulamentar e restritiva não se justifica no presente caso e, assim, com ênfase no argumento de que o propósito da regulação jamais deve ser o puro desestímulo ou banimento de insumo não danoso à saúde, votou em sentido oposto à Relatora pelo conhecimento do pedido formulado na ADI e pela sua procedência, acolhendo o pleito a fim de que seja emprestada interpretação conforme a Constituição ao artigo 7º, XV, parte final, da Lei nº 9.782/1999, sem redução de texto, para fixar a exegese de que o propósito da regulação deve ser o da proteção da saúde e da liberdade de escolha informada dos consumidores, bem como declarar, por arrastamento, a inconstitucionalidade da Resolução da Diretoria Colegiada da ANVISA nº 14/2012.

O Ministro Dias Toffoli ressaltou que o ponto nevrálgico não é sobre a constitucionalidade da função normativa da ANVISA; a divergência seria quanto ao extrapolamento ou não quanto à abrangência e ao excesso ou não desse poder regulamentar. Seu voto acompanhou a divergência, entendendo que a ANVISA teria extrapolado de sua competência normativa.

Quanto ao Ministro Ricardo Lewandowski, votou integralmente com a Relatora Ministra Rosa Weber, entendendo que existem fundamentos constitucionais e legais para que a ANVISA editasse a resolução em comento, julgando improcedente o pedido formulado na inicial. O Ministro Gilmar Mendes acompanhou a divergência aberta pelo Ministro Alexandre de Moraes. O Ministro Marco Aurélio acolheu o pedido e votou pela inconstitucionalidade do inciso III do artigo 7º da Lei nº 9.782/1999, sob o argumento de que a delegação legislativa foi afastada pelo artigo 25 do Ato das Disposições Constitucionais Transitórias da Constituição Federal de 1988. Quanto à Resolução expedida pela ANVISA, também acolheu o pedido, entendendo que a ANVISA não tem o poder de normatizar de forma abstrata e autônoma. E o Ministro Celso de Mello acompanhou a Relatora.

Por fim, a Ministra Carmen Lúcia votou pelo improvimento da ADI, fundamentando seu voto no sentido de que não ter havido exorbitância da ANVISA ao dispor nos termos da resolução impugnada. Aduziu que a escolha regulatória está conforme o art. 196 da Constituição da República, ao determinar ao Estado que garanta o direito à saúde, "mediante políticas sociais e econômicas que visem à redução do risco de doença e outros agravos". Com isso, julgou improcedente a ADI, cassando a medida liminar que suspendeu a eficácia dos arts. 6º, 7º e 9º, da Resolução da Diretoria Colegiada – RDC nº 14/2012, da Agência Nacional de Vigilância Sanitária.

4 Conclusão: *insights* e questões a refletir

O presente caso é de grande importância para o estudo da dinâmica da regulação no Brasil, em vista das conclusões a que chegaram os ministros do Supremo Tribunal Federal em questões ainda bastante controversas na doutrina nacional, envolvendo: (i) o cabimento ou não de ação direta de inconstitucionalidade sobre atos regulatórios; (ii) o alcance do princípio da legalidade e da deslegalização, vis-à-vis a discricionariedade "técnica" do administrador público na regulação social de temas sensíveis à sociedade; (iii) a análise do regulamento e do ato regulatório, seus limites e imbricamentos com funções estatais, a exemplo do poder de polícia sanitária.

A fim de fixar os conceitos, reflitamos o propósito das seguintes questões:

1. Quais são as questões jurídicas debatidas nesse caso quanto ao cabimento de ação direta de inconstitucionalidade contra norma expedida por agências reguladoras?
2. Há mitigação (ou, crise) do princípio da legalidade em matérias sujeitas à competência das agências reguladoras? As conclusões sobre essa indagação também se aplicam ao chefe do Poder Executivo e seus subordinados?
3. Quais argumentos jurídicos podem ser sustentados a favor e contra a suposta diferença ontológica entre regulamentação e regulação? Só haveria discricionariedade técnica na segunda?
4. No presente caso, a resolução da ANVISA pode ser considerada jurídica mesmo que tenha um conteúdo preponderantemente político? A partir daí, há argumentos para sustentar uma diferenciação entre reserva de lei, reserva da administração e reserva do regulador?
5. O princípio da deferência judicial só teria cabimento em matérias preponderantemente técnicas, de competência das agências reguladoras?

REGULAÇÃO E DELIMITAÇÃO DE REGIMES JURÍDICOS – CASO *PORTOS PÚBLICOS E PRIVADOS*: ACÓRDÃOS Nº 402/2013 E 989/2017, TCU

EGON BOCKMANN MOREIRA

HELOISA CONRADO CAGGIANO

1 Resumo

O setor portuário brasileiro é um dos melhores exemplos da narrativa de conflitos oriunda da ideia de regime jurídico unitário (público *ou* privado), que contaminou algumas atividades econômicas brasileiras. A despeito de a Constituição, lei setorial e decretos regulamentares preverem regimes variados/mistos para os empreendimentos portuários, fato é que os órgãos de controle muitas vezes insistem em qualificações que remetem a um só: o regime de direito público em seu estado puro. O que traz consigo a reflexão a propósito dos limites da ação dos Tribunais de Contas quanto à regulação independente desse setor. Os casos em exame demonstram esse dilema regulatório.

2 Introdução: questão de fundo

A ordem econômica brasileira definiu modelo capitalista de iniciativa dual.[51] Isso importa dizer que tanto os poderes públicos quanto as pessoas privadas têm legitimidade para instalação e desempenho de atividades econômicas, a depender do cumprimento a requisitos estabelecidos na Constituição, leis e regulamentos. As normas jurídicas de *status* constitucional, legal e infralegal atribuem, liberam, condicionam, conformam e definem a execução das atividades econômicas e respectivos sujeitos.

Essa geografia econômico-constitucional baseia-se na instituição de dois setores integrados, com respectivas regras de ingresso e barreiras de transposição. A depender da titularidade primária, tais setores econômicos podem ser juridicamente divididos em público e privado. Este tem por lastro a liberdade de iniciativa (outorgada em abstrato e definida *a contrario sensu*: o exercício é permitido, desde que não expressamente proibido por lei); aquele, as competências, *numerus clausus*, enunciadas na legislação (outorgada em concreto e em sentido positivo: pode, desde que expressamente permitido em lei). Logo, quando a Constituição estatui que "compete à União (...) explorar, diretamente ou mediante autorização, concessão ou permissão (...) os portos marítimos, fluviais e lacustres" (art. 21, inc. XII, "f"), está a definir atribuições federais e respectivas fronteiras em determinado território do setor público da economia.

Todavia, a existência de um setor público da economia não necessariamente traz consigo o regime jurídico de direito público. Nada obstante isso possa se dar, dependerá do próximo passo: como o legislador (constitucional, infra e regulamentar) definirá o exercício das respectivas atividades econômicas. De usual, o setor público é primariamente pautado pelo conceito de *função* e submetido, em síntese, aos princípios da Administração Pública (art. 37, *caput*) e à aplicação do art. 175 (concessões e permissões); já o setor privado orienta-se pela lógica da *liberdade* (à luz do art. 170). Esta estruturação aproxima-se da ideia de tipos-ideais, a descrever o rascunho da maneira pela qual vive a Constituição econômica brasileira.

---

[51] Nesse sentido e por todos, v. NUSDEO, Fábio. A Constituição Econômica: origens, evolução, principiologia. *Revista de Direito Público da Economia – RDPE*, Belo Horizonte, v. 66, p. 101-117, abr./jun. 2019.

Isso porque, nada obstante a distinção básica, fato é que há constante interação e integração entre os sujeitos e regimes jurídicos primários de ambos os setores. Ressalvados os casos em que a prestação de determinadas atividades foi cometida aos poderes públicos de maneira direta e exclusiva, por impossibilidade de convivência com outros modelos (como nos serviços e instalações nucleares – art. 21, V, da Constituição), há atuação conjunta de atores públicos e privados,[52] a gerar regimes jurídicos dinâmicos e interdependentes. O mesmo se diga quanto à intensidade regulatória e respectivas formas de implementação.

No que é pertinente à atuação empresarial propriamente dita, por um lado, o constituinte permitiu que os poderes públicos explorem atividades econômicas de maneira subsidiária, sob regime de direito privado (direito privado administrativo, para ser mais exato),[53] em casos de *relevante interesse coletivo* ou em questões de *segurança nacional* (art. 173 da Constituição, regulamentado pela Lei nº 13.303/2016). Por outro lado, agentes privados podem vir a explorar atividades cuja titularidade foi atribuída aos poderes públicos, conforme previsto, por exemplo, nos arts. 21 e 175 da Constituição, igualmente sob regime de direito privado administrativo.

Em ambas as hipóteses, o que existem são barreiras de entrada estatuídas na legislação constitucional e infra – as quais, uma vez transpostas, instalam a convivência dos regimes jurídicos (em graus imprecisos, dependentes da legislação setorial e regulamentos). No primeiro caso, tem-se a criação de empresas estatais, por meio de autorização legislativa combinada com o ato administrativo negocial de constituição destas empresas (o contrato societário). No segundo, as formas de delegação à iniciativa privada, previstas nas leis que regem a prestação desses serviços atribuídos ao Estado, e concretizadas mediante negócios jurídicos ou relações jurídicas pactuadas com o poder público competente.

Tanto num caso quanto noutro, existe a conjugação dos requisitos legislativos (a lei que autoriza a criação da estatal para ingresso

---

[52] Para Floriano de Azevedo Marques Neto, a Constituição "abdica dessa divisão hermética entre domínio público e domínio privado" e que a regulação atual "deve dar lugar a uma lógica colaborativa, em que serviços e atividades podem – e, em alguns casos, devem – ser compartilhados entre Estado e agentes privados" (MARQUES NETO, Floriano de Azevedo. Delimitação da poligonal dos portos organizados e o regime jurídico dos bens públicos. *In*: PEREIRA, C.; SCHWIND, R. (org.). *Direito portuário brasileiro*. São Paulo: Marcial Pons, 2015. p. 337).

[53] Sobre o tema, com amplas referências, v. MOREIRA, Egon Bockmann. *Direito das concessões de serviços públicos*. São Paulo: Malheiros, 2010. p. 58-70.

público no domínio privado, sob regime híbrido, majoritariamente privado, lado a lado com a lei que autoriza a autorização, concessão ou permissão) com um negócio jurídico-contratual (o contrato plurilateral societário-constitutivo que cria as estatais, lado a lado com o ato administrativo negocial ou contrato administrativo que constituem o autorizatário, concessionário ou permissionário).[54] Em ambos os casos, em específico no setor portuário, os atos e contratos submetem-se à regulação independente.

Se a atuação privada para exploração de atividades atribuídas aos poderes públicos é constitucionalmente aceita, e da mesma forma se dá em relação às empresas estatais em regime de livre iniciativa e concorrência, a questão que se coloca é de que forma jurídica sua execução deve ocorrer. Mais: pode ser prestigiada classificação "natural", "tradicional" ou "intuitiva" de tais regimes jurídicos, inclusive em sentido contrário ao da legislação positiva?

Para enfrentar tais questões, a premissa é ter clareza de que a atuação do Estado na economia não se dá apenas na prestação direta de certas atividades (nem somente na regulação normativa). O desenvolvimento econômico contribuiu para o surgimento de novas demandas, e, igualmente, das correspondentes atividades. E os avanços tecnológicos dinamizaram e alteraram significativamente as formas de prestação dos serviços (inclusive, no que respeita às tecnologias disruptivas).[55]

Com isso, a normatização dos setores econômicos também se tornou bastante mais complexa: para além das normas constitucionais a configurar a ordem econômica, há marcos legais específicos para determinadas atividades (portos, telecomunicações, saneamento, energia elétrica etc.), regulamentados por decretos, desdobrados em normativas de agências reguladoras (federal, estadual ou municipal), coordenados com políticas públicas, conformados à aplicação concreta dada por órgãos de controle interno, externo e pelo próprio Judiciário (em todas

---

[54] Cf. MOREIRA, Egon Bockmann. A nova lei dos portos e os regimes de exploração dos portos brasileiros. *In*: RIBEIRO, L. C.; FEIGELSON, B.; FREITAS, R. V. (org.). *A nova regulação da infraestrutura e da mineração*. Belo Horizonte: Fórum, 2015. p. 121-136; MOREIRA, Egon Bockmann. Exploração privada dos portos brasileiros: concessão versus autorização. *Revista de Direito Administrativo Contemporâneo – ReDAC*, São Paulo, v. 0, p. 31-45, 2013; MOREIRA, Egon Bockmann. Atos administrativos negociais. *In*: WALD, A.; JUSTEN FILHO, M.; PEREIRA, C. (org.). *O direito administrativo na atualidade*. São Paulo: Malheiros, 2017. p. 363-371.

[55] A propósito das situações disruptivas e o direito, v. FREITAS, Rafael Véras de; RIBEIRO, Leonardo Coelho, FEIGELSON, Bruno (org.). *Regulação e novas tecnologias*. Belo Horizonte: Fórum, 2017.

as instâncias e estruturas) e sujeitas – em muitos casos – a arranjos contratuais. Não será demais dizer que cada setor jurídico-econômico reflete os avanços tecnológicos e sociais do bem ou serviço em questão. A gestão dessa complexidade extrema é um dos principais desafios com que se defronta o jurista contemporâneo.

As normas constitucionais e legais – a que se associa relativo grau de estabilidade – não são, pois, as únicas a condicionar e conformar o regime jurídico para prestação de serviços. A tecnicidade associada ao desenvolvimento econômico intensificou a atuação estatal normativa e regulatória, prevista no art. 174 da Constituição. Seja por meio das funções de incentivos, planejamento ou fiscalização, o Estado atua dinamicamente, na condição constitucional daquele que age para normatizar e regular a economia. Quem define a titularidade do agir, caso a caso, é a lei configuradora da respectiva atividade.

Cada vez menos, portanto, pode se pretender definir, de modo apriorístico e estático, o regime jurídico de determinado setor a partir de regras gerais e de conceitos amplos – muitos deles tradicionais e intuitivos. A solução está no alerta de Almiro do Couto e Silva, ao "relembrar que se deve começar a interpretar a Constituição a partir da própria Constituição",[56] nada obstante conceitos doutrinários clássicos que se pretendam atemporais, universais e imutáveis.

Em outras palavras, fato é que a hierarquia das normas jurídicas ainda orienta o caminho a ser percorrido para compreensão do(s) regime(s) jurídico(s) de determinadas atividades – que se inicia necessariamente pela Constituição e se encerra nos atos regulamentares. Neste ponto, destacam-se os arts. 21 e 22, que tratam respectivamente das competências *materiais* e *legislativas* da União, e os art. 25 e 30, que tratam da competência *material* e *legislativa*, respectivamente, dos estados e municípios. Para além destes dispositivos, os arts. 170, 173, 174 e 175 da Constituição estabelecem parâmetros para execução daquelas competências.

Nesse cenário, se é possível compreender os regimes jurídicos de determinado setor econômico, é impossível pretender uniformizar sua dinâmica a todos os demais. Quando o foco é a prestação eficiente, cada um deles demandará a proporcionalidade dos meios, fins e formas. Neste estudo será problematizada a complexidade na definição dos regimes

[56] SILVA, Almiro do Couto e. Privatização no Brasil e o novo exercício de funções públicas por particulares. *Revista de Direito Administrativo – RDA*, Rio de Janeiro, v. 230, n. 70. Disponível em: http://bibliotecadigital.fgv.br/ojs/index.php/rda/article/view/45915/45101. Acesso em: 30 jul. 2019.

jurídicos dos setores econômicos em geral. Partindo da premissa acima, de que não há se falar em regime jurídico único e uniforme para toda e qualquer atividade, será utilizado como pano de fundo da análise o que se passa na exploração do setor portuário.

Em vista da notória relevância econômica, especialmente em termos de logística, abastecimento e comércio internacional, a titularidade da exploração portuária foi atribuída à União (Constituição, art. 21, inc. XII, "f"). Ela se insere, pois, no rol de competências *materiais* daquele ente, aí incluindo a exploração dos portos marítimos, fluviais e lacustres. O constituinte ainda estabeleceu (no mesmo art. 21) as formas como tais atividades poderiam ser exploradas pela União: direta ou indiretamente, mediante autorização, concessão ou permissão à iniciativa privada (isso sem se falar nas delegações advindas de consórcios e convênios públicos, nos termos do art. 241).

Isto é, como sublinhado por Flávio Amaral Garcia, "o art. 21, XI e XII, confere discricionariedade para que o legislador estabeleça a forma pela qual a União regulará o exercício de atividades econômicas e como levará a efeito a prestação de serviços públicos", assim qualificando as *autorizações de funcionamento portuário*: "o título habilitante por meio do qual a Administração Pública confere título para que o particular explore determinada atividade privada de interesse público, mediante o atendimento de certas condições preestabelecidas".[57]

Estes conceitos, porém, não esgotam o tema. As minúcias de cada regime de exploração da atividade portuária ficaram a critério do legislador federal (art. 22, inc. X, da Constituição). Trata-se de competência *legislativa*, a incidir no setor portuário brasileiro sob a forma de normas legais primárias e regulamentos administrativos (declaratórios, constitutivos e mandamentais).

Pode se tomar como marco inicial para o exercício dessa competência legislativa a já revogada Lei nº 8.630/1993.[58] Segundo aquele diploma, para além da exploração direta, a atividade portuária seria

---

[57] GARCIA, Flávio Amaral; FREITAS, Rafael Véras de. Portos brasileiros e a nova assimetria regulatória. *In*: GARCIA, Flávio Amaral. *Concessões, parcerias e regulação*. São Paulo: Malheiros, 2018. p. 384; 385.

[58] O histórico da legislação portuária brasileira pode ser visto em Sérgio Guerra Evolução do marco regulatório do setor portuário no Brasil. *In*: PEREIRA, C.; SCHWIND, R. (org.). *Direito portuário brasileiro*. São Paulo: Marcial Pons, 2015) e Michael de Jesus (*Direito Portuário no Brasil*. São Paulo: Quartier Latin, 2018. p. 35-53). Sobre o cenário regulatório dos portos brasileiros, v. CASTRO JUNIOR, Osvaldo Agripino de. *O direito portuário e a nova regulação*. São Paulo: Aduaneiras, 2015. p. 83-156; MOREIRA NETO, Diogo de Figueiredo; FREITAS, Rafael Véras de. *A nova regulação portuária*. Belo Horizonte: Fórum, 2015, e GARCIA, Flávio Amaral; FREITAS, Rafael Véras de. Portos brasileiros e a nova

passível de delegação à iniciativa privada mediante concessão (art. 1º, *caput*). Esta exploração do porto organizado (conceito que, basicamente, congregava a infraestrutura do porto, conforme art. 1º, IV) se dava mediante licitação (art. 1º, §2º). As instalações portuárias poderiam ser exploradas mediante arrendamento ou autorização. O arrendamento era a forma de delegação, sujeita à licitação, para áreas dentro do chamado porto organizado. Ao seu tempo, a autorização aplicava-se a instalações portuárias públicas de pequeno porte, estação de transbordo de cargas ou terminal de uso privativo, desde que fora do porto organizado ou dentro dele, quando o autorizatário fosse titular do domínio útil do terreno (Lei nº 8.630/1993, art. 4º, incs. I e II).

Assim, nos casos de autorização ou arrendamento, a lei concluía, no art. 4º, §2º, pela existência de duas modalidades de exploração: de uso público (áreas dentro do porto organizado ou em instalação portuária pública de pequeno porto) e de uso privado (movimentação de carga própria, de carga mista, de passageiros e de estação de transbordo, situada fora do porto organizado e para cargas da navegação interior).

A esta multiplicidade de regimes somava-se a pluralidade de agentes envolvidos: para além do titular dos serviços e seus prestadores (concessionárias, arrendatárias e autorizatárias), havia a administração do porto (autoridade portuária), as autoridades sanitárias, marítimas, de saúde, de polícia marítima. Isso sem se falar da superveniente Agência Nacional de Transportes Aquaviários – Antaq (Lei nº 10.233/2001), a quem se atribui competência regulamentar os bens e serviços de exploração portuária.

A Lei nº 8.630/1993 foi regulamentada pelo Decreto nº 6.620/2008, ao que se seguiu amplo debate sobre os regimes de exploração, em especial dos parâmetros para movimentação de carga própria para fins de exploração portuária por meio de autorização (sem necessidade de licitação). Também havia a Resolução Antaq nº 507/2006, especificando a questão da carga própria para autorização, e após, em 2010, a Resolução Antaq nº 1.695, que introduziu detalhamento nos conceitos de carga própria e de terceiro. O litígio foi objeto de denúncia e intenso debate no Tribunal de Contas da União – TCU (Processo nº 015.916/2009-0).

Com o tempo, porém, o marco legal do setor foi atualizado, não apenas com vistas a racionalizar confusão terminológica, mas especialmente visando a torná-lo mais eficiente. A nova legislação

---

assimetria regulatória. *In*: GARCIA, Flávio Amaral. *Concessões, parcerias e regulação*. São Paulo: Malheiros, 2018. p. 346-389.

setorial foi positivada pela Lei nº 12.815/2013, que tem como objetivos claros a expansão e modernização dos portos brasileiros (art. 3º, inc. I), obediente às competências da Antaq.

Para tanto, a Lei nº 12.830/2013 previu alterações nos regimes jurídicos da exploração portuária. Por um lado, aboliu qualquer diferenciação entre terminal de uso privado e de uso público a partir da qualificação da carga movimentada. A dualidade de regimes (público e privado) passou a depender de um único critério: a localização geográfica da área, isto é, se dentro ou fora do porto organizado – sendo este delimitado por ato do Executivo (art. 2º, incs. I e II). Por outro, previu a prorrogação antecipada dos contratos até então vigentes (art. 57).

Como se constata, a Lei nº 12.830/2013 reforçou a discussão acerca do conceito de regimes jurídicos de exploração de atividades de titularidade pública, com foco para as autorizações. Afinal, como leciona Oswaldo Agripino de Castro Junior, a promulgação da Lei nº 12.815/2013 (e posterior regulamentação do art. 58 pelo Decreto nº 8.033/2013) demandou inclusive a adaptação das autorizações pretéritas ao novo regime, eis que a consolidou como "a exploração privada da atividade portuária fora do porto organizado".[59]

Mas não só as autorizações causaram polêmica. A hipótese de prorrogação antecipada de contratos também foi objeto atenção pelo TCU, que instalou processos de acompanhamento para averiguar a legalidade das normativas da Antaq e da Secretaria Especial de Portos – SEP sobre o instituto (destaca-se aqui o Processo nº 012.558/2016-8). Ao final, foram emitidas determinações corretivas, de aperfeiçoamento e de sistematização das normativas daquelas entidades, a impactar diretamente a aplicação da Lei nº 12.815/2013 – e na competência regulatória independente da agência setorial.

Vê-se, pois, que tanto na vigência da lei anterior, como na atual legislação portuária, a definição do regime jurídico da exploração da atividade é ponto de intensos debates. A diversidade de modalidades somada ao incremento da concorrência e ao grande número de agentes envolvidos tornaram o tema litigioso, tanto sob a égide da Lei nº 8.630/1993 como na 12.815/2013. O mesmo se diga da agência reguladora

---

[59] CASTRO JUNIOR, Osvaldo Agripino de. *O direito portuário e a nova regulação*. São Paulo: Aduaneiras, 2015. p. 149. O que hoje se dá, conforme posteriormente consignado no mesmo livro do Professor Oswaldo Agripino de Castro Junior, é a "coexistência de terminais públicos e privados", a demandar "melhor qualidade na regulação" (CASTRO JUNIOR, Osvaldo Agripino de. *O direito portuário e a nova regulação*. São Paulo: Aduaneiras, 2015. p. 232). Ampliar em JESUS, Michael de. *Direito Portuário no Brasil*. São Paulo: Quartier Latin, 2018. p. 117-151.

criada pela Lei nº 10.233/2001, seus atos normativos e respectiva independência.

Toda esta complexidade é que justifica a escolha do setor portuário como pano de fundo para a discussão sobre regimes jurídicos na exploração de atividades econômicas do setor público, a ser conduzida a partir do tratamento dado ao tema pelo TCU nos dois processos acima referidos, por meio dos acórdãos nº 402/2013 e 989/2017.

3 Os casos concretos

Há dois processos paradigmáticos no TCU, que abordaram, sob diferentes ângulos, o regime de exploração portuária. Ambos têm pelo menos um ponto em comum: deles resultaram conclusões que conformaram o sentido e alcance das normas – legais e regulamentares – aplicáveis às concessões, arrendamentos e autorizações nos portos brasileiros. Daí sua relevância para a compreensão do que vêm a ser os regimes jurídicos do setor portuário e quais as fontes ou agentes relevantes neste processo. Passa-se à descrição sumária de cada caso.

O Processo nº 015.916/2009-0 decorreu de denúncia, pela Federação Nacional dos Portuários, de que haveria irregularidades em relação às autorizações para exploração de terminais privativos de uso misto (aqueles que deveriam movimentar cargas próprias e de terceiros), redundando em burla ao princípio da licitação e concorrência assimétrica. A discussão foi conduzida a partir do conceito de carga própria para fins de autorização, com enfoque na discrepância concorrencial que teria se instalado em face dos arrendamentos portuários. Tudo a partir de diversos atos normativos que tratavam do tema (Lei nº 8.630/1993; Decreto nº 6.620/2008; Resolução Antaq nº 517/2005 e Resolução Antaq nº 1.695/2010).

Em síntese, o denunciante requereu que, além da definição da preponderância da carga própria para o regime de autorização, com adequação das autorizações vigentes, fosse exigido, como condição para sua obtenção, estudo de viabilidade técnica e econômica, que justificasse a operação dos terminais privados com movimentação de carga mista. A lógica era a de que os portos deveriam ser sempre submetidos ao regime de direito público em sentido estrito, tanto em seu ingresso (licitações) quanto em seu exercício (contratos administrativos e regulação setorial mandatória). Os portos privados seriam exceção absoluta, a demandar exclusividade de cargas próprias para sua instalação e exercício (ou, quando muito, limites estreitos às cargas de terceiros, que seriam manejáveis apenas de modo comprovadamente subsidiário).

Da instrução conduzida pelo órgão técnico do TCU, concluiu-se que as outorgas de autorização às empresas privadas envolvidas teriam se dado de modo ilegal, sem considerar parâmetros legais (quantitativos de carga própria e de terceiro) dos terminais privados mistos. Efeito disso seria que terminais privados, fora do porto organizado e não sujeitos à licitação, estariam explorando "serviço público de movimentação de carga de terceiros". Veja-se bem esta peculiaridade, a atar o setor portuário à lógica dos "serviços públicos" clássicos e a inibir a aplicação dos regulamentos independentes.

No voto do relator, Ministro Raimundo Carreiro, foi consignada inicialmente a competência do TCU para fiscalizar agências reguladoras, no acompanhamento de outorgas ou execução contratual de serviços públicos concedidos. Isso respeitando-se eventual a competência, vinculada ou discricionária, da agência: naquele caso, com determinações de saneamento de irregularidades, neste, com recomendação de eventuais providências. Em ambas as hipóteses, a Corte de Contas deteria competência para ingressar na regulação independente do setor portuário.

O ministro relator seguiu indicando a necessidade de a Antaq especificar, para fins de autorização de terminais privados de uso misto, o que seria movimentação complementar de carga de terceiros, indicando quantidade mínima exigida de carga própria. E, ainda, fiscalizar seu cumprimento posterior. Isso nada obstante a nova Lei de Portos, de 2013 (vigente quando do julgamento), já ter eliminado a distinção entre carga própria e carga de terceiros para fins de definição do regime de exploração portuária.

Porém, ao reconhecer a necessidade desta especificação, o voto do ministro relator afastou alegação de ofensa ao decreto de 2008 quanto à proporcionalidade entre carga própria e de terceiro, tendo em vista que as autorizações em análise haviam sido anteriores à sua edição. Preservou-se, pois, o ato jurídico perfeito e a segurança jurídica das autorizatárias, respeitando-se a interpretação conferida à época pelo Ministério dos Transportes e pela Antaq.

Além disso, o voto do ministro relator privilegiou a compreensão de que as autorizações para fins de exploração de atividades econômicas não são atos precários e discricionários, tendo sido expressamente qualificado como contrato de adesão pela Lei nº 8.630/2013, art. 6º, §1º. Em outras palavras, não se trata das tradicionais autorizações-licença, compreendidas como do poder de polícia estatal e respectivas limitações ao exercício da liberdade econômica. Nos termos da legislação brasileira, as autorizações portuárias afastar-se-iam do conceito clássico e seriam, sim, definidas pelas normas constitucionais, legais e regulamentares.

Quanto à inconstitucionalidade da exploração privada da atividade portuária por meio de autorização, o relator remeteu o tema ao julgamento da ADPF nº 139, em que se questionou a ausência de licitação e a necessidade de se usar a modalidade de concessão para movimentação de carga de terceiros.[60] Já quanto à imputada ilegalidade das autorizações outorgadas pela Antaq e, antes, pelo Ministério dos Transportes, foi afastada por haver expressa previsão legal para tanto.

No pertinente à assimetria concorrencial supostamente instalada pelo regime jurídico da autorização de terminais de uso misto em face dos públicos, o relator remeteu ao julgado do Cade, pela improcedência da alegação, destacando que, se houvesse conclusão em sentido contrário, ainda caberia à Antaq regulamentar o tema e promover eventual reequilíbrio econômico-financeiro dos contratos de concessão. Além disso, pautou-se pela promoção da concorrência no setor, já no espírito da nova lei que havia sido recém-publicada e de tantos outros setores (energia elétrica, telecomunicações, radiodifusão).

Em síntese, o ministro relator votou pela improcedência da representação: a lei autorizaria a exploração de terminais privados por meio de autorizações, sem obstáculos sensíveis decorrentes do conceito tradicional de serviço público.

O voto revisor do Ministro Aroldo Cedraz, igualmente, prestigiou a competência do TCU para o tema, não apenas em face da receita pública envolvida (eventuais outorgas nas licitações), mas da despesa pública tida com eventuais indenizações por regulação deficiente. Assim, caberia à Corte de Contas o controle de abusos, de deficiências e de ausência

---

[60] A ADPF foi extinta em fevereiro de 2014, sobretudo devido à superveniência da Lei nº 12.815/2013. Todavia, o assunto lá tratado é o mesmo deste artigo, conforme consta da decisão do Ministro Relator, Gilmar Mendes: "A requerente alega que 'atos normativos e concretos praticados pela Agência Nacional de Transportes Aquaviários – ANTAQ' teriam violado os preceitos fundamentais contidos nos arts. 1º, inc. IV; 21, inc. XII, alínea 'f'; 170, *caput*, inciso IV e parágrafo único; 173; e 175 da Constituição Federal, pela não observância dos limites constitucionais que incidem sobre a criação e a operação dos terminais de uso privativo misto (previstos no art. 4º da Lei 8.630/93 – Lei dos Portos). (...) Pretende 'obter a fixação das condições e do modo de interpretação e aplicação dos dispositivos constitucionais tidos como violados' (fls. 19), com eficácia *erga omnes*, para que seja declarado que os serviços portuários sejam prestados 'sob regime de direito público (serviço público), diretamente pelo Poder Público ou, indiretamente, mediante delegação, sob a forma de concessão ou permissão de serviço público, contratadas após prévia licitação' (fls. 57)" (BRASIL. STF. *ADPF 139*. Disponível em: http://portal.stf.jus.br/processos/detalhe.asp?incidente=2607867. Acesso em: 3 ago. 2019).

de discricionariedade sobre o tema, cobrando-se a vinculação dos atos quando possível, mas prestigiando-se o poder regulador da Antaq.

No mérito, sobre o regime jurídico da exploração portuária por meio de autorização, o voto revisor foi conduzido a partir de três questões: (i) a natureza jurídica das autorizações para operação de terminais privados de uso misto; (ii) a lei aplicável aos contratos de adesão por meio dos quais são outorgadas as autorizações; e (iii) se a lei determina a preponderância da carga privada em relação à de terceiros.

Daí o ministro revisor concluir que, sobre o item (i), a autorização do art. 21 da Constituição seria *sui generis*, de natureza contratual, a demandar a aplicação dos institutos do direito adquirido e do ato jurídico perfeito. Já sobre o ponto (ii), o voto foi pela constitucionalidade do regime de autorização para transporte de carga mista, pois o fato de haver movimentação de carga de terceiros não qualificaria a atividade como serviço público, sujeito à licitação pelo art. 175 da Constituição. Atribuir aos terminais privados de uso misto um regime não dependente de licitação seria escolha legítima do legislador, à luz do art. 21 da Constituição. Mas caberia ao Poder Público prestigiar os contratos de concessão anteriores às autorizações, responsabilizando-se por assegurar o seu equilíbrio econômico-financeiro.

Quanto ao item (iii), concluiu o ministro revisor que a legislação até então vigente não tinha estabelecido relação de preponderância entre carga própria ou de terceiros, para fins de aferição da (i)legalidade de autorizações que não observaram este ponto.

Após apresentados os votos dos ministros relator e revisor, o Ministro Augusto Scherman Cavalcanti apresentou proposta de encaminhamento diversa. Sustentou, em síntese, que não haveria justificativa para, diferentemente de outros serviços públicos, a exploração portuária ser objeto de autorização independentemente de licitação. Tratava-se de serviço público, sujeito aos limites constitucionais.

Além disso, e já antecipando a problemática que se manteria à luz da nova Lei de Portos, editada no curso do julgamento, o ministro entendeu que, nada obstante o estímulo à concorrência, eventual diferença significativa de custos entre a exploração privada (autorização) e aquela de regime público (concessão ou arrendamento) implicaria a extinção destes. Considerando ambos os pontos, encaminhou proposta para diligências no TCU, visando a enfrentar o tema da inconstitucionalidade do regime da autorização e à realização de estudos para averiguar o impacto, em termo de custos, dos terminais privados de uso misto em face dos públicos. O voto foi minoritário.

Assim, por meio do Acórdão TCU nº 402/2013, definiu-se que as autorizações de terminais privados de uso misto, até então outorgadas, se deram nos termos da legislação vigente, que não previam predominância da carga própria e que dispensavam a realização de licitação. E, ainda, que aquelas autorizações não instalariam concorrência assimétrica, enaltecendo-se o caráter salutar da concorrência para melhora dos investimentos.

Passa-se então à descrição do segundo caso objeto de análise no TCU, acerca dos regimes jurídicos de exploração portuária, agora sob a égide da Lei nº 12.815/2013 (Processo nº 012.558/2016-8, decidido por meio do Acórdão nº 989/2017). Este caso integra-se ao anterior, mas o amplia – em vista da decisão pela recomendação da edição de atos (e seu conteúdo) pela Antaq.

Como referido acima, a nova Lei de Portos teve como objetivo a atração de investimentos para o setor, visando à sua modernização. Com este fim, entre as alterações promovidas no marco setorial, previu a hipótese de prorrogação antecipada dos contratos de exploração portuária até então vigentes. Para tanto, estabeleceu os seguintes requisitos: previsão expressa de prorrogação no contrato, ainda não implementada, e aceitação expressa do arrendatário de realizar novos investimentos, a serem apresentados por meio de plano aprovado pelo Poder Concedente. Atos normativos da – então existente – SEP[61] (Portaria nº 349/2014) e da Antaq (Resolução nº 3.220/2014) definiram as competências de cada órgão no processo administrativo de prorrogação antecipada.

No ano seguinte à edição da Lei nº 12.815/2013, foi instalado no TCU processo de acompanhamento dos procedimentos da SEP e da Antaq para prorrogação antecipada dos contratos de arrendamento portuário (Processo nº 024.882/2014-3). O objetivo seria fiscalizar se os processos de análise dos pedidos de prorrogação respeitavam a legislação aplicável. Como resultado, o Acórdão nº 2.200/2015 expediu série de diretrizes à SEP e à Antaq.

O foco foi a mitigação de riscos na assinatura de aditivos de prorrogação antecipada pela Antaq, SEP e autoridades portuárias, sobretudo o de inadimplemento na realização dos novos investimentos. O TCU partiu da verificação de metodologias para monitoramento do cumprimento dos aditivos já firmados, como a inclusão de cláusulas

---

[61] A SEP foi extinta por meio da MP nº 726/2016 (convertida na Lei nº 13.341/2016), e incorporada ao Ministério dos Transportes, Portos e Aviação Civil (MTPAC).

essenciais nos próprios aditivos e instrumentos de fiscalização dos investimentos.

Entre as cláusulas reputadas essenciais, o TCU avaliou a inclusão, nos aditivos de prorrogação antecipada, de cláusulas estabelecendo (i) a respectiva invalidade em caso de descumprimento do prazo para realização dos investimentos; (ii) sanções para atraso injustificado na implantação dos investimentos; (iii) atribuição de risco aos arrendatários quanto a exigências em licenciamentos ambientais; e (iv) exigência de demonstrativos contábeis e auditoria próprios para operações dos terminais.

Sob o ponto de vista do procedimento, o TCU questionou a isonomia e sistematização da análise dos estudos de viabilidade (EVTEA) a serem apresentados pelos arrendatários como condição para antecipação da prorrogação contratual. A recomendação à Antaq foi a de regulamentação de metodologia de análise dos estudos, contendo critérios baseados em relevância dos investimentos e seus riscos; análise de custo-benefício, considerando a eficiência do terminal; e exame das premissas para elaboração dos estudos.

Como se infere, a Corte de Contas expressamente recomendou que a agência reguladora independente adotasse parâmetros externos para a definição do conteúdo de seus contratos, procedimentos e critérios de estudo de casos concretos.

Para averiguar a atuação dessas entidades no cumprimento da nova lei, considerando que quando daquele processo de acompanhamento ainda não haviam sido concluídos processos de prorrogação que permitissem fiscalização completa,[62] foi instalado em 2016 no TCU o Processo de Auditoria nº 012.558/2016-8.[63]

Neste procedimento, concluído por meio do Acórdão nº 989/2017, detectou-se que:

> a) a inclusão de cláusulas visando a mitigar riscos, em especial de inadimplemento na realização dos investimentos, foi atendida pelas entidades envolvidas;

[62] Segundo consta do Acórdão nº 989/2017 do TCU, o primeiro termo aditivo que formalizou pedido de prorrogação contratual com base na Lei nº 12.815/2013 foi celebrado em 18.12.2014, após a data de encerramento do processo de acompanhamento, que se deu em 12.12.2014.

[63] Conforme indicado no próprio Acórdão nº 989/2017, o Processo nº 012.558/2016-8 não visava a monitorar o cumprimento do Acórdão nº 2.200/2015, pois isso se daria em processo específico (Processo de Monitoramento nº 006.597/2016-5).

b) até 2016, a ANTAQ ainda não havia elaborado regulamentação sistematizando a análise dos EVTEA apresentados pelos arrendatários. Isso nada obstante estivessem sendo assinados aditivos de prorrogação antecipada;
c) o manual de contabilidade, que permitisse mitigar assimetria de informação na análise dos estudos elaborados pelos arrendatários, estava sendo elaborado, com conclusão prevista em 2018;
d) que em caso de inadimplemento dos investimentos acordados via aditivo de prorrogação antecipada, a ANTAQ aplicaria as sanções previstas na regra geral da Resolução 3.274/2014; e
e) que, até 2017, não havia regulamentação sobre metodologia de análise de projetos executivos.

Diante disso, concluindo pela irregularidade grave decorrente da ausência de mecanismos de fiscalização do cumprimento dos aditivos (omissão normativa), acarretando atraso na avaliação de estudos e projetos, o TCU concedeu à Antaq prazo de 30 dias para envio de plano de ação referente aos normativos. Especificamente em relação à nota técnica contendo esboço da normativa para aprovação de projetos executivos, constatou-se avanço em vista da exigência de orçamento sintético, analítico e cronograma físico-financeiro. Porém, a forma de apresentação do cronograma não permitia o acompanhamento da realização efetiva dos investimentos (sobretudo em vista do possível descasamento entre a programação financeira constante do EVTEA e o cronograma físico-financeiro dos projetos).

Sugeriu-se, ainda, que para ser eficiente o acompanhamento físico da execução dos investimentos deveria se dar por marcos críticos, como conclusão de etapas importantes ou operação de equipamentos.

Ainda sobre a fiscalização, o TCU detectou que, em casos concretos, não havia comunicação entre agência reguladora e autoridade portuária, e que essa sequer sabia das intervenções a serem feitas no âmbito dos aditivos de prorrogação, esvaziando-se o exercício das suas competências fiscalizatórias. Recomendou-se, pois, a fixação de prazo para análise de projetos executivos pela Antaq, para que houvesse definição das obras a serem efetivamente implementadas.

Sobre acompanhamento de obras, detectou-se sobreposição de competências, por um lado, entre Antaq e autoridades portuárias, e mau aproveitamento da estrutura de fiscalização destas em relação ao processo. Recomendou-se fiscalização conjunta e coordenada. Ainda, o TCU constatou falha na fiscalização do cumprimento do prazo de

12 meses entre a assinatura do aditivo e a apresentação do projeto executivo, previsto na Portaria SEP nº 349/2014.

Nestes termos, e em votação unânime, foi lavrado o Acórdão nº 989/2017 que, revisitando integralmente o exercício da competência normativa e fiscalizatória da Antaq e da (então) SEP para tratar do procedimento de prorrogação antecipada de contratos, expediu as seguintes determinações:

> a) envio de plano de ação, pela ANTAQ, ao TCU, indicando elaboração de normas para elaboração e análise dos projetos executivos e estudos de viabilidade. Isso conferiria maior segurança jurídica aos delegatários do serviço, e viabilizaria a fiscalização pela agência reguladora e pela autoridade portuária, dos investimentos a serem efetivamente realizados;
> b) informe de investimentos já feitos por arrendatárias, se aderentes aos planos de investimento e estudo de viabilidade;
> c) ao Ministério dos Transportes, Portos e Aviação Civil, para que apresentasse plano de ação para sanar lacuna normativa para o período entre início de obras previstas em planos de investimento e a aprovação, pela ANTAQ, do projeto executivo.

De igual modo, foram lançadas as seguintes recomendações específicas à Antaq:

> a) inclusão nos normativos sobre projetos executivos da obrigatoriedade de aderência entre cronograma físico financeiro e cronograma de desembolso usado no estudo de viabilidade; e marcos críticos ao longo da execução do contrato, para fiscalização do adimplemento;
> b) estabelecimento de prazo máximo para análise dos projetos executivos, evitando realização de volume grande de investimentos sem definição e, consequentemente, com fiscalização precária;
> c) elaboração de normas para regulamentar o período entre assinatura do aditivo e aprovação do projeto executivo; e
> d) avaliação da conveniência e oportunidade de desenvolver, com as autoridades portuárias, sistemática de fiscalização conjunta.

Por fim, foi expedida recomendação ao Ministério dos Transportes para que:

> a) incluísse, na regulamentação sobre prorrogações antecipadas, disposições para o período entre a assinatura do aditivo e a aprovação do projeto executivo, inclusive a autorização para início das obras;

b) consolidasse em normativo as atribuições dos órgãos setoriais responsáveis pela fiscalização dos arrendamentos harmonizando sua atuação;
c) regulamentasse a atuação das autoridades portuária no processo de aprovação dos projetos executivos e eventuais alterações posteriores, bem como o mecanismo para definir com a arrendatária, em até 12 meses da assinatura do aditivo, os prazos e metas não fixados no aditivo; e
d) consolidasse os contratos e respectivos aditivos de prorrogação antecipada, tornando públicas todas as cláusulas contratuais vigentes.

Como se constata, o TCU expediu recomendações, em específico no núcleo duro da competência regulatória da agência reguladora setorial. As recomendações administrativas situam-se naquilo que Pedro Costa Gonçalves denominou "actividade informativa orientadora ou conformadora de comportamentos", ao lado dos esclarecimentos, conselhos e advertências. As recomendações apenas "estimulam ou fomentam a adopção de condutas definidas e concretas pelos destinatários – no sentido da aquisição ou consumo de um determinado produto (*v.g.*, 'beba leite') ou da adopção de um dado comportamento (*v.g.*, 'faça sexo seguro')".[64] O que existe, portanto, é a tentativa de influenciar ativamente a formação da vontade e o comportamento do destinatário (sob pena de consequências deletérias). Apesar de poder gerar efeitos equivalentes, a recomendação não é uma ordem nem equivale exatamente à advertência (configura apenas um esclarecimento).

Quem recomenda está a aconselhar, a indicar como dignas de atenção determinadas condutas (bem como seu risco e eventuais consequências). É uma insistência, com o firme propósito de fazer com que o destinatário reflita a respeito e, assim, implemente o resultado expectado. A recomendação aproxima-se do aviso e do conselho, mas com tons implícitos de advertência. Constatação que se agrava quando a recomendação é expedida por órgão de controle externo, aproximando-a dos atos administrativos ordinatórios. Assim, ao expedir a recomendação oriunda do processo administrativo, o TCU está praticando ato administrativo que pode ser analisado em dupla perspectiva: por um lado, concretiza o *dever de proteção dos direitos e bens jurídicos* a si normativamente atribuídos; por outro, colabora na *formação consensual da vontade do destinatário em alterar a sua conduta*. Por isso

[64] GONÇALVES, Pedro Costa. Advertências da Administração Pública. *In*: AAVV. *Studia Iuridica 61* – Estudos em homenagem ao prof. Doutor Rogério Soares. Coimbra: Coimbra Ed., 2001. p. 725.

que a recomendação precisa ser específica, clara, precisa e minuciosa: aquele que a recebe necessita ser informado, da maneira mais clara e compreensível, de quais são os riscos envolvidos e qual a conduta que dele se espera. Ele deve ser informado de modo amigável, a fim de que seja incentivado a colaborar (é o que se espera), sob pena de arcar com consequências futuras.

Contudo, o detalhe sensível está no conteúdo da recomendação emitida pelo TCU, que tem como destinatária uma agência reguladora independente. Aqui, existe a enfática sugestão no que respeita ao futuro conteúdo de normas regulamentares (com fortes tons de discricionariedade), a serem emanadas para disciplinar atos administrativos negociais celebrados com pessoas privadas. Inclusive, discute-se se a agência se omitiu (ou não) no exercício de sua competência privativa.

Com efeito, pode a regulação independente ser positivada como decorrência imediata de sugestões materiais da Corte de Contas? Como ficaria o princípio da reserva de administração e a aplicação das competências expressamente previstas na Lei nº 10.233/2001? O TCU, como órgão auxiliar do Poder Legislativo, está apto a emanar ato administrativo que porventura iniba – ou mesmo suprima, de maneira explícita ou implícita – as prioridades e a margem de apreciação do regulador independente na condução de seus atos e contratos? Afinal, o poder normativo das agências reguladoras não traz consigo a reserva material da competência que lhe é privativa?

Estes temas são bastante reveladores do que pode ser o relacionamento entre as agências reguladoras independentes e o controle externo pelas Cortes de Contas.

4 Conclusão: *insights* e questões a refletir

São várias as peculiaridades de subsistemas regulatórios, como o portuário. Um dos fatores mais marcantes, porém, corresponde à existência de regras jurídicas específicas para disciplinar cada qual – afinal, nesses sistemas estão presentes atividades econômicas específicas, seus próprios *players* e dinâmicas de mercado. No campo regulatório, é comum a fragmentação de regimes jurídicos em público e privado. Estes regimes geram (ou deveriam gerar) análises e repercussões distintas por parte das autoridades reguladoras e respectivos órgãos de controle externo – inclusive quanto ao respeito à capacidade institucional e reserva de administração regulatória.

Os acórdãos examinados permitem vislumbrar a compreensão do TCU quanto à positivação do regime de direito privado nos portos públicos, mas o mesmo não pode ser dito a propósito da deferência à independência regulatória da respectiva agência. Logo, ao ler a decisão do TCU, procure endereçar os seguintes pontos:

1. Afinal de contas, o que significa *regime jurídico*? Que fontes do direito conformam o regime jurídico? Que autoridade indica qual é o regime jurídico aplicável? Ele pode ser determinado *a priori* ou apenas diante do caso concreto?
2. Faz sentido diferenciar dicotomicamente os regimes jurídicos em regime de direito público e regime de direito privado? O que significa dizer que um regime é de direito privado? Essas peculiaridades são ínsitas ao direito privado? Quais características estão abarcadas em um regime de direito público? Quem define quais características estão compreendidas em cada regime?
3. A atribuição de certo bem ou serviço a determinada pessoa de direito público torna o seu regime de execução naturalmente público? Caso positivo, qual a fonte normativa para tal definição?
4. Quais são as diferenças regulatórias em cada um dos regimes no setor dos portos? Que valores são protegidos no regime de direito público? Qual é a proposta da existência do regime de direito privado especificamente no setor de portos? Em que medida esses desenhos normativos impactam a exploração dos portos públicos?
5. Avalie o papel dos contratos no desenho dos regimes jurídicos na nova Lei dos Portos: quais são as grandes propostas de desenvolvimento setorial pela via da regulação? Qual o papel desempenhado pelos contratos administrativos de longo prazo nessa configuração?
6. Em que medida a instância controladora participa da conformação dos regimes jurídicos? Tal escolha, se existir, pode ser exercitada pelos órgãos de controle? Esse seria o caso do setor de portos?

ANÁLISE DE IMPACTO REGULATÓRIO – CASO *ANS*: RELATÓRIO DE AIR/2017, ANS

SÉRGIO GUERRA

MAURÍCIO SOARES URTI

1 Resumo

A atuação do Estado, no âmbito da sua função reguladora, direciona-se à promoção da fiscalização, do fomento e do planejamento de atividades econômicas. Mas, qual deve ser o alcance e a finalidade a que se se propõe uma boa regulação? A produção de normas regulatórias considera uma série de variáveis potencialmente relevantes para a adequação de valores públicos e de soluções mais efetivas para os casos concretos. Neste contexto a análise de impacto regulatório representa um instrumento voltado ao mapeamento de consequências positivas e negativas originadas da regulação de certos temas de determinado setor, ou matéria. O Caso "ANS": Relatório de AIR/2017 é exemplo dos esforços da agência com vistas à reversão do quadro crônico de assimetria de informação no mercado de planos de saúde, além da busca da adoção de meios que franqueiem aos beneficiários/consumidores desses planos as informações de que necessitam.

2 Introdução: a questão de fundo

A Constituição Federal de 1988 estabelece que o Estado brasileiro, estruturado sob a forma democrática, tem por objetivo a garantia da dignidade e o bem-estar dos cidadãos, por meio da valorização e da proteção ao trabalho, da livre iniciativa e do pluralismo político. O Estado deve atuar, no âmbito da sua função reguladora, de modo a promover a fiscalização, o fomento e o planejamento das atividades econômicas, preponderantemente sob a perspectiva regulatória.

No entanto, um problema que se impõe é o alcance a que se propõe uma boa regulação. A qualidade regulatória é tema que lança luzes em uma série de variáveis potencialmente importantes para a produção de normas mais adequadas aos valores públicos e também eficazes no alcance de solução regulatória mais efetiva para o caso concreto.

No contexto do fenômeno da regulação do Estado na economia desenvolveu-se, no direito comparado, um mecanismo que visa à avaliação dos impactos das decisões tomadas pelo Estado nos mercados regulados, quando no exercício de sua função regulatória. O mecanismo consiste na chamada análise de impactos regulatórios ("AIR"), em voga no cenário brasileiro.

As AIR representam instrumento voltado ao mapeamento das consequências positivas e negativas que podem sobrevir da regulação de importantes temas de um determinado setor, ou matéria. A finalidade da AIR é oferecer múltiplas alternativas aos órgãos, entidades ou ao poder do qual seja requerida uma decisão, acompanhada de análise dos seus potenciais custos e benefícios, entre diversos aspectos como os econômicos, os concorrenciais, os sociais e os ambientais.

> A finalidade da AIR consiste em oferecer múltiplas alternativas ao órgão, entidade ou Poder do qual seja requerida uma decisão, acompanhada de uma análise quanto aos seus potenciais custos e benefícios, em termos econômicos, concorrenciais, sociais, ambientais, dentre outros. Ao se buscar avaliar, *ex ante*, os impactos que podem advir da implantação de novas políticas públicas, por meio de atos regulatórios normativos, busca-se evitar a tomada de decisões equivocadas, cujos custos sociais terminem por suplantar os benefícios esperados ou, ainda, cujos efeitos venham a se mostrar contrários ao interesse público que se pretendia originalmente tutelar. O resultado de uma análise de impacto regulatório

é a elaboração de um relatório final de caráter orientador, não-vinculante ao órgão competente para a tomada de decisão.[65]

Na intenção de desenvolver economias e apoiar um crescimento econômico duradouro, a Organização para a Cooperação e Desenvolvimento Econômico ("OCDE") tem elaborado, desde 1995, recomendações que envolvem política regulatória e governança. Neste sentido, em 2005 a OCDE elaborou um guia para a qualidade e o desempenho regulatório e sugeriu, entre outras medidas, a adoção de programas de reforma regulatória com objetivos claros: a avaliação de impacto seguida da revisão sistemática de regulamentos; as garantias de transparência e não discriminação das autoridades reguladoras; e a identificação de ligações importantes com outros objetivos políticos complementares, que apoiem a reforma regulatória para sua melhoria.

Em 2012 a OCDE aprimorou-se quanto às orientações em política de regulação e governança, e sugeriu que autoridades reguladoras integrem a avaliação de impacto regulatório aos estágios iniciais do processo decisório, sendo necessária uma clara identificação das metas da política e a avaliação quanto à regulação ser ou não necessária, bem como se ela pode ser mais eficaz no alcance do interesse público. Ademais, recomendou-se a publicação de relatórios periódicos sobre como a utilização de ferramentas como o AIR, consultas públicas, mecanismos de revisão de regulações e de como elas têm funcionado na prática.

Na institucionalização da AIR no Brasil merece destaque a atuação do Comitê Interministerial de Governança ("CIG") que, no âmbito da União, recomendou a utilização das *Diretrizes Gerais e Roteiro Analítico Sugerido para AIR* e do *Guia Orientativo para Elaboração de AIR*.[66] Trata-se de uma diretiva a ser utilizada pela Administração Pública Federal como um todo, visando à obtenção de melhores práticas de governança pública e regulatória, com vistas à implementação da qualidade na regulação estatal:

> A AIR é um dos principais instrumentos voltados à melhoria da qualidade regulatória. Consiste num processo sistemático de análise baseado em

---

65 GUERRA, Sérgio; SAMPAIO, Patricia. Análise de impacto regulatório. *Revista Justiça & Cidadania*, v. 145, 2012. p. 31.

66 BRASIL. *Diretrizes gerais e guia orientativo para elaboração de análise de impacto regulatório (AIR)*. Disponível em: http://www.casacivil.gov.br/regulacao/consulta-publica/consulta-publica-001-2017-diretrizes-e-guia-air-pasta/abertura/anexo-v-guia-air.pdf. Acesso em: 17 jun. 2019.

> evidências que busca avaliar, a partir da definição de um problema regulatório, os possíveis impactos das alternativas de ação disponíveis para o alcance dos objetivos pretendidos. Tem como finalidade orientar e subsidiar a tomada de decisão e, em última análise, contribuir para que as ações regulatórias sejam efetivas, eficazes e eficientes.[67]

O *Guia Orientativo* da Casa Civil é destinado a auxiliar os servidores incumbidos da confecção dos estudos e se propõe a apresentar o roteiro básico de uma AIR, com as diretrizes que devem nortear a análise. O guia não se propõe a enveredar por discussões sobre técnicas e metodologias específicas.

A Casa Civil investiu na difusão da AIR em matéria regulatória alegando a necessidade de institucionalização deste instrumento. Isso porque a experiência brasileira de edição de atos normativos no âmbito das onze agências reguladoras ora atuantes parece descrever a coexistência de processos decisórios distintos, não institucionalizados e ainda muito incipientes em termos de avaliação regulatória.

A AIR é um dos principais instrumentos voltados à melhoria da qualidade regulatória. Trata-se de processo sistemático de análise, baseado em evidências que tencionam a avaliação, a partir da definição de um problema regulatório, dos possíveis impactos de alternativas de ações disponíveis e com vistas ao alcance dos objetivos pretendidos. Tenciona, ainda, orientar e subsidiar o processo de tomada de decisão e, em última análise, contribuir para que as ações regulatórias sejam efetivas, eficazes e eficientes.

Em muitos casos, as decisões regulatórias são tomadas a partir de informações limitadas e não consideram adequadamente os grupos que serão por elas afetados e de que modo acontecerá esta afetação. A AIR busca, portanto, modificar esta prática. Isto porque a mera identificação de um problema não é motivação suficiente à intervenção governamental.

A AIR deve apresentar brevemente uma estratégia de implementação da ação recomendada e informar como seus efeitos podem ser monitorados. Deste modo, visa contribuir não só para a elaboração da regulação, mas também para o restante do ciclo regulatório.

---

[67] BRASIL. *Diretrizes gerais e guia orientativo para elaboração de análise de impacto regulatório (AIR)*. Disponível em: http://www.casacivil.gov.br/regulacao/consulta-publica/consulta-publica-001-2017-diretrizes-e-guia-air-pasta/abertura/anexo-v-guia-air.pdf. Acesso em: 17 jun. 2019.

A AIR não deve ser entendida como mera comparação entre as alternativas de intervenção. Busca-se por meio do estudo a compreensão da natureza e da magnitude de um problema regulatório. A partir deste diagnóstico, passa-se à definição dos objetivos pretendidos pelo regulador e se pondera se algum tipo de intervenção é, de fato, necessária. A partir desta reflexão inicial, parte-se para a identificação e análise de possíveis alternativas de ação, de modo a se permitir a melhor escolha possível. Diante do exame de todas as informações e considerações relevantes, a AIR pode, inclusive, concluir que não regular é a melhor alternativa possível.

Busca-se por meio das AIR, portanto, evitar-se a tomada de decisões equivocadas, desproporcionais, cujos custos sociais terminem por suplantar os benefícios esperados, ou cujos efeitos venham a se mostrar contrários ao interesse público que se pretendia originalmente proteger. O resultado de uma AIR consiste na elaboração de um relatório final de caráter orientador, não vinculante ao órgão competente para a tomada de decisão.

Do ponto de vista da governança, a Lei nº 9.961, de 28.1.2000, que regula a saúde suplementar, instituiu a Agência Nacional de Saúde Complementar ("ANS"), autarquia sob o regime especial, vinculada ao Ministério da Saúde,[68] destinada a exercer uma regulação setorial que incide na relação entre o beneficiário e a operadora do plano de saúde, não estando os prestadores de serviço sujeitos à regulação da agência.

A finalidade institucional da ANS é, portanto, promover a defesa do interesse público na assistência suplementar à saúde, regulando operadoras de planos de saúde setoriais, inclusive quanto à sua relação com consumidores, de maneira a contribuir para o desenvolvimento das ações de saúde no país.[69]

O Relatório da Análise de Impacto Regulatório de março de 2017 ("AIR/2017"), proveniente da Assessoria Normativa ("ASSNT") da Diretoria de Desenvolvimento Setorial da ANS, analisou os impactos da coparticipação e da franquia como mecanismos financeiros de regulação da participação de beneficiários de planos de saúde.

A questão trazida no Relatório da AIR/2017 envolve os temas da (i) transparência, sob a perspectiva de que as regras precisam ser claramente postas para dar segurança aos consumidores, às operadoras de planos de saúde e aos prestadores de serviços, na qualidade de

[68] Art. 1º, Lei nº 9.961, de 28.1.2000.

[69] Art. 3º, Lei nº 9.961, de 28.1.2000.

atores do mercado em análise; (ii) informação adequada, posto que os consumidores precisam saber exatamente aquilo que estão adquirindo e como isso repercutirá em suas vidas; e (iii) educação para o consumo, sob a perspectiva de que deve estar claro para o consumidor que o seu comportamento tem forte influência econômica sobre os preços no setor.

A ANS, portanto, sob a premissa de reversão de assimetria de informação, busca a adoção de meios que franqueiem informações relevantes aos beneficiários/consumidores de planos de saúde. Neste cenário, destaca-se a produção da agência, seja por meio de pareceres, seja mediante a expedição de decisões e produções normativas.

Por meio da edição da Resolução Normativa nº 389 de 2016 ("RN nº 389/16"), a agência implementou a obrigatoriedade de que as operadoras de planos de saúde disponibilizassem o PIN-SS, i.e., o repositório de informações individualizadas relativas ao beneficiário, titular, ou dependente, do plano privado de saúde. As operadoras passam a disponibilizar, em área específica e restrita dos seus portais, dados da assistência do beneficiário e os custos oriundos da utilização de seus planos.

A mesma RN nº 389/2016 determinou às operadoras a disponibilização de extratos pormenorizados, nos quais constarão os itens considerados para o cálculo de reajustes previstos em contrato e negociações, de modo a permitir aos consumidores o controle sobre os reajustes aplicados nos planos coletivos, com a finalidade de serem auditados por quaisquer interessados.

À época das discussões da RN nº 389/2016, o corpo técnico da ANS pleiteou que os dados referentes a cobranças de coparticipação fossem incluídos no PIN-SS. A ANS, nos Processos nº 33902.527905/2012-60 e 33902.270680/2015-15, formulou propostas para regulamentação não diferidas muito em essência e que focavam na regulação por meio da limitação do valor de coparticipação e de franquias a um percentual.

Em 2013, por meio da Nota nº 43/2013/GGEFP/DIPRO/ANS, a área técnica da ANS apresentou proposta de minuta de norma que estabelecia: (a) a diferenciação dos conceitos de franquia e coparticipação sobretudo pelo fato da fixação da primeira em valor fixo, em moeda, e da segunda em percentual; (b) o limite de franquias e coparticipações, o qual não poderia ultrapassar 50% (cinquenta por cento) da prestação pecuniária dos beneficiários; (c) a divulgação nos *sites* das operadoras da tabela de referência; e (d) o limite do pagamento a título de coparticipações e franquias a 50% (cinquenta por cento) da prestação pecuniária atribuída à última faixa de beneficiários à data da contratação do plano.

O Grupo Técnico da ANS, originado da Portaria nº 2/2015/DIPRO, em 2015 ("Grupo Técnico 2015"), formulou uma segunda proposta por meio da qual foram definidos dois cenários: (a) o primeiro deles em que se estabeleceria um limite percentual único para os procedimentos concedidos pelos planos de saúde; e (b) o segundo em que se estabeleceria um limite que variaria de acordo com a tipologia de três (3) espécies de planos, nas quais as coparticipações e/ou franquias estariam limitadas a (i) até 20% (vinte por cento) da prestação pecuniária paga pelos beneficiários; (ii) entre 20% (vinte por cento) a 30% (trinta por cento) da prestação pecuniária paga pelos beneficiários; e (iii) entre 30% (trinta por cento) a 40% (quarenta por cento) da prestação pecuniária paga pelos beneficiários.

No ano de 2016 foi criado um grupo de trabalho ("GT") para tratar de dois assuntos específicos. O primeiro relacionado à venda remota de planos de saúde (venda *on-line*), a qual resultou na edição da Resolução Normativa nº 413 de 2016 ("RN nº 413/16"); e, o segundo, tratando dos mecanismos financeiros de regulação. Este grupo técnico se reuniu 5 (cinco) vezes, em 14.7.2016, 3.9.2016, 31.10.2016, 22.11.2016 e 14.2.2017, reuniões essas transmitidas ao vivo, por meio da internet, em aplicativos e no *site* da própria ANS ("Reuniões").

São, portanto, evidentes os esforços da ANS para a regulação da participação de beneficiários de planos de saúde mediante mecanismos de coparticipação e/ou a franquia, consideradas as premissas da transparência, da informação adequada e da educação para o consumo. No âmbito desses esforços da ANS, mister ressaltar a avaliação do Relatório da AIR/2017, especialmente sob os seguintes enfoques: (i) se a agência recebeu o máximo de informações para a fundamentação da análise implementada; e (ii) se houve a participação efetiva de diferentes grupos de interesse afetados pela medida pretendida pela agência.

Dessa forma, o estudo sobre a existência de debate público e amplo é importante porque permite uma conclusão sobre a maior racionalidade e transparência do processo decisório da agência, o que contribui na promoção da eficiência administrativa, além de dar efetividade à preservação da liberdade individual e da autonomia privada.

A importância da análise do Relatório da AIR/2017 reside no fato de que ele encerra um esforço do GT em esclarecer quais são os critérios que a agência leva em conta na discussão que culminará na edição da norma regulatória sobre a participação de beneficiários de planos de saúde, mediante mecanismos de coparticipação e/ou a franquia, ou, até mesmo, a manutenção do regramento tal como se encontra.

Quanto ao mapeamento dos possíveis segmentos afetados pela norma que se pretende editar, bem como os problemas encerrados nas discussões para a edição dessa norma e as possibilidades de propostas de solução para os problemas identificados na AIR, cumpre asseverar que o processo inaugurado pelo GT, especialmente com a realização das Reuniões, pode ser considerado um divisor de águas no âmbito da ANS, notadamente diante do esforço para a garantia da transparência e da participação social na elaboração da proposta de normatização.

Vale destacar que 100 (cem) entidades, empresas e organizações estiveram presentes nas Reuniões. O GT recebeu contribuições de cerca de 20 (vinte) entidades, devidamente instrumentalizadas no processo administrativo da ANS, além de outras apresentações realizadas diretamente nas Reuniões, eis que foi confiado espaço aberto para as contribuições de qualquer participante, consideradas as suas experiências e trabalhos a respeito do tema.

3 O caso concreto

O esforço desempenhado pela ANS para instruir o seu processo decisório se funda na análise de impacto regulatório, um aliado do regulador na construção da própria decisão regulatória, por se tratar de um:

> (...) processo sistemático de análise baseado em evidências que busca avaliar, a partir da definição de um problema regulatório, os possíveis impactos das alternativas de ação disponíveis para o alcance dos objetivos pretendidos, tendo como finalidade orientar e subsidiar a tomada de decisão.[70]

A ANS, por meio do Relatório da AIR/2017, exercitou aquilo que a doutrina denomina de ação sistêmica, equilibrada e prospectiva.[71]

---

[70] BRASIL. *Diretrizes gerais e guia orientativo para elaboração de análise de impacto regulatório (AIR)*. p. 10. Disponível em: http://www.casacivil.gov.br/regulacao/consulta-publica/consulta-publica-001-2017-diretrizes-e-guia-air-pasta/abertura/anexo-v-guia-air.pdf. Acesso em: 17 jun. 2019.

[71] Pode-se conferir em diversas passagens em: GUERRA, Sérgio. *Discricionariedade, regulação e reflexividade*: uma nova teoria sobre as escolhas administrativas. 5. ed. Belo Horizonte: Fórum, 2018.

Nesse sentido, adverte Floriano de Azevedo Marques Neto acerca da dependência da atuação estatal ante o equilíbrio de interesses privados:

> A ação estatal passa a depender do equilíbrio entre os interesses privados (competição, respeito aos direitos do usuário, admissão da exploração lucrativa de atividade econômica) com as metas e objetivos de interesse público (universalização, redução de desigualdades, modicidade de preços e tarifas, maiores investimentos etc.). Se, por exemplo, se podia impor ao operador estatal a redução dos valores cobrados por um bem ou a obrigação de expandir o universo de atendimento de seus serviços sem grande necessidade de mediação (ainda que isso importasse, no médio prazo, malefícios para a coletividade), num contexto de nova regulação e de abertura de atividades relevantes à exploração privada faz-se necessário uma ponderação, um sopesamento, um equilíbrio enfim, entre as metas de interesse geral e os objetivos dos particulares envolvidos (repita-se, sejam eles operadores econômicos ou consumidores). É neste exato quadrante que se concebe a moderna regulação estatal da economia nos termos do que se introduziu entre nós nos últimos anos.[72]

Observando o caráter sistêmico da regulação, o GT concentrou-se na inversão da pirâmide etária brasileira e a consequente cisão do pacto intergeracional, posto que se estima que, em 2050, o percentual da população nas faixas etárias mais elevadas superará aquele mais novo, com a redução da camada populacional tipificada como "economicamente ativa" e um enorme crescimento da população idosa.

Dessa forma, o Relatório da AIR/2017 considera o risco da sustentabilidade do setor, sobretudo para as gerações mais novas que não teriam quem sustentasse seus gastos com saúde quando envelhecessem, à medida que o sistema se pauta pela solidariedade, em que, de um lado, um grupo de beneficiários paga uma mensalidade e faz uma utilização reduzida dos seus planos de saúde, enquanto sustenta a utilização por outro grupo de beneficiários que paga as mensalidades e os utiliza muito.

Quando o GT iniciou as análises para a edição da norma regulatória sobre a participação de beneficiários de planos de saúde, mediante mecanismos de coparticipação e/ou franquia, os seguintes aspectos foram elencados pela Diretoria de Normas e Habilitação de Produtos da ANS: (i) a presença de dilema entre o uso do mecanismo de regulação que não incentive o risco moral e estimule o uso consciente e a redução

---

72 MARQUES NETO, Floriano de Azevedo. Finalidades e fundamentos da moderna regulação econômica. *Fórum Administrativo*, v. 100, 2009. p. 89-90.

de acesso aos serviços de saúde necessários à assistência à saúde; (ii) a presença de lacunas regulatórias no normativo vigente que trata do uso de mecanismo de regulação; (iii) a rara utilização da franquia nos planos médico-hospitalares; (iv) o não estabelecimento de regras claras para cobranças de fator moderador em internação; (v) o não estabelecimento de limites para a cobrança de fator moderador para consultas, exames, terapias e internações; (vi) a não definição do que consistiria o fator restrito severo.

Além disso, o GT pautou-se na necessária definição clara de limites e modelagem contratual da franquia e coparticipação e a delimitação da incidência de fatores moderadores. Por fim, os objetivos indicados para a nova norma seriam (i) o estabelecimento dos requisitos para a utilização de mecanismos de regulação, entre os quais (i.1) a coparticipação, (i.2) as franquias, (i.3) os eventos a que se aplicam, e (i.4) os limites máximos; (ii) o estabelecimento de conceitos, critérios e limites máximos; (iii) a definição de vedações; (iv) a definição de regras para a divulgação dos mecanismos de regulação do plano privado de assistência à saúde; e (v) o estabelecimento de regras para os reajustes dos mecanismos financeiros de regulação.

Igualmente importante é a identificação dos principais aspectos enfrentados pelo GT e consignados no Relatório da AIR/2017. Diante do caráter orientador das AIR, busca-se conferir à ANS alternativas, acompanhadas de análise de potenciais custos e benefícios, a serem considerados por força da pretensa edição da nova norma.

3.1 Conceito de cobertura

Na apreciação da franquia, o Grupo Técnico 2015 formulou consulta à Procuradoria para que se manifestasse sobre o conceito de integralidade da cobertura. A Procuradoria apresentou o Parecer nº 414/2013/GECOS/PROGE ("Parecer"), no qual concluiu, com arrimo no art. 1º, inc. I, da Lei nº 9.656/98, que a definição do conceito de franquia, por parte da ANS, deveria atentar para a vedação legal de que a assistência ao procedimento fosse custeada integralmente pelo consumidor, além das demais restrições inerentes a qualquer fator de moderação, exemplificativamente a impossibilidade de se restringir a utilização pelo beneficiário.

Já no âmbito dos trabalhos do GT, uma conclusão inicial foi a de que a limitação do conceito de cobertura, tal qual preceituado no Parecer, dificultava excessivamente a utilização do mecanismo de franquia. A franquia era compreendida como o melhor mecanismo financeiro de regulação para a formação de planos que focassem na cobertura de alto risco, i.e., aquele risco incidente sobre a utilização de procedimentos de alto custo financeiro.

A Diretoria de Desenvolvimento Setorial entendeu que o Parecer trazia uma interpretação entre duas possíveis na leitura do dispositivo legal em que ele se embasava (art. 1º, inc. I, da Lei nº 9.656/98). Contudo, diante da análise de toda a norma e da amplitude da cobertura garantida pelo art. 10 da Lei nº 9.656/98, preferiu adotar, após análise de cenários, um conceito mais amplo de cobertura, por meio do qual se passou a possibilitar a previsão de diferentes tipos de coparticipação e franquia, que de outra forma não seriam possíveis.

Dessa forma, passou-se a valer o entendimento de que ao contratar um plano de saúde o beneficiário tem acesso a todos os procedimentos listados e, em hipótese alguma, poderá vir a arcar com a cobertura integral de sua assistência. Isso denota um conceito bem mais amplo à medida que a assistência de um beneficiado não se limita a determinados exames, mas ao conjunto de procedimentos e intervenções realizadas durante a vida.

O conceito restrito de cobertura, conforme previsto no Parecer, acabaria por contrariar a forma como a ANS define a cobertura assistencial, eis que o modelo de remuneração de pagamento por procedimento privilegia a quantidade de procedimentos realizados em detrimento da qualidade, o que seria incompatível com a própria natureza dos mecanismos que buscam incentivar o bom uso dos recursos da cobertura assistencial.

Portanto, no tocante à proposta de nova regulamentação, o Relatório da AIR/2017 conclui pela ideia de melhor aplicação dos recursos gastos com assistência à saúde, com redução de desperdícios ocasionais pelo uso incorreto dos planos de saúde, mas, também, na maior disponibilidade de produtos com características diversas, sendo assim mais customizáveis para que atendam aos mais variados perfis de consumo existentes.

3.2 Mecanismos financeiros de regulação

Os dados de sinistralidade do setor, segundo o GT, eram consideravelmente elevados. Dessa forma, a norma deveria objetivar a redução da incidência do chamado risco moral, i.e., a indução ao uso correto e consciente dos planos de saúde pelos beneficiários.

Esta necessidade atende ao mercado sob a ótica sistêmica, compreendendo o conjunto das empresas, dos beneficiários e dos prestadores de serviços. Isto porque a sinistralidade alta importa em preços mais elevados e riscos maiores para os consumidores. Dessa forma, quando o desperdício é reduzido, confia-se na idêntica redução da sinistralidade.

O GT, com base em apresentação feita em uma das Reuniões, pelo representante de operadora, bem como nas conclusões constantes no estudo RAND HIE, concluiu que a proposta de nova norma deveria trazer o elenco de isenções para garantir que medidas preventivas não deixassem de ser tomadas, pelos beneficiários, em razão da coparticipação, ou franquia, e que doentes em tratamento crônico não fossem penalizados por suas condições de saúde.

O GT considerou, de outro lado, os dados apresentados por representante de operadora, no sentido de que mecanismos financeiros bastariam para inibir o uso do plano de saúde, não obstante ao percentual do mecanismo.

Em se tratando do percentual adotado, a conclusão do GT foi no sentido de que quanto mais alto o percentual, maior o risco de se gerar uma desassistência pela inibição do uso necessário. De mesmo modo, conclui-se que os percentuais muito baixos também não atingiriam o objetivo de reduzir o uso desnecessário.

Ainda sobre a aplicação de mecanismos financeiros de regulação, o GT concluiu que as coparticipações altas reduziriam a busca pelo cuidado, quando do surgimento de sintomas sérios. Portanto, deveriam ser evitadas. Além disso, justificariam a existência de uma medida limitativa na norma abaixo de 50% (cinquenta por cento) e acima de 25% (vinte e cinco por cento) do valor do procedimento.

3.3 Mecanismos financeiros de regulação no direito comparado

O GT considerou dados de 2012 da Organização para a Cooperação e Desenvolvimento Econômico ("OCDE"), os quais denotam que a coparticipação é adotada com grande frequência em diversos países do mundo, alguns deles que cobram valores fixos, irrisórios, ou não, ou cobranças em percentual.

Muito embora o GT reconheça não ser propriamente possível um paralelo com a situação no Brasil, os dados servem como ilustração de que a previsão de proposta para a nova norma não se trata de invenção brasileira. Outro aspecto considerado pelo GT é de que há países que incidem em mecanismos financeiros aplicados na saúde pública prestada à população.

Após o cotejo de informações coletadas com relação às fontes de custeio em atenção à saúde em determinados países, o Relatório da AIR/2017 identificou a adoção, em larga escala, do copagamento e da coparticipação. O GT observou que esses mecanismos são comuns em consultas simples e com especialistas, mas também se encontram previstos para internações em alguns países.

O Relatório da AIR/2017 concluiu que, no Brasil, seria bastante arriscada a adoção da coparticipação em internações, sobretudo quando expressas em percentuais, dada a aleatoriedade do evento. O impacto financeiro sobre o beneficiário seria enorme e criador de outras dificuldades, derivado dos altos custos e da própria condição socioeconômica do país, uma vez que, enquanto os países membros da OCDE possuem renda *per capita* de US$30.000,00/ano, no Brasil a renda é de R$14.000,00/ano.

Em se tratando da franquia, o GT conclui que, assim como aparece em alguns países, ela consistiria em mecanismo que se adequaria bem à situação específica das internações, como também a situações por procedimento, ou grupo de procedimentos, o que não justificaria a limitação de possibilidade de incidência da franquia.

Concluiu-se, também, ser comum, nos países analisados, que a divisão ocorra com o próprio Estado, na qualidade de principal financiador dos serviços de saúde. Portanto, os valores acabam fixados em montantes baixos, muito embora haja exemplos nos quais os valores cobrados chegam a ultrapassar 50% (cinquenta por cento) do valor do procedimento.

O Relatório da AIR/2017 assumiu a premissa de que um plano com coparticipação, ou franquia, apresentaria, como regra, menor sinistralidade, o que geraria uma redução nos valores fixos mensais pagos pelos beneficiários.

3.4 Definição sobre conceito e a criação de cenários

O Relatório da AIR/2017 denota que uma boa definição de institutos é ponto essencial para a elaboração de uma boa análise de impacto e posteriormente de boa regulação. Dessa forma, prescreve a necessidade de estabelecimento de uma definição que dê segurança, tanto para quem realiza a análise quanto para aqueles que posteriormente se incumbirão de aplicar os conceitos propostos. Estabelece, ainda, que o melhor parâmetro para o início da análise de cenários seria o de definir mecanismos financeiros por sua própria natureza.

A partir dessas premissas o GT desenvolveu três cenários, os quais não constituiriam cenários de impacto, mas que auxiliariam nos propósitos do AIR.

O Cenário 1 consistiu na manutenção da regra vigente, na qual há indefinição da natureza do mecanismo da norma. Destaca-se que o cenário então vigente gerava grandes ineficiências em todo o setor. A falta de uma definição da natureza dos institutos inibia não somente a oferta de produtos como a sua própria criação, o que reduzia a possibilidade de escolha dos beneficiários a poucos produtos, que, no mais das vezes, não se adequavam aos seus perfis de utilização do plano de saúde. Apontou-se a presença de um regramento vago e dependente de interpretações subjetivas para ser aplicado.

O Relatório da AIR/2017 conclui que a manutenção do cenário vigente não atenderia aos fins da regulação, posto que este não contribuía para o aumento da oferta de planos para diversos perfis de consumidor, tampouco seria capaz de aumentar a quantidade e a qualidade das informações disponíveis à sociedade. Denotou que a manutenção do *status quo* aumentará a insegurança jurídica e contribuirá para o cenário de pasteurização dos produtos oferecidos ao mercado, que entre outras coisas contribui para a extinção de determinados tipos de produtos.

O Cenário 2 consistiu na definição do mecanismo como cofinanciamento por parte do beneficiário, na qual se considerariam efetivamente os mecanismos financeiros de regulação como forma de cofinanciamento do plano pelos beneficiários, os quais passariam a repartir os riscos do negócio com a própria operadora.

A alternativa apresentaria vantagens e desvantagens para beneficiários e planos de saúde, contudo traria uma consequência extrema para o beneficiário, qual seja a possibilidade de rescisão unilateral do contrato quando da inadimplência da parcela devida pela aplicação de mecanismos.

Por via de consequência, o Relatório da AIR/2017 indicou que neste Cenário 2 haveria uma acomodação do mercado à medida que certos atores, os planos de saúde, teriam menos incentivos para melhorar sua eficiência se já soubessem que seus beneficiários, além da mensalidade, cofinanciariam o pagamento referente a despesas assistenciais. Dessa maneira, na prática, a responsabilidade recairia integralmente sobre o beneficiário, o que feriria a isonomia e a própria natureza aleatória/securitária do contrato de plano de saúde.

O Cenário 3 consistiu na definição do mecanismo como mitigador do risco moral, o que teria o imediato efeito de afastar a parcela paga como custeio do plano de saúde. Isto significa dizer que o contrato não poderia ser rescindido pelo não pagamento desta parcela. O GT, neste Cenário 3, indicou a possibilidade de oferecimento muito maior de produtos comparativamente ao cenário avaliado, uma vez que se tornaria muito mais factível a utilização do mecanismo da franquia e mesmo da coparticipação em algumas formas que atualmente podem ser entendidas como protegidas pela legislação.

No entanto, advertiu-se a necessidade de que esta abertura fosse acompanhada de ampla divulgação de todas as informações pertinentes aos consumidores; caso contrário haveria um agravamento do problema do crescimento da assimetria de informações no setor.

Sob a perspectiva da equidade, o GT concluiu que a interpretação do conceito no Cenário 3 traria vantagens e desvantagens genéricas para ambos beneficiários e planos de saúde; contudo identificou que é a interpretação que melhor atende ao interesse público por ser a que garante maior estabilidade das relações existentes, até por não criar a possibilidade de rescisão unilateral por inadimplemento de valor devido a título de coparticipação, ou de franquia.

O Relatório da AIR/2017 destacou, ainda, a possibilidade de previsão na norma regulatória de um elenco de isenções que trouxesse procedimentos sobre os quais não incidiriam os mecanismos. Com efeito, ao se estabelecer como conceito dos mecanismos financeiros de regulação o fato de servirem para a indução do consumo consciente e inibidor do risco moral, deixar-se-ia claro que a finalidade transcende o aspecto econômico. A busca deveria focar-se na redução do desperdício, e não no simples repasse de custos.

3.5 As proposta de medidas regulatórias em cada cenário

Resumidamente, o Relatório da AIR/2017 estabeleceu três cenários: (a) o Cenário 1, em que há a manutenção da Consu nº 8/98 como norma a orientar a aplicação dos Mecanismos Financeiros de Regulação, ressalvado que as lacunas seriam supridas por meio de notas técnicas e entendimentos; (b) o Cenário 2, em que a proposta de resolução normativa adotaria uma interpretação ampliativa sobre o conceito de cobertura assistencial trazida pela Lei nº 9.656/98; e (c) o Cenário 3, baseado no posicionamento constante no parecer que estabelece o conceito de cobertura de maneira restritiva, entendendo que deve ser analisada a cada procedimento.

O Relatório da AIR/2017 estabeleceu os três cenários para a proposição da medida regulatória e os avaliou sob as seguintes premissas: (i) a eficiência; (ii) a efetividade; (iii) a equidade; (iv) a transparência; e (v) a razoabilidade (à luz dos impactos nos processos de trabalho da ANS).

Dessa maneira, o estudo cotejou os três cenários anteriormente resumidos com o elenco de problemas incialmente elencados pela Diretoria de Normas e Habilitação de Produtos da ANS, que merecem ser reiterados: (i) a presença de dilema entre o uso do mecanismo de regulação que não incentive o risco moral e estimule o uso consciente e a redução de acesso aos serviços de saúde necessários à assistência à saúde; (ii) a presença de lacunas regulatórias no normativo que trata do uso de mecanismo de regulação; (iii) a rara utilização da franquia nos planos médico-hospitalares; (iv) o não estabelecimento de regras claras para cobranças de fator moderador em internação; (v) o não estabelecimento de limites para a cobrança de fator moderador para consultas, exames, terapias e internações; (vi) a não definição do que consistiria o fator restrito severo.

Em se tratando do problema constante em (i) anterior, o Relatório da AIR/2017 asseverou tratar-se do ponto de partida na definição conceitual trazida no AIR acerca dos mecanismos financeiros de regulação e apresentou impactos para os cenários propostos.

O Relatório da AIR/2017 indicou que a presença de lacunas regulatórias possivelmente consistiria no aspecto de maiores preocupações para o GT, eis que condicionaria questões essenciais aos entendimentos que são muito menos estáveis no tempo. Isso acarretaria insegurança jurídica para as relações, além de riscos para todos os atores envolvidos na produção normativa da agência.

Ademais, também apontou a inviabilização da adoção de uma variedade maior de mecanismos que poderiam servir para melhor atender a determinados perfis de consumidores, haja vista que a norma avaliada previa a vedação para que a utilização dos mecanismos financeiros de regulação correspondessem ao valor integral do procedimento, ou valor restrito severo, apesar de importante garantia para o consumidor, qual seja a de que ele não terá de pagar duas vezes pelo mesmo serviço, na mensalidade e na parcela referente à coparticipação/franquia.

Em se tratando da adoção de franquia, cuja conclusão do Relatório da AIR/2017 foi a de que é extremamente baixa, ele consistiria em um dos problemas a serem atacados pela nova norma. Ela deveria ser fixada em valor extremamente baixo para que viesse a ter aplicabilidade ampla em produto, ou dependeria de conceituações, não presentes na norma vigente, para que a sua adoção fosse respaldada por um mínimo de segurança jurídica.

No Relatório da AIR/2017, em síntese, seja para a franquia, seja também para a coparticipação, a grande diferença na adoção de um ou outro cenário estaria na flexibilidade para o desenvolvimento de produtos a serem oferecidos no mercado. Conclui-se, também, que, enquanto o Cenário 3 pouco alteraria as possibilidades existentes, porque limitaria, na prática, as possibilidades, a mera discussão percentual de coparticipação, conforme ocorreu no Processo nº 33902.270680/2015-15, o Cenário 2 abriria muitas possibilidades, como a previsão de uma franquia que se acumularia até o atingimento do valor previsto, ou a possibilidade de se agrupar procedimentos de maneira que alguns de valores mais altos compensassem os de valores mais baixos que pudessem vir a ser cobertos.

Na sequência, após novo cotejo, em que se compararam produtos com coparticipação e sem coparticipação com preços aplicados com base em faixas etárias, o Relatório da AIR/2017 indicou que os beneficiários com baixa utilização tendem a ser beneficiados pelos planos com mecanismos financeiros de regulação. Isso porque arcariam com valor menor da contraprestação e teriam um intervalo em que a utilização do plano de saúde lhes traria vantagens financeiras.

O Relatório da AIR/2017 atestou haver redução nos preços dos produtos com coparticipação e que um beneficiário com uma utilização razoável poderia ser beneficiado com desembolsos menores ao longo do ano. Diante da ponderação de que quaisquer gastos, ainda que eventuais, poderiam demonstrar-se demasiadamente onerosos ao consumidor, concluiu-se igualmente pela necessidade de que a nova norma previsse uma espécie de mecanismo que mitigasse esse risco, fosse um limite mensal, ou por procedimento para a aplicação do mecanismo, ou uma diluição desse risco no tempo, ou os dois mecanismos em conjunto.

Sob a perspectiva dos custos imputados às operadoras, o Relatório da AIR/2017 indicou que a proposta normativa necessariamente implicaria aumento da transparência e da quantidade de informações prestadas aos beneficiários dos planos de saúde, o que geraria potencialmente despesas na área de tecnologia de informação.

O estudo destacou, apesar dos custos a serem incorridos pelas operadoras, que as medidas serviriam para adequar o mercado dos planos de saúde à legislação consumerista vigente, especialmente no tocante aos princípios da transparência e da informação. Os custos poderiam ser mitigados por meio do aproveitamento da estrutura criada no PIN-SS, editado por meio da RN nº 389/15, além do que foi previsto pela RN nº 413/16, que trata da contratação por meios eletrônicos de planos privados de assistência à saúde.

4 Conclusão: *insights* e questões a refletir

O regramento posto, por ser vago e dependente de interpretações subjetivas para a sua aplicação, encampava resolução anterior à criação da ANS, notadamente do Conselho de Saúde Suplementar (Consu), qual seja a Consu nº 8/98. A Resolução Consu nº 8/98 (i) não apresentava definição clara dos institutos; gerava insegurança e inibia a oferta de produtos; além de (ii) não ter regras que inibiam o uso dos mecanismos como forma de maximizar os lucros das operadoras; e (iii) não estava adequada para regular o setor ante a complexidade deste.

Com efeito, a Norma Consu nº 8/98, então com quase 20 (vinte) anos de vigência, diante das dúvidas que sobre ela pairavam e da inexistência de uma grande variedade de produtos disponibilizados no mercado, denotava estar obsoleta, apresentando alto risco na sua manutenção, ainda que seguida de notas, entendimentos e súmulas. Este cenário afetava a segurança jurídica necessária para a disponibilização de produtos no mercado, em tema controverso e passível de judicialização.

O Relatório da AIR/2017 evidenciou que o cenário avaliado apresentava ineficiência em todo o mercado dos planos de saúde. A falta de definição das naturezas dos institutos inibia a oferta de produtos e a sua criação, além de reduzir a possibilidade de escolha dos beneficiários a poucas opções não adequadas aos seus perfis de utilização. Nesse sentido, a manutenção do *status quo* aumentaria a insegurança jurídica e contribuiria para o cenário de pasteurização dos produtos oferecidos no mercado, levando à extinção de alguns deles, entre outros resultados.

Vale destacar que diante da premissa de que o sistema é solidário, o aumento da população idosa, que implica a "inversão da pirâmide etária brasileira e a consequente cisão do pacto intergeracional", tende a tornar inviável a contração de planos de saúde para a população mais jovem e há uma ameaça à sustentabilidade do setor.

Destaque-se igualmente que cerca de 50% (cinquenta por cento) dos beneficiários têm contratos com mecanismos de coparticipação, em que devem arcar com um valor referente aos procedimentos usados no período desde a contratação.

No direito comparado destacam-se as conclusões constantes do estudo *Effects of Cost Sharing on Care Seeking and Health Status* (RAND HIE), no qual houve a divisão de amostra em três (3) grupos, quais sejam, sem coparticipação, com coparticipação baixa, i.e., inferior a 50% (cinquenta por cento) do valor do procedimento, e com coparticipação alta, *i.e.*, superior ou igual a 50% (cinquenta por cento) do valor do procedimento.

Os resultados obtidos no estudo RAND HIE revelaram que, em comparação com o grupo sem coparticipação, os grupos com alta e baixa coparticipação tiveram menor propensão de buscar cuidados para sintomas menos relevantes. Contudo, só o grupo com alta coparticipação apresentou taxas menores de busca para sintomas mais sérios. Os três grupos, no entanto, apresentaram resultados similares quanto a sua percepção acerca da própria saúde, física e mental.

Outra conclusão relevante e que advém do estudo RAND HIE foi a de que, em população cronicamente doente, a coparticipação reduziu a busca por cuidados para sintomas mais e menos relevantes. Apesar de não ter havido diferença quanto ao estado de saúde autorrelatado, os planos de saúde com coparticipação precisam ser cuidadosamente monitorados em relação a potenciais efeitos adversos pela propensão de redução do uso considerado necessário e apropriado.

Tomando-se por base os dados fornecidos pela OCDE, (a) a coparticipação é adotada com grande frequência em diversos países do mundo; (b) há países que cobram valores fixos, irrisórios, ou não, e países que trazem cobranças em percentual, mais comum em consultas médicas; e (c) em alguns países os mecanismos financeiros de regulação são aplicados na saúde pública prestada à população.

O processo inaugurado pelo GT e a realização das Reuniões foi marcante no âmbito da ANS, em especial diante do esforço para a garantia da transparência e da participação social na elaboração da proposta de normatização.

O Relatório da AIR/2017 elencou algumas premissas na formulação da norma no cenário escolhido: (i) a disponibilidade plena de informações que resulte no aumento da transparência e redução de assimetrias; (ii) a maior possibilidade de customização dos produtos disponibilizados no mercado de saúde suplementar; (iii) as isenções na utilização dos mecanismos financeiros para que não haja a desnaturação do conceito estabelecido; (iv) o cuidado para que os mecanismos propostos não tragam ônus em demasia para os beneficiários, gerando riscos de desassistência; (v) a consideração de questões relevantes que envolvam a relação dos prestadores com os demais atores do mercado, como exemplo, a definição sobre a quem deve ser pago o valor de franquia e como se dará o reajuste das tabelas de referência que porventura vierem a ser criadas, ou utilizadas; (vi) a previsão de como serão tratados os contratos vigentes, uma vez que eles consistem em 33% (trinta e três por cento) dos contratos existentes, e atendem a cerca de 50% (cinquenta por cento) dos beneficiários; (vii) a garantia de que a proposta seja assimilada da forma mais eficiente possível, ainda que, para tal, seja necessário divulgar cartilha, ou outro tipo de material explicativo; e (viii) a garantia de se evitar a imputação de custos além dos estritamente necessários para a adequação da estrutura da operadora ao normativo proposto e as regras já em vigor.

O Relatório da AIR/2017 enfrentou os temas da (a) transparência, sob a perspectiva de que as regras precisam ser claramente postas para dar segurança aos consumidores, às operadoras de planos de saúde e aos prestadores de serviços, na qualidade de atores do mercado em análise; (b) informação adequada, posto que os consumidores precisam saber exatamente aquilo que estão adquirindo e como isso repercutirá em suas vidas; e (c) educação para o consumo, sob a perspectiva de que deve estar claro para o consumidor que o seu comportamento tem muito mais influência sobre os preços do que ele poderia supor sem ter conhecimento pleno dos aspectos econômicos que envolvem o setor analisado pela AIR/2017.

O Relatório da AIR/2017 conclui que (a) não foram encontrados resultados relevantes quanto ao agravamento da saúde dos beneficiários de planos com coparticipação; (b) as coparticipações altas comprovadamente reduziram a busca pelo cuidado por beneficiários quando do surgimento de sintomas sérios e percentuais muito baixos não atingem o objetivo de reduzir o uso desnecessário; além do fato de a norma dever conter uma medida limitativa entre 25% (vinte e cinco por cento) e 50% (cinquenta por cento) do valor do procedimento; (c) a adoção da coparticipação em internações, sobretudo quando expressas em percentuais, não são adequadas à realidade brasileira dado o impacto financeiro sobre o beneficiário derivado dos altos custos; e (d) a proposta a ser apresentada deve trazer rol de isenções para que medidas preventivas não deixem de ser tomadas pelos beneficiários em razão da coparticipação, ou franquia, bem como para que doentes em tratamentos crônicos não sejam ainda mais penalizados por suas condições de saúde.

O estudo promovido pelo Relatório da AIR/2017 trouxe conclusões para cada qual dos cenários nele indicados. Em se tratando do Cenário 1, no qual haveria a manutenção da norma vigente, inclusive a Consu nº 8/98, as desvantagens consistiriam na ineficiência, na inibição da oferta de produtos e na limitação da possibilidade de escolha aos beneficiários de poucos produtos em decorrência de regramento vago, dependente de interpretações subjetivas, e com o objetivo implícito de evitar o risco moral.

No Cenário 2, no qual se considerariam efetivamente os mecanismos financeiros de regulação como forma de cofinanciamento dos planos de saúde, os beneficiários passariam a repartir os riscos do negócio. As desvantagens consistiriam na possibilidade de rescisão unilateral, pelas operadoras, em caso de inadimplemento dessa parcela; na falta de justificativa para a norma isentar determinados procedimentos e no caso de o cofinanciamento implicar a redução do incentivo para o mercado aumentar a eficiência. Como vantagem, o pagamento da coparticipação/franquia integraria o custo para fins da concessão dos direitos dos arts. 30 e 31 da Lei nº 9656/98.

Por fim, no Cenário 3, no qual se considerariam os mecanismos financeiros de regulação como instrumento para mitigar o risco moral e não forma de custeio do plano de saúde, além de invertidas as vantagens e desvantagens destacadas para o Cenário 2; o estudo destacou que este Cenário 3 é o que "que melhor atende o interesse público por ser o que garante maior estabilidade das relações existentes" (sic. fls. 23 do Relatório da AIR/2017).

O Relatório da AIR/2017 busca orientar o processo normativo da ANS, qual seja de edição de normativa com vistas à reversão do quadro crônico de assimetria de informação, além da busca da adoção de meios que franqueiem aos beneficiários/consumidores de planos de saúde as informações de que necessitam.

Com base nesta experiência da ANS em matéria de análise de impacto regulatório, pode-se inferir que o instituto constitui um dos principais instrumentos voltados à melhoria da qualidade regulatória. A partir da definição de um problema regulatório, a AIR se desenvolve numa análise realizada por meio de processo sistemático, baseada em evidências, com vistas à apresentação de diagnósticos prospectivos; isto é, com possíveis impactos de alternativas de ações disponíveis ao alcance de objetivos pretendidos. Em que pesem as críticas legítimas, é inegável a importância das AIR, na qualidade de instrumento que, pelas suas características, muito embora se encontrem em constante aprimoramento e evolução, buscam orientar e subsidiar o processo de tomada de decisão, além de contribuírem para que as ações regulatórias sejam efetivas, eficazes e eficientes.

A fim de fixar os conceitos, reflitamos o propósito das seguintes questões:

1. Por que afirmar que a AIR aprimora a qualidade regulatória quando se trata de uma fase processual no desenho regulatório? A AIR não seria, na prática, um incremento da burocracia ou dos custos da regulação? Não poderia colaborar para a captura, em vista da assimetria de informações?
2. Qual é a natureza jurídica da AIR? Está a Administração Pública obrigada a realizá-la? Quais as consequências da edição de uma norma regulatória sem a realização de prévia AIR? Afinal de contas, a AIR apenas cabe na atividade normativa da Administração Pública? Pense em um contrato com prazo de 10, 20 ou 30 anos nesse cenário.
3. Haveria um mínimo de conteúdo na AIR? Quais aspectos devem necessariamente estar presentes em toda e qualquer AIR? Que autoridade detém a competência para fragmentar as dinâmicas de AIR?

CAPÍTULO 7

COMPETÊNCIAS INTERFEDERATIVAS E REGULAÇÃO DE CONTINGÊNCIA

CASO *STF E PROIBIÇÃO DO CORTE DE ENERGIA DURANTE A PANDEMIA*

FLORIANO DE AZEVEDO MARQUES NETO

1 Resumo

Durante a pandemia de COVID-19, o Supremo Tribunal Federal analisou diversas ações diretas de inconstitucionalidade envolvendo leis estaduais que proibiam o corte de energia elétrica para consumidores de baixa renda em razão do inadimplemento. Apesar de a distribuição de energia elétrica ser um serviço público sob concessão federal, foi se construindo uma jurisprudência de que estaria preservada a competência concorrente dos estados para legislar sobre os direitos dos consumidores, desde que limitado ao período da pandemia.

2 Introdução: a questão de fundo

As primeiras notícias a respeito da circulação de um novo vírus na China datam de dezembro de 2019; no entanto, apenas com a declaração de uma pandemia pela Organização Mundial da Saúde

(OMS), em 11 de março de 2020,[73] medidas mais restritivas passaram a ser implementadas no Brasil.

Antes, já se sinalizava o período de excepcionalidade que estava por vir. Em fevereiro de 2020, o Congresso Nacional aprovou a Lei Federal nº 13.979/2020, que dispôs sobre "as medidas para enfrentamento da emergência de saúde pública de importância internacional decorrente do coronavírus responsável pelo surto de 2019".

Em seu artigo 3º, a lei mencionada aprovou medidas como isolamento e quarentena de pessoas contaminadas (ou com suspeitas) pelo vírus, uso de máscaras respiratórias de proteção individual, realização de exames, vacinação, bem como, no seu artigo 4º, previu a dispensa de licitação para contratações relacionadas. Segundo a redação original da época, posteriormente alterada:

> Art. 4º Fica dispensada a licitação para aquisição de bens, serviços e insumos de saúde destinados ao enfrentamento da emergência de saúde pública de importância internacional decorrente do coronavírus de que trata esta Lei.

Esse foi o primeiro sinal da excepcionalidade que estava por vir, com impactos sobre o direito administrativo e as contratações.[74]

Com a decretação da pandemia pela OMS, tais medidas foram aprofundadas e aplicadas por estados e municípios considerando a ameaça do vírus, para o qual ainda não havia um consenso científico a respeito de tratamento, procedimento, medicamentos a serem utilizados, cura e profilaxia, a não ser evitar-se o contágio.

Esse cenário traz várias reflexões sobre o direito, a excepcionalidade e a regulação.

Tradicionalmente, o direito seria construído a partir da habitualidade, da observação de padrões de comportamento e de definições éticas e morais de grupos sociais, num processo arregimentado a partir da discussão ocorrida junto às Casas do Poder Legislativo para, adiante, ser aplicado por órgãos judiciários.

---

[73] Organização Mundial de Saúde declara pandemia do novo Coronavírus. 11 mar. 2020. Disponível em: https://www.unasus.gov.br/noticia/organizacao-mundial-de-saude-declara-pandemia-de-coronavirus.

[74] Sobre o tema, cf. MARQUES NETO, Floriano de Azevedo; LOUREIRO, Caio de Souza. Contratações administrativas e Covid-19: passado, presente e futuro na regulamentação das licitações e contratos. *Fórum Administrativo – FA*, Belo Horizonte, ano 20, n. 234, p. 57-68, ago. 2020.

A partir do que apontam José Eduardo Faria e a sociologia jurídica,[75] é possível considerar a regulação uma das formas de produção do direito que desafia essa ideia, ao concentrar em estruturas ligadas ao Poder Executivo a capacidade de normatizar sobre temas, discutindo-os com grupos interessados, com maior especialização técnica e numa velocidade mais rápida e mais adequada a esses mercados – ainda que preocupada com a estabilidade e o equilíbrio setorial.

De um lado, isso o que se verificou na pandemia, com a Agência Nacional de Vigilância Sanitária desempenhando papel fundamental na "autorização excepcional e temporária para a importação e distribuição de quaisquer materiais, medicamentos, equipamentos e insumos da área de saúde sujeitos à vigilância sanitária sem registro na Anvisa considerados essenciais para auxiliar no combate à pandemia do coronavírus", segundo a redação do art. 3º, VIII, da Lei Federal nº 13.979/2020.

De outro lado, mesmo as medidas tomadas pelas agências reguladoras durante o período foram questionadas, como o presente caso indica.

Uma visão apressada tende a afirmar que a regulação estaria sempre a favor das grandes empresas do setor regulado, muito mais organizadas que o cidadão comum para participar de discussões normativas e audiências públicas e conseguir medidas favoráveis a si próprias. À parte desvios que possam existir, não é esse o propósito que deve guiar a boa regulação. A abertura de muitos mercados foi feita pensando, entre outros aspectos, na qualidade dos serviços prestados, nos preços praticados e na eficiência entregue à população. Além disso, ao se concederem serviços a empresas privadas mediante instrumentos contratuais, obrigações, índices de desempenho e sanções ficam muito mais explícitos, permitindo às partes e aos consumidores cobrarem seu adimplemento. Segundo Floriano de Azevedo Marques Neto:

---

75 Isso o que se colhe de: "A primeira tendência é de alargamento e desformalização nos tradicionais procedimentos de elaboração legislativa, especialmente nas questões mais técnicas, de caráter interdisciplinar e situadas nas fronteiras do conhecimento, ou seja de abertura de espaço para que setores interessados possam intervir na elaboração de decisões normativas que lhes dizem respeito". FARIA, José Eduardo. Sociologia jurídica: direito e conjuntura. 2ª ed. São Paulo: Saraiva, 2010, p. 73. Também: "(...) a economia contemporânea se caracteriza por dinâmicas e processos que obedecem a lógicas próprias, não sendo controláveis com base nas categorias e procedimentos normativos e nos padrões espaciais e temporais construídos sob inspiração da teoria político-jurídica clássica (...)". FARIA, José Eduardo. *O Estado e o direito depois da crise*. São Paulo: Saraiva, 2011. p. 34.

> Porém, a permeabilidade não pode se revelar apenas na interlocução com os sujeitos à regulação. Ela deve se efetivar também perante os potenciais beneficiários da atividade das agências. Ou seja, o órgão regulador deverá buscar, permanentemente, a participação dos demais atores da sociedade (consumidores, grupos de interesse, associações, entidades de classe, agentes econômicos outros que não os operadores regulados). Isso envolve não só a abertura de canais institucionais com os administrados, mas especialmente a promoção de espaços de interlocução com entidades que buscam representar os cidadãos. Isso envolve desde um estreitamento da relação com os organismos de defesa do consumidor até o incentivo à criação de associações de usuários de um hem ou serviço objeto da atividade regulatória da agência.

Ao mesmo tempo, pleitos por segurança jurídica, previsibilidade e respeito aos contratos foram ressignificados, com a necessidade de se alcançarem medidas rápidas e eficazes no combate ao vírus. Nas contratações administrativas, isso o que se viu com a possibilidade de dispensa de licitação já mencionada, trocando-se os prazos e procedimentos de uma licitação pelo imediatismo da aquisição de insumos, em mercados nacionais e globais desorganizados.

O período também renovou a necessidade de se pensarem soluções de cooperação, seja nos diversos níveis federativos e até supranacionais, seja unindo setores público e privado (ainda muitas vezes vistos como antagonistas).

Quanto ao primeiro, o maior exemplo talvez seja a própria articulação da Organização Mundial da Saúde a respeito do monitoramento da situação e das medidas a serem adotadas. Em outra medida, a disseminação do vírus obrigou estados e municípios a se alinharem, sob pena de terem as estratégias de contenção tornadas totalmente ineficazes.

Quanto ao segundo caso, fundamental a articulação entre setores público e privado, com a participação de universidades, para se entenderem o vírus e as formas de contê-lo. Isso o que se verificou no desenvolvimento da vacina, bem como no fornecimento de equipamentos, caso de ventiladores pulmonares emergenciais de baixo custo, do Projeto Inspire, que congregou pesquisadores da Escola de Engenharia da Universidade de São Paulo, além de parceiros, que vão desde a empresa Air Liquide até Volkswagen Brasil, passando pela Petrobras.[76]

---

[76] UNIVERSIDADE DE SÃO PAULO. Projeto Inspire. Equipamento de Suporte Respiratório Emergencial e Transitório. Disponível em: https://www.poli.usp.br/inspire.

A desorganização dos mercados globais, ao mesmo tempo, mostrou que a utilização de mecanismos jurídicos tradicionais, fundados unicamente na coerção, como as requisições, não poderia ser pensada isoladamente.[77]

Apesar de toda a excepcionalidade, outra característica do direito contemporâneo foi reafirmada no período, qual seja, a necessidade de ponderação dos direitos envolvidos, não havendo um direito fundamental que, por sua redação, exista com prevalência sobre todos os outros. Assim, apesar da dificuldade de compreensão de certos grupos, direitos como o de ir e vir foram limitados quando, do outro lado, o direito a ser garantido era o próprio direito à saúde, à vida e, inclusive, o de continuar a ter direitos.

Todo esse cenário se refletiu no setor elétrico. Ainda em 24 de março de 2020, passou a vigorar a Resolução nº 878/2020, da Agência Nacional de Energia Elétrica (ANEEL), com o seguinte conteúdo:

> Art. 1º Estabelecer as medidas para preservação da prestação do serviço público de distribuição de energia elétrica em decorrência da calamidade pública atinente à pandemia de coronavírus (COVID-19).
> Parágrafo único. As medidas previstas nesta Resolução poderão ser reavaliadas a qualquer tempo.
> Art. 2º Fica vedada a suspensão de fornecimento por inadimplemento de unidades consumidoras:
> I - relacionadas ao fornecimento de energia aos serviços e atividades considerados essenciais, de que tratam o Decreto nº 10.282, de 2020, o Decreto nº 10.288, de 2020 e o art. 11 da Resolução Normativa nº 414, de 2010;
> II - onde existam pessoas usuárias de equipamentos de autonomia limitada, vitais à preservação da vida humana e dependentes de energia elétrica;
> III - residenciais assim qualificadas:
> a) do subgrupo B1, inclusive as subclasses residenciais baixa renda; e
> b) da subclasse residencial rural, do subgrupo B2;
> IV - das unidades consumidoras em que a distribuidora suspender o envio de fatura impressa sem a anuência do consumidor; e
> V - nos locais em que não houver postos de arrecadação em funcionamento, o que inclui instituições financeiras, lotéricas, unidades comerciais conveniadas, entre outras, ou em que for restringida a circulação das pessoas por ato do poder público competente.

[77] ISSA, Rafael Hamze. Requisição administrativa para enfrentamento da Covid-19. *Portal Jota*, 24 mar. 2020. Disponível em: https://www.jota.info/opiniao-e-analise/artigos/requisicao-administrativa-para-enfrentamento-da-covid-19-24032020.

> (...)
> § 3º Nos casos de que tratam os incisos IV e V do caput, é vedada a imposição de multa e juros de mora previstos no art. 126 da Resolução Normativa nº 414, de 2010, em caso de inadimplemento.
> § 4º A vedação à suspensão do fornecimento não impede demais medidas admitidas pela legislação para a cobranças dos débitos, a partir do vencimento.
> Art. 3º Fica suspenso o cancelamento do benefício da Tarifa Social de Energia Elétrica, de que trata o inciso II do art. 53-X da Resolução Normativa nº 414, de 2010.

Nos demais dispositivos, a resolução estabelece providências a serem adotadas pelas distribuidoras de energia elétrica (arts. 5º e 6º), bem como as dispensa de obrigações específicas, como prestação de atendimento presencial ao público, e flexibiliza requisitos e indicadores de atendimento telefônico (art. 7º).

À época, também foi editado o Decreto Federal nº 10.350/2020, que estabeleceu a chamada "conta-COVID", uma forma de gerenciar os recursos envolvidos na maior utilização de energia elétrica e os gastos advindos ao setor. Segundo parte do seu art. 1º:

> Art. 1º Fica autorizada a criação e a gestão da Conta-covid pela Câmara de Comercialização de Energia Elétrica - CCEE, destinada a receber recursos para cobrir déficits ou antecipar receitas, total ou parcialmente, referentes aos seguintes itens, relativos às concessionárias e permissionárias do serviço público de distribuição de energia elétrica:
> I - efeitos financeiros da sobrecontratação;
> II - saldo em constituição da Conta de Compensação de Variação de Valores de Itens da "Parcela A" - CVA;
> III - neutralidade dos encargos setoriais;
> IV - postergação até 30 de junho de 2020 dos resultados dos processos tarifários de distribuidoras de energia elétrica homologados até a mesma data;
> V - saldo da CVA reconhecido e diferimentos reconhecidos ou revertidos no último processo tarifário, que não tenham sido totalmente amortizados; e
> VI - antecipação do ativo regulatório relativo à "Parcela B", conforme o disposto em regulação da Agência Nacional de Energia Elétrica - Aneel.

No período, o Governo Federal também apresentou a Medida Provisória nº 950/2020, com medidas temporárias emergenciais para o setor elétrico. Em seu art. 2º, constava que:

> Art. 2º A Lei nº 12.212, de 20 de janeiro de 2010, passa a vigorar com as seguintes alterações:
> "Art. 1º-A. No período de 1º de abril a 30 de junho de 2020, os descontos de que tratam os incisos I ao IV do caput do art. 1º serão aplicados conforme indicado a seguir:
> I - para a parcela do consumo de energia elétrica inferior ou igual a 220 (duzentos e vinte) kWh/mês, o desconto será de 100% (cem por cento); e
> II - para a parcela do consumo de energia elétrica superior a 220 (duzentos e vinte) kWh/mês, não haverá desconto".

Apesar dessas medidas, o Supremo Tribunal Federal também foi chamado a analisar leis estaduais proibindo a interrupção do fornecimento de energia elétrica para consumidores inadimplentes.

3 O caso concreto

O primeiro caso do tipo a ser analisado pelo plenário do Supremo Tribunal Federal ocorreu no âmbito da Ação Direta de Inconstitucionalidade nº 6.406, a respeito da Lei Estadual do Paraná nº 20.187/2020. Basicamente, seus termos preveem que:

> Art. 3º Proíbe que as concessionárias de serviços de energia elétrica, gás, água e de esgoto realizem o corte do funcionamento de serviços, especificamente enquanto durarem as medidas de isolamento social da pandemia do Coronavírus – Covid-19.
> § 1º Poderão usufruir da medida prevista no caput deste artigo:
> I – famílias com renda per capita mensal de até ½ (meio) salário mínimo ou três salários mínimos totais;
> II – idosos acima de sessenta anos de idade;
> III – pessoas diagnosticadas com Coronavírus – Covid-19 ou outras doenças graves ou infectocontagiosas;
> IV – pessoas com deficiência;
> V – trabalhadores informais;
> VI – comerciantes enquadrados pela Lei Federal como Micro e Pequenas Empresas ou Microempreendedor Individual.
> § 2º O Poder Executivo poderá regulamentar o pagamento parcelado das dívidas relativas à prestação dos serviços descritos neste artigo, após o término do período de pandemia.
> Art. 4º Poderá ser aplicada multa no valor de até 500 UPF/PR (quinhentas vezes a Unidade Padrão Fiscal do Paraná) ao fornecedor de serviços,

estabelecimento comercial ou estabelecimento de saúde que descumprir as medidas previstas nesta Lei.

Com pequenas variações, outros estados promulgaram legislações com conteúdo muito próximo a esse e que também foram analisadas pelo Supremo Tribunal Federal.

A favor da inconstitucionalidade da lei apontada, foram apresentados argumentos em torno da competência da União para legislar sobre energia elétrica, nos termos dos artigos 21 e 22 da Constituição Federal de 1988:

> Art. 21. Compete à União: (...)
> XII – explorar, diretamente ou mediante autorização, concessão ou permissão: (...)
> b) os serviços e instalações de energia elétrica e o aproveitamento energético dos cursos de água, em articulação com os Estados onde se situam os potenciais hidroenergéticos;
> Art. 22. Compete privativamente à União legislar sobre: (...)
> IV – águas, energia, informática, telecomunicações e radiodifusão;

Assim, a energia elétrica seria um serviço de competência da União, a qual promove sua concessão, não cabendo a estados e municípios interferirem na conformação do setor, tampouco no equilíbrio econômico-financeiro dos contratos decorrentes. A própria agência envolvida (ANEEL) também se manifestou nos autos da ADI, defendendo que o cenário foi objeto de análise global, que resultou na Resolução ANEEL nº 878/2020 (depois substituída pela de nº 928/2021), destacando que a vedação de interrupção por inadimplemento pode afetar o fluxo de caixa das concessionárias e o equilíbrio econômico-financeiro da concessão, podendo afetar a prestação do serviço.

A favor da constitucionalidade da lei em questão, destacou-se a competência concorrente, das três esferas, para tratar da legislação consumerista, com base no art. 24 da Constituição:

> Art. 24. Compete à União, aos Estados e ao Distrito Federal legislar concorrentemente sobre:
> (...)
> V - produção e consumo;

Essa a linha que acabou prevalecendo a partir do voto do relator, ministro Marco Aurélio, o qual citou ainda o Código de Defesa do Consumidor (Lei Federal nº 8.078/1990), também aplicável à prestação dos serviços públicos em diversos dispositivos, como o art. 4º, VII, art. 6º, X, e, em especial, o art. 22:

> Art. 22. Os órgãos públicos, por si ou suas empresas, concessionárias, permissionárias ou sob qualquer outra forma de empreendimento, são obrigados a fornecer serviços adequados, eficientes, seguros e, quanto aos essenciais, contínuos.
> Parágrafo único. Nos casos de descumprimento, total ou parcial, das obrigações referidas neste artigo, serão as pessoas jurídicas compelidas a cumpri-las e a reparar os danos causados, na forma prevista neste código.

Ao proibir a interrupção do serviço, a lei estadual estaria tratando do direito dos consumidores, e não sobre energia, caso em que não haveria interferência sobre a atividade-fim da agência.

Os votos dos ministros também indicavam não se tratar de mais um caso de competência interfederativa, como se percebe do próprio relator:

> Cumpre atentar para a organicidade do Direito, não cabendo atuar com açodamento, sob pena de aprofundar-se, ainda mais, a crise aguda que maltrata o País. Há de somar-se esforços, abandonando-se o vezo da crítica pela crítica, objetivando não apenas mitigar os efeitos do estado de calamidade pública, mas também preservar a segurança jurídica, sem exacerbações, sem acirramentos.
> O momento é de temperança, de compreensão maior. Com a Lei, buscou-se preservar bem maior do cidadão, ou seja, a dignidade, presente o isolamento social, como medida de enfrentamento da crise sanitária (Plenário, ADI 6406-MC, rel. Min. Marco Aurélio, dj. 21/12/2020, p. 11).

O ministro Alexandre de Moraes, em voto na ADI nº 6.588, que traz objeto similar, defende que não se interfere no núcleo essencial do contrato de prestação dos serviços e cita a transitoriedade da medida. Nesse sentido, o ponto fulcral da virada da jurisprudência da Corte Constitucional brasileira pode ser localizado na ADI nº 6.432, de relatoria da ministra Cármen Lúcia. Para ela, não se estaria interferindo numa relação com o Poder Concedente, mas unicamente entre o consumidor e o fornecedor do serviço, sobretudo, e daí a construção que se delineia, porque:

> Não se constata que as normas impugnadas possam gerar desequilíbrio contratual ou afetar políticas tarifárias, especialmente porque as medidas impostas são excepcionais e transitórias, limitadas ao tempo da vigência

> do plano de contingência adotado pela Secretaria de Saúde de Roraima em decorrência da pandemia de Covid-19. (Plenário, ADI 6432, rel. Min. Cármen Lúcia, dj. 08/04/2021, p. 19).

Em sentido contrário, pela inconstitucionalidade da lei, o ministro Gilmar Mendes entendeu que a União não havia se quedado inerte, seja diretamente, seja por meio da ANEEL, Resolução nº 878/2020, medida provisória e o Decreto nº 10.350/2020, caso em que seria indevida a intromissão dos estados para tratarem do tema, fora de um critério de sustentabilidade dos contratos de concessão:

> Esse quadro termina por instalar uma disfuncionalidade regulatória no setor que impacta diretamente no fluxo de caixa das concessionárias e no custeio do serviço, podendo afetar a própria manutenção e fornecimento de energia elétrica, já que não previsto e analisado o efeito desses benefícios no planejamento financeiro e orçamentário desenhado pelas autoridades competentes responsáveis por sustentar o sistema energético do país no contexto da pandemia (Plenário, ADI 6406-MC, rel. Min. Marco Aurélio, dj. 21/12/2020, p. 28).

A própria ANEEL, ao se manifestar, destacou que a excepcionalidade do momento deveria conduzir a ações uniformes e coordenadas, considerando não apenas os usuários.

Também pela inconstitucionalidade das leis estaduais, o ministro Toffoli centrou sua análise no artigo 175 da Constituição:

> Art. 175. Incumbe ao Poder Público, na forma da lei, diretamente ou sob regime de concessão ou permissão, sempre através de licitação, a prestação de serviços públicos.
> Parágrafo único. A lei disporá sobre:
> I - o regime das empresas concessionárias e permissionárias de serviços públicos, o caráter especial de seu contrato e de sua prorrogação, bem como as condições de caducidade, fiscalização e rescisão da concessão ou permissão;
> II - os direitos dos usuários;
> III - política tarifária;
> IV - a obrigação de manter serviço adequado.

Assim, a partir da competência da União para legislar sobre energia e energia elétrica em especial, o ministro entende que os direitos dos usuários deveriam vir de uma lei federal, não cabendo aos estados tratar da matéria. No caso, acompanhando o ministro Gilmar Mendes, entende-se que não teria havido qualquer vácuo legislativo, e a União já teria tratado do tema.

A discussão ganha ainda maior relevo ao se considerar que o Supremo Tribunal Federal tem uma jurisprudência consolidada no sentido de se impedir que estados e municípios interfiram nas condições de prestação dos serviços públicos sob concessão da União, inclusive em questões atinentes à forma de interrupção do serviço, reafirmada durante a pandemia:

> DIREITO CONSTITUCIONAL. AÇÃO DIRETA DE INCONSTITUCIONALIDADE. REGRAS SOBRE A SUSPENSÃO DOS SERVIÇOS PÚBLICOS DE ENERGIA ELÉTRICA, ÁGUA, TELEFONIA FIXA E MÓVEL E INTERNET.
> 1. Ação direta de inconstitucionalidade contra a Lei distrital nº 4.632/2011, que dispõe sobre a suspensão dos serviços públicos de energia elétrica, água, telefonia fixa e móvel e internet.
> 2. Descabimento da ADI quanto ao serviço público de distribuição de água, visto que a titularidade desse serviço público é dos municípios, nos termos da jurisprudência do Supremo Tribunal Federal (ADI 1.842, Rel. Min. Luiz Fux, e ADI 2.340, Rel. Min. Ricardo Lewandowski).
> 3. A União Federal detém competência privativa para legislar sobre energia elétrica e telecomunicações (art. 22, IV, da CF/1988). A lei impugnada, ao estipular regras sobre a suspensão dos serviços de energia elétrica, telefonia fixa e móvel e internet, invadiu a esfera de competências do ente federal, incorrendo em inconstitucionalidade formal.
> 4. Ademais, a legislação estadual interferiu diretamente na relação jurídico-contratual existente entre a União Federal e as concessionárias dos serviços públicos supracitados, em afronta ao disposto no art. 175 da CF/1988 (v. ADI 2.299, sob minha relatoria, j. em 23.08.2019).
> 5. Ação direta de inconstitucionalidade não conhecida quanto ao serviço público de distribuição de água e pedido julgado parcialmente procedente para declarar a inconstitucionalidade da Lei distrital nº 4.632/2011 quanto aos serviços de energia elétrica, telefonia fixa e móvel e internet. (STF, Plenário, ADI 5877, rel. Min. Edson Fachin, dj. 17/02/2021).

Essas as informações e o histórico de algumas das decisões tomadas no período.

4 Conclusão: *insights* e questões a refletir

Espera-se que a decisão esteja localizada num período de pandemia que não se repetirá. Ainda assim, considerando o tema competências interfederativas e regulação de contingência, considere as questões abaixo:

1. Qual o fundamento da decisão do Plenário do Supremo Tribunal Federal, no final das contas?
2. Em que medida esse caso se diferencia da fosfoetanolamina? Estaria justificada a preservação da competência dos estados, apesar da pronta atuação da agência reguladora competente?
3. Como o STF lida com os argumentos de que as legislações estaduais afetariam o fluxo de caixa das distribuidoras de energia elétrica?
4. Em caso diverso, caberia ao Poder Judiciário, sem lei estadual, estender os termos da Resolução ANEEL nº 878/2020 para outros tipos de consumidores, considerando o cenário de excepcionalidade em questão? Ou caberia à decisão judicial estabelecer um prazo de transição, caso a lei estadual mencionasse apenas pandemia?

CAPÍTULO 8

LIMITAÇÃO À LIVRE INICIATIVA – FOMENTO E REGULAÇÃO

CASO *COTA DE TELA*: ACÓRDÃO REC. EXTR. Nº 627.432-RS, STF

SÉRGIO GUERRA

1 Resumo

O Sindicato das Empresas Exibidoras Cinematográficas do Estado do Rio Grande do Sul insurgiu-se contra a denominada "Cota de Tela", instituída pela Medida Provisória nº 2.228-1/01 e seus decretos regulamentares, sob o argumento central de violação aos princípios da igualdade e da livre iniciativa (ofensa aos arts. 170[78] e 174[79] da

[78] Art. 170. A ordem econômica, fundada na valorização do trabalho humano e na livre iniciativa, tem por fim assegurar a todos existência digna, conforme os ditames da justiça social, observados os seguintes princípios: I - soberania nacional; II - propriedade privada; III - função social da propriedade; IV - livre concorrência; V - defesa do consumidor; VI - defesa do meio ambiente, inclusive mediante tratamento diferenciado conforme o impacto ambiental dos produtos e serviços e de seus processos de elaboração e prestação; VII - redução das desigualdades regionais e sociais; VIII - busca do pleno emprego; IX - tratamento favorecido para as empresas de pequeno porte constituídas sob as leis brasileiras e que tenham sua sede e administração no País. Parágrafo único. É assegurado a todos o livre exercício de qualquer atividade econômica, independentemente de autorização de órgãos públicos, salvo nos casos previstos em lei.

[79] Art. 174. Como agente normativo e regulador da atividade econômica, o Estado exercerá, na forma da lei, as funções de fiscalização, incentivo e planejamento, sendo este determinante para o setor público e indicativo para o setor privado. § 1º A lei estabelecerá

Constituição Federal). O Supremo Tribunal Federal, por maioria de votos, decidiu pela constitucionalidade da norma por promover, de forma proporcional, uma intervenção estatal voltada a proporcionar a efetivação do direito à cultura, sem atingir o núcleo de direitos à livre iniciativa, à livre concorrência e à propriedade privada, tendo apenas adequado as liberdades econômicas à sua função social. E, no arranjo institucional normatizado, confirmou a competência da Agência Nacional do Cinema – ANCINE para aplicar sanções no âmbito de sua função executiva.

2 Introdução: a questão de fundo

As formas e o grau de participação do estado na dinâmica econômica de um país dependem fundamentalmente do tipo de organização expresso na Constituição Econômica, na qual se encontra a determinação do regime básico de ordenação dos fatores de produção, bem como seus princípios regedores e objetivos almejados.

A Constituição de 1988 adota o modelo de organização econômica capitalista, sendo a livre iniciativa princípio fundamental da República (art 1º, IV) e da Ordem Econômica (art. 170, *caput*), garantindo-se o direito de propriedade, inclusive dos bens de produção (arts. 5º, XII e 170, II), e respeitando-se a liberdade de atividade econômica independentemente de prévia autorização, salvo nos casos previstos em lei (arts. 5º, XIII, e 170, parágrafo único).[80]

Ademais, no art. 174 da Constituição da República constam normas sobre a função regulatória do estado, que "exercerá, na forma da lei, as funções de fiscalização, incentivo e planejamento, sendo este determinante para o setor público e indicativo para o setor privado".

Assim, no Brasil, o modelo de estado regulador foi confirmado com a promulgação da Constituição Federal de 1988. Nesse novo modelo

---

as diretrizes e bases do planejamento do desenvolvimento nacional equilibrado, o qual incorporará e compatibilizará os planos nacionais e regionais de desenvolvimento. § 2º A lei apoiará e estimulará o cooperativismo e outras formas de associativismo. § 3º O Estado favorecerá a organização da atividade garimpeira em cooperativas, levando em conta a proteção do meio ambiente e a promoção econômico-social dos garimpeiros. § 4º As cooperativas a que se refere o parágrafo anterior terão prioridade na autorização ou concessão para pesquisa e lavra dos recursos e jazidas de minerais garimpáveis, nas áreas onde estejam atuando, e naquelas fixadas de acordo com o art. 21, XXV, na forma da lei.

[80] GUERRA, Sérgio. *Agências reguladoras*: da organização administrativa piramidal à governança em rede. 2. ed. Belo Horizonte: 2021. p. 145.

de governança estatal, a intervenção disciplinada na ordem econômica e na ordem social impõe que "novas necessidades sejam identificadas e expostas, especialmente para que o Estado neutralize os excessos e se valha de seu poder como instrumento de controle da atuação privada".[81]

Com isso, a Constituição Federal da República de 1988, ao ser promulgada, rompeu com determinadas práticas advindas de períodos passados. O estado, nessa configuração, deve limitar a sua forma de intervenção direta – que executa a exploração da atividade econômica –, cabendo a execução prioritariamente à iniciativa privada, ressalvada a situação em que se entendeu ser de suma importância para a manutenção da ordem, a saber, segurança nacional ou relevante interesse coletivo, além de atuar de maneira residual em caso de desinteresse particular.

Excluem-se, ainda, da prestação de atividades econômicas pela livre iniciativa os serviços elencados no art. 177 da Carta Constitucional,[82] em que o Constituinte entendeu por bem caracterizá-los como monopólio, somente passíveis de exploração pela União ou por suas delegatárias.

Portanto, a Constituição de 1988 constitui o ponto de partida para se compreender a forma de participação e limites de intervenção do

---

81 JUSTEN FILHO, Marçal. *Curso de direito administrativo.* 2. ed. São Paulo: Saraiva, 2006. p. 18.

82 Art. 177. Constituem monopólio da União: I - a pesquisa e a lavra das jazidas de petróleo e gás natural e outros hidrocarbonetos fluidos; II - a refinação do petróleo nacional ou estrangeiro; III - a importação e exportação dos produtos e derivados básicos resultantes das atividades previstas nos incisos anteriores; IV - o transporte marítimo do petróleo bruto de origem nacional ou de derivados básicos de petróleo produzidos no País, bem assim o transporte, por meio de conduto, de petróleo bruto, seus derivados e gás natural de qualquer origem; V - a pesquisa, a lavra, o enriquecimento, o reprocessamento, a industrialização e o comércio de minérios e minerais nucleares e seus derivados, com exceção dos radioisótopos cuja produção, comercialização e utilização poderão ser autorizadas sob regime de permissão, conforme as alíneas b e c do inciso XXIII do caput do art. 21 desta Constituição Federal. § 1º A União poderá contratar com empresas estatais ou privadas a realização das atividades previstas nos incisos I a IV deste artigo observadas as condições estabelecidas em lei. § 2º A lei a que se refere o § 1º disporá sobre: I - a garantia do fornecimento dos derivados de petróleo em todo o território nacional; II - as condições de contratação; III - a estrutura e atribuições do órgão regulador do monopólio da União; § 3º A lei disporá sobre o transporte e a utilização de materiais radioativos no território nacional. § 4º A lei que instituir contribuição de intervenção no domínio econômico relativa às atividades de importação ou comercialização de petróleo e seus derivados, gás natural e seus derivados e álcool combustível deverá atender aos seguintes requisitos: I - a alíquota da contribuição poderá ser: a) diferenciada por produto ou uso; b) reduzida e restabelecida por ato do Poder Executivo, não se lhe aplicando o disposto no art. 150, III, b; II - os recursos arrecadados serão destinados: a) ao pagamento de subsídios a preços ou transporte de álcool combustível, gás natural e seus derivados e derivados de petróleo; b) ao financiamento de projetos ambientais relacionados com a indústria do petróleo e do gás; c) ao financiamento de programas de infraestrutura de transportes.

Estado na economia. A atividade econômica, ressalvadas suas exceções, é de atribuição de exploração da livre iniciativa, somente devendo a Administração Pública (o Estado) atuar quando previsto em legislação acolhida pelo texto constitucional, incluindo-se os casos em que não sejam de interesse da iniciativa privada.

O estudo do acórdão proferido no Recurso Extraordinário nº 627.432-RS contempla controvérsia envolvendo o disciplinamento legal e regulamentar das Cotas de Tela em cotejo com as disposições constitucionais previstas nos arts. 170 e 174 ("Da Ordem Econômica e Financeira"), protetivas da livre iniciativa e da livre concorrência e que norteiam a atuação do Estado como agente normatizador e regulador da atividade econômica, bem como a análise desses valores constitucionais em cotejo com as previsões constitucionais dos arts. 215,[83] 216[84] e

[83] Art. 215. O Estado garantirá a todos o pleno exercício dos direitos culturais e acesso às fontes da cultura nacional, e apoiará e incentivará a valorização e a difusão das manifestações culturais. § 1º O Estado protegerá as manifestações das culturas populares, indígenas e afro-brasileiras, e das de outros grupos participantes do processo civilizatório nacional. § 2º A lei disporá sobre a fixação de datas comemorativas de alta significação para os diferentes segmentos étnicos nacionais. § 3º A lei estabelecerá o Plano Nacional de Cultura, de duração plurianual, visando ao desenvolvimento cultural do País e à integração das ações do poder público que conduzem à: I - defesa e valorização do patrimônio cultural brasileiro; II - produção, promoção e difusão de bens culturais; III - formação de pessoal qualificado para a gestão da cultura em suas múltiplas dimensões; IV - democratização do acesso aos bens de cultura; V - valorização da diversidade étnica e regional.

[84] Art. 216. Constituem patrimônio cultural brasileiro os bens de natureza material e imaterial, tomados individualmente ou em conjunto, portadores de referência à identidade, à ação, à memória dos diferentes grupos formadores da sociedade brasileira, nos quais se incluem: I - as formas de expressão; II - os modos de criar, fazer e viver; III - as criações científicas, artísticas e tecnológicas; IV - as obras, objetos, documentos, edificações e demais espaços destinados às manifestações artístico-culturais; V - os conjuntos urbanos e sítios de valor histórico, paisagístico, artístico, arqueológico, paleontológico, ecológico e científico. § 1º O Poder Público, com a colaboração da comunidade, promoverá e protegerá o patrimônio cultural brasileiro, por meio de inventários, registros, vigilância, tombamento e desapropriação, e de outras formas de acautelamento e preservação. § 2º Cabem à administração pública, na forma da lei, a gestão da documentação governamental e as providências para franquear sua consulta a quantos dela necessitem. § 3º A lei estabelecerá incentivos para a produção e o conhecimento de bens e valores culturais. § 4º Os danos e ameaças ao patrimônio cultural serão punidos, na forma da lei. § 5º Ficam tombados todos os documentos e os sítios detentores de reminiscências históricas dos antigos quilombos. § 6º É facultado aos Estados e ao Distrito Federal vincular a fundo estadual de fomento à cultura até cinco décimos por cento de sua receita tributária líquida, para o financiamento de programas e projetos culturais, vedada a aplicação desses recursos no pagamento de: I - despesas com pessoal e encargos sociais; II - serviço da dívida; III - qualquer outra despesa corrente não vinculada diretamente aos investimentos ou ações apoiados.

216-A,[85] constantes do capítulo "DA EDUCAÇÃO, DA CULTURA E DO DESPORTO", do título "Da Ordem Social".

A questão central a ser investigada no caso é saber se a autonomia constitucional à livre iniciativa veda ou não – e em que medida – que o Estado intervenha para restringir atividades privadas voltadas à garantia dos ditames da justiça social.

3 O caso concreto

Trata-se de uma ação ordinária proposta pelo Sindicato das Empresas Cinematográficas do Estado do Rio Grande do Sul em face da União e da ANCINE, com pedido de tutela antecipada.

A demanda questiona a constitucionalidade de norma (Medida Provisória nº 2.228-1, de 6 de setembro de 2001, regulamentada pelo Decreto nº 4.945, de 30 de novembro de 2003) que estabeleceu critérios de programação e o tempo de exibição de filmes brasileiros em cinemas, além de sanções expedidas por agência reguladora no caso de descumprimento.

[85] Art. 216-A. O Sistema Nacional de Cultura, organizado em regime de colaboração, de forma descentralizada e participativa, institui um processo de gestão e promoção conjunta de políticas públicas de cultura, democráticas e permanentes, pactuadas entre os entes da Federação e a sociedade, tendo por objetivo promover o desenvolvimento humano, social e econômico com pleno exercício dos direitos culturais. § 1º O Sistema Nacional de Cultura fundamenta-se na política nacional de cultura e nas suas diretrizes, estabelecidas no Plano Nacional de Cultura, e rege-se pelos seguintes princípios: I - diversidade das expressões culturais; II - universalização do acesso aos bens e serviços culturais; III - fomento à produção, difusão e circulação de conhecimento e bens culturais; IV - cooperação entre os entes federados, os agentes públicos e privados atuantes na área cultural; V - integração e interação na execução das políticas, programas, projetos e ações desenvolvidas; VI - complementaridade nos papéis dos agentes culturais; VII - transversalidade das políticas culturais; VIII - autonomia dos entes federados e das instituições da sociedade civil; IX - transparência e compartilhamento das informações; X - democratização dos processos decisórios com participação e controle social; XI - descentralização articulada e pactuada da gestão, dos recursos e das ações; XII - ampliação progressiva dos recursos contidos nos orçamentos públicos para a cultura. § 2º Constitui a estrutura do Sistema Nacional de Cultura, nas respectivas esferas da Federação: I - órgãos gestores da cultura; II - conselhos de política cultural; III - conferências de cultura; IV - comissões intergestores; V - planos de cultura; VI - sistemas de financiamento à cultura; VII - sistemas de informações e indicadores culturais; VIII - programas de formação na área da cultura; e IX - sistemas setoriais de cultura. § 3º Lei federal disporá sobre a regulamentação do Sistema Nacional de Cultura, bem como de sua articulação com os demais sistemas nacionais ou políticas setoriais de governo. § 4º Os Estados, o Distrito Federal e os Municípios organizarão seus respectivos sistemas de cultura em leis próprias.

Cumpre assinalar que, em sua exposição de motivos, a MP trouxe os seguintes aspectos acerca da função de fomento e função de regulação que visam assegurar espaço para o produto nacional num mercado com fortes posições dominantes de uma cinematográfica hegemônica e com significativas barreiras à entrada do produto nacional:

> Diante do quadro internacional de franca expansão da produção e distribuição de conteúdos audiovisuais nos mais diversos meios de veiculação e transmissão ao longo da década de noventa, o Brasil conseguiu realizar com êxito a produção cinematográfica brasileira, que havia entrado em colapso após a extinção dos principais órgãos governamentais de interlocução e fomento ao setor, no início daquela década. De pouco menos de uma dezena de filmes produzidos em meados dos anos noventa, produziram-se 25 filmes no ano 2000, com um total investido de cerca de R$ 350 milhões de recursos públicos, entre incentivos a renúncia fiscal, entre 1995 e 2000. A implementação dos mecanismos de incentivo previsto na Lei nº 8.313, de 1991, "Lei Rouanet", e na Lei nº 8.685, de 1993, "Lei do Audiovisual", foi responsável por essa revitalização da produção cinematográfica nacional, da qual foi emblemática a participação de filmes brasileiros em diversos concursos, mostras e festivais internacionais. Mas o próprio sucesso das políticas implementadas fez despontar com clareza os principais obstáculos para a auto-sustentabilidade da produção cinematográfica nacional.

Os dispositivos da citada MP atacados pelo sindicato são os seguintes:

> Art. 55. Por um prazo de vinte anos, contados a partir de 5 de setembro de 2001, as empresas proprietárias, locatárias ou arrendatárias de salas, espaços ou locais de exibição pública comercial exibirão obras cinematográficas brasileiras de longa metragem, por um número de dias fixado, anualmente, por decreto, ouvidas as entidades representativas dos produtores, distribuidores e exibidores.
> § 1º A exibição de obras cinematográficas brasileiras far-se-á proporcionalmente, no semestre, podendo o exibidor antecipar a programação do semestre seguinte.
> § 2º A ANCINE aferirá, semestralmente, o cumprimento do disposto neste artigo.
> § 3º As obras cinematográficas e os telefilmes que forem exibidos em meios eletrônicos antes da exibição comercial em salas não serão computados para fins do cumprimento do disposto no caput. [...]
> Art. 59. O descumprimento da obrigatoriedade de que trata o art. 55 sujeitará o infrator a multa correspondente a 5% (cinco por cento) da

> receita bruta média diária de bilheteria do complexo, apurada no ano da infração, multiplicada pelo número de dias do descumprimento. (Redação dada pela Lei nº 12.599, de 2012)
> § 1º Se a receita bruta de bilheteria do complexo não puder ser apurada, será aplicada multa no valor de R$ 100,00 (cem reais) por dia de descumprimento multiplicado pelo número de salas do complexo. (Redação dada pela Lei nº 12.599, de 2012)
> § 2º A multa prevista neste artigo deverá respeitar o limite máximo estabelecido no caput do art. 60.

Quanto às normas regulamentares, o Decreto nº 4.945, de 30 de dezembro de 2003, expedido quando da propositura da ação, fixou em 63 (sessenta e três) o número de dias pelos quais as empresas proprietárias, locatárias ou arrendatárias de salas, espaços ou locais de exibição pública comercial estariam obrigadas a exibir filmes nacionais durante o ano de 2004. Posteriormente, foram expedidos outros decretos pelo chefe do Poder Executivo, com aspectos semelhantes, para também fixar o número mínimo de dias de exibição para os anos subsequentes.

O autor defende que a norma, legal e, por conseguinte, regulamentar, afronta o princípio da igualdade, da livre iniciativa e da proporcionalidade, notadamente a ilegalidade da exigência imposta por decreto (escolha discricionária).[86]

Em primeiro grau, o pedido foi julgado parcialmente procedente sob o fundamento de que a Medida Provisória nº 2.228-1/2001 seria formalmente inconstitucional, pela ausência da materialização do conceito jurídico indeterminado "urgência", constante do art. 62 da CF.

A União e a ANCINE recorreram da decisão, tendo o Tribunal Regional Federal da 4ª Região, por unanimidade, provido os recursos julgando improcedente o pedido da peça inicial. O fundamento da corte é de que não se vislumbra qualquer inconstitucionalidade, seja formal ou material, na MP nº 2.228-1/2001, "de modo que as determinações normativas destinavam-se a promover o patrimônio cultural brasileiro":

> ADMINISTRATIVO. SINDICATO DE EMPRESAS CINEMATOGRÁFICAS. LEGITIMIDADE ATIVA. COTA DE TELA. OBRIGATORIEDADE

[86] Escolha discricionária é a margem de liberdade da Administração que surge quando sua atividade, por opção do legislador, não está plenamente definida em lei (inclusive com o uso de conceitos jurídicos indeterminados), de acordo com a conveniência e oportunidade identificadas pelo administrador público, e que constituem o mérito do ato, muitas vezes insindicável pelo Poder Judiciário. GUERRA, Sérgio. *Discricionariedade, regulação e reflexividade*: uma nova teoria sobre as escolhas administrativas. 6. ed. Belo Horizonte, Fórum, 2021. p. 84.

DE EXIBIÇÃO DE FILMES NACIONAIS. DIFUSÃO DA CULTURA NACIONAL. OBEDIÊNCIA AOS PRINCÍPIOS CONSTITUCIONAIS. CONSTITUCIONALIDADE DA MP 2.228-1/2001. 1.- O sindicato tem legitimidade ativa para a defesa dos interesses da categoria (art. 8º, III, da CF/88). 2.- A Medida Provisória nº 2.228-1/2001, ao fixar a cota de tela, é razoável e perfectibiliza preceitos fundamentais orientadores da Carta Magna, em especial arts. 215 e 216 da CF/88, promovendo o patrimônio cultural brasileiro. 3.- É dever de todos, Estado e sociedade, o implemento de medidas que efetivem a transmissão e difusão da cultura nacional em todas as formas de manifestação.

Com a rejeição dos embargos de declaração, o autor interpôs recurso extraordinário, alegando violação a artigos da Constituição Federal de 1988, a saber: 1º, IV, e 5º, que disciplinam o princípio da igualdade; 170, *caput*, e 174 da Carta Magna, que dispõem sobre a edição de medida provisória, princípio da livre iniciativa e função estatal reguladora, bem como o princípio da proporcionalidade.

Para o sindicato, somente a categoria dos exibidores cinematográficos estaria sendo compelida pela norma atacada a contribuir para a cultura nacional mediante a exibição compulsória de filmes nacionais por determinado período de tempo, inexistindo obrigação análoga para outras empresas do setor cultural brasileiro (livrarias, emissoras de rádios e televisão, gravadoras de música).

Trouxe, ainda, em suas considerações o argumento de que as normas, legal e regulamentar, estariam por ferir o preceito constitucional da liberdade de iniciativa, haja vista atingirem o núcleo da atividade das empresas de exibição de filmes, o qual não constitui setor de monopólio, submetido à intervenção do poder público.

Sustentou, ainda, ter sido violado o princípio da proporcionalidade, pois a exigência de exibição de filmes nacionais de longa-metragem por 63 (sessenta e três) dias por ano, durante 20 (vinte) anos, sem a avaliação do impacto econômico dessa medida sobre o setor atingido, poderia inviabilizar empresas 100% nacionais que, tais como as produtoras de filmes brasileiros, se dedicam à área da cultura.

Alegou ofensa ao princípio constitucional do devido processo legal em sua dimensão material, pois a União, a pretexto de incentivar a indústria de filmes nacionais, estava prejudicando os exibidores cinematográficos e, com isso, ultrapassando os limites da razoabilidade e da adequação.

Tanto a União quanto a ANCINE defenderam a constitucionalidade da MP nº 2.228-2 sob o argumento de que a fixação da Cota de

Tela nacional teve por objetivo incentivar a cultura e salvaguardar a economia e a soberania nacionais, em consonância com os artigos 215 e 219[87] da CF 88 e com a livre iniciativa. Sustentaram que a norma não inviabiliza o pleno exercício da atividade econômica das empresas representadas pelo autor, haja vista que a produção cinematográfica brasileira não ultrapassa 20% das exibições anuais:

> A imposição de cota de tela de produção nacional não importa em qualquer afronta aos arts. 170 e 174 da Constituição Federal, vez que não obsta o pleno exercício da atividade econômica e da livre iniciativa, apenas indica que deverá haver um mínimo de divulgação da produção cinematográfica brasileira, conformando-se ao espírito dos arts. 215 e 216 da Carta. [...] A proteção que se quer dar ao cinema brasileiro por meio da exigência imposta pela ANCINE refere-se a uma situação peculiar deste setor da cultura brasileira, que durante muito tempo se encontrou à margem do comércio e exposição cinematográficos, em vista do notório monopólio do cinema, notadamente americano e, notadamente, nos últimos anos, começou a reflorescer graças às políticas públicas implementadas em seu favor, como é o caso da cota de tela nacional.

Por sua vez, a Procuradoria-Geral da República também defendeu a norma, sob o argumento de que "a intervenção da União, por meio de sua agência reguladora, é medida de salvaguarda de investimentos públicos diretos ou indiretos (quando veiculados por meio de isenções fiscais) no setor cinematográfico, haja vista que, se a cultura e os meios de expressão popular são valorizados e estimulados por fundos de origem pública, a indústria brasileira de cinema se vê incentivada a se profissionalizar, gerando renda aos seus participantes, criando postos de trabalho e revertendo parcela dos lucros aos cofres públicos por meio da tributação incidente sobre os empreendimentos produtores. Sem a iniciativa do poder público, os efeitos contrários ao desenvolvimento do cinema brasileiro fulminariam não só qualquer pretensão à montagem e à criação de obras cinematográficas como à consequente e necessária popularização. Tal providência de natureza normativa dá-se pela insuficiência do autocontrole do mercado pela só vontade do empresariado, criando distorções que só a regulação estatal é capaz de solucionar". A ementa do parecer ministerial foi assim posta:

---

87 Art. 219. O mercado interno integra o patrimônio nacional e será incentivado de modo a viabilizar o desenvolvimento cultural e sócio-econômico, o bem-estar da população e a autonomia tecnológica do País, nos termos de lei federal.

CONSTITUCIONAL. ADMINISTRATIVO. RECURSO EXTRAORDINÁRIO.PROTEÇÃO CONSTITUCIONAL À CULTURA.CINEMA. COTA DE VISUALIZAÇÃO. FILME NACIONAL. CONTROVÉRSIA. MERCADO. INTERVENÇÃO ESTATAL. LEGITIMIDADE. 1 - Ante a ausência de declaração expressa de inconstitucionalidade, está em plena eficácia o art. 22 da Emenda Constitucional 3212001, que conferiu vigor indefinido às medidas provisórias editadas até a data de sua publicação. 2 - Ao fomentar caminhos ao mercado, de modo a favorecer setores merecedores de incentivo, a intervenção estatal para fomentar a veiculação de filmes nacionais está em conformidade com o texto constitucional, viabilizando os interesses pelo fortalecimento do meio cinematográfico brasileiro quanto a sua produção e concomitante distribuição. 3 - Parecer pelo desprovimento do recurso extraordinário.

A decisão do STF foi pelo desprovimento do recurso por maioria de votos, nos termos do voto do relator Dias Toffoli. Ficaram vencidos os ministros Marco Aurélio e Ricardo Lewandowski quanto ao indeferimento do pedido de desistência do recurso extraordinário e, no mérito, vencido o ministro Marco Aurélio.

No mérito, ao comentar sobre a livre iniciativa, o relator asseverou que "é fato que a Lei Fundamental, em seu art. 170, eleva a livre iniciativa a fundamento da ordem econômica, determinando, ainda, que sejam observados, dentre outros, os princípios da propriedade privada (inciso II) e da função social da propriedade (inciso III). Não fosse isso suficiente, o parágrafo único do art. 170 assegura a todos o livre exercício de qualquer atividade econômica, independentemente de autorização de órgãos públicos, ressalvados os casos previstos em lei. O art. 174, por sua vez, prevê que, "como agente normativo e regulador da atividade econômica, o Estado exercerá, na forma da lei, as funções de fiscalização, incentivo e planejamento, sendo este determinante para o setor público e indicativo para o setor privado".

Contudo, ainda segundo o relator, considerando que a Cota de Tela surge como mecanismo de incentivo estatal, tendo por objetivo fomentar e promover a produção cinematográfica brasileira, a mesma "tem propósito social e econômico, uma vez que se põe como uma entre as diversas medidas voltadas à ampliação da competitividade entre as indústrias do setor".

Sob esse aspecto, decidiu que se, de um lado da questão, a norma legal traz restrições às empresas, de outro, há favorecimento ao desenvolvimento econômico e social por meio de fomento à produção audiovisual brasileira "com relevante papel na promoção da identidade cultural nacional".

Nesses termos e trazendo precedentes do STF pela ponderação do direito à livre iniciativa para se viabilizar a efetivação do direito à cultura, igualmente assegurado pela Constituição, negou provimento ao recurso extraordinário interposto pelo Sindicato das Empresas Cinematográficas do Estado do Rio Grande do Sul:

> Consoante se nota do arcabouço constitucional, é muito vasta a proteção à cultura nacional, pois, mais do que apenas resguardar as manifestações culturais nacionais, o constituinte verdadeiramente preocupou-se em promovê-las e difundi-las, tendo disposto que o Estado garantiria a todos o acesso às fontes da cultura nacional (art. 215, caput) e que a lei estabeleceria incentivos "para a produção e o conhecimento de bens e valores culturais" (art. 216, § 3º). Tamanha é a relevância da cultura nacional que seu quadro protetivo foi reforçado pela EC nº 71/12, por meio da qual se instituiu verdadeira política de valorização e difusão das manifestações culturais, a qual foi regida pelo princípio da universalização do acesso a bens e serviços culturais (art. 216-A, § 1º, II), com reforço, inclusive, da atuação estatal, por meio do Sistema Nacional de Cultura, em "um processo de gestão e promoção conjunta de políticas públicas de cultura, democráticas e permanentes, pactuadas entre os entes da Federação e a sociedade" (art. 216-A, caput). O constituinte, portanto, determinou que o Estado deveria ter forte atuação positiva no intuito de difundir a cultura nacional, inclusive, em cooperação com os agentes privados atuantes na área cultural (art. 216-A, § 1º, IV). Especificamente em âmbito cinematográfico, essa cooperação entre Estado e entes privados é apontada por diversos estudiosos como uma das condições para o incremento da produção nacional e especialmente para a viabilidade de da divulgação, da distribuição e da exibição de filmes na vastidão do território brasileiro. Rubens Machado destaca que, mesmo nos chamados "ciclos regionais" de produção audiovisual, em que, a despeito do baixo investimento, se alcançou relevante produção, se pôde observar o "curto fôlego" das exibições, dada a dificuldade de distribuição das obras no concentrado mercado nacional.

Salvo quanto ao ministro Marco Aurelio, o voto do ministro Toffoli foi acompanhado por todos os demais ministros, que endossaram a tese central de que a jurisprudência do STF, citada por alguns membros no julgamento, tem vários precedentes em que a corte afirmou que a autonomia garantida na CF/88 à livre iniciativa não veda que o Estado intervenha, sob um juízo de proporcionalidade, para garantir a manutenção da coesão social por meio de restrições voltadas à garantia dos ditames da justiça social.

Quanto ao aspecto específico dos direitos culturais e acesso às fontes da cultura nacional, o ministro Lewandowski destacou que "a imposição de veiculação obrigatória de longas-metragens nacionais nos estabelecimentos de exibição de filmes encontra fundamento no dever do Estado de garantir a todos o pleno exercício dos direitos culturais e acesso às fontes da cultura nacional, bem como de promover o patrimônio cultural brasileiro, conforme estabelecem os artigos 215 e 216, § 1º, da Constituição".

Ademais, a corte também não vislumbrou, com a edição das normas, afronta ao princípio da igualdade, pelo fato de outros setores da cultura não estarem sujeitos a cotas em relação a produtos nacionais. No caso, o STF entendeu existir razão suficiente que justifica a diferenciação.

Por fim, do mesmo modo, não se reconheceu inconstitucionalidade na atribuição de competência à ANCINE para dispor sobre a quantidade mínima de dias por ano de exibição e o número de títulos das obras cinematográficas brasileiras.

A exemplo das demais agências reguladoras, a ANCINE é uma autarquia de regime especial, possuindo autonomia em relação ao Poder Público central. O regime especial – *i.e.* diferenciado – das agências reguladoras significa que às entidades autárquicas expressamente previstas nas leis gerais e setoriais são conferidas características específicas, visando aumentar sua autonomia comparativamente com as autarquias comuns, sem infringir os preceitos constitucionais pertinentes a essas entidades de personalidade pública. Além das atribuições de competência regulatória, com a reconfiguração das funções normativas da Administração Pública indireta, podem-se congregar os seguintes elementos confirmadores da governança das agências reguladoras: organização colegiada; impossibilidade de exoneração *ad nutum* dos seus dirigentes; autonomia financeira e orçamentária, independência decisória e função para a solução de litígios entre agentes regulados.[88]

Cabe à entidade autárquica analisar as variáveis concretas pertinentes para estabelecer os parâmetros técnicos, bem como aplicar sanções no âmbito do poder de polícia.[89]

---

[88] GUERRA, Sérgio. *Agências reguladoras*: da organização administrativa piramidal à governança em rede. 2. ed. Belo Horizonte: 2021. p. 206.

[89] As funções executivas detidas pelas agências reguladoras se assemelham às atribuições dos órgãos da Administração Pública direta, no exercício do poder de polícia estatal. Nas palavras de Marcos Juruena Villela Souto, a regulação executiva se desenvolve, essencialmente, por meio de atos de consentimento de ingresso no mercado, mediante a concessão de licenças, autorizações e permissões. Destaca ainda o autor que a regulação executiva se realiza por meio de atos de fiscalização da correta execução da atividade consentida ou

O voto do ministro Alexandre de Moraes, notadamente, ressaltou que as agências reguladoras "lidam com questões de elevada complexidade técnica, que exigem conhecimento especializado e, portanto, a solução por elas definidas não é sindicável pelo Poder Judiciário, a menos que haja inconstitucionalidade flagrante na medida".

4 Conclusão: *insights* e questões a refletir

A análise do presente caso é de extrema importância no estudo do direito administrativo e da regulação estatal porque vem a ser um importante precedente, em sede de repercussão geral, que decide sobre a ponderação de princípios e valores constitucionais a partir de uma análise da constitucionalidade dos arts. 55 e 59 da Medida Provisória nº 2.281/2001, à luz dos arts. 5º, *caput*, LIV, 170, III, 174, 220, §3º, I, 215, 216, 216-A e 219 da Constituição Federal de 1988, sob a ótica da proporcionalidade e das competências reguladoras exercidas por agências reguladoras independentes.

Pela análise do acórdão, pode-se depreender que o STF entendeu, a exemplo de precedentes citados nos votos, que a autonomia constitucional assegurada à livre iniciativa não obsta ao Estado intervir para restringir atividades privadas nas quais se deva garantir ditames da justiça social, como é o caso do direito à cultura, por meio de normas legais, regulamentares e técnicas de regulação, desde que proporcionais e razoáveis.

Com essa decisão, o STF fixou a seguinte tese em sede de repercussão geral: "São constitucionais a denominada cota de tela, consistente na obrigatoriedade de exibição de filmes nacionais nos cinemas brasileiros, e as sanções administrativas decorrentes da inobservância da cota".

A fim de fixar os conceitos, reflitamos a propósito das seguintes questões:

1. Quais são as características do setor audiovisual (filmes, vídeos, programas de televisão, entre outros) e de sua estrutura

---

contratada, nos limites estabelecidos na moldura regulatória, que envolve a Constituição, lei, normas do órgão regulador e atos de consentimento ou de adjudicação. SOUTO, Marcos Juruena Villela. *Direito administrativo regulatório*. Rio de Janeiro: Lumen Juris, 2002. p. 57.

envolvendo a distribuição, produção, financiamento dos investimentos e exibição?

2. O que significa Cota de Tela? Quais são os propósitos desse arranjo institucional? Como esse instrumento administrativo se desenvolve sob o conceito de "exceção cultural"?
3. A competência legal do chefe do Poder Executivo para determinar o número mínimo de dias de exibição de filmes brasileiros em cinemas caracteriza uma escolha discricionária ou uma escolha regulatória?
4. A Cota de Tela, na atual configuração normativa, é um instrumento de política de fomento, de poder de polícia e/ou um mecanismo que se enquadra como escolha regulatória submetida à prévia avaliação do impacto econômico?
5. Quais são as disposições constitucionais em controvérsia na demanda proposta pelo sindicato? Em que situações e medida se legitima, constitucionalmente, a intervenção do Estado sobre a esfera jurídica do particular no exercício de atividades econômicas que afetem o direito à cultura?

SEÇÃO 2

REGULAÇÃO: CONSENSO, COOPERAÇÃO E COMPETIÇÃO

ACORDOS REGULATÓRIOS – CASO *TAC ANATEL*: ACÓRDÃO Nº 2.121/2017 – TCU

SÉRGIO GUERRA

1 Resumo

A agência reguladora estava negociando um termo de ajustamento de conduta – TAC, que converteria em investimentos valores de multas pendentes de pagamento por um de seus agentes regulados. O Acórdão TCU nº 2.121/2017, contendo mais de 300 páginas, tornou-se o *leading case* da análise deste tipo de instrumento consensual por parte do órgão de contas, servindo como precedente favorável à adoção de mecanismos consensuais de solução de conflitos como alternativa ao processo administrativo sancionatório das agências reguladoras.[90] O Tribunal de Contas da União – TCU reconheceu a juridicidade da celebração do TAC, na qualidade de acordo substitutivo de sanção, mas expediu determinações a respeito de onde deveriam ser realizados os investimentos, interferindo, em certa medida, na escolha regulatória para o setor.

[90] Ainda no âmbito deste mesmo caso (Processo nº 022.280/2016-2), o TCU emitiu julgamento complementar (Acórdão TCU nº 716/2019) por meio do qual emitiu determinações e recomendações adicionais à Anatel. No entanto, o precedente de referência de que trataremos neste capítulo, por ser mais relevante e ter enfrentado temas novos relacionados ao uso de solução consensual de conflitos por agências reguladoras, é o Acórdão TCU nº 2.121/2017.

2 Introdução: a questão de fundo

Em 1997 foi criada a Agência Nacional de Telecomunicações – Anatel, que, como a Agência Nacional de Petróleo, teve sua previsão de maneira "aberta" em sede constitucional. Sua criação ocorreu pela edição da Lei nº 9.472, de 16.7.1997, como entidade integrante da Administração Pública Federal indireta, submetida a regime autárquico especial, vinculada ao Ministério das Comunicações.

A Anatel tem, como órgão máximo, um conselho diretor. A lei dispõe, expressamente, que essa autarquia especial se caracteriza como uma autoridade administrativa independente, apresenta ausência de subordinação hierárquica, mandato fixo e estabilidade de seus dirigentes, vedada a demissão *ad nutum*, além de autonomia financeira.

A agência recebeu competência para expedir normas, celebrar e gerenciar contratos de concessão e autorizações, fiscalizar a prestação do serviço no regime público e no regime privado, podendo, inclusive, pactuar termos de ajustamento de conduta com os agentes regulados. No âmbito da Anatel, o termo "Processo Administrativo de Descumprimento de Obrigação – Pado"[91] aparece como sinônimo dos processos resultantes da sua função sancionadora.

A Anatel normatizou internamente o instrumento do TAC por meio do regulamento de celebração e acompanhamento de termo de compromisso de ajustamento de conduta – RTAC, Resolução Anatel nº 629/2013, que disciplina diversos aspectos, procedimentos e critérios da elaboração, acompanhamento e sanção dos TAC a serem firmados com os agentes regulados.

Segundo esta norma, há dois elementos essenciais à celebração deste compromisso: o ajuste de conduta irregular e a fixação de compromissos adicionais. O ajuste de conduta irregular corresponde à obrigação de a prestadora de serviço de telecomunicação corrigir todos os atos que tenham infringido a regulação vigente, além de reparar todos os usuários afetados e prevenir que novas infrações análogas aconteçam.[92] Trata-se, portanto, de uma obrigação legal e regulatória

---

[91] Art. 80, Resolução nº 612, de 29.4.2013. "O Procedimento para Apuração de Descumprimento de Obrigações (Pado) destina-se a averiguar o descumprimento de disposições estabelecidas em lei, regulamento, norma, contrato, ato, termo de autorização ou permissão, bem como em ato administrativo de efeitos concretos que envolva matéria de competência da Agência, e será instaurado de ofício ou a requerimento de terceiros, mediante reclamação ou denúncia, compreendendo as seguintes fases (...)".

[92] Art. 17, Regulamento de Celebração e Acompanhamento de Termo de Compromisso de Ajustamento de Conduta – RTAC.

das operadoras. Os compromissos adicionais, por outro lado, são os que devem implicar benefícios a usuários e/ou melhorias ao serviço,[93] como a execução de projetos de investimentos ou com a concessão temporária de benefícios diretos aos usuários.

O Regulamento de Aplicação de Sanções Administrativas da Anatel – Rasa, aprovado pela Resolução Anatel nº 589/2012,[94] veio substituir a Resolução Anatel nº 344/2003, regulamento de sanções vigente à época. A diferença crucial era o estabelecimento de padronização das metodologias de cálculo do valor base de multas no âmbito da agência.

As competências outorgadas por lei à Anatel são denominadas, doutrinariamente, de escolhas regulatórias. Trata-se de uma espécie de escolha administrativa que viabiliza o exercício de uma função de intervenção estatal, indireta, exercida por autoridade pública descentralizada dotada de independência técnica, voltada à implementação de políticas públicas e à realização dos direitos sociais na execução de serviços públicos e realização de atividades econômicas de utilidade pública em setores complexos. A escolha regulatória, de maneira transparente, deve perseguir o equilíbrio sistêmico, adotando os mecanismos que permitam, sempre que necessário, a efetiva participação popular. Nas questões complexas, a regulação deve ser precedida e motivada com base em estudos prévios que apontem os custos e benefícios da escolha, demonstrando os seus efeitos prospectivos.[95]

A Telefônica, operadora regulada pela Anatel, negociava a conversão de valores devidos a título de multas aplicadas em processos administrativos da agência em investimentos a serem aplicados no setor. Para a agência, a substituição dos processos administrativos sancionatórios clássicos por termos de ajustamento representa a liberação de recursos financeiros e materiais para a consecução da política pública que se espera do setor sob a ótica do regulador. Ademais, a garantia de seu cumprimento é reforçada pelo fato de constituir título executivo extrajudicial, conforme dispõe o §6º do art. 5º da Lei nº 7.347/1985.

Alegando haver indícios de irregularidades nesse e em outros processos em negociação pela agência, o TCU realizou auditoria

---

[93] Art. 18, Regulamento de Celebração e Acompanhamento de Termo de Compromisso de Ajustamento de Conduta – RTAC.

[94] Posteriormente alterada pela Resolução Anatel nº 746/2021, que aprovou o Regulamento de Fiscalização Regulatória, com o intuito de adequar as práticas da agência a princípios de regulação responsiva.

[95] Cf. GUERRA, Sérgio. *Discricionariedade, regulação e reflexividade*: uma nova teoria sobre as escolhas administrativas. 5. ed. Belo Horizonte: Fórum, 2018. p. 146.

operacional e se manifestou a respeito de várias nuances presentes no caso. Para apurar as possíveis irregularidades e, por fim, saná-las de maneira a tornar juridicamente possível a conversão da sanção pecuniária, aplicada à Telefônica, em investimentos por meio da celebração do TAC, o TCU propôs uma série de determinações corretivas e preventivas, bem como recomendações à Anatel para o aprimoramento de sua atuação regulatória.

Com efeito, o Acórdão nº 2.121/2017 – TCU foi a primeira oportunidade de manifestação da Corte de Contas sobre a juridicidade dos acordos regulatórios sendo, portanto, considerado o *leading case*. Assim, a análise do presente caso é relevante porque vem a ser um precedente do Tribunal de Contas em que há o reconhecimento da possibilidade de celebração de acordos substitutivos de sanção em matéria regulatória. O seu reconhecimento implica um reforço ao papel da consensualidade na esfera regulatória e demonstra que o TCU não só está de acordo com este tipo de negociação, mas, indo além, reconhece a sua importância com vistas ao atingimento do interesse público.

Sabe-se que o TCU é o órgão de controle externo do governo federal que auxilia o Congresso Nacional na missão de acompanhar a execução orçamentária e financeira da Administração Pública e de pessoas físicas e jurídicas, entidades públicas e privadas que, de alguma maneira, manipulem recursos públicos; bem como contribuir para o aperfeiçoamento da Administração Pública em benefício da sociedade.

A competência constitucional atribuída ao TCU o dota de responsabilidades para exercer a fiscalização contábil, financeira, orçamentária, operacional e patrimonial dos órgãos e entidades públicas do país quanto à legalidade, legitimidade e economicidade. Portanto, o TCU, assim como o Poder Judiciário, o próprio Poder Legislativo e o Ministério Público, tem a missão de exercer o controle da Administração Pública.

A vasta extensão das consequências de uma potencial decisão do TCU contrária à celebração do TAC poderia não apenas inviabilizar a substituição de multas por investimentos no setor de telecomunicações, mas colocar em risco a aplicação dos demais instrumentos consensuais hoje em uso na presente dinâmica regulatória brasileira. Por outro lado, se a atuação do TCU perscrutar e substituir, ainda que parcialmente, a escolha técnica da agência, pode-se afetar o equilíbrio sistêmico do setor regulado.

O estudo do Acórdão nº 2.121/2017 – TCU contempla, portanto, (i) a análise da consensualidade como ferramenta regulatória, não necessariamente extintiva da aplicação de multas por meio do processo sancionador clássico, mas como alternativa a esta, a depender do caso específico e do interesse público em discussão; (ii) a natureza jurídica dos TAC, suas possibilidades e limites de aplicação e (iii) os limites da escolha regulatória da Anatel e as fronteiras do controle dessas escolhas pelo TCU.

3 O caso concreto

A Anatel aplica multas administrativas a seus regulados em casos de desconformidade na prestação do serviço. Tal processo é, atualmente, caracterizado por ser moroso, custoso[96] e altamente contencioso, cenário que leva à excessiva demora na arrecadação das verbas devidas em caráter de multa, o que se soma à baixa efetividade de sua arrecadação, tanto em âmbito administrativo, quanto na fase de execução judicial.

O Acórdão nº 2.121/2017 – TCU foi uma decisão inédita do TCU em que foi reconhecida a possibilidade de celebração de um acordo substitutivo de sanção, na forma de um TAC, entre a Agência Nacional de Telecomunicações – Anatel e a empresa Telefônica Brasil S/A, dentro dos condicionamentos impostos pelo próprio Tribunal.

Destaca-se a alta complexidade envolvida na análise do caso, como observado pelo relator, o Ministro Bruno Dantas. Trata-se de representação formulada pela Secretaria de Fiscalização de Infraestrutura Hídrica, de Comunicações e de Mineração – SeinfraCOM, em face de possíveis irregularidades presentes na celebração de TAC pela Anatel.

Este julgado conformou-se como um verdadeiro *leading case* da incorporação deste tipo de instrumento consensual no âmbito da Anatel pelo fato de o processo administrativo entre a Telefônica e a agência ser o mais adiantado em termos de tramitação, servindo como orientador ao desenvolvimento de negociações em outros TAC. Para a administração indireta, o Acórdão nº 2.121/2017 – TCU serve de precedente favorável à adoção de mecanismos consensuais de solução de conflitos anteriormente arbitrados em processo administrativo sancionatório.

---

[96] "Para ambas as partes, o encerramento célere e prematuro dos Pados, independente da etapa em que estejam (inicial ou final), representa a redução ou eliminação dos elevados custos de carregamento desses processos ao longo dos anos de suas existências, substituindo os efeitos nocivos da litigância administrativa e, eventualmente, judicial, recorrente e duradoura, por um termo objetivo e consensual" (BRASIL. Tribunal de Contas da União. Acórdão nº 2.121/2017. Plenário. Relator: Ministro Bruno Dantas. Sessão de 27/09/2017. *Diário Oficial da União*, Brasília, DF, 6 out. 2017).

No ano de 2015 fora realizada uma auditoria operacional[97] pelo TCU, conforme Processo TC nº 023.133/2015-5, em que diversos documentos foram solicitados à agência, o que incluía os processos administrativos sobre TAC a serem firmados com alguns de seus agentes regulados.

Uma vez identificados indícios de irregularidades na atuação da Anatel, fora aberta uma representação no TCU que resultou em medida cautelar que impediu a assinatura do TAC da empresa Oi (TC nº 033.413/2015-0, peça 10). Identificou-se, ainda, a possibilidade de que tais irregularidades estivessem também presentes nos demais TAC, envolvendo outras operadoras e outros temas.

A unidade técnica do TCU formulou representação, propondo a proibição de assinatura dos TAC pela Anatel, até que a Corte de Contas avaliasse as supostas irregularidades. Antes da adoção da medida cautelar, o ministro relator oportunizou a manifestação da agência, de modo a esclarecer os problemas identificados pela área técnica, e decidiu conhecer da representação. Ainda após a manifestação da agência, a unidade técnica entendeu ser necessária a produção de maiores informações, oportunidade em que foram realizadas novas diligências junto à Anatel e angariados/juntados outros documentos.

A atuação do TCU levou em conta a alta relevância, o alto risco e a alta materialidade dos TAC em tramitação. Isso porque, segundo informações encaminhadas pela própria agência, "até dezembro de 2016, estavam em tramitação na Anatel um total de 37 pedidos de celebração de TAC, abrangendo inúmeros processos administrativos da agência, podendo chegar ao valor de R$9,1 bilhões".[98]

A Telefônica Brasil S/A manifestou-se no sentido de que a SeinfraCOM teria, supostamente, adentrado no mérito de escolhas regulatórias. Destacou, ainda, o caráter negocial do TAC e necessidade

---

97 "Auditoria operacional é o processo de coleta e análise sistemáticas de informações sobre características, processos e resultados de um programa, atividade ou organização, com base em critérios fundamentados, com o objetivo de aferir o desempenho da gestão governamental, subsidiar os mecanismos de responsabilização por desempenho e contribuir para aperfeiçoar a gestão pública. É uma das vertentes de atuação do TCU e, no que se refere à fiscalização de programas de governo, visa contribuir para a melhoria de seu desempenho e, ainda, aumentar a efetividade do controle, por meio da mobilização de atores sociais no acompanhamento e na avaliação dos objetivos, da implementação e dos resultados das políticas públicas" (BRASIL. TCU. *Auditoria operacional*. Disponível em: https://portal.tcu.gov.br/controle-externo/normas-e-orientacoes/normas-de-fiscalizacao/auditoria-operacional.htm. Acesso em: 3 abr. 2019).

98 BRASIL. Tribunal de Contas da União. Acórdão nº 2.121/2017. Plenário. Relator: Ministro Bruno Dantas. Sessão de 27/09/2017. *Diário Oficial da União*, Brasília, DF, 6 out. 2017.

de que a fiscalização realizada pelo TCU fosse tão somente "de segunda ordem" no que se refere às matérias afetas às agências reguladoras.

O TCU analisou diversos aspectos relacionados à celebração destes acordos substitutivos de sanção, dividindo-os nos seguintes macrotemas: (i) os aspectos teóricos do instrumento TAC na doutrina, na legislação vigente e no regulamento de TAC da Anatel; (ii) as irregularidades na negociação da Anatel; (iii) as irregularidades nos dispositivos de ajustamento de conduta aplicáveis a todos os TAC; (iv) as irregularidades nos dispositivos dos compromissos adicionais aplicáveis a todos os TAC; (v) as irregularidades e deficiências no acompanhamento e fiscalização dos TAC pela Anatel; (vi) as irregularidades no procedimento de declaração de descumprimento do TAC e na execução das multas e do valor de referência do TAC; (vii) as irregularidades e dano ao erário de pelo menos R$137,7 milhões nos dispositivos da minuta de TAC da operadora Telefônica; (viii) a análise do pedido de sobrestamento e do seu posterior pedido de desistência feitos pela Anatel em um intervalo de trinta dias; (ix) as ilegalidades e dano ao erário de pelo menos R$137,7 milhões identificados na atuação do Conselho Diretor da Anatel nos processos de aprovação do ato de desconto dos compromissos adicionais de todos os TAC e de aprovação do TAC da Telefônica.

Quanto ao primeiro macrotema, que contempla os aspectos doutrinários e legais relacionados ao instrumento do TAC, o ministro relator entendeu ser pertinente avaliar, preliminarmente, os aspectos conceituais e normativos dos TAC, por tratar-se de instrumental novo, aplicado ainda de maneira incipiente no Brasil, o que configura, em seu entender, uma situação de aprendizado institucional quanto à incorporação destes instrumentos em nosso sistema jurídico.

O termo de ajustamento de conduta é um instrumento que contém previsão no §6º do art. 5º da Lei da Ação Civil Pública, Lei nº 7.347/1985, e permite que órgãos públicos celebrem com o particular acordos para cessar a continuidade de uma infração.[99] No entender do próprio TCU, trata-se de "instrumento negocial que pode ser firmado por diversos órgãos e entidades legitimados pela Lei da Ação Civil Pública, como

99 No voto do ministro relator adotou-se o seguinte conceito de TAC: "Assim, trata-se de ato jurídico complexo, característico da Administração Pública, consensual e praticado entre a Administração e o administrado, com o objetivo de substituir, em determinada relação administrativa, uma conduta primariamente exigível por outra conduta secundariamente negociável, com a finalidade de possibilitar um melhor atendimento do interesse público (NETO, 2003)" (BRASIL. Tribunal de Contas da União. Acórdão nº 2.121/2017. Plenário. Relator: Ministro Bruno Dantas. Sessão de 27/09/2017. *Diário Oficial da União*, Brasília, DF, 6 out. 2017).

as autarquias, incluindo as agências reguladoras, conforme inc. IV do seu art. 5º".[100]

A maior probabilidade de cumprimento do TAC foi reconhecida, nos termos do voto do relator, pelo fato de constituir verdadeiro título executivo extrajudicial, o que agilizaria a cobrança dos valores devidos. Contrapondo esta faceta com a baixa efetividade de arrecadação das multas aplicadas pela Anatel, tanto em âmbito administrativo quanto em fase de execução fiscal, o TCU entendeu que o TAC constitui uma alternativa efetiva para que seja alcançado o interesse público, desde que seja a negociação "precedida de estudos técnicos sólidos, da definição fundamentada do ajuste de conduta pretendido e do rol de obrigações assumidas, bem como de análise de custo-benefício do instrumento".[101]

O voto do ministro relator pressupõe a análise do TAC "como um pacto de livre vontade inspirado por estímulos e incentivos, resultante de uma dupla análise de custo-benefício, tanto no polo estatal quanto no polo privado".[102] Ressaltou-se, assim, o caráter negocial do instituto, correlacionando-o à necessidade de que haja uma atuação estatal eficiente, que considere a estrutura de incentivos que impulsiona as vontades de cada uma das partes no momento de formular os termos do acordo. O somatório destas vontades deve, ainda, atender ao interesse público.

No que se refere ao controle destes acordos, o voto do ministro relator reconheceu que estes são celebrados em um espaço afeto à escolha discricionária.[103] Neste sentido, reafirma a problemática de um

---

[100] BRASIL. Tribunal de Contas da União. Acórdão nº 2.121/2017. Plenário. Relator: Ministro Bruno Dantas. Sessão de 27/09/2017. *Diário Oficial da União*, Brasília, DF, 6 out. 2017.

[101] BRASIL. Tribunal de Contas da União. Acórdão nº 2.121/2017. Plenário. Relator: Ministro Bruno Dantas. Sessão de 27/09/2017. *Diário Oficial da União*, Brasília, DF, 6 out. 2017.

[102] "Portanto, não se pode analisar o instrumento sob a ótica puramente burocrática, permeada por regras procedimentais e controles-meio. Sem se afastar das leis e regulamentos, praticar a tão propalada administração gerencial pressupõe conceder certa margem de discricionariedade ao gestor. Vale dizer, o órgão negociador deve ter alguma liberdade para verificar, no caso concreto, qual a forma de atuação mais efetiva e eficiente, desde que suas escolhas estejam fundamentadas em bases sólidas, jurídicas e fáticas, e não se afastem da legislação e dos princípios regentes" (BRASIL. Tribunal de Contas da União. Acórdão nº 2.121/2017. Plenário. Relator: Ministro Bruno Dantas. Sessão de 27/09/2017. *Diário Oficial da União*, Brasília, DF, 6 out. 2017).

[103] A escolha discricionária seria uma liberdade de eleição entre alternativas igualmente justas, porque a decisão fundamenta-se em critérios extrajurídicos que não estão incluídos na lei, e sim no juízo subjetivo da Administração Pública. Por outro lado, a escolha determinativa de conceito jurídico estaria atrelada a um caso de aplicação da lei, posto que se trata de subsumir, em uma categoria legal, determinadas circunstâncias reais. Nas palavras de García de Enterría e Fernández: "La discrecionalidad es esencialmente una libertad de elección entre alternativas igualmente justas, o, si se prefiere, entre indiferentes

eventual controle externo rígido e fundado em termos burocráticos, o que poderia minar o instrumento do TAC e consolidar o processo administrativo sancionatório como prática padrão e manter, portanto, a sua ineficiência no recolhimento de valores.[104]

Por se tratarem de instrumentos recentemente incorporados à realidade regulatória, o ministro relator entendeu como natural a existência de desacertos na normatização da matéria e em sua negociação. Destacou, ainda, certa imaturidade da Administração Pública brasileira para conduzir de maneira plena e flexível as negociações junto dos administrados, entendendo que "é natural que surjam dúvidas de ambos os lados ao longo da curva de aprendizado institucional, que só o tempo saneará".[105]

O representante do Ministério Público acompanhou, em linhas gerais, o entender da SeinfraCOM, e propôs a adoção de medida cautelar que fizesse com que a Anatel se abstivesse de assinar o TAC com a Telefônica – ponto em que divergiu o ministro relator, por entender que a Anatel se dispôs a colaborar com o TCU e não celebrar o TAC –, além da oitiva da agência previamente à expedição das determinações e recomendações. Sugeriu-se, ainda, a restrição das audiências propostas a apenas alguns dos casos relatados, e a realização das oitivas em relação a aspectos adicionais não abordados pela área técnica.

Reconheceu-se que a admissão da conversão em multas oriundas de processo sancionatório em obrigações de fazer ou de não fazer "encontra arrimo na conjugação dos princípios da supremacia e da

jurídicos, porque la decisión se fundamenta normalmente en criterios extrajurídicos (de oportunidad, económicos etc.), no incluidos en la Ley y remitidos al juicio subjetivo de la Administración. Por el contrario, la aplicación de conceptos jurídicos indeterminados es un caso de aplicación de la Ley, puesto que se trata de subsumir en una categoría legal (configurada, no obstante su imprecisión de límites, con la intención de acotar un supuesto concreto) unas circunstancias reales determinadas; justamente por ello es un proceso reglado, que se agota en el proceso intelectivo de comprensión de una realidad en el sentido de que el concepto legal indeterminado ha pretendido, proceso en el que no interfiere ninguna decisión de voluntad del aplicador, como es lo propio de quien ejercita una potestad discrecional" (GARCÍA DE ENTERRÍA, Eduardo; FERNÁNDEZ, Tomás-Ramón. *Curso de derecho administrativo*. 10. ed. Madrid: Civitas, 2001. t. I. p. 458-459).

104 "Portanto, este Tribunal deve ter a cautela necessária para não obstaculizar e burocratizar demasiadamente o procedimento de modo a inviabilizá-lo na prática. Também, repito, não deve analisá-lo com a mesma lupa burocrática com que examina, por exemplo, processos de licitações e contratos, visto tratar-se de um instrumento de gestão negociada" (BRASIL. Tribunal de Contas da União. Acórdão nº 2.121/2017. Plenário. Relator: Ministro Bruno Dantas. Sessão de 27/09/2017. *Diário Oficial da União*, Brasília, DF, 6 out. 2017).

105 BRASIL. Tribunal de Contas da União. Acórdão nº 2.121/2017. Plenário. Relator: Ministro Bruno Dantas. Sessão de 27/09/2017. *Diário Oficial da União*, Brasília, DF, 6 out. 2017.

indisponibilidade do interesse público com o princípio da eficiência".[106] Isto se deve ao fato de o procedimento de apuração e descumprimento de obrigações – Pado, isto é, o processo sancionatório ordinário, ser marcado pela intempestividade e ineficiência em sua tentativa de retornar recursos para o setor ou forçar uma mudança de conduta dos regulados. Aduziu, ainda, que o recorrente questionamento judicial das multas por parte das operadoras de telecomunicações tem tornado mais difícil este processo de recebimento de valores por parte da agência.[107]

A negociação dos termos dentro dos quais se dá a punição do agente regulado, que tenha cometido infração, oportuniza, nos termos do acórdão, o alinhamento das expectativas de interesse público com as do ator privado, aumentando a probabilidade de seu cumprimento. Uma vez que um interesse são anula o outro, "não se mostra razoável adotar a concepção clássica da doutrina administrativista, segundo a qual o interesse público, é considerado, a um só tempo, antagônico ao interesse privado e superior a esse".[108]

Embora a Corte de Contas tenha atestado a validade da celebração do TAC, esta foi condicionada ao cumprimento de determinações corretivas e preventivas e de recomendações específicas apontadas na deliberação. A decisão liberou a Anatel para firmar novos TAC com outros agentes regulados, desde que cumprisse as determinações do TCU.

Para endereçar tais pontos e permitir a conversão da sanção pecuniária aplicada à Telefônica em investimentos, a área técnica propôs uma série de determinações corretivas e preventivas, bem como

---

[106] BRASIL. Tribunal de Contas da União. Acórdão nº 2.121/2017. Plenário. Relator: Ministro Bruno Dantas. Sessão de 27/09/2017. *Diário Oficial da União*, Brasília, DF, 6 out. 2017.

[107] "Relativamente ao quantitativo de multas suspensas judicialmente, este representa 1,47% do total de multas. A Anatel, por meio de sua Procuradoria, vem atuando na esfera judicial para, a partir da decisão final, adotar as medidas de cobrança que porventura se façam necessárias. Em termos financeiros estas respondem por 45,13% do montante constituído. Esta relação decorre do fato de que as empresas de grande porte, as quais tendem a recorrer ao Judiciário, respondem por multas de alto valor" (BRASIL. Tribunal de Contas da União. Acórdão nº 2.121/2017. Plenário. Relator: Ministro Bruno Dantas. Sessão de 27/09/2017. *Diário Oficial da União*, Brasília, DF, 6 out. 2017).

[108] "Exatamente pelo fato de a multa ser primariamente um instrumento regulatório, e não meramente arrecadatório, acaso essa se mostre ineficaz e o ordenamento permita seja convertida em obrigação de fazer, existe aí um espaço de decisão discricionária do regulador para alcançar os objetivos do setor. Em outras palavras, o interesse primário do regulador deve ser ajustar a conduta, seja por meio de multa ou obrigação de fazer. Desse modo, a opção pelo TAC representa, no atual cenário, uma alternativa regulatória igualmente válida em relação à persecução da sanção pecuniária" (BRASIL. Tribunal de Contas da União. Acórdão nº 2.121/2017. Plenário. Relator: Ministro Bruno Dantas. Sessão de 27/09/2017. *Diário Oficial da União*, Brasília, DF, 6 out. 2017).

recomendações de aperfeiçoamento quanto a procedimentos internos da Anatel e a audiência de membros do Conselho Diretor da agência para esclarecer as supostas irregularidades.

O tribunal determinou à Anatel que analisasse a proposta de cobertura oferecida pela operadora celebrante do TAC, que deveria apresentar o detalhamento da distribuição geográfica de rede que pretendesse instalar em cada município, em caráter de investimento. A ideia desta determinação seria a de garantir que o cumprimento do TAC contemplasse o objetivo de levar banda larga a áreas com menor infraestrutura de comunicações. Deveria a Anatel, por esta razão, fixar o município e a região onde o investimento da empresa seria feito, e o TCU acompanharia este acordo.

Determinou-se, ainda, que a Anatel somente aprovasse em definitivo termos de ajustamento de conduta após analisar previamente a admissibilidade de cada procedimento de apuração de descumprimento de obrigações (Pado) a ser incluído no TAC e o impacto causado por cada um deles nas condições e nos valores que compõem o instrumento.

Durante a vigência dos TAC celebrados, deveria, ainda, a agência estabelecer cláusulas com pontos de controle periódico, mediante metas intermediárias para cada indicador e/ou índice utilizado na mensuração do Índice Geral da Qualidade (IGQ). Para os casos de descumprimento deveria haver previsão de aplicação de sanção. Determinou-se também que, em cada minuta definitiva de TAC a ser aprovada, estivessem previstas todas as condições iniciais necessárias para o devido acompanhamento dos compromissos e para garantir a segurança jurídica do TAC, entre outras informações individualizadas a respeito de cada Pado incluído no TAC.

O TCU decidiu, ainda, que a soma das sanções aplicáveis à operadora em caso de descumprimento de cada compromisso adicional do TAC, incluindo as multas diárias e a execução do valor de referência do item, fosse superior ao investimento previsto antes da aplicação do fato de redução de desigualdades sociais e regionais e de execução de projetos estratégicos.

Para que o TAC fosse celebrado, a agência deveria também cumprir a determinação de que fosse claro e previamente determinado o objeto dos TAC que pretendesse firmar e determinou-se, ainda, que a Anatel não admitisse como compromissos adicionais os investimentos e atividades já realizados ou em fase de andamento pelos agentes regulados, para que fosse salvaguardado o interesse público do TAC e sua efetividade. Quanto aos TAC já aprovados pela agência, deveriam estes ser ajustados conforme a decisão proferida pela Corte de Contas, de maneira que fossem novamente submetidos à apreciação do Conselho Diretor da Anatel.

Necessário seria, ainda, apresentar ao TCU, previamente à celebração do TAC com a Telefônica Brasil S/A, as medidas que a Anatel pretendia adotar para assegurar que os projetos executivos referentes aos compromissos em cada município, e as condições de sua execução, fossem estatisticamente representativos do conjunto socioeconômico retratado nas variáveis utilizadas para o cálculo do VPL.

No mesmo prazo, deveria a Anatel apresentar ao TCU a motivação e os critérios utilizados para fundamentar o patamar de descontos concedidos com base no art. 19 da Resolução Anatel nº 629/2013 – RTAC; ademais, a agência deveria se abster de liberar as garantias relativas a editais de licitação específicos e outros nos quais as obrigações pudessem vir a ser transacionadas em forma de TAC.

Some-se a isso a obrigação, nos termos da decisão do TCU, de que Anatel apresentasse as razões de fato e de direito que levaram à conclusão de viabilidade de liberação da garantia prevista no Edital de Licitação nº 2/2010/PVCP/SPV-Anatel ao transacionar as obrigações correspondentes no TAC, ao contrário da previsão de manutenção das garantias relativas aos editais de licitação nºs 1/2007-SPV-Anatel e 2/2012/SPV-Anatel. Recomendou-se que a agência analisasse a conveniência e oportunidade de aperfeiçoar a Resolução Anatel nº 629/2013 (RTAC) de maneira a prever participação tempestiva do conselho diretor no processo de negociação de TAC, entre outras medidas.

Apesar de todo esforço envolvido na tentativa de celebração do acordo, este acabou não sendo firmado. O Conselho Diretor da Anatel não formalizou o TAC, visto que a Telefônica optou por não efetivar o acordo nas bases negociadas propostas.

O Acórdão nº 2.121/2017 remete a uma temática originalmente ligada ao tema do poder de polícia, que fundamenta a função sancionatória das agências reguladoras e, de maneira mais ampla, os espaços para as escolhas regulatórias. Este julgado deve ser também analisado sob a nova ótica do instituto da consensualidade no âmbito do direito administrativo, que vem descrever a substituição de penalidades por agentes reguladores no âmbito de seus processos administrativos por obrigações de fazer ou não fazer.

A análise do presente caso é de extrema importância porque vem a ser um precedente favorável à celebração dos acordos substitutivos pela Administração Pública. O seu reconhecimento reforça o papel da consensualidade na esfera regulatória e demonstra que o TCU é favorável a este tipo de negociação com vistas ao melhor atingimento do interesse público. Por outro lado, expõe uma vertente recente na atuação do TCU como protagonista na definição de estratégias regulatórias de competência das agências.

4 Conclusão: *insights* e questões a refletir

Embora a SeinfraCOM tenha exposto entendimento no sentido de que as multas, na qualidade de receitas extrafiscais que devem ser arrecadadas, não devam ser objeto de transação, o Plenário do TCU decidiu de modo diverso, pautado principalmente nos dados referentes à baixa efetividade na arrecadação de multas pela Anatel, tanto no âmbito de seus processos administrativos quanto nas execuções fiscais resultantes de seu inadimplemento.

Pela análise do acórdão, pode-se depreender que o TCU entendeu que, *a priori*, a negociação das multas por TAC não viola a supremacia ou a indisponibilidade do interesse público, desde que acompanhada de estudos técnicos sólidos, da definição fundamentada do ajuste de conduta pretendido e do rol de obrigações assumidas e de análise de custo-benefício do instrumento.

A decisão do Tribunal privilegiou, de alguma forma, a certeza da aplicação prática de verbas no setor, a título de investimento, e não se limitou ao argumento de que as multas deveriam ser arrecadadas do modo tradicional, posto que o grau de *enforcement* desta medida era, conforme os dados da agência demonstravam, muito baixo.

A consensualidade emerge, sob essa visão, em casos como este, como uma alternativa à atuação administrativa e, embora não deva ser utilizada de modo a substituir por inteiro as ferramentas sancionatórias do Estado, deve ter reconhecido seu potencial de perquirir a adoção da medida mais adequada ao caso concreto.

A consensualidade também deve ser examinada sob a ótica de recente alteração normativa. Com a edição da Lei nº 13.655, de 25.4.2018, o Decreto-Lei nº 4.657, de 4.9.1942 (Lei de Introdução às Normas do Direito Brasileiro, doravante "LINDB"), foi alterado com a inclusão de dispositivo que, expressamente, cria um novo regime jurídico geral que autoriza o administrador público a promover negociações com particulares, por meio de acordos e compromissos visando pôr fim à irregularidade, à incerteza jurídica e a situações contenciosas.[109] O texto normativo, de certa forma, estrutura o que normas esparsas tratam, desde longa data de institutos que direcionam a Administração Pública à consensualidade administrativa, envolvendo a celebração de acordos substitutos da sanção e demais compromissos de ajustamento de comportamento. Com efeito, a legislação anterior à LINDB, em situações variadas, já permite aquilo que a doutrina denomina "acordo substitutivo". Exemplos dessa fase do direito público aparecem nos acordos firmados por órgãos ambientais, pela Comissão de Valores Mobiliários, pelo Conselho Administrativo de Defesa Econômica, e, especialmente, pelas agências reguladoras como no presente caso.[110]

Neste contexto, a decisão do TCU se consagra como um importante precedente a ser invocado para sustentar a juridicidade de acordos substitutivos de sanção no âmbito da Administração Pública, em consonância com os novos rumos tomados pelo direito administrativo moderno. Esta nova orientação vem a ser uma alternativa a processos sancionatórios engessados, morosos e custosos sem, entretanto, passar a constituir uma forma compulsória de ação por parte da Administração Pública.

A tentativa de celebração de TAC entre a Anatel e a Telefônica conformou-se como um *leading case* da matéria no âmbito da agência e com certa forma de concordância pelo TCU, em que pese se apresentar como uma interferência externa nas escolhas regulatórias.

A fim de fixar os conceitos, reflitamos a propósito das seguintes questões:

1. O que é, afinal de contas, um TAC? Um contrato? Um ato regulamentar? Que competências e capacidades estão em jogo no TAC? Ele é unilateral, bilateral ou multilateral? Uma vez

---

[109] O art. 26 da LINDB traz o sentido geral no seu *caput* e os vetores interpretativos nos seus parágrafos e incisos, em textual: "Art. 26. Para eliminar irregularidade, incerteza jurídica ou situação contenciosa na aplicação do direito público, inclusive no caso de expedição de licença, a autoridade administrativa poderá, após oitiva do órgão jurídico e, quando for o caso, após realização de consulta pública, e presentes razões de relevante interesse geral, celebrar compromisso com os interessados, observada a legislação aplicável, o qual só produzirá efeitos a partir de sua publicação oficial. §1º O compromisso referido no caput deste artigo: I – buscará solução jurídica proporcional, equânime, eficiente e compatível com os interesses gerais; II – (VETADO); III – não poderá conferir desoneração permanente de dever ou condicionamento de direito reconhecidos por orientação geral; IV – deverá prever com clareza as obrigações das partes, o prazo para seu cumprimento e as sanções aplicáveis em caso de descumprimento. §2º. VETADO". O dispositivo já foi objeto de regulamentação pelo Decreto nº 9.830/2019.

[110] Cf. GUERRA, Sérgio; PALMA, Juliana Bonacorsi de. Art. 26 da LINDB – Novo regime jurídico de negociação com a Administração Pública. *RDA*, 2018. Edição especial.

firmado, pode ser alterado unilateralmente? Como se pensar em discricionariedade e vinculação diante da ideia de TAC? Há diferença entre a escolha discricionária e escolha regulatória?

2. Como o TCU legitimou sua própria competência para controlar o TAC da Telefônica? Ele pode se autoatribuir competências? Em que medida o ônus da competência foi suficiente para justificar o poder de controle do TCU na atuação consensual das agências reguladoras?
3. Quais foram os pontos examinados pelo TCU na decisão? Como se deu a decisão em cada um desses pontos? Há tópicos não considerados que deveriam ter integrado a decisão? Qual é a sua avaliação crítica sobre o modo de decidir do TCU?
4. Quais são os interesses em jogo na celebração do TAC? Em que medida o TAC firmado se mostra interessante para a empresa regulada? E para a Anatel? Ela pode deixar de aplicar sanções? Quais são as externalidades e incentivos decorrentes da celebração deste acordo?
5. O que é um precedente? Em que medida o Acórdão nº 2.121/2017 pode ser apontado como um precedente na jurisprudência do TCU? Estaria o TCU vinculado ao julgado? Qual é a *ratio decidendi*? Quais são as linhas de orientação que dele decorrem?
6. Posicione-se sobre a juridicidade dos acordos regulatórios: trata-se de um instrumento regulatório compatível com o regime constitucional e legal brasileiro?

PRORROGAÇÕES ANTECIPADAS – CASO *FERROVIAS, MALHA PAULISTA*

FLORIANO DE AZEVEDO MARQUES NETO

1 Introdução

A estruturação da malha ferroviária brasileira é marcada pela busca incessante de investimentos desde as primeiras experiências no Império.[111] Nesse particular, chama atenção o papel que a iniciativa privada desempenhou para a expansão das ferrovias no país a partir do Segundo Reinado.[112] O contexto econômico de exportação do café e de outros produtos agrícolas primários foi determinante para atração de investimentos privados – as ferrovias então serviram como o principal modal logístico para escoamento de insumos produzidos a custo mais reduzido na comparação com o transporte terrestre.

É nesse contexto que surgem – pelas mãos de fazendeiros, negociantes e empreendedores privados – a Companhia Paulista de Estrada de Ferro (1864), a Companhia Mogiana de Estradas de Ferro (1872), a Estrada de Ferro Sorocabana (1875), a Estrada de Ferro São Paulo e Minas (1890) e a Estrada de Ferro Araraquara (1896). Trata-se das *ferrovias paulistas*. Em comum, todas essas ferrovias se destinavam

---

[111] Cf. PINHEIRO, Armando Castela; RIBEIRO, Leonardo Coelho. *Regulação das ferrovias*. Rio de Janeiro: Editora FGV, 2017. p. 43.

[112] Cf. MARQUES NETO, Floriano de Azevedo. *Concessões*. Belo Horizonte: Fórum, 2015. p. 63 e ss.

primacialmente ao transporte do café produzido no planalto paulista e região.

Contudo, a 1ª Guerra Mundial (1914-1918) e a quebra da bolsa de Nova York (1929) reduziram sensivelmente a demanda pelas *commodities* produzidas no Brasil e, consequentemente, ocasionaram a perda da capacidade de investimento privado nas ferrovias. Apesar dos inúmeros auxílios estatais, a solução jurídica que prevaleceu para contornar a crise de investimentos privados foi a encampação das ferrovias. O Governo do Estado de São Paulo encampou, em 1919, a Estrada de Ferro Sorocabana e a Estrada de Ferro Araraquara. Por sua vez, em 1952, a Companhia Mogiana de Estradas de Ferro passou a ser controlada pelo Governo do Estado de São Paulo. O período de estatização das ferrovias é marcado institucionalmente pela criação da Rede Ferroviária Federal S/A (RFFSA), em 1957, com a finalidade de administrar, explorar, ampliar e melhorar as 22 estradas de ferro federais que lhes foram incorporadas.[113]

No âmbito paulista, iniciou-se[114] movimento de integração das estradas de ferro por parte do Governo do Estado de São Paulo[115] lastreado em estudos técnicos.[116] O primeiro passo no sentido da unificação, porém, veio apenas com a edição do Decreto nº 48.028 e do Decreto nº 48.029, em 1967, pelo Governador André Sodré. Segundo o

---

113 Cf. Lei nº 3.115/57.

114 O Decreto-Lei nº 2.626/40 é o marco inicial deste debate.

115 O *Diário Oficial do Estado de São Paulo* de 11.4.1962 noticia a elaboração de mensagem do então Governador Carvalho Pinto criando a Ferrovias Paulistas S.A. – Fepasa a partir de relatório do Grupo de Trabalho sobre Ferrovias. Entre os trechos deste relatório destacado na mensagem, um em particular sintetiza a ordem de reflexão do Executivo sobre as ferrovias paulistas: "(c)om a integração que se objetiva realizar, os problemas das ferrovias terão um tratamento mais racional e unificado, como se evidencia pela simples enumeração, dentre outros, de alguns casos: 1 – na área econômica: centralização dos estudos de programa de investimentos e coordenação dos serviços rodoviários auxiliares; 2 – na área administrativa: centralização das importações, da contabilidade e do orçamento; 3 – na área comercial: uniformização das tarifas e centralização de publicidade; e 4 – na área técnica: padronização de material e remanejamento do material rodante e da tração" (DIÁRIO OFICIAL DO ESTADO DE SÃO PAULO, 11 abr. 1962 Disponível em: https://www.imprensaoficial.com.br/DO/BuscaDO2001Documento_11_4.aspx?link=%2f1962%2fexecutivo%2fabril%2f11%2fp1%2fpag_0001_6FRU7DVJBALTKe1EVVANNSP2GI1.pdf&pagina=1&data=11/04/1962&caderno=Executivo&paginaordenacao=100001. Acesso em: 10 jun. 2019).

116 Além do relatório produzido pelo Grupo de Trabalho sobre Ferrovias, indica-se também o estudo técnico da empresa de consultoria francesa Sofrerail, especializada em ferrovias (DIÁRIO OFICIAL DO ESTADO DE SÃO PAULO, 11 abr. 1962 Disponível em: https://www.imprensaoficial.com.br/DO/BuscaDO2001Documento_11_4.aspx?link=%2f1962%2fexecutivo%2fabril%2f11%2fp1%2fpag_0001_6FRU7DVJBALTKe1EVVANNSP2GI1.pdf&pagina=1&data=11/04/1962&caderno=Executivo&paginaordenacao=100001. Acesso em: 10 jun. 2019).

primeiro, a administração da Estrada de Ferro Araraquara foi transferida à Companhia Paulista de Estradas de Ferro,[117] enquanto, pelo segundo, a administração da Estrada de Ferro São Paulo e Minas foi transferida à Companhia Mogiana de Estradas de Ferro.

Estava pavimentada a criação da Companhia Paulista de Estradas de Ferro S/A – Fepasa, que se daria em função da Lei nº 10.410, de 1971, com a transferência e a subsequente extinção Companhia Mogiana de Estradas de Ferro, da Estrada de Ferro Sorocabana, da Estrada de Ferro São Paulo e Minas e da Estrada de Ferro Araraquara. Em uma malha de mais de 4 mil km, a Fepasa – sociedade de economia mista com 99% de seu capital pertencente ao Governo do Estado de São Paulo – prestava diretamente serviços de transporte de carga e de passageiros.

Dificuldades de gestão e a necessidade de atração de investimentos levam à decisão pela privatização das ferrovias nas décadas de 1980-90.[118] A RFFSA foi inserida no II PND;[119] em 1998, a Fepasa foi federalizada e integrada à RFFSA por meio do Decreto nº 2.502/98, e seu conjunto de ativos operacionais passou a ser designado como *Malha Paulista*.

---

[117] A grande preocupação da transferência da administração da Estrada de Ferro Araraquara para a Companhia Paulista de Estradas de Ferro girava em torno de custos e excessos burocráticos, além de ser um alinhamento à política federal de integração dos modais de transporte: "poderão ser reduzidas, grandemente, as despesas, com a supressão de órgãos e serviços que ora se repetem improdutivamente. e com o remanejamento do pessoal excedente; Considerando que, com essa medida, serão eliminados os pontos de estrangulamento e de atrito nas operações de transporte, graças à desnecessidade do intercâmbio de vagões, troca de locomotivas e equipes, emulação deteriorante, bem como poderá ser elevada a produtividade do material rodante e de tração das oficinas, dos pátios de manobras e dos armazéns; Considerando que essa providência coincide com as recomendações preliminares do Grupo de Estudos de Integração da Política de Transportes (GEIPOT) do Govêrno Federal; Considerando que se faz urgente e inadiável a unificação de órgãos específicos de receita e despesa, contabilidade e estatística, compras e almoxarifado, pessoal, oficinas e movimento, para reduzir despesas e obter maior rendimento operacional; Considerando a necessidade de reduzir o número de órgãos-fim da Secretaria de Estado dos Negócios dos Transportes, diretamente subordinados ao titular, para dinamizá-los, graças ao maior contato direto do Secretário com os administradores imediatos e à melhor coordenação das múltiplas e complexas atividades departamentais".

[118] Cf. PINHEIRO, Armando Castelar; RIBEIRO, Leonardo Coelho. *Regulação das ferrovias*. Rio de Janeiro: Editora FGV, 2017. p. 38.

[119] Cf. art. 1º, inc. I, do Decreto nº 473/92. O Decreto nº 3.277/99 dissolveu a RFFSA e iniciou a sua liquidação, encerrada em 2007 pela Lei nº 11.483/2007.

2 O caso concreto

Em 10.11.1998 a União realizou leilão de concessão da Malha Paulista sob o regime da então nova Lei de Concessões (comum), Lei nº 8.987/95, e do Decreto nº 1.832/96, aprovando o Regulamento dos Transportes Ferroviários – RTF, com diretrizes sobre a modelagem das concessões ferroviárias. O consórcio de ferrovias Ferroban – Ferrovias Bandeirantes S/A sagrou-se vencedor e a outorga da concessão se deu por meio do decreto presidencial de 22.12.1998, publicado no *DOU* em 23.12.1998. A concessionária iniciou a operação em 1º.1.1999.

O objeto da concessão de serviço público precedida de obra pública da Malha Paulista é a exploração e o desenvolvimento do serviço público de transporte ferroviário de carga, sendo arrendados os bens operacionais (de propriedade da RFFSA e não integrantes da concessão). A qualidade do serviço é mensurada em metas: (i) prestação do serviço medida em ton-km-úteis e (ii) segurança do serviço pela avaliação da ocorrência de acidentes. Não há qualquer previsão de investimentos específicos ao longo da concessão, os quais são limitados ao início da operação. A remuneração de concessionária segue o modelo de *price cap*, cujo limite máximo do frete é periodicamente previsto pelo poder concedente.

A concessão tem prazo de 30 anos, podendo o contrato ser prorrogado até o limite máximo de 30 anos caso haja "interesse manifesto de ambas as partes" (cláusula terceira). Porém, o contrato estabelece os seguintes requisitos para que a concessionária pleiteie a prorrogação contratual: (i) se não for reincidente em condenação administrativa ou judicial por abuso de poder econômico e (ii) se tiver atingido e mantido a prestação de serviço adequado.[120] [121] Seguiu, daí, a execução contratual.[122]

---

[120] É a íntegra do contrato de concessão da Malha Paulista: "CLÁUSULA TERCEIRA – DA PRORROGAÇÃO DO CONTRATO Em havendo interesse manifesto de ambas as partes, o presente contrato poderá ser prorrogado até o limite máximo total de 30 anos, a exclusivo critério da CONCEDENTE. Parágrafo 1º – Até 60 meses antes do termo final do prazo contratual, a CONCESSIONÁRIA deverá manifestar seu interesse na prorrogação contratual, encaminhando pedido à CONCEDENTE que decidirá, impreterivelmente, sobre o mesmo até 36 meses antes do término deste contrato. Parágrafo 2º – A CONCESSIONÁRIA poderá pleitear a prorrogação da CONCESSÃO desde que não tenha sido reincidente em condenação administrativa ou judicial por abuso de poder econômico e tenha atingido e mantido a prestação de serviço adequado. Parágrafo 3º – A partir da manifestação de interesse da CONCESSIONÁRIA, verificada sua conveniência e oportunidade pela CONCEDENTE, esta definirá as condições técnico-administrativas e econômico-financeiras necessárias à prorrogação do contrato".

[121] O contrato também estabelece o seguinte *processo de prorrogação*: a concessionária deve manifestar o interesse pela prorrogação da concessão em até 60 meses antes do termo

Segundo relatório apresentado pela Comissão de Processo Administrativo constituída pela ANTT para análise do pedido de prorrogação do contrato de concessão, o desempenho operacional da Malha Paulista é inferior à média brasileira e conclui pela necessidade de aumentar a velocidade média comercial (VMC) e a velocidade média de percurso (VMP) por meio de investimentos e redução de conflitos urbanos em terminais.[123] Com relação ao cumprimento contratual, foram lavrados 147 autos de infração, dos quais 117 foram encerrados.[124] Destes, 24 foram arquivados e os restantes resultaram na aplicação das penalidades de advertência (6) e multa (87).[125]

Como analisado, investimentos no setor de ferrovias sempre foram prementes no Brasil. O quadro não é diferente hoje: vultosa ordem de investimento é necessária para a construção de novas linhas e expansão da malha ferroviária. Porém, *como viabilizar investimentos em ferrovias?* Pelo menos no caso da Malha Paulista, a resposta a essa questão deve considerar a vigência do contrato de concessão com a Rumo ALL-MP até 2028. Entre as obrigações pactuadas, não constam deveres de investimento na etapa final da concessão, a qual hoje se encontre, nem há previsão de gatilhos de investimentos. Estaria o Poder Público disposto a esperar o término da concessão para prever na nova modelagem investimentos adiados em mais de 9 anos? Ou seria possível construir uma alternativa mais eficiente para melhoria do setor ferroviário brasileiro ao tempo presente?

Os esforços para a prorrogação antecipada das concessões ferroviárias datam de 2015, quando foi lançado o PIL 2015 – segunda etapa do Programa de Investimento em Logística do Governo Federal.

---

final do prazo contratual, cabendo ao poder concedente o exame da oportunidade e da conveniência do pleito. Caso se posicione favoravelmente, deve definir as condições técnico-administrativas e econômico-financeiras necessárias à prorrogação do contrato. A decisão administrativa deve ser tomada até 36 meses antes do término do contrato.

[122] Em 2002, a fusão da Ferroban com a Ferrovia Norte Brasil S/A e a Ferrovia Novoeste S/A gerou o Grupo Brasil Ferrovias que, por sua vez, foi adquirido em 2006 pela América Latina Logística – ALL. Em 2015 a ALL se fundiu com a Rumo Logística e, então, a Malha Paulista passou a ser operada pela Rumo Malha Paulista S/A – ALLMP.

[123] ANTT. *Relatório da Comissão de Processo Administrativo da ANTT para análise do caso da Malha Paulista.* p. 26. Disponível em: http://portal.antt.gov.br/index.php/content/view/50071/010_2016.html. Acesso em: 13 jul. 2019.

[124] ANTT. *Relatório da Comissão de Processo Administrativo da ANTT para análise do caso da Malha Paulista.* p. 30. Disponível em: http://portal.antt.gov.br/index.php/content/view/50071/010_2016.html. Acesso em: 13 jul. 2019.

[125] ANTT. *Relatório da Comissão de Processo Administrativo da ANTT para análise do caso da Malha Paulista.* p. 30. Disponível em: http://portal.antt.gov.br/index.php/content/view/50071/010_2016.html. Acesso em: 13 jul. 2019.

Na prática, tratava-se de um esforço institucional conjunto de melhoria da infraestrutura brasileira com compromissos públicos assumidos nesse sentido. Nesse mesmo ano, o Ministério dos Transportes editou a Portaria MT nº 399/2015 com diretrizes para a ANTT prorrogar os contratos de concessão de ferrovias nos termos do PIL 2015.[126] Entre as mais relevantes provisões, encontra-se expresso o dever de realizar novos investimentos:

> Art. 1º – Estabelecer as diretrizes a serem seguidas pela Agência Nacional de Transportes Terrestres – ANTT para prorrogação dos contratos de concessão de ferrovias *em decorrência de Novos Investimentos em Concessões Existentes* no âmbito do Programa de Investimento em Logística – 2015.
> §1º – Nos casos previstos no caput, a ANTT deverá considerar, especialmente, as seguintes diretrizes:
> I – necessidade de realização imediata de novos investimentos na malha ferroviária concedida, visando:
> a) ampliar a capacidade de transporte da infraestrutura ferroviária concedida, quando necessário;
> b) aumentar a segurança do transporte ferroviário; e
> c) melhorar a qualidade da infraestrutura ferroviária concedida e a eficiência na operação ferroviária;

São três as grandes matrizes de prorrogação antecipada das concessões ferroviárias que se estabeleceram: (i) adaptar tais contratos às boas práticas de regulação; (ii) exigir a realização imediata de investimentos na infraestrutura ferroviária; e (iii) desenvolver o compartilhamento da infraestrutura ferroviária entre os operadores de transporte ferroviário.

---

[126] Trecho da exposição de motivos do Ministro de Transportes na Portaria MT nº 399/2015 é salutar da contextualização do início das prorrogações antecipadas no PIL 2015: "O MINISTRO DE ESTADO DOS TRANSPORTES, no uso das atribuições conferidas pelo art. 87, parágrafo único, inciso I da Constituição, e considerando as competências atribuídas ao Ministério dos Transportes, por meio da Lei nº 10.683, de 28 de maio de 2003, art. 27, inciso XXII, alíneas a e b, §8º, incisos I, II e III, da formulação, coordenação e supervisão das políticas nacionais; de participação no planejamento estratégico, do estabelecimento de diretrizes para sua implementação e a definição das prioridades dos programas de investimentos; e da aprovação dos planos de outorgas; considerando que em 9 de junho de 2015 o Governo Federal lançou a segunda etapa do Programa de Investimento em Logística (PIL) dando continuidade ao processo de modernização da infraestrutura de transportes do país e visando também a retomada do crescimento da economia, com previsão de novos investimentos em concessões ferroviárias já existentes; considerando o interesse público em antecipar novos investimentos em infraestrutura ferroviária, buscando assegurar a prestação de serviço adequado aos usuários, em especial quanto às condições de eficiência, continuidade, atualidade e modicidade das tarifas, observado o disposto no artigo 6º, §2º da Lei nº 8.987, de 13 de fevereiro de 1995; e (...)".

Ato subsequente, a Rumo ALL-MP apresentou pedido de prorrogação do contrato de concessão da Malha Paulista à ANTT.[127] Para estudar o pleito, a ANTT constituiu Comissão de Processo Administrativo por meio da Portaria DG nº 582/2015. A minuta do termo aditivo da prorrogação antecipada foi consensualmente construída entre ANTT e concessionária no âmbito do processo administrativo,

Ainda no ano de 2015, a ANTT editou a Resolução ANTT nº 4.975, a qual estabeleceu o rito do processo de repactuação dos contratos de concessão do serviço público. Basicamente, a normativa versa sobre o processo administrativo para celebração consensual de termo aditivo de prorrogação antecipada das concessões ferroviárias. Segundo o regulamento, cabe à concessionária interessada requerer a prorrogação antecipada da concessão à ANTT que, por sua vez, encaminhará para a requerente o termo de referência com diretrizes para que ela elabore o plano de negócios em até 180 dias. O plano de negócios apresentado é, então, analisado por comissão especial cujo parecer conclusivo é endereçado à diretoria da agência para deliberar sobre a oportunidade e a conveniência do termo aditivo de prorrogação antecipada da concessão ferroviária.

Novamente os novos investimentos foram indicados como condição necessária à prorrogação dos contratos de concessão ferroviária, sendo obrigatória a definição no termo de referência de metas e indicadores, bem como a indicação de investimentos que visem a minimizar conflitos entre a ferrovia e as cidades.[128] Para tanto, são previstos investimentos adicionais, que serão unilateralmente determinados pela ANTT. É expressa a proibição de a concessionária se opor à realização de investimentos adicionais, mas lhe é assegurado o direito ao equilíbrio econômico-financeiro.

As diretrizes gerais para prorrogação e a relicitação apenas foi disciplinada com a edição da MP nº 752/2016, em 24.11.2016. Muito embora a MP nº 752/2016 de fato tivesse caráter geral, a sua aplicação era restrita aos setores por ela definidos: rodoviário, ferroviário e aeroportuário. A MP nº 752/2016 foi editada no contexto do lançamento do Programa de Parcerias de Investimento – PPI pela MP nº 727/2016, posteriormente convertida na Lei nº 13.334/2016. Por sua vez, a MP nº 752/2016 foi convertida na Lei nº 13.448/2017.

---

[127] Cf. Processo ANTT nº 50500.386991/2015-39.

[128] Cf. art. 3º, parágrafo único, inc. I da Resolução ANTT nº 4.975/2015.

Nos termos da Lei nº 13.448/2017, a prorrogação antecipada é autorizada apenas aos empreendimentos qualificados no PPI e vem definida nos seguintes termos:

> alteração do prazo de vigência do contrato de parceria, quando expressamente admitida a prorrogação contratual no respectivo edital ou no instrumento contratual original, realizada a critério do órgão ou da entidade competente e de comum acordo com o contratado, produzindo efeitos antes do término da vigência do ajuste (art. 4º, inc. II, Lei nº 13.448/2017).

A prorrogação, que poderá ser suscitada por qualquer uma das partes entre 50% e 90% do prazo originalmente estipulado, pressupõe a inclusão de investimentos que não estejam previstos no contrato em vigor.[129] Os investimentos obrigatórios devem ser previstos em cronograma, que deve estabelecer mecanismos indutores da sua observância, pois que voltados a desestimular inexecuções e atrasos por meio de desconto anual no reequilíbrio ou pelo pagamento de adicional de outorga.[130] As prorrogações antecipadas devem necessariamente ser analisadas em base técnica, com a avaliação da economicidade e da efetividade das novas obrigações de investimentos, e submetidas a consulta pública.

Com o advento da Lei nº 13.448/2017, foram firmados os três tipos de prorrogações em contratos de concessão no Brasil: prorrogação ordinária, prorrogação para fins de recomposição do equilíbrio econômico-financeiro do contrato e prorrogação antecipada. Em agosto de 2018, a Procuradoria-Geral da República impetrou ação direta de inconstitucionalidade contra a Lei nº 13.448/2017 (ADI nº 5.684).

Desde a apresentação do pedido de prorrogação antecipada à ANTT, a Agência tem se reunido com o TCU (Processo nº 009.032/2016-9). Foi realizada audiência pública (Audiência Pública ANTT nº 10/2016) e o relatório final foi aprovado pela Diretoria Colegiada da ANTT (Deliberação nº 486/2017). Os estudos finais foram entregues ao TCU em 2018. Os investimentos diretos na infraestrutura definidos na prorrogação antecipada são avaliados em mais de R$7 bilhões, resultando em um aumento de 150% da capacidade de transporte. Isso importa em um aumento dos benefícios econômicos anuais da Malha de R$21,2 bilhões para R$54,7 bilhões.

---

129 Cf. art. 6º, *caput*, da Lei nº 13.448/2017.

130 Cf. art. 7º da Lei nº 13.448/2017.

No âmbito do TCU, a unidade técnica responsável – Secretaria de Fiscalização de Infraestrutura Portuária e Ferroviária – proferiu parecer favorável à prorrogação antecipada da concessão ferroviária da Rumo Malha Paulista. Como consta no relatório:

> As alterações contratuais a serem realizadas com eventual assinatura do termo aditivo não resultarão em inobservância dos princípios do dever de licitar; da isonomia; da escolha da proposta mais vantajosa para a Administração Pública; da vinculação ao instrumento convocatório; do prazo determinado dos contratos de concessão; da segurança jurídica e da força obrigatória dos contratos.

Contrariando a posição da unidade técnica, o Ministério Público junto ao TCU – MPTCU recomendou a rejeição da prorrogação antecipada do contrato de concessão ferroviária da Rumo Malha Paulista. Na avaliação do Procurador Julio Marcelo de Oliveira, agente responsável pela análise do referido processo de prorrogação antecipada remetido pela ANTT, a alternativa mais eficiente é a realização de uma nova licitação ao término do prazo da concessão. Para ele, a prorrogação antecipada na concessão da Malha Paulista não traria vantagens à sociedade brasileira. Apesar disso, apresentou uma série de recomendações e determinações na esperança de serem consideradas pelos ministros, caso o TCU decida pela viabilidade jurídica da prorrogação antecipada em estudo.

3 Conclusão

- *Investimentos*. Entre as várias imersões reflexivas que o caso da concessão da Malha Paulista permite fazer, talvez a mais significativa seja o papel do direito para lidar com o desafio que secularmente caracteriza o setor ferroviário: *investimentos*. Como analisado, desde as primeiras experiências com a construção de malhas ferroviárias para escoamento de insumos primários para exportação (fundamentalmente, o café), o desafio do investimento sempre foi uma constante. Com a perda do poder privado de investimentos, o Poder Público assumiu o controle das principais vias férreas nacionais. Não por isso a questão de investimentos deixou de ser uma constante.

O caso Malha Paulista indica que a simples previsão do *dever de investimento* não se mostra suficiente. Tradicionalmente, o conteúdo deste dever de investimentos é definido no momento da licitação, quando os interessados tomam conhecimento do projeto e precificam sua oferta considerando a margem de investimentos definida na minuta do contrato. Porém, essa é uma modelagem estática e formal, pela qual os investimentos são suficientemente feitos se atendidas as cláusulas contratuais. Especialmente considerando contratos de concessão de longo prazo, fato é que a medida de investimentos nunca será satisfatoriamente definida no momento inicial da concessão. A natural indeterminação dos contratos de concessão congrega os deveres de investimento. O cenário se torna ainda mais salutar com o contexto de novas tecnologias em desenvolvimento.

Uma tendência regulatória, que não se resume ao setor ferroviário, corresponde à criação de incentivos para atração de novos investimentos. Nessa linha são criados novos instrumentos jurídicos ou outros moldados para assumir também a função de promover novos investimentos setoriais. É nessa linha que se coloca uma série de medidas regulatórias, como substituição de sanções por investimentos, política tarifária que considere os investimentos realizados e a performance e a prorrogação antecipada das concessões por investimentos.

- *Medida de investimentos*. Mas quanto de investimentos se faria necessário para viabilizar prorrogações antecipadas de concessão? Esta é uma resposta eminentemente discricionária, devendo considerar toda a complexidade da concessão (passado, presente e futuro) e ser tomada em bases consensuais entre poder concedente e concessionário.

A Lei nº 13.448/2017 confere algumas balizas para definição da medida de investimentos necessários à prorrogação antecipada de contratos de concessão no setor ferroviário. Primeiramente, esses devem ser novos investimentos, ou seja, que não estavam originalmente previstos no instrumento contratual vigente (art. 6º, *caput*). Do contrário, ter-se-ia uma figura jurídica híbrida que mais se aproximaria da prorrogação ordinária. Como definir, na prática, o que são novos investimentos? Não há que se desconsiderar que existirão muitas zonas cinzentas entre investimentos já previstos na concessão e novos investimentos.

Por essa razão a Lei nº 13.448/2017 busca conferir maiores contornos ao conteúdo dos novos investimentos a partir de orientações mais específicas. Assim, os novos investimentos podem se voltar ao aumento da capacidade instalada (art. 9º, inc. I), melhoria da qualidade da prestação dos serviços (art. 9º, inc. II) e o quão apto é o cronograma de novos investimentos para propiciar uma integração mais efetiva entre os modais de infraestrutura e o seu compartilhamento, quando for o caso (art. 9º, inc. III).

– *Dever de licitar*. O grande desafio jurídico à prorrogação antecipada de concessões pela previsão de novos investimentos ainda é quanto ao dever de licitar. Os investimentos não deveriam ensejar uma nova licitação para sua previsão em novo contrato de concessão? Não se estaria diante de uma modificação do *objeto da licitação*? Afinal, em que medida a Lei nº 13.448/2017 é constitucional? São exatamente essas as perguntas que haviam sido endereçadas pela PGR ao STF por meio da ADI nº 5.684, que, no entanto, não foi conhecida pela Corte por ilegitimidade ativa.[131]

A positivação do instituto da prorrogação antecipada para contratos de concessão dos setores rodoviário e ferroviário coloca agora um ônus decisório comparativo entre um *novo contrato* (modelo da licitação) e a *preservação de um contrato em vigor* (modelo de prorrogação antecipada). Certo é que essa confrontação se colocará apenas quando atendidos todos os requisitos da Lei nº 13.448/2017 para prorrogação antecipada. Porém, nesses casos, quais devem ser as variáveis para mensurar a opção ótima? Interessante considerar que ANTT e unidade técnica do TCU entenderam pela eficiência do modelo de prorrogação antecipada no caso da Malha Paulista, enquanto o membro do MP junto ao TCU entendeu ser o modelo de licitação o mais eficiente para endereçar a situação concreta.

Qualquer que seja a linha de entendimento, vale debater se a prorrogação antecipada das concessões será sempre *alternativa* à inefetividade da licitação, comportando-se como segunda opção ante a licitação (então presumida sempre como a melhor opção). Temos que essa ordem de subsidiariedade não se coloca. Mesmo quando for possível realizar a licitação, será plenamente viável que o caso seja resolvido por meio de prorrogação antecipada da concessão com novos investimentos. Isso porque o *legislador* não estabeleceu qualquer ordem de preferência, mas simplesmente autorizou a prorrogação antecipada das concessões

---

131 Em 30.09.2018, o ministro Dias Toffoli proferiu decisão monocrática na qual não conheceu da ação, por ilegitimidade ativa da Frente Nacional pela Volta das Ferrovias e da Federação das Associações de Engenheiros Ferroviários – FAEF para propor ADI. Após embargos rejeitados pela Ministra Cármen Lúcia, o caso transitou em julgado em 31.05.2019.

rodoviárias e ferroviárias em determinados casos. Novamente, a questão se encerra em uma decisão discricionária e consensual sobre o desfecho do contrato vigente.

- *Preservação do modelo contratual*. Um ponto relevante na tomada de decisão envolvendo prorrogação antecipada de concessões corresponde ao fato de permanência do modelo contratual em vigor. Mesmo que sejam previstos novos investimentos, a prorrogação antecipada do contrato importa em manutenção da modelagem contratual como um todo. Na prática, isso significa a perpetuação de uma redação contratual por 60 anos no caso da Malha Paulista. A qualidade da modelagem contratual deve ser observada quando da tomada de decisão pela prorrogação antecipada das concessões, já que investimentos correspondem a apenas uma parcela desta modelagem, ainda que significativa.
- *A figura do concessionário importa?* A Rumo Malha Paulista tem significativo acúmulo de passivo sancionatório junto à ANTT e mais recentemente passou a ser investigada pelo Cade. Muito embora a Lei nº 13.448/2017 nada disponha sobre a "habilitação subjetiva" da concessionária, o quão decisiva é a questão do *enforcement* para uma prorrogação antecipada de concessão? Vale considerar que a prorrogação antecipada não é um "privilégio" concedido à concessionária.

REGULAÇÃO PRÓ-COMPETIÇÃO: CONCORRÊNCIA PELO MERCADO – CASO *CONCESSÃO DE AEROPORTOS*: ACÓRDÃO Nº 1.865/2016 – TCU

SÉRGIO GUERRA

GUILHERME HAZELL LAUDISIO

1 Resumo

Os aeroportos de Brasília, Guarulhos, Viracopos, Galeão e Confins eram administrados por entidade estatal – Empresa Brasileira de Infraestrutura Aeroportuária – Infraero – passando a administração e a gestão desses aeroportos à iniciativa privada sob a forma contratual de concessão de serviço público de infraestrutura aeroportuária. O Estado outorgou as concessões mediante processos licitatórios, garantindo, ao menos no aspecto formal, ampla competição, cabendo, à Infraero, a manutenção do processo competitivo na administração dos aeroportos. O presente capítulo aborda como o *enforcement* de tal processo competitivo é – ou deveria – ser implementado, mediante o poder de veto da Infraero. Neste sentido, será examinado o Acórdão nº 1.865/2016 do TCU, que oferece relevantes clarificações sobre as atribuições da Infraero no exercício do poder de veto: se fiscalizatórias, regulatórias ou até sancionadoras. Adicionalmente, será abordado o Acórdão TCU nº 132/2018, que decidiu sobre aspectos relevantes envolvendo a competição entre aeroportos,[132] e sobre a atuação regulatória estatal ante a aparente contraposição entre garantia da competição e eficiência do serviço prestado.

2 Introdução: a questão de fundo

O presente capítulo analisa a regulação pró-competição, em específico no setor de infraestrutura aeroportuária após as concessões de serviço público implementadas a partir de 2011 pelo Governo Federal. Com as concessões, o Governo Federal objetivava atingir níveis de serviço adequados aos usuários, e promover maior agilidade aos aportes de capital necessário para a adequação da infraestrutura aeroportuária no Brasil. Coube à Secretaria de Aviação Civil (SAC) propor o modelo das concessões. No modelo, definiu-se o papel da Agência Nacional de Aviação Civil – ANAC como poder concedente.

A CF/88 atribui o caráter de serviço público a inúmeras atividades, como exemplo, aquelas de competência da União Federal, listadas no art. 21, entre elas a infraestrutura aeroportuária. Os serviços públicos podem ser prestados diretamente pelo ente da federação que possui competência (União, estados, Distrito Federal e municípios) ou por delegação, nos termos do art. 175 da Constituição Federal).[133] A concessão comum corresponde à forma descentralizada da prestação de serviço público, que se cristaliza por meio de um contrato administrativo por

---

[132] O Acórdão nº 132/2018 foi reformado pelo Acórdão nº 464/2019. A relevância da discussão da regulação pró-competição, no entanto, encontra-se no processo decisório do Acórdão nº 132/2018, em que são abordadas as alternativas regulatórias possíveis, assim como é abordada a questão da livre competição ante ganhos de eficiência, diminuição de preços ao consumidor e melhora na prestação de serviços. Ainda assim, para atualização da discussão, o Acórdão nº 464/2019, ao reformar o Acórdão nº 132/2018, estabeleceu que "sob a perspectiva do Tribunal de Contas da União e diante dos elementos discutidos nestes autos, não há óbices que impeçam a reabertura ou a manutenção das restrições ao Aeroporto da Pampulha, desde que as escolhas públicas estejam devidamente fundamentadas em elementos técnicos suficientes; recomendar ao Ministério da Infraestrutura que aperfeiçoe o seu processo decisório com vistas a promover as reflexões necessárias para fundamentação de suas escolhas, mitigando as incertezas características do processo de formulação de políticas públicas, nos termos do Decreto 9.203/2017 e da Lei de Introdução às Normas do Direito Brasileiro".

[133] Art. 175. Incumbe ao Poder Público, na forma da lei, diretamente ou sob regime de concessão ou permissão, sempre através de licitação, a prestação de serviços públicos. Parágrafo único. A lei disporá sobre: I – o regime das empresas concessionárias e permissionárias de serviços públicos, o caráter especial de seu contrato e de sua prorrogação, bem como as condições de caducidade, fiscalização e rescisão da concessão ou permissão; II – os direitos dos usuários; III – política tarifária; IV – a obrigação de manter serviço adequado.

meio do qual o Poder Público competente (poder concedente) transfere a um particular (concessionário) a sua execução, sob regulação estatal indireta, mediante o pagamento de tarifas pelos usuários.

Visando atender ao determinado no art. 175 da Carta Magna, foi editada, em 13.2.1995, a Lei Federal nº 8.987, que veio a estabelecer as normas gerais para as concessões de serviços públicos.

Aplicam-se às concessões o disposto na Lei nº 11.182/2005, que criou a Anac, e o disposto na Lei nº 7.565/1986, que instituiu o Código Brasileiro de Aeronáutica (CBA). Às concessões, também se aplicam as diretrizes definidas na Política Nacional de Aviação Civil (Pnac), por sua vez aprovada pelo Decreto nº 6.780/2009.

O organograma societário dos aeroportos concedidos seria composto por Sociedades de Propósito Específico (SPE), criadas especificamente para cada concessão. As SPE foram introduzidas no ordenamento jurídico nacional pela Lei Complementar nº 128, de 19.12.2008. As SPE são sociedades com personalidade jurídica e escrituração contábil próprias e têm semelhantes características a empresas limitadas ou sociedades anônimas. Importante notar que a SPE tem seu objeto social restrito apenas às atividades necessárias para exercer o disposto nos contratos de concessão.

A Infraero, que até então era a operadora dos aeroportos concedidos, passou a ser sócia das concessionárias[134] com 49% de participação nas SPE, estabelecendo que à Infraero caberia o recebimento de dividendos e compensações com base em um sistema de subsídios cruzados entre aeroportos por ela ainda operados.

A inserção da Infraero nas SPE teria ocorrido com a intenção de fortalecer a sua gestão, de modo que sua participação permitiria extrair das SPE novas formas de eficiência e maximização de resultados. Foi também justificada a participação pela existência de interesse público na presença da União em tais aeroportos, identificados como estratégicos ou de especial relevância para o interesse público.

Nas referidas concessões foi determinada a fixação de um percentual mínimo de cotas que deveriam pertencer a uma empresa especializada na operação de aeroportos (10% para Brasília, Guarulhos e Viracopos e 25% para Galeão e Confins).

Os direitos e responsabilidades dos acionistas público e privados, compondo o capital cada SPE, seriam formalizados mediante as

[134] Com a exceção do Aeroporto de São Gonçalo do Amarante (ASGA).

disposições de acordos de acionistas, normatizando a gestão e atuação da SPE constituída.

Apesar da participação acionária, à Infraero não foi reservado poder de participação na gestão das concessionárias, cabendo, apenas, a indicação da minoria dos membros dos conselhos de administração e fiscal. Assim, na modelagem praticada o controle societário das SPE sempre caberia aos acionistas privados.

A relevância do modelo, para o estudo da regulação pró-competição, deve ser analisada à luz da atuação da Infraero, enquanto empresa pública, ante o exercício de seu poder de veto em contratações com partes relacionadas.

Como se descreverá na seção relativa ao caso concreto, objeto do Acórdão TCU nº 1.865/2016, algumas concessionárias contrataram, para a execução de parte ou da totalidade das obras de melhorias da infraestrutura dos aeroportos concedidos, terceiros relacionados (empreiteiras). Estes contratos, não regidos por qualquer procedimento licitatório, encontravam no poder de veto da Infraero a mais relevante forma de garantir a competição entre potenciais contratados para a execução das obras. Quaisquer desvios em relação aos "preços e condições de mercado" deveriam ser objeto de análise da Infraero, e se presente algum vício ou desvio de finalidade, deveria a empresa pública exercer seu poder de veto.

3 O caso concreto – terceiros relacionados

O presente caso é relativo ao monitoramento e análise de auditoria operacional realizados pelo TCU (objeto do Acórdão nº 548/2014), das atividades exercidas pela Anac e Infraero, em relação ao acompanhamento, fiscalização e supervisão dos contratos de concessões aeroportuárias. Tal auditoria teve como objetivo descrever o estágio de execução dos contratos de concessão dos aeroportos de Brasília, Guarulhos e Viracopos e analisar como a Anac e a Infraero desempenhavam seus papéis institucionais relativos às concessões aeroportuárias acima mencionadas.

O relatório de auditoria do TC nº 009.780/2013-0 apontou uma série de problemas e carências da Anac, relativos à estruturação e acompanhamento da execução dos contratos de concessão. Concluiu-se que a estruturação da Anac, para atuação nos referidos contratos de concessão, era provisória e incompleta, considerando incipientes a publicidade e a transparência da gestão dos contratos de concessão.

O Tribunal, por meio do acórdão, apontou falhas quanto ao atendimento dos termos e das condições de mercado dos contratos e aditivos celebrados, com a possibilidade de tais falhas permitirem ou acarretarem prejuízos à saúde financeira da empresa pública e ao erário.

A equipe responsável pela realização da auditoria verificou, em relação à Infraero, que entre julho e setembro de 2013, período da fase de execução da fiscalização dos contratos entre concessionários e partes relacionadas para os aeroportos de Guarulhos, Brasília e Campinas, a empresa ainda não havia se pronunciado se tais contratos estavam de acordo com os termos e as condições de mercado.

Em relação à obrigação fiscalizatória da Infraero por meio do poder de veto, resultante de sua participação como acionista de cada uma das SPE constituídas para cada concessão aeroportuária, aquela estava atrelada ao disciplinado no Protocolo de Governança, que detalhou as regras gerais estabelecidas no acordo de acionistas entre Infraero e concessionárias.

A Infraero, detentora de 49% do capital social das concessionárias, segundo o TCU não atendeu aos requisitos de caráter fiscalizatório. A auditoria apontou: (i) a ausência de estruturação interna na empresa para o alcance de seus objetivos (o recebimento de dividendos e ganhos de eficiência e qualidade de gestão); (ii) a falta de definição clara de procedimentos de avaliação do retorno financeiro em relação aos aportes de capital da empresa; (iii) a ausência de qualquer definição de ações ou procedimentos para complementar e implementar as melhores práticas das concessionárias; (iv) a existência de limitações para verificar se os contratos assinados com partes relacionadas às concessionárias estavam de acordo com os termos e condições de mercado.

O maior risco identificado pelo TCU na inserção da Infraero como sócia relevante das concessionárias foi a possibilidade da existência de interesses dos acionistas de contratar partes relacionadas, contratações estas cujos valores e condições não corresponderiam àqueles usualmente praticados pelo mercado. Sob essa premissa, essa posição acionária poderia gerar beneficiamento da parte relacionada em detrimento dos direitos da Infraero, com o emprego de recursos federais por meio de aportes da Infraero acima do necessário, uma vez que a participação financeira da empresa pública em tais contratos corresponderia a 49% do valor dos investimentos contratados.

Ademais, nos contratos de concessão dos aeroportos de Brasília, Guarulhos e Viracopos estava previsto que a própria Anac poderia exercer o poder de veto, caso as contratações e aditamentos com partes relacionadas estivessem em desacordo com os termos e condições de mercado. Por conseguinte, se a Infraero não cumprisse seu papel de vetar contratações e aditamentos com partes relacionadas que não atenderem aos termos e condições de mercado, a Anac poderia realizar tal papel.

No entanto, foi informado pela Anac ao TCU que ela não possuía estruturas ou procedimentos específicos estabelecidos para esse tipo de análise, e eventual atuação da agência ocorreria somente diante de possíveis denúncias. A Anac informou, ainda, que nos contratos de concessão dos aeroportos de Galeão e Confins havia sido retirada a cláusula que incluía seu poder de veto nas contratações com partes relacionadas que não atendessem aos termos e condições de mercado, permanecendo apenas o poder de veto da Infraero.

Para que os contratos com partes relacionadas fossem realizados seria necessário o consentimento prévio e por escrito da Infraero, que poderia vetar a realização de todo e qualquer contrato ou aditivo com partes relacionadas quando realizados em condições que não as de mercado. Os acordos de acionistas relativos à segunda rodada de concessões (Brasília, Guarulhos e Viracopos), no entanto, não especificavam quais procedimentos deveriam ser adotados para realização dessa avaliação, o que foi especificado apenas em momento posterior, por meio de um documento denominado Protocolo de Governança, no qual figuravam como partes a Infraero e os acionistas privados.

O Protocolo de Governança foi, desta maneira, elaborado para regulamentar especificamente as regras gerais estabelecidas no acordo de acionistas em relação à análise da Infraero no atendimento aos termos e condições de mercado em contratações com partes relacionadas. Esses protocolos detalharam os procedimentos de análise, e tais procedimentos determinavam que a concessionária contrataria consultoria para elaboração de laudo de avaliação dos ajustes a serem firmados, e a Infraero emitiria parecer sobre tal laudo em até sete dias. A consultoria seria escolhida pela Infraero a partir de lista tríplice ofertada pela SPE.

Em resposta ao TCU, a Infraero informou que não examinava ou sequer analisava os projetos, orçamentos, planilhas e notas fiscais dos contratos com partes relacionadas. Na condição de acionista minoritária, a Infraero não teria a obrigação de interferir na gestão e administração da SPE, e, portanto, não examinaria contratos firmados pelas concessionárias ou a documentação que os acompanha.

A Infraero ponderou que teria se manifestado apenas em relação ao exercício do poder de veto informando que ele se baseava nas conclusões apresentadas pelas auditorias contratadas. Tais consultorias, por sua vez, eventualmente examinavam e analisavam a documentação técnica e orçamentária.

Ademais, no âmbito do processo de avaliação dos termos e condições de mercado, a Infraero não havia incluído sua unidade técnica de engenharia, repassando à Superintendência de Gestão de Participações (SGP) a responsabilidade sobre a emissão do parecer técnico relativo aos contratos com partes relacionadas contendo obras e serviços de engenharia.

Além dos riscos relativos à contratação de partes relacionadas por valores acima dos considerados de mercado, o TCU apontou outros riscos associados ao acompanhamento da execução desses contratos. Um dos riscos seria a deficiência procedimental na conferência e análise da quantidade de serviços e de qualidade de materiais utilizados nas obras, além do risco da não aplicação de penalidades por descumprir cláusulas contratuais dos acordos celebrados com as partes relacionadas.

Constou-se que a Infraero não avaliava, nos termos de suas atribuições, se contratos com partes relacionadas eram executados conforme formalizados.

Caberia, nos termos decididos pelo TCU, à Infraero a adoção de condutas que possibilitassem o acompanhamento da execução dos contratos com partes relacionadas e sua verificação relativa à responsabilidade por atos ilícitos ou em desconformidade com condições de mercado em relação às partes relacionadas. Mesmo se desconsiderada a atribuição fiscalizatória imposta à Infraero, a empresa pública deveria responder, nos limites de sua participação, por todos os passivos originados das SPE, por ser a acionista com maior percentual de participação individual (49%).

Segundo o TCU, a Infraero se deparou com limites operacionais internos para verificar contratos assinados pelas concessionárias com partes relacionadas, contratos estes que representam a maioria dos valores contratados, especificamente para verificar se os contratos atendem aos termos e condições de mercado.

A causa para a inexistência de tal verificação dos termos e condições de mercado nos contratos, especificamente aqueles relativos à execução dos investimentos previstos na Fase I-B das concessões, seria na grande quantidade e urgência das obras necessárias aos aeroportos. A Infraero não teria condições operacionais de avaliar o número de contratos diante do prazo estipulado para tal vis-à-vis à necessidade de início das obras.

Como exemplo, contratos com partes relacionadas para execução da quantia investida na Fase I-B das concessões (as obras a serem realizadas até a véspera da Copa do Mundo de 2014), segundo o TCU, não foram avaliados em relação à observância das condições de mercado na contratação e execução.

Em continuação, questão relativa à não fiscalização pela Infraero, a empresa informou que, em consulta à Anac para esclarecimento do conteúdo de definição do conceito "termos e condições de mercado", aquela teria indicado que o conceito deveria ser estabelecido pelos acionistas, e que a Infraero teria interpretado a resposta como sendo afirmativa quanto à observância legal dos contratos.

O TCU concluiu que a Infraero não normatizou ou implementou os procedimentos que deveriam ser observados na análise de adequação e consistência dos pareceres das empresas de consultoria contratados pelas SPE para contratos com partes relacionadas. Por isso, teria descumprido os acordos de acionistas e protocolos de governança em relação à análise de adequação dos contratos aos termos e condições de mercado, especialmente quando a Infraero excluiu de tal análise sua área de engenharia.

Ademais, quanto à análise financeira dos apontamentos acima, o TCU teria constatado que os valores de aditamentos e novos contratos com partes relacionadas continuam com preços relevantemente acima dos normalmente praticados no setor aeroportuário para a execução de obras e construções.

Segundo a equipe de fiscalização, a análise da Infraero foi insuficiente, apresentando fragilidades e contrariando o disposto em acordos de acionistas e protocolos de governança. Em suma, as fragilidades apontadas:

> i) prazo exíguo para avaliação do parecer da consultoria pela Infraero;
> ii) ausência de análise do método utilizado pela consultoria para avaliar os projetos e da consistência da avaliação empreendida, de forma que houve a simples aceitação dos resultados dos laudos;
> iii) ausência de participação da equipe de engenharia da Infraero no processo de autorização dos contratos com partes relacionadas;
> iv) contratação da consultoria pela própria concessionária; e,
> v) ausência de análise dos quantitativos dos serviços constantes do orçamento dos contratos e aditivos.[135]

Nestes termos, aduziu o TCU que a Infraero não teria analisado de maneira suficiente os motivos que levaram a Inframerica Concessionária

---

[135] Acórdão nº 1.865/TCU, item 14.

do Aeroporto de Brasília S.A. a celebrar com o Consórcio Construtor Helvix o primeiro aditivo ao contrato de empreitada para ampliação, adequação e reforma do Aeroporto Internacional de Brasília, que totalizou R$99.024.331,05, uma vez que não foram especificadas as causas para o aumento do valor da multa contratual, as razões para o aumento do valor do contrato em proporção superior ao aumento do valor da multa, os fundamentos legais e contratuais e demais elementos necessários para comprovar a real necessidade do aditivo e dos seus valores.

Também, pela manifestação do TCU, a Infraero não teria analisado os motivos que levaram a Aeroportos Brasil Viracopos S.A. a celebrar com o Consórcio Construtor Viracopos o primeiro aditivo ao contrato de prestação de serviços e fornecimentos em regime de empreitada global sob a modalidade EPC – *turn key lump sum*, que totalizou R$778.601.199,00, uma vez não especificadas detalhadamente todas as razões e fatos originadores do aditivo, os fundamentos legais e contratuais, e demais elementos necessários para comprovar a real necessidade do aditivo e dos seus valores.

Ainda, no entendimento da Corte de Contas, não foram formalizados os procedimentos para análise quanto ao atendimento aos termos e condições de mercado dos acordos de acionistas dos aeroportos de Galeão e Confins; e, para o aeroporto de Guarulhos, o valor do segundo termo aditivo teria sido diferente do constante do laudo da consultoria aprovado pela Infraero. Além disso, teria havido utilização de taxas de Bonificação e Despesas Indiretas (BDI) de 35% e aumento do percentual permitido para subcontratação de serviços e insumos diretamente, em nome da concessionária, de 30% para 40%, situação favorável à parte relacionada em razão da redução das despesas financeiras.

Nessas questões objetivas, o TCU apontou, no que se refere ao aeroporto do Galeão, que a fiscalização verificou que o contrato com a parte relacionada foi firmado sem análise prévia pela Infraero, em descumprimento ao acordo de acionistas e ao subitem 9.5 do Acórdão nº 548/2014-TCU-Plenário. A análise *a posteriori* pela estatal teria sofrido das mesmas fragilidades apontadas para os outros contratos e já citadas no presente voto. *In casu*, não teria sido considerada a desoneração do INSS sobre os encargos da mão de obra, conferida pela Lei nº 12.844/2013, sendo que esta Corte já havia alertado a estatal sobre a necessidade de observância da referida norma. Os encargos utilizados teriam sido de 138,18% para a mão de obra classificada como horista e de 114,39% para a classificada como mensalista, quando os valores de referência do Sinapi indicavam 88,81% para horista e 50,31% para mensalista.

Segundo a equipe técnica, não foi possível realizar a análise paramétrica dos custos das obras em razão de não ter sido disponibilizada pela Infraero a documentação requerida.[136]

Em relação à atuação da Anac, o TCU determinou que a Agência implementasse procedimentos e condutas para mitigar impactos negativos na continuidade do serviço aeroportuário, assim como mitigar os impactos negativos na prestação de serviços adequados pelas concessionárias dos aeroportos internacionais de Brasília, Viracopos, Guarulhos e do Galeão. Caso a Agência não cumprisse tal determinação, deveria demonstrar que as constatações expostas no relatório de monitoramento do TCU não impactariam a estabilidade financeira das SPE que exploram as concessões aeroportuárias acima. A Anac também deveria encaminhar sua análise relativa ao atendimento aos termos e condições de mercado dos contratos e aditivos com partes relacionadas assinados pelas concessionárias dos aeroportos de Viracopos, Guarulhos e Brasília.

Em linha com as determinações feitas pelo TCU à Anac, a Infraero contestou o relatório de monitoramento argumentando que as propostas de determinação inviabilizariam as novas concessões aeroportuárias na medida em que afetariam as SPE concessionárias dos aeroportos já concedidos e impediriam ganhos de eficiência na execução dos investimentos necessários à ampliação da infraestrutura aeroportuária.

Ademais, sustentou que os contratos com partes relacionadas são disciplinados e regidos pelo direito privado, de acordo com o disposto no art. 25, §2º, da Lei nº 8.987/1995, razão pela qual se mostra indevido o uso de parâmetros de orçamentação de obra pública, tais como o Sicro e o Sinapi, bem como de taxa de bonificação e despesas indiretas (BDI) fixadas pelo Tribunal. Seguindo essa recomendação, e em atenção às disposições do protocolo de governança, sustentou que a avaliação das condições de mercado foi realizada por empresa de consultoria de notória reputação e capacidade técnica no ramo da engenharia civil; questionando a premissa de que os laudos técnicos produzidos pelas empresas contivessem falhas, vícios ou inconsistências.

Na sua argumentação, a empresa estatal sustentou que a expertise do seu setor de engenharia limitava-se a obras públicas em aeroportos, fato que poderia induzir análises distorcidas sobre o atendimento aos termos e às condições de mercado, na forma sugerida pelo poder concedente, bem como o travamento do andamento das concessões em

---

[136] Acórdão nº 1.865/TCU, item 323.

função da burocracia e do maior formalismo presentes no setor público. Citou a Lei das Sociedades por Ações (S.A.), alegando que esta possui mecanismos de proteção ao acionista minoritário ante danos causados pelos controladores:

> (...) sem, contudo, desvirtuar a racionalidade que informou a própria modelagem da concessão de aeroportos à iniciativa privada, relacionados aos ganhos de eficiência na execução dos investimentos em infraestrutura aeroportuária, mediante a aplicação de práticas privadas de gestão de empreendimentos, menos formalistas e burocráticas, por meio da ampliação da incidência do regimento jurídica de direito privado.

Ponderou, ainda, que no âmbito das sociedades anônimas é inviável e desarrazoado exigir que os acionistas minoritários fiscalizem e acompanhem os contratos celebrados entre partes relacionadas, o que se dá pela atuação de conselhos de administração e fiscal; a criação de uma estrutura própria para acompanhamento das avenças é custosa e não atende ao interesse público; ademais, a competência para fiscalizar a execução de obras realizadas na esfera de contratos de concessão é da Anac. Nestes termos, o modelo não conferiria à estatal poder de veto apenas para as contratações com partes não relacionadas; logo, a determinação para se criar uma estrutura de acompanhamento da execução dos contratos não levaria em conta toda a extensão do relacionamento societário e suas implicações jurídicas, haja vista que a SPE, para fugir da fiscalização, poderia firmar contrato com parte não relacionada.

Por fim, a Infraero argumentou que em um cenário de escassez de prazos para entrega de infraestrutura, o estabelecimento de um procedimento de controle alheio ao mandato societário, em afronta às regras do setor privado, poderia gerar pleitos de desequilíbrio econômico-financeiro dos contratos, com impacto na economicidade dos futuros contratos de concessão; e a manutenção da determinação para que a Infraero se abstivesse de realizar aportes financeiros nas SPE de novas concessões afrontaria a discricionariedade da União na formulação de suas políticas públicas.[137]

Após o relatório de monitoramento e os apontamentos do TCU, o Ministro Bruno Dantas, relator do processo, concluiu seu voto em termos semelhantes às conclusões dos relatórios do corpo técnico do TCU.

---

[137] Acórdão nº 1.865/TCU, item 35.

Em relação à competência do TCU, sustentou o ministro que decorre de expresso mandamento constitucional, ou seja, quando considerado o patrimônio do Estado, qualquer ato que importe em sua destinação equivocada ou ilícita, quando causado, independentemente se por agente público ou agente privado, é competente o escrutínio do TCU. Assim, em se tratando de participações societárias, seja em SPE ou outro tipo societário, e havendo empresa pública como acionista, não haveria como se afastar a legitimidade jurisdicional do TCU.

A Infraero, para o relator, mesmo desconsiderando seu dever de fiscalização, teria a obrigação de analisar os contratos com partes relacionadas, uma vez que a empresa integra o patrimônio público. Destacou que o item 5.3 de todos os acordos de acionistas previu que qualquer contrato com partes relacionadas aos acionistas privados da SPE deveria estar de acordo com os termos e condições de mercado, e contar com consentimento expresso da Infraero, por escrito. Sendo previsto o poder de veto da Infraero.

Houve, nos termos do voto do relator, "elementos suficientes que permitem concluir pelo desatendimento aos comandos exarados pelo aresto monitorado, fruto de uma postura omissa, contraditória e desarrazoada por parte da Infraero".[138]

Prosseguindo em sua manifestação, a Infraero, além do dever fiscalizatório que lhe foi imposto, teria a obrigação de observar, sem desvios, a padrões de economicidade, assim administrando todo exame técnico necessário à conclusão de se os contratos com partes relacionadas atendem às condições de mercado. Para tanto, seria necessária uma análise crítica e observando a economicidade acerca dos pareceres emitidos pelas consultorias, verificando desde erros metodológicos na condução dos pareceres até insuficiências das amostras apresentadas, assim como a revisão de quantidades de produtos e serviços, qualidade deles e sua comparação com contratações semelhantes. Apenas após tal análise detalhada, e desde que inexistentes quaisquer indícios de equívocos ou exorbitâncias, a Infraero deveria aprovar os contratos.

Tal análise da Infraero, nos termos do citado voto, seria ainda mais necessária quando as consultorias, sem qualquer detalhamento, ignoraram os aspectos quantitativos de materiais para os projetos (ou seja, não analisaram as quantidades dos materiais e serviços nos contratos), e apenas analisaram o aspecto de preços. As consultorias, em relação a tal análise de preços, somente teriam incluído em seus

---

[138] Acórdão nº 1.865/TCU, item 59.

laudos a indicação de preços agrupados, sem preços de referência por unidade dos materiais indicados.

Para o relator, se a Infraero efetivamente analisasse os laudos das consultorias, os quesitos ausentes de análise de quantidades e preços de referência seriam mais que suficientes para que a Infraero considerasse os laudos como incompletos. Entende que a Infraero não agiu dessa forma, o que teria permitido contratações possivelmente fora das condições de mercado, com potenciais prejuízos ao patrimônio público e o pagamento a partes relacionadas de quantias muito superiores às necessárias.

Para o ministro, a Infraero declarou de maneira expressa que exigiria e analisaria, quando de sua manifestação definitiva e com base no poder de veto que lhe foi assegurado pelos acordos de acionistas, documentos-chave afetos às contratações (projetos e especificações técnicas, planilha de serviços e quantidades, memorial de cálculo de quantitativos etc.), necessários para se aferir a adequação dos contratos aos termos e às condições de mercado.

Tal ausência de fiscalização não poderia ser justificada, segundo o relator, pelo argumento de que não competiria à empresa atuar como agente responsável por verificar se as contratações se adequaram às condições de mercado.[139] Os argumentos da Infraero, nos termos do ministro relator, não são jurídicos. Concluiu seu voto ao determinar à empresa pública que realizasse alterações no processo decisório relativo aos contratos com partes relacionadas, efetuando análises mais aprofundadas sobre os pareceres das consultorias contratadas, e não aprovar qualquer contratação até comprovação ao TCU da implementação de tais mecanismos:

> normatize e implemente procedimentos a serem seguidos pelo seu corpo técnico para efetuar análises conclusivas sobre os conteúdos dos pareceres emitidos pelas empresas de consultoria, em atenção ao disposto nos acordos de acionistas e protocolos de governança, em vista de assegurar que as contratações entre partes relacionadas estejam compatíveis com os termos e as condições de mercado, considerando obrigatoriamente a inclusão da expertise do setor de engenharia da estatal no processo decisório e o estabelecimento de quantidade de dias suficiente para viabilizar a referida análise. Ainda, que se abstenha de

---

[139] Para a Infraero, tal conduta extrapola seu mandato societário, afronta regras de contratação do setor privado e dos atos de interferência em relação ao controlador da SPE, que é o acionista privado. O veto da Infraero, se repetitivo, ocasionaria alegações de desequilíbrio econômico-financeiro dos contratos de concessão.

autorizar contratações entre partes relacionadas até que demonstre a este Tribunal pleno atendimento ao comando descrito no subitem anterior. Ademais, entende que a própria estatal deverá, de imediato, realizar análises técnicas conclusivas sobre a adequação e a consistência dos pareceres emitidos pelas empresas de consultoria, com base nos procedimentos que vier a estabelecer em cumprimento ao comando descrito no item 124. Após assim proceder, deverá enviar os resultados das avaliações a este Tribunal, acompanhados de cópias dos respectivos processos administrativos e dos documentos que vier a utilizar como embasamento às suas conclusões.[140]

4 Outro caso concreto – regulação pró-competição

Outro julgado que em muito dialoga com esta matéria é o Acórdão nº 132/2018,[141] em especial no âmbito da discussão da regulação pró-competição no setor aeroportuário brasileiro. Enquanto o Acórdão nº 1.865/2016 analisa a atividade fiscalizatória da Infraero para que a competição entre possíveis contratados das SPE se dê de acordo com os parâmetros normais do mercado, o Acórdão nº 132/2018 trata da regulação exercida pelo Ministério do Transporte em relação à possibilidade de autorização de operação de um aeroporto próximo a outro já em operação, notadamente os impactos da competição e qual a fundamentação necessária para que a Administração Pública decida a melhor estratégia regulatória.

Em 20.11.2017 o Senador pelo Estado de Minas Gerais Antonio Anastasia apresentou ao TCU uma representação contra os termos da Portaria nº 911/2017, editada pelo Ministério do Transporte, pedindo sua anulação.

A referida portaria revogou a Portaria nº 376/2017, do mesmo ministério, e atribuiu à Infraero a exploração do Aeroporto da Pampulha (SBBH). Os efeitos práticos da revogação foram os de permitir a exploração em SBBH de voos regulares domésticos. Sustentou o senador que o ato administrativo seria imotivado, e que a permissão de exploração de voos domésticos regulares em SBBH trouxe risco de impactos negativos para o transporte aéreo na Região Metropolitana de Belo Horizonte (RMBH), a saber: perda de conectividade, redução ou

---

[140] Acórdão nº 1.865/TCU, item 126.

[141] *Vide* referência consignada na nota 88, acima (o Acórdão nº 132/2018 foi reformado pelo Acórdão nº 464/2019).

eliminação de voos internacionais e aumento do preço das passagens aéreas.

Segundo apontou a representação, a razão para tais impactos seria que SBBH, mesmo tendo menor capacidade e instalações, é mais próximo à região metropolitana de Belo Horizonte que o Aeroporto de Confins (SBCF), e, portanto, a liberação de voos regulares em SBBH teria o efeito prático de transferir voos de um aeroporto mais capacitado (SBCF) a um menos capacitado (SBBH), em razão da preferência de passageiros pela menor distância de deslocamento de Belo Horizonte a SBBH.

O senador requereu que o TCU anulasse o ato administrativo, tanto por vício formal, quanto por impactos materiais negativos que a concorrência entre aeroportos traria ao transporte aéreo de Belo Horizonte e do estado de Minas Gerais.

Em um primeiro momento, coube ao Ministro Bruno Dantas, do TCU, a análise da representação, em sede de medida cautelar. Para o ministro, havia dois princípios contrapostos no presente caso. Para o Ministério dos Transportes, deveria prevalecer o princípio da liberdade de voo, previsto no §1º do art. 48 da Lei nº 11.182/2005,[142] que determina que qualquer ato que venha a resultar na limitação das operações em determinado aeroporto, por razões que não sejam relacionadas à sua capacidade operacional, configura ilegalidade. Para o senador, em sentido contrário, o princípio da economicidade deveria prevalecer, uma vez que a Portaria nº 911/2017, se mantida, teria o efeito prático de causar a descontinuidade dos serviços em SBCF, causando em efeito macro a perda de receita para a região e a perda direta de tributos relacionados.

O ministro asseverou que o exame do princípio da liberdade de voo deve ser compatibilizado com outros princípios também presentes no ordenamento jurídico brasileiro, sendo a ponderação principiológica necessária ao processo de tomada de decisão, visando alcançar-se o melhor para o interesse público. Em suma, para o ministro a solução adequada não consideraria exclusivamente o §1º do art. 48 da Lei nº 11.182/2005, sem que maiores considerações técnicas fossem realizadas em relação aos riscos de impactos negativos para o transporte aéreo local (por exemplo, perda de conectividade, redução ou eliminação de voos internacionais, aumento de preços, queda na qualidade da prestação dos serviços etc.).

---

[142] Cuja redação seria, posteriormente, reformada pela Medida Provisória nº 1.089/2021, convertida na Lei nº 14.368/2022.

Para o ministro, a edição da Portaria nº 911/2017 estaria prejudicada por irregularidades comprometedoras à legalidade dos procedimentos de motivação idônea. Sob essa motivação suspendeu-se a Portaria nº 911/2017 e a Resolução Conac nº 2/2017.

Em 24.1.2017, após agravo interposto pela Infraero contra a decisão em medida cautelar, os ministros Bruno Dantas (relator), Andre Luis de Carvalho (revisor) e Weder de Oliveira, em sessão plenária, decidiram pelo indeferimento do recurso.

No julgamento, o colegiado do TCU entendeu ser imprescindível o resguardo da segurança jurídica e estabilidade econômica do país, o que implicaria o fato de que eventuais mudanças bruscas de direção regulatória deveriam sempre observar procedimentos adequados, técnicos e com profundidade jurídica e, se for caso, complementadas com os subsídios colhidos em consultas/audiências públicas.

O âmbito da discussão da regulação estaria atrelada à real necessidade de comprovação do interesse público para reabertura do SBBH para voos comerciais interestaduais diretos, respeitando o princípio da liberdade de voo, mas desde que suficientemente fundamentado em pareceres técnicos sobre os riscos de impactos negativos para o transporte aéreo local (por exemplo, perda de conectividade, redução ou eliminação de voos internacionais, aumento de preços, queda na qualidade da prestação dos serviços etc.). Nestes termos, entendeu-se que para que a regulação proíba a competição, deve ser demonstrada e comprovada a possibilidade de dano.

Importante salientar que o Tribunal atuou baseando-se no seu entendimento de que estava controlando os procedimentos e, no caso concreto, a análise se deu diante da existência ou não de fundamentos técnicos e jurídicos que justificassem a mudança regulatória para permitir a reabertura de SBBH. O Tribunal entendeu, no caso, que este não exerce a análise relativa a qual alternativa (reabertura ou manutenção proibitiva) é melhor para a competição, apenas se o órgão competente a tomar tal decisão fundamentou-a suficientemente.

Para o ministro revisor, a Portaria MTPA nº 911 foi suficientemente justificada e fundamentada, uma vez que formulada em sintonia com a Decisão Anac nº 49, de 17.3.2010, haja vista que, há mais de 7 anos, a Anac havia declarado nulas suas Portarias nº 993/2007 e 189/2005, tendo, inclusive, a Infraero já estipulado procedimentos com o objetivo de liberar voos diretos para o Aeroporto da Pampulha.

Outro argumento do revisor para a clara justificação da mudança se deu pela semelhança da presente discussão com o ocorrido no Rio de Janeiro e de São Paulo (Santos Dumont-Galeão, e Congonhas-Guarulhos).

Na análise relativa à competição e às consequências de eventual restrição de operação, o ministro revisor concluiu que a suspensão resultaria em maiores prejuízos aos usuários do sistema de transporte aéreo, se sua única opção fosse o Aeroporto de Confins. Ademais, a competição seria prejudicada, pois suspensão tenderia a manter o indevido benefício privado auferido pela BH Airport (concessionária de Confins), sendo ela seu aeroporto o monopolista, algo que na proposta de licitação não era previsto pela empresa tendo os valores de sua proposta a consideração de possível abertura de voos diretos para a Pampulha.

Nas palavras do revisor:

> a manutenção dessa cautelar suspensiva tenderia, também, a desprestigiar o interesse público inerente aos usuários, já que os privaria do acesso direto a dois aeroportos, em proveito do mero interesse privado da BH Airport, já que lhe garantiria o exclusivo acesso dos voos diretos para Confins, a despeito de o acesso à Pampulha já ter sido precificado na proposta da referida concessionária, devendo o TCU sopesar, pois, a subsistência, ou não, desse interesse público para a manutenção ou a revogação da referida suspensão, até porque, nos termos do art. 276 do RITCU, a presente cautelar só poderia ser deferida em face do fundado receio de grave lesão ao interesse público;
> a manutenção da referida cautelar suspensiva tenderia a resultar, ainda, no indevido benefício em prol da BH Airport, já que a concessionária vai lucrar com o exclusivo acesso direto ao aeroporto de Confins, embora, na sua proposta durante o certame, já tenha precificado o possível acesso ao aeroporto da Pampulha, servindo a presente cautelar suspensiva como indevido instrumento para assegurar, então, que: "somente possam chegar na Pampulha os voos mais longos, mais demorados e mais caros, vez que realizados via escala, por exemplo, em Juiz de Fora – MG.[143]

O Ministro Weder de Oliveira, por sua vez, adentrou à discussão dos benefícios da competição, para o ministro:

> Contudo, o cerne da questão está na possibilidade (ou não) da operação de dois aeroportos em uma mesma área de influência, como o caso de Belo Horizonte. A questão é que os volumes de demanda, a partir dos quais cabe mais de um aeroporto na mesma área de influência, se referem a operações totalmente sustentáveis economicamente (CAPEX e OPEX). No caso de operações com subsídio cruzado, como é o caso da rede Infraero (que opera muitos aeroportos deficitários), esta abordagem

---

[143] Acórdão nº 132/TCU, item 10.

tem restrições. Considerando o aspecto conjuntural, cabe lembrar que ao tempo da edição da Portaria MTPA nº 376/2017 as perspectivas em relação à retomada do crescimento e, por conseguinte, a evolução dos indicadores da economia e do setor estavam em patamares bem abaixo daqueles vislumbrados atualmente.

De fato, a demanda de passageiros deixou de cair recentemente e retomou parte de sua tendência de crescimento de longo prazo. Como os dados do relatório de Demanda e Oferta do Transporte Aéreo da ANAC demonstram, a demanda – medida pelos passageiros quilômetros transportados pagos (RPK) – entre agosto de 2016 e agosto de 2017, cresceu 1,7%. Se considerarmos só os respectivos meses de agosto de cada ano, o crescimento registrado foi de 5,4%.

Em relação à competição entre aeroportos, cabe ressaltar a orientação contida na Política Nacional de Aviação Civil (PNAC), definida por meio do Decreto nº 6.780/2009, de que para a infraestrutura aeroportuária civil, se promova "a concorrência no setor, de forma a garantir aos usuários melhor qualidade de serviços e menores tarifas".

Todavia, o primeiro aspecto a se considerar quando se aborda a questão da competição entre aeroportos é que não se trata de uma simples análise sobre a dinâmica de mercado de um único produto ou serviço, mas da avaliação de diferentes produtos e serviços com condições de oferta e demanda peculiares e que, por isso, respondem a estímulos concorrenciais de forma relativamente distinta. (...) podem ser identificados diversos nichos de competição aeroportuária: competição por mercado local compartilhado, competição por tráfego de conexão, competição por tráfego de carga, competição por destino e competição por contratos (por sua vez, cada um desses nichos deve ser considerado em relação ao mercado doméstico ou internacional). Sob o aspecto concorrencial, essas diferentes operações possuem áreas de captação ou áreas de influência distintas (locais a partir dos quais se originam os passageiros e cargas ou, alternativamente, áreas a que passageiros e cargas se destinam).

Em relação ao SBBH, estima-se que, mantidas as restrições, o Aeroporto apresentará prejuízo operacional da ordem de R$ 19,1 milhões ao ano. De seu turno, com a revogação das limitações, as receitas derivadas das operações e negócios gerados no Aeroporto serão suficientes para cobrir as despesas e gastos de manutenção, gerando lucro estimado de R$ 2,9 milhões ao ano. Logo, a situação deficitária do Aeroporto decorre das limitações às operações ali existentes, razão pela qual a revogação das restrições impostas se mostra relevante e urgente para evitar o acumulo de prejuízos com a operação do SBBH.

Ante tal circunstância, e do manifesto interesse da comunidade local e das Companhias Aéreas no incremento do número de voos comerciais no SBBH, a Infraero realizou investimentos a fim de garantir a segurança operacional e o nível de conforto adequados ao movimento estimado.

> Considerado todo o exposto e tudo o que já se encontra nos autos, a manutenção da suspensão da operação de voos interestaduais no aeroporto de Pampulha (que é o resultado da suspensão dos efeitos da portaria 911) até que o Tribunal obtenha mais informações para então decidir, em alguns meses, se há motivação tecnicamente idônea para a emissão da portaria, sobre a qual não paira mácula de ilegalidade normativa, parece-me medida carente do necessário suporte analítico argumentativo (receio de grave lesão ao erário ou ao interesse público, ou risco de ineficácia de decisão de mérito) e contrária ao princípio da proporcionalidade, mormente quando estão presentes no lado oposto riscos mais concretos e imediatos de prejuízos econômico-financeiros à Infraero e à melhor prestação de serviços a milhares de passageiros.[144]

5 Conclusão: *insights* e questões a refletir

Nos casos acima, ficam evidentes os parâmetros propostos para a regulação pró-competição, desde a limitação da competição aos quesitos de condições normais de mercado, quando se consideram as contratações com partes relacionadas às SPE nas concessões aeroportuárias, até a limitação da competição quando se consideram dois aeroportos (SBBH e SBCF).

Constata-se que a competição pode acarretar prejuízos à população, uma vez que o processo competitivo tenderia a excluir o aeroporto de maior necessidade de deslocamento. Ou em sentido contrário, a competição pode promover melhoras nos serviços ofertados. São estas as escolhas do regulador quando se considera qual caminho seguir no âmbito regulatório, de caráter econômico e social – quando e como regular para que o objetivo final de "interesse público" ou "bem-estar" do consumidor e da população sejam maximizados e atingidos. Ademais, os casos acima descritos trazem outra perspectiva regulatória, a de "como" regular, se por meio de normatização editada pela Administração direta (ministério), no caso da competição entre aeroportos, ou delegar a função a empresa estatal. O caso também apresenta os desafios quanto aos limites e a juridicidade, ou não, de delegação regulatória para uma empresa estatal.

A fim de fixar os conceitos, reflitamos o propósito das seguintes questões:

---

[144] Acórdão nº 132/TCU, p. 27.

1. Qual o papel da Infraero nos termos do TCU, e qual o papel formal da Infraero, definido em lei? São os papéis diferentes, ou os termos do TCU são cabíveis ante as atribuições legais da estatal?
2. As mesmas perguntas acima, mas aplicadas à Anac. Há duplicidade nas atribuições de fiscalização (Anac e Infraero tendo as mesmas obrigações)?
3. Qual seria o conceito definidor de uma boa regulação pró-mercado? A adequação ao "interesse público"? O que seria, então, tal interesse? Como o definir?
4. Critérios quantificáveis seriam mais cabíveis na análise pró-competição? Quais critérios deveriam ser considerados?
5. SBBH e SBCF dividem a mesma área de concentração, e consequentemente, a mesma demanda?
6. SBBH possui melhor localização em relação à concentração de demanda, e possuirá preferência de embarque e desembarque em relação a SBCF caso condições de rotas e oferta forem similares?
7. A demanda não suporta a competição entre dois aeroportos no curto prazo?
8. SBCF foi alvo de maiores investimentos do setor público e do setor privado, sendo mais capacitado para receber grande quantidade de voos e passageiros?
9. Com a competição entre ambos aeroportos e a preferência de passageiros por SBBH, haverá possível menor oferta de voos, valores mais altos para passagens, e pior qualidade no serviço?
10. A concessionária de SBCF prevê prejuízos se autorizada a exploração aérea doméstica regular de SBBH?
11. O TCU, ao decidir sobre a matéria, estaria substituindo o administrador?

REGULAÇÃO E A QUESTÃO FEDERATIVA – CASO *LEI PAULISTA DE ANTENAS DE CELULAR*: ADI Nº 2.902, STF

FLORIANO DE AZEVEDO MARQUES NETO

ADI nº 2.902, STF. Ação Direta de Inconstitucionalidade ajuizada pela Telcomp contra Assembleia Legislativa do Estado de São Paulo, julgada pelo Plenário por unanimidade de votos (Rel. Min. Edson Fachin) em 4 de maio de 2020.

> EMENTA. AÇÃO DIRETA DE INCONSTITUCIONALIDADE. LEI ESTADUAL 10.995/2001 DE SÃO PAULO. INSTALAÇÃO DE ANTENAS TRANSMISSORAS DE TELEFONIA CELULAR. COMPETÊNCIA PRIVATIVA DA UNIÃO PARA LEGISLAR SOBRE TELECOMUNICAÇÕES. NORMA ESTADUAL EDITADA NO ÂMBITO DA COMPETÊNCIA ESTADUAL DE PROTEÇÃO À SAÚDE. LEI FEDERAL QUE CLARAMENTE REGULAMENTA A MATÉRIA. INCONSTITUCIONALIDADE. PROCEDÊNCIA DA AÇÃO DIRETA.
>
> 1. Nos casos em que a dúvida sobre a competência legislativa recai sobre norma que abrange mais de um tema, deve o intérprete acolher interpretação que não tolha a competência que detêm os entes menores para dispor sobre determinada matéria (*presumption against preemption*).
>
> 2. Porque o federalismo é um instrumento de descentralização política que visa realizar direitos fundamentais, se a lei federal ou estadual

claramente indicar, de forma necessária, adequada e razoável, que os efeitos de sua aplicação excluem o poder de complementação que detêm os entes menores (*clear statement rule*), é possível afastar a presunção de que, no âmbito regional, determinado tema deve ser disciplinado pelo ente maior.

3. A União, no exercício de suas competências (art. 21, XI e art. 22, IV CRFB), editou a Lei 9.472/1997, que, de forma nítida, atribui à Anatel a definição de limites para a tolerância da radiação emitida por antenas transmissoras. Precedente.

4. A União, por meio da Lei 11.934, fixou limites proporcionalmente adequados à exposição humana a campos elétricos, magnéticos e eletromagnéticos. Precedente.

5. Dessa forma, a presunção de que gozam os entes menores para, nos assuntos de interesse comum e concorrente, legislarem sobre seus respectivos interesses (*presumption against preemption*) foi nitidamente afastada por norma federal expressa (*clear statement rule*)

6. É inconstitucional a Lei n. 10.995/2001 do Estado de São Paulo, pois, a pretexto de proteger a saúde da população, disciplinando a instalação de antenas transmissoras de telefonia celular, adentrou na esfera de competência privativa da União.

7. Ação direta julgada procedente.

1 Introdução – dinâmica da repartição de competências na Constituição: o exemplo do setor de energia elétrica

O modelo de federalismo no Brasil é caracterizado pela cooperação e autonomia dos entes federados, nos limites de suas competências de organização, administrativa, legislativa e autogoverno.[145] No desenho constitucional, a cooperação entre os entes federados autônomos se materializa em competências comuns (art. 23), competências concorrentes (art. 24) e gestão associada de serviços públicos (art. 241).

Em síntese, a repartição de competências na Constituição Federal compreende: (i) competências administrativas exclusivas da União

[145] *Cf.* art. 18 da Constituição Federal.

(art. 21); (ii) competências legislativas privativas da União (art. 22); (iii) competências administrativas comuns entre União, Estados, DF e Municípios (art. 23); (iv) competências legislativas concorrentes entre União, Estados e DF (art. 24); e (v) competências administrativas e legislativas dos Municípios (art. 30).

Como se pode depreender da sistematização do quadro de repartição de competências na Constituição, o Brasil adotou o *critério da preponderância do interesse* na definição das competências legislativas e administrativas entre os entes federados. O interesse geral ou nacional estaria locado na União; o interesse regional nos Estados; e o interesse local nos Municípios.[146]

Também se pode afirmar que, igualmente, o Brasil adotou o modelo de *federalismo de cooperação*, tendo a Constituição definido competências comuns (art. 23), competências concorrentes (art. 24) e gestão associada de serviços públicos (art. 241). O federalismo de cooperação não ilide, porém, a plena autonomia dos entes federados, nos termos do art. 18 da Constituição.[147]

Vejamos um exemplo concreto: o *serviço de energia elétrica*. Nos termos do art. 21, inc. XII, "b", da Constituição Federal, compete à União prestar os serviços de energia elétrica. Por sua vez, o art. 22, inc. IV, da Constituição determina ser competência privativa da União legislar sobre energia. Essa ordem racional de delimitação das competências legislativa e administrativa no âmbito da União é desafiada quando considerados os outros preceitos constitucionais que marcam o federalismo de cooperação, notadamente o art. 23 (competências administrativas comuns) e o art. 24 (competências legislativas concorrentes). Não raro

---

[146] "As regras oferecidas pela Constituição parecem emergir todas do âmbito territorial dos respectivos entes federativos. Assim, excetuando-se as competências exclusivas (art. 21) e privativas (arts. 22 e 30), as competências comum, concorrente e residual devem observar a regra de prevalência do interesse geral, para a União, regional, para os Estados, e local, para os Municípios" (STF, ADI nº 3.357).

[147] "Embora existam diferentes modelos de federalismo, há alguns elementos mínimos sem os quais uma federação se descaracterizaria. Entre esses elementos se destaca a efetiva autonomia política dos entes federativos, que se traduz nas prerrogativas do autogoverno, autoorganização e autoadministração. Nesse aspecto, a federação brasileira ainda se revela altamente centralizada, muitas vezes beirando o federalismo meramente nominal. Vislumbro dois fatores essenciais para esse quadro. O primeiro é de índole jurídico-positiva: a engenharia constitucional brasileira, ao promover a partilha de competências entre os entes da federação (artigos 21 a 24), concentra grande quantidade de matérias sob a autoridade privativa da União. O segundo fator é de natureza jurisprudencial. Não se pode ignorar a contundente atuação do Supremo Tribunal Federal ao exercer o controle de constitucionalidade de lei ou ato federal e estadual, sobretudo aquele inspirado no "princípio da simetria" e numa leitura excessivamente inflacionada das competências normativas da União" (STF, ADI nº 3.357).

Estados e Municípios, valendo-se desses preceitos cooperativos, editam leis ou tomam decisões administrativas com impacto direto sobre o setor de energia elétrica.

O Supremo Tribunal Federal é constantemente instado a se posicionar sobre os limites ao exercício de competências legislativas e materiais locais frente às atribuições privativas da União Federal.[148]

Permanecemos no exemplo do setor de energia elétrica. Na ADI nº 2.299, o STF declarou inconstitucional lei do Estado do Rio Grande do Sul que isentava o pagamento de consumo de energia elétrica fornecida pela Companhia Estadual de Energia Elétrica (CEEE) por trabalhadores desempregados. No voto condutor do Min. Luís Roberto Barroso, prevaleceu o entendimento de que esta seria uma competência exclusiva da União Federal, com fulcro nos arts. 21, inc. XII, "b", e 22, inc. IV, da Constituição. O Min. Edson Fachin apresentou voto vencido no sentido de reconhecer a constitucionalidade da lei, pois que voltada ao combate à pobreza, uma competência comum nos termos do art. 23, inc. X, da Constituição.

Nesses termos, o STF reconheceu na ADI nº 5.610 a competência da ANEEL para dispor sobre prazos e valores para religação do fornecimento de energia elétrica, declarando a inconstitucionalidade de lei, do Estado da Bahia, que proibia cobrança de taxa de religação e determinava o prazo máximo de religação em 24h.[149] Na ADI nº 5.961,

---

[148] Em abstrato, o STF reconhece no federalismo de cooperação uma tentativa mitigar excessivo centralismo decisório na esfera federal, em prejuízo de especificidades locais, como fica claramente colocado no *Caso Amianto* (ADI 3357): "(a) excessiva centralização de competências da União deve ser combatida quando essa ultrapassa seu poder legislativo, adentrando na seara das competências dos demais entes federativos, em particularidades que deveriam ser tratadas pelos entes estaduais ou municipais. Tratando-se de competência legislativa concorrente, as normas nacionais, regionais e locais devem conviver em harmonia dentro do mesmo território. Essa é uma importante diretriz para o intérprete na análise de conflitos legislativos em matéria de competência concorrente. . Isso não quer dizer que as normas suplementares não possam ser mais restritivas que as normas gerais federais. Os estados podem ampliar a proteção, estabelecendo novas restrições e condições ao exercício da atividade, bem como regras de segurança e fiscalização mais exigentes, desde que não sejam incompatíveis com a norma geral. Mas os estados não têm competência legislativa para proibir atividade expressamente admitida na lei geral".

[149] Ocorre que, nos termos do artigo 22, IV, da Constituição Federal, a União detém competência legislativa privativa em matéria de energia. Compete igualmente à União explorar, diretamente ou mediante autorização, concessão ou permissão, os serviços de instalações de energia elétrica e o aproveitamento energético dos cursos de água, em articulação com os Estados onde se situam os potenciais energéticos (artigo 21, XII, b, da CRFB). Portanto, os Estados-Membros não têm competência para legislar sobre normas aplicáveis aos prestadores de serviços de distribuição de energia elétrica, no que diz respeito a aspectos contratuais referentes à concessão federal, sob pena de invasão sobre os misteres da União. Entender de modo contrário, em interpretação alargada da competência concorrente dos Estados-Membros para a edição de normas específicas em matéria de consumidor (artigo

porém, o STF reconheceu a constitucionalidade de lei do Estado do Paraná que proíbe as empresas concessionárias de serviços públicos suspenderem por falta de pagamento fornecimento residencial de água e energia elétrica às sextas, sábados, domingos e vésperas de feriado.

No RE nº 581.947 e em seus embargos de declaração, o STF entendeu pela inconstitucionalidade da instituição pelo Município de Ji-Paraná de taxa de ocupação do solo e do espaço aéreo para a implantação de postes para extensão da rede elétrica. Trata-se de caso de repercussão geral (Tema nº 261), em que foi firmada a seguinte tese: "(é) inconstitucional a cobrança de taxa, espécie tributária, pelo uso de espaços públicos dos municípios por concessionárias prestadoras do serviço público de fornecimento de energia elétrica".

Por meio de lei complementar e decreto, o Município do Rio de Janeiro estabeleceu a obrigação de prestadores de energia elétrica substituírem a rede elétrica aérea pela rede elétrica subterrânea, o que, segundo estimativas, custaria R$20 bilhões e importaria em aumento da tarifa em cerca de 50%. Na AC nº 3.420, medida cautelar, o STF decidiu ser esta uma competência federal:

> Neste exame inicial e preliminar, tem-se que, ao estabelecer que as concessionárias de serviços públicos de eletricidade, telefonia e televisão a cabo, deveria implantar sua fiação no subsolo urbano, eliminando a fiação aérea na Cidade, o legislador municipal interferiu na relação jurídico-contratual estabelecidas entre a União e a empresa concessionária. Apenas a União pode estabelecer as formas de atuação das suas concessionárias e, portanto, definir os termos do contrato com ela firmado. Portanto, para efeito de liminar, tem-se como plausível que o legislador municipal tenha interferido nas condições estabelecidas entre a União Federal e a concessionária de serviço público, alterando o equilíbrio econômico e financeiro do contato administrativo, em contrariedade ao art. 37, inc. XXI, da Constituição da República, o que impõe exame aprofundado e prioritário da matéria.

Como se pode depreender do estudo da jurisprudência constitucional referencial, a repartição de competências no federalismo brasileiro é, antes de tudo, *dinâmica*. Considerando a gama de interesses na disciplina de mercados, quase sempre subsistirá dúvidas sobre a extensão das competências federais e os limites das competências

24, V e VIII, da Constituição Federal), acabaria por manietar a União dos meios indispensáveis para se desincumbir de sua competência constitucional expressa, frustrando a teleologia dos artigos 21, XII, b, e 22, IV, da Constituição Federal. (STF, ADI 5610).

locais. Em regra, cabe ao STF a última palavra sobre a materialidade dessas competências.

2 O caso concreto

Em 2001 o Estado de São Paulo editou a Lei nº 10.995/2001, que, de modo geral, disciplina a instalação de antenas transmissoras de telefonia celular, fixando limites e requerimentos que impactam o planejamento e os custos atrelados à prestação do serviço de telefonia móvel no Estado de São Paulo. Dentre seus preceitos, os mais relevantes para a compreensão do caso vêm transcritos abaixo:

> Artigo 3º – Toda instalação de antenas transmissoras deverá ser feita de modo que **a densidade de potência total**, considerada a soma da radiação preexistente com a da radiação adicional emitida pela nova antena, medida por equipamento que faça a integração de todas as freqüências na faixa prevista por esta lei, **não ultrapasse 435 uW/cm2** (quatrocentos e trinta e cinco microwatts por centímetro quadrado), em qualquer local passível de ocupação humana (Organização Mundial de Saúde).
> Artigo 4º – O **ponto de emissão de radiação** da antena transmissora deverá estar, **no mínimo, a 30 (trinta) metros de distância** da divisa do imóvel onde estiver instalada.
> Artigo 5º – A **base de sustentação** de qualquer antena transmissora deverá estar, **no mínimo, a 15 (quinze) metros de distância** das divisas do local em que estiver instalada, observando-se o disposto no artigo anterior.

A justificativa do PL nº 271/2000, de autoria do Deputado Salvador Khuriyeh (PDT), parte do pressuposto de que "essas estruturas [antenas de telefonia celular] vem sendo instaladas há anos em nosso Estado e em todo o Brasil, sem uma legislação própria que as regulamente, isentando de qualquer responsabilidade as concessionárias autorizadas para as instalações". Assim, para garantir a "tranquilidade da população", propõe o estabelecimento do limite de densidade de potência recomendado pela OMS. Indicar ser a matéria tratada de relevância social, eis que "não só diz respeito à saúde e ao bem-estar da população, mas envolve o aspecto urbanístico da Cidade". Como se pode evidenciar, a Lei nº 10.995/2001 foi editada com fundamento em uma competência de federalismo de cooperação: o art. 24, inc. XII, da Constituição, pelo qual União, Estados, DF e Municípios podem concorrentemente legislar sobre *proteção e defesa da saúde*.

A Telcomp, associação das prestadoras de telecomunicações, ajuizou ação direta de inconstitucionalidade contra a Lei nº 10.995/2001 sob o fundamento de usurpação da competência privativa da União Federal para legislar sobre telecomunicações. Analogamente à jurisprudência constitucional sobre repartição de competência no setor de energia elétrica, os principais preceitos invocados são similares ou idênticos:

> Art. 21. Compete à União: (...)
> XI – explorar, diretamente ou mediante autorização, concessão ou permissão, os serviços de telecomunicações, nos termos da lei, que disporá sobre a organização dos serviços, a criação de um órgão regulador e outros aspectos institucionais;
> Art. 22. Compete privativamente à União legislar sobre: (...)
> IV – águas, energia, informática, telecomunicações e radiodifusão;

Em seu voto condutor, o Rel. Min. Edson Fachin depreendeu da máxima de presunção de constitucionalidade dos atos legislativos que o intérprete, no controle de constitucionalidade, não tolha a competência que detêm os "entes menores" para dispor sobre determinada matéria. É nessa linha que propõe a receptividade pela ordem jurídica brasileira da *presumption against preemption*, ou seja, na sua leitura, da "presunção a favor da competência dos entes menores da federação".

A presunção contra a preempção apenas poderia ser afastada se porventura a lei federal ou a lei estadual tivesse disciplinado de modo exaustivo a matéria, sem que os municípios disponham mais de espaço de complementação. Na acepção do Rel. Min. Edson Fachin, nesses casos a lei claramente indica – de forma necessária, adequada e razoável – que os efeitos de sua aplicação excluem o poder de complementação dos entes menores (*clear statement rule*). Observe-se, porém, que o Município sempre dispõe de primazia legislativa nas hipóteses de os temas versados serem de interesse local (art. 30, inc. I, Constituição).

É com base nesses parâmetros que o Rel. Min. Edson Fachin analisa as normas federais para compreender se foi conferido espaço de complementação dos Municípios em matéria de disciplina das antenas de telefonia celular. E, de fato, a Agência Nacional de Telecomunicações (ANATEL), incumbida pela Lei Geral de Telecomunicações (LGT) (Lei nº 9.472/97) para disciplina dos serviços de telecomunicações, havia editado em 2002 a Resolução nº 303, que fixa os limites da exposição a campos elétrico, magnéticos e eletromagnéticos de radiofrequência associados à operação de estações transmissoras de serviços de telecomunicações.[150] Em outros termos, exatamente o mesmo objeto da Lei nº 10.995/2001. Some-se a isso o fato de a União ter editado a Lei nº 11.934/2009, dispondo sobre os limites à exposição humana a campos elétricos, magnéticos e eletromagnéticos.

Assim, alcança o que pode ser indicado como a *ratio decidendi* do caso:

> Assim, deve-se reconhecer que, ao estabelecer condições para a instalação de antenas transmissoras de telefonia celular no Estado de São Paulo, a Lei Estadual n. 10.995/2001, a pretexto de proteger a saúde da população, adentrou na esfera de competência privativa da União. Dessa forma, a presunção de que gozam os entes menores para, nos assuntos de interesse comum e concorrente, legislarem sobre seus respectivos interesses (presumption against preemption) foi nitidamente afastada por norma federal expressa (clear statement rule).

O conceito de norma federal expressa, no caso, é delimitado por duas leis federais editadas posteriormente à Lei nº 10.995/2001: a LGT, que delegou competência à ANATEL para definir os limites de tolerância da radiação emitida por antenas transmissoras (art. 19, inc. X a XIV), e a Lei nº 11.934/2009. A legislação federal informada por ambas as leis, e a Resolução ANATEL nº 303/2002, teriam retirado o espaço de complementação local por serem *normas federais expressas* (*clear statement rule*).

Para sustentar essa conclusão o Rel. Min. Edson Fachin dialoga com dois entendimentos já sedimentados na Corte. Primeiramente, reconhece que a legislação federal – LGT e Lei nº 11.934/2009 – não interveio desproporcionalmente na competência local de São Paulo. Considerando o §4º do art. 24 da Constituição, a superveniência da legislação federal suspende a eficácia da Lei Paulista nº 10.995/2001. Em segundo lugar, expressamente aplica o precedente RE nº 627.189, cuja tese de repercussão geral (Tema nº 479) é assim redigida:

> No atual estágio do conhecimento científico, que indica ser incerta a existência de efeitos nocivos da exposição ocupacional e da população

---

[150] A Resolução ANATEL nº 303/2002, que aprova o Regulamento sobre Limitação da Exposição a Campos Elétrico, Magnéticos e Eletromagnéticos, foi revogada pela Resolução ANATEL nº 700/2018, que aprova o Regulamento sobre a Avaliação da Exposição Humana a Campos Elétricos, Magnéticos e Eletromagnéticos Associados à Operação de Estações Transmissoras de Radiocomunicação.

em geral a campos elétricos, magnéticos e eletromagnéticos gerados por sistemas de energia elétrica, não existem impedimentos, por ora, a que sejam adotados os parâmetros propostos pela Organização Mundial de Saúde, conforme estabelece a Lei nº 11.934/2009.

Por unanimidade, o Plenário do STF acompanhou o voto do Min. Rel. Edson Fachin para declarar a inconstitucionalidade da Lei Paulista nº 10.995/2001.

3 Conclusão

Uma nota sobre o sistema americano

Também no sistema americano os conflitos federativos em matéria de competência são comuns, sendo fundamentalmente resolvidos em três diretrizes interpretativas de construção jurisprudencial (*canons of interpretation*): (i) *eponymous 'federalism canon'*, segundo o qual as Cortes podem conferir interpretação a leis federais ambíguas – que não expressem claramente um comando – para que não se verifique intromissão em funções tradicionalmente locais; (ii) *presumption against preemption*, em que leis federais ambíguas não devem ser interpretadas pelas Cortes de modo a suspender a eficácia (*preempt*) normas locais; e (iii) *clear statement rules*, ou seja, normas que se valem de linguagem inquestionavelmente clara ("*unmistakably clear language*") para afastar a disciplina jurídica local.[151]

Em estudo desenvolvido por Abbe Gluck e Lisa Schultz Bressman, foi constatado que o *preemption* é o segundo *cannon of interpretation* mais conhecido pelos legisladores americanos, logo na sequência de *Chevron*.[152] Isso porque o *clear statement rules* tem sido uma forte estratégia para imprimir disciplina nacional a diversos assuntos de sensibilidade política e social, como imigração. E os congressistas têm, de fato, se aproveitado desse mecanismo, trabalhando o melhor possível em textos legais claros e diretos para afastar o trabalho legislativo local, o que apenas é possível pelo comportamento benevolente da Suprema Corte quanto ao emprego do *clear statement rules*.

---

[151] GLUCK, Abbe; BRESSMAN, Lisa Schultz. Statutory Interpretation from the Inside. *Stanford Law Review*, v. 65, p. 942, 2013.

[152] *Idem*, p. 912.

Um exemplo de polêmica em torno do emprego do *clear statement rules* corresponde ao caso *Puerto Rico v. Franklin Cal. Tax-Free Trust* (2016), em que a maioria da Suprema Corte decidiu que a lei federal de falências (Federal Bankrupcy Code) afasta o *Puerto Rico Public Corporation Debt Enforcement and Recovery Act*, editado em 2014 para viabilizar a reestruturação de débitos por suas empresas estatais fora do processo falimentar. De acordo com a Suprema Corte Americana, o §903(1) do Chapter 9[153] era um autêntico exemplo de *clear statement rule*, demonstrando claramente a intenção do Congresso em proceder à *preemption*, que é compreendida como legítima pela maioria da Suprema Corte.[154] Justice Sotomayor dissentiu e Justice Ginsburg acompanhou o voto vencido, vislumbrando expressa exceção legal de Porto Rico ao Chapter 9.[155] De acordo com a Justice Sotomayor,

> Casos de *preemption* podem parecer discussões abstratas sobre a adequada ponderação entre competência local e federal, mas eles têm consequências concretas. Vislumbrar preemption no presente caso significa que um Governo é fragilizado e sem o processo previsto em lei para ajudar 3,5 milhões de cidadãos.

Aplicação de uma diretriz interpretativa (canon of interpretation) *americana ao Brasil*

Sempre é oportuno avaliar criticamente o emprego de direito estrangeiro ao sistema brasileiro e seu método de introdução.

Segurança jurídica vs. autonomia local

Apesar dos riscos de emprego político de leis federais expressas no contexto de competência concorrente do art. 24 da Constituição, é oportuno considerar a relevância da segurança jurídica que a diretriz

---

153 "This chapter does not limit or impair the power of a State to control, by legislation or otherwise, a municipality of or in such State in the exercise of the political or governmental powers of such municipality, including expenditures for such exercise, but (1) a **State law** prescribing a **method of composition of indebtedness** of such **municipality** may **not bind** any creditor that does not consent to such composition;"

154 "The Bankruptcy Code's plain text supports respondents' reading. The unambiguous language of the pre-emption provision "contains an express pre-emption clause," the plain wording of which "necessarily contains the best evidence of Congress' pre-emptive intent." Chamber of Commerce of United States of America v. Whiting, 563 U. S. 582, 594. The definition provision excludes Puerto Rico for the single purpose of defining who may be a Chapter 9 debtor, an unmistakable reference to the §109 gateway provision". (Syllabus).

155 11 U.S.C. §§101(52), 109(c)(2).

pode trazer para uma disciplina jurídica uniforme de serviços e atividades econômicas para toda a federação.

Em 2019, o Supremo fixou a seguinte tese com relação à atividade de transporte de motorista cadastrado em aplicativo: "no exercício de sua competência para regulamentação e fiscalização do transporte privado individual de passageiros, os municípios e o Distrito Federal não podem contrariar os parâmetros fixados pelo legislador federal na Lei 13.640 e pela Constituição Federal". É interessante verificar o raciocínio desenvolvido pelo STF para ambos os casos.

Questões formais

Uma lei estadual poderia ter a sua eficácia suspensa nos termos do art. 24, §4º, da Constituição Federal por regulamento federal, quando a delegação estiver prevista em lei federal? Ou essa suspensão da eficácia se daria apenas na hipótese de lei federal? Na decisão, o Supremo conferiu um sentido mais amplo de "lei", ou seja, a menção à "lei federal" no §4º em comento é no sentido material, e não formal. Desde que presente a delegação legislativa, os requisitos para eficácia de lei local encontram-se satisfeitos.

REGULAÇÃO PRÓ-COMPETIÇÃO: CONCORRÊNCIA NO MERCADO – CASO *SEMASA VS. SABESP*, CADE

EGON BOCKMANN MOREIRA

GABRIEL JAMUR GOMES

1 Resumo

O caso trata de denúncia ao Cade de conduta anticoncorrencial no setor de água e saneamento do estado de São Paulo. Isso porque teria havido abuso de posição dominante por parte da Sabesp no fornecimento d'água no atacado mediante cobrança de preços discriminatórios e imposição de *margin squeeze*. Tudo para levar à quebra e subsequente aquisição dos prestadores autônomos. A Superintendência do Cade considerou não haver indícios de infrações à ordem econômica e recomendou o arquivamento do inquérito.

2 Introdução: a questão de fundo

É inegável a importância do setor de água e saneamento. A sua melhoria está diretamente relacionada ao crescimento de indicadores sociais e de saúde. A mera disponibilidade hídrica (reserva superficial *per capita*) não possui correlação imediata com o Índice de Desenvolvimento Humano (IDH). São necessárias ações de saneamento ambiental de modo a converter a *potencialidade* de tais reservas em efetiva *disponibilidade* para a população. Assim, a atuação em prol do saneamento gera impacto direto no incremento do IDH e da expectativa de vida, com a respectiva redução de taxas de morbidade e mortalidade.[156]

Segundo a Organização Mundial de Saúde (OMS), mais de 2,1 bilhões de pessoas no mundo não possuem acesso à água tratada. A poluição e falta de saneamento básico acarretam a morte de 1,7 milhão de crianças por ano em todo o planeta.[157] Com efeito, a Assembleia Geral da ONU, por meio da Resolução A/RES/64/292 de 28.7.2010, reconheceu "o direito à água potável segura e limpa e ao saneamento como um direito humano que é essencial para a plena fruição da vida e de todos os direitos humanos".[158] Em âmbito nacional, a Lei nº 11.445/2007, ao estabelecer diretrizes para o saneamento básico, fixa em primeiro lugar a universalização do acesso entre os princípios que devem orientar as políticas setoriais desses serviços.

Especificamente no estado de São Paulo – o mais populoso e com o maior PIB do país –,[159] os ganhos líquidos com a universalização do saneamento entre 2015 e 2035 são da ordem de R$64,89 bilhões de reais. Para cada R$1.000,00 (mil reais) investidos na expansão da infraestrutura de saneamento, o retorno social de longo prazo é de R$2.426,00 (dois mil, quatrocentos e vinte e seis reais).[160]

Em 2015, 42.052.644 habitantes desse estado eram atendidos com água tratada, representando 93,4% da população paulista. Havia

---

[156] Cf. LIBÂNIO, Paulo Augusto Cunha; CHERNICHARO, Carlos Augusto de Lemos; NASCIMENTO, Nilo de Oliveira. Dimensão da qualidade de água: avaliação da relação entre indicadores sociais, de disponibilidade hídrica, de saneamento e de saúde pública. *Revista Engenharia Sanitária e Ambiental*, Rio de Janeiro, v. 10, n. 3, p. 219-228, jul./set. 2005.

[157] A tal respeito, *vide*: OMS. *Inheriting a sustainable world*: Atlas on children's health and the environment. 2017. Disponível em: https://www.who.int/ceh/publications/inheriting-a-sustainable-world/en/. Acesso em: 1º maio 2019; OMS. *Don't pollute my future!* The impact of the environment on children's health. 2017. Disponível em: https://www.who.int/ceh/publications/don-t-pollute-my-future/en/. Acesso em: 1 maio 2019; OMS. *Progress on drinking water, sanitation and hygiene*. Jul. 2017. Disponível em: https://www.who.int/mediacentre/news/releases/2017/launch-version-report-jmp-water-sanitation-hygiene.pdf?ua=1. Acesso em: 1 maio 2019.

[158] Resolução A/RES/64/292: "1. Recognizes the right to safe and clean drinking water and sanitation as a human right that is essential for the full enjoyment of life and all human rights" (Tradução livre).

[159] IBGE. *Produto Interno Bruto*. Disponível em: https://www.ibge.gov.br/explica/pib.php. Acesso em: 5 maio 2019; IBGE. *Panorama*. Disponível em: https://cidades.ibge.gov.br/brasil/sp/panorama. Acesso em: 5 maio 2019.

[160] TRATA BRASIL. *Benefícios econômicos da expansão do saneamento em SP*. Disponível em: http://www.tratabrasil.org.br/estudos/estudos-itb/itb/beneficios-economicos-da-expansao-do-saneamento-em-sp. Acesso em: 22 abr. 2019.

12.782.956 ligações ativas de água, em rede de 139.239,81 km de extensão. Dos 645 municípios de São Paulo, aproximadamente 57% são atendidos pela Companhia de Saneamento Básico do Estado de São Paulo (Sabesp). Os 43% restantes o são por prestadores de serviços municipais (258 – duzentos e cinquenta e oito) e privados (19 – dezenove).[161] Logo, a estrutura do mercado de saneamento básico paulista é concentrada em uma única sociedade de economia mista, controlada pelo estado de São Paulo.

A Região Metropolitana do Município de São Paulo (RMSP) é composta por 39 (trinta e nove) municípios. Destes, em apenas cinco a distribuição de água tratada é feita por entidades municipais (denominados Serviços Autônomos de Varejo – SAV).[162] Nos 34 restantes, os serviços são prestados pela Sabesp. A fonte principal de água do abastecimento público que atende a toda RMSP está armazenada em barragens e represas que compõem o Sistema Integrado Metropolitano, formado pelos seguintes sistemas/reservatórios: Cantareira; Alto Cotia; Baixo Cotia; Guarapiranga; Rio Claro; Alto Tietê; Ribeirão da Estiva e Rio Grande.

Praticamente toda a captação no Sistema Integrado Metropolitano é feita pela Sabesp e, posteriormente, vendida no atacado para as companhias e serviços municipais, inteiramente dependentes desse suprimento. Os municípios têm poucas alternativas (ou nenhuma) em função de dois fatores principais: (i) é necessário grande volume de água para o atendimento da demanda; (ii) há dificuldade na obtenção de outorgas do direito de exploração de recursos hídricos, pois praticamente todos os grandes potenciais próximos dos seus mercados já são explorados pela Sabesp e é alto o custo do transporte do insumo por longas distâncias.

Originalmente, o valor do preço de venda do fornecimento de água no atacado era definido pela Sabesp, na forma do art. 9º, do Regulamento do Decreto Estadual nº 41.446/1996. Em razão da mencionada dependência e incapacidade de pagamento dos serviços, houve formação de passivos de elevada monta. Por exemplo, em 1999, o município de Osasco delegou à Sabesp a prestação dos serviços de distribuição de água tratada à população, em contrapartida ao débito

---

[161] ARSESP. *Perfil do setor*. Disponível em: http://www.arsesp.sp.gov.br/SitePages/saneamento/saneamento.aspx. Acesso em: 30 abr. 2019.

[162] São estes os municípios e os respectivos serviços: Diadema (Saned, sociedade de economia mista municipal), Mauá (Sama, autarquia municipal), Mogi das Cruzes (Semae, autarquia municipal), São Caetano (DAE, autarquia municipal) e Santo André (Semasa, autarquia municipal).

acumulado (cf. arts. 1º a 3º, da Lei Municipal nº 3.480/1999). São Bernardo do Campo adotou semelhante medida em 2003 (cf. arts. 1º e 2º, da Lei Municipal nº 5.240/2003); Diadema, em 2013 (cf. Lei Municipal nº 3.355/2013), e Guarulhos, em 2018 (cf. Lei Municipal nº 7.656/2018).[163]

Em 2007, foi criada a Agência Reguladora de Saneamento e Energia do Estado de São Paulo (ARSESP), por meio da Lei Complementar Estadual nº 1.025/2007, regulamentada pelo Decreto Estadual nº 52.455/2007. No que se refere ao objeto do presente caso, a agência possui como objetivo regular, controlar e fiscalizar os serviços de saneamento básico de titularidade estadual, bem como fiscalizar os serviços e atividades de saneamento básico municipais ou delegados ao estado de São Paulo. Tais competências estão disciplinadas nos arts. 10 e 11 da Lei Complementar Estadual nº 1.025/2007.

Então, passou a ser competência da ARSESP a homologação, fiscalização e regulação dos serviços de fornecimento de água no atacado, inclusive a fixação das respectivas tarifas. Todos os municípios da RMSP possuem convênio com a ARSESP, mesmo aqueles em que a prestação dos serviços é feita por SAV. Contudo, a atuação do regulador não é imune a críticas, pois o controlador da maior empresa de saneamento estatal (Sabesp) é o ente a que está vinculada a ARSESP.[164] Desse modo, esta última não atuaria de modo a coibir as mencionadas práticas abusivas no fornecimento de água no atacado aos serviços municipais.

Nesse cenário, o Serviço Municipal de Saneamento Ambiental de Santo André (Semasa) apresentou ao Conselho Administrativo de Defesa Econômica (Cade) pedido de abertura do Inquérito Administrativo (nº 08700.011091/2015-18), para apurar abuso de posição dominante pela Sabesp, mesmo diante da atuação da ARSESP. A denúncia deu origem à Nota Técnica nº 13/2017/CGAA3/SGA1/SG/CADE da Superintendência Geral do Cade, que recomendou o arquivamento do processo – principalmente devido ao papel do órgão regulador estadual na fixação das tarifas.[165]

---

[163] No caso de Diadema e Guarulhos a compensação da outorga da concessão com os passivos decorrentes da venda de atacado de água é referida nos Fatos Relevantes publicados pela Sabesp no *Diário de Oficial do Estado de São Paulo*, em 31.8.2013 e 13.12.2018, respectivamente (Disponível em: https://www.imprensaoficial.com.br. Acesso em: 18 jun. 2019).

[164] Tais críticas são apresentadas pela Associação Nacional de Serviços Municipais de Saneamento (Assemae) e pelos munícipios atendidos por SAV, nos autos de Inquérito Administrativo nº 08700.011091/2015-18 do Cade.

[165] Consequentemente, o inquérito foi arquivado em 31.07.2017 devido, nos termos do Despacho SG de Arquivamento nº 18/2017, "à insubsistência dos indícios de infração à ordem econômica constantes dos autos".

O caso merece ser analisado para a melhor compreensão da dinâmica da regulação, especialmente no que toca à inter-relação entre regulação setorial e defesa da concorrência. Além disso, permite detectar práticas anticoncorrenciais ainda não disseminadas na jurisprudência brasileira quanto à análise de condutas como a imposição de preços discriminatórios e *margin squeeze* (estrangulamento da margem) – e os respectivos testes de aplicabilidade desenvolvidos pela experiência antitruste internacional. Finalmente, constitui alavanca exemplificativa para compreender as perspectivas e limites da regulação como mecanismo de isenção antitruste ante as principais teorias sobre a matéria (*state action doctrine* e *pervasive power doctrine*).

Nesse caminhar, a principal reflexão trazida pelo caso é: quais são os limites da defesa da concorrência no enfrentamento de condutas em setores regulados – especialmente no caso do saneamento básico?

3 O caso concreto

O Inquérito Administrativo nº 08700.011091/2015-18 e a Nota Técnica nº 13/2017/CGAA3/SGA1/SG/CADE da Superintendência Geral do Cade revelam a perspectiva do órgão antitruste ao se deparar com questões sobre a formação de preços em mercados regulados – especialmente quando há monopólios públicos.

Em síntese, as questões jurídicas trazidas pelo Semasa versam sobre o suposto exercício abusivo de posição dominante da Sabesp na cadeia produtiva de fornecimento de água tratada. Segundo a autarquia municipal, a Sabesp estaria atuando com o objetivo de criar dificuldades ao funcionamento dos SAV, de modo a fazê-los desaparecer e, assim, consolidar e verticalizar o mercado.

De acordo com esse ponto de vista, a Sabesp seria sociedade empresarial verticalmente integrada, fornecendo água nos dois principais segmentos do mercado: (i) *atacado*, com a captação e fornecimento para outros SAV, e (ii) *varejo*, mediante o tratamento e distribuição de água para usuários da sua área de concessão. Sua posição de mercado seria dominante por ser tanto monopolista de *fato* (inexistem concorrentes para o fornecimento de água no atacado) quanto de *direito* (o seu controlador, o estado de São Paulo, é o responsável pela outorga de uso de recursos hídricos, na forma dos arts. 11 e seguintes da Lei nº 9.433/1997).[166]

Aliás, o estado de São Paulo é simultaneamente: controlador societário da Sabesp; detentor do poder de outorgar o uso dos serviços hídricos e o ente da Administração direta ao qual está vinculada a ARSESP.

Em razão de sua posição dominante, a Sabesp teria estabelecido unilateralmente elevados preços de atacado, de modo a inviabilizar economicamente a operação dos SAV e gerar dívidas para os municípios. Estes últimos seriam obrigados a entregar os serviços municipais para a incorporação e sucessão pela Sabesp, apenas pelo valor dos ativos e sem necessidade de licitação, de modo a obter o perdão da dívida. Assim, a quebra dos SAV teria como beneficiária direta a Sabesp e, em última instância, o próprio estado de São Paulo (em detrimento de seus municípios). São oferecidos como exemplos os já citados casos de incorporação dos serviços de Osasco, São Bernardo do Campo e Diadema – além disso, então estariam em risco Guarulhos, Mauá e Santo André.

O Semasa indica que os preços cobrados pela Sabesp para o fornecimento de água no atacado equivaleriam à soma do preço de atacado e de varejo dos usuários nas operações verticalizadas da empresa estadual. Caso fosse necessária aquisição de água no atacado por tais preços, restaria inviabilizada sua atuação no mercado. Haveria, portanto, a prática de discriminação de preços pela Sabesp ao cobrar do Semasa valores mais altos do que aqueles pagos em suas outras concessões municipais. No caso concreto, a conduta configuraria

166 Não bastasse, os serviços de saneamento básico são monopólios naturais, como já se teve a oportunidade de consignar: "Um dos exemplos clássicos de monopólio natural é o da instalação de rede de água, esgotamento e tratamento sanitário: até a presente data não se encontrou solução – técnica ou econômica – que permitisse a concorrência do lado da oferta, pois são exigidos investimentos iniciais imobilizados muito elevados, com retorno em longo prazo e risco significativo. Outros exemplos são aqueles serviços que também envolvem infraestruturas com custos elevados, alguns dos quais vêm sendo atenuados com o avanço tecnológico (ferrovias, telefonia fixa, rede de energia elétrica etc.). Imagine-se, para tornar o entendimento mais claro, a construção de infraestrutura de coleta e transporte de resíduos, a rede de esgotos propriamente dita, em duplicidade: seria ilógico, desarrazoado e desproporcional supor a possibilidade de construção e manutenção de duas redes de esgoto, tratamento e reservatórios em uma mesma localidade. A impossibilidade física de escolha por parte dos usuários salta aos olhos (afinal, como se daria a ligação nesta ou naquela rede e a eventual mudança nos prestadores?)" (MOREIRA, Egon Bockmann. Monopólios naturais e licitações de serviços públicos. *Revista de Direito Administrativo*, Rio de Janeiro, v. 256. p. 255-271, jan. 2011. Disponível em: http://bibliotecadigital.fgv.br/ojs/index.php/rda/article/view/8505/7251. Acesso em: 25 set. 2018).

infração concorrencial denominada *margin squeeze* (estrangulamento ou compressão de margem).[167]

A OCDE define o *margin squeeze* nos seguintes termos:

> *Margin squeeze* ocorre quando há uma margem tão estreita entre o valor de venda definido pelo fornecedor de insumo essencial para o seu rival e os preços de venda a jusante, que o rival não consegue sobreviver ou competir efetivamente. O *margin squeeze* apenas pode surgir quando:
> a) uma empresa a montante produz um insumo para o qual não há bons substitutos econômicos;
> b) a empresa a montante vende o insumo para uma ou mais empresas a jusante (não-integradas);
> c) a empresa a montante também compete diretamente no mercado a jusante contra aquelas empresas (não-integradas) (...).
> Para haver *margin squeeze,* os três elementos devem estar presentes.[168]

No mesmo sentido, é a definição utilizada na União Europeia, que considera *margin squeeze* como situação na qual uma empresa dominante cobra

[167] A respeito do *margin squeeze,* ver: HEIMLER, Alberto. Is a margin squeeze an antitrust or a regulatory violation? *Journal of Competition Law & Economics,* Oxford, v. 6, n. 4. p. 879-890, dez. 2010. Disponível em: https://academic.oup.com/jcle/article-abstract/6/4/879/825214. Acesso em: 25 abr. 2019; HOVENKAMP, Herbert. Robert Bork and vertical integration: leverage, foreclosure, and efficiency. *Antitrust Law Journal,* v. 79, n. 3. p. 984-1001, 2014. Disponível em: http://scholarship.law.upenn.edu/faculty_scholarship/1848. Acesso em: 25 abr. 2019; SCHEELINGS, Richard; WRIGHT, Joshua D. Sui generis?: an antitrust analysis of buyer power in the United States and European Union. *Akron Law Review,* Akron, v. 39, n. 1, p. 207-242, jul. 2015. Disponível em: http://ideaexchange.uakron.edu/akronlawreview/vol39/iss1/6. Acesso em: 25 abr. 2019; HAY, George A.; MCMAHON, Kathryn. The diverging approach to price squeezes in the United States and Europe. *Journal of Competition Law & Economics,* Oxford, v. 8, n. 2, p. 259-296, jun. 2012. Disponível em: http://scholarship.law.cornell.edu/facpub/480. Acesso em: 25 abr. 2019; HOVENKAMP, Erik; HOVENKAMP, Herbert J. The viability of antitrust price squeeze claims. *Arizona Law Review,* Tucson, v. 51, n. 273. p. 273-303, 2009. Disponível em: http://scholarship.law.upenn.edu/faculty_scholarship/1781. Acesso em: 25 abr. 2019; SALOP, Steven C. Anticompetitive overbuying by power buyers. *Antitrust Law Journal,* v. 72, p. 669-715, fev. 2005. Disponível em: http://scholarship.law.georgetown.edu/facpub/211. Acesso em: 25 abr. 2019; GERADIN, Damien; O'DONOGHUE, Robert. The concurrent application of competition law and regulation: the case of margin squeeze abuses in the telecommunications sector. *Journal of Competition Law & Economics,* Oxford, v. 1, n. 2, p. 355-425, jun. 2005. Disponível em: https://academic.oup.com/jcle/article-abstract/1/2/355/856608. Acesso em: 25 abr. 2019; CARLTON, Dennis W. Should price squeeze be a recognized form of anticompetitive conduct? *Journal of Competition Law and Economics,* Oxford, v. 4, n. 2, p. 271-278, abr. 2008. Disponível em: http://jcle.oxfordjournals.org/. Acesso em: 25 abr. 2019.

[168] OCDE. *Policy rountables* – Margin Squeeze DAF/COMP(2009)36. Disponível em: https://www.oecd.org/daf/competition/sectors/46048803.pdf. Acesso em: 1º maio 2019. Tradução livre.

um preço pelo produto no mercado "a montante" que, em comparação com preço cobrado no mercado "a jusante", não permite que mesmo um concorrente com o mesmo grau de eficiência exerça de uma forma rentável e duradoura actividades no mercado "a jusante" (denominado por "compressão das margens").[169]

Em contrapartida, a jurisprudência antitruste norte-americana não adota o *margin squeeze* como instituto independente. Tradicionalmente, o considera como variante da recusa de contratação (*refusal to deal*) ou recusa de fornecer (*constructive refusal to suply*), de maneira a restringir sua aplicabilidade sob a Seção 2 do *Sherman Act*. Mesmo a condenação por esses tipos de conduta vem sendo interpretada de maneira restritiva pelo Judiciário americano, sobretudo após os julgados da Suprema Corte dos EUA nos casos *Trinko* e *linkLine*.[170]

Na maior parte das jurisdições, a avaliação do *margin squeeze* pela autoridade concorrencial se dá por meio de testes de custos,[171] que visam a responder qual extensão mínima a margem deveria efetivamente ter para não ser ilegal. Como parâmetro geral, estabelecem que deveria ser o suficiente para que um competidor em igual nível de eficiência pudesse também competir naquele mercado relevante. O primeiro é

---

[169] COMISSÃO EUROPEIA. Orientação sobre as prioridades da Comissão na aplicação do artigo 82º do Tratado CE a comportamentos de exclusão abusivos por parte de empresas em posição dominante. par. 80. Disponível em: https://eur-lex.europa.eu/legal-content/PT/TXT/PDF/?uri=CELEX:52009XC0224(01)&from=EN. Acesso em: 1º maio 2019. Podem-se citar como precedentes relevantes sobre margin squeeze no sistema antitruste europeu, por exemplo: Carvão: Despacho do presidente de 22 de outubro de 1975, National Carbonishing, 109-75R, ECLI:EU:C:1975:133; Açúcar: Decisão da Comissão de 18 de julho de 1988, Napier Brown, case IV/30.178, ECLI:EU:C:1988:41; Telefonia: Decisão da Comissão de 17 de Fevereiro de 2011, Konkurrensverket v TeliaSonera Sverige AB, case C-52/09, ECLI:EU:C:2011:83; Acórdão do Tribunal de 14 de Outubro de 2010, Deutsche Telekom AG, processo C-280/08 P, ECLI:EU:C:2010:603; Fornecimento de água: Acórdão do Tribunal de 28 de março de 2013, Albion Water Ltd., Processo nº 1166/5/7/10, ECLI:UK:C:2013; Decisão da Comissão de 24 de maio de 2011, Lyonnaise des Eaux, Processo T-274/10, ECLI:EU:T:2011:51.

[170] Respectivamente: Verizon Commc'ns, Inc. *v.* Law Offices of Curtis *v.* Trinko, 540 U.S. 398; Pacific Bell Telephone *v.* linkLine Communications, 555 U.S. 438. A respeito da aplicabilidade do *margin squeeze* no direito concorrencial norte-americano, *vide*: HOVENKAMP, Erik; HOVENKAMP, Herbert J. The viability of antitrust price squeeze claims. *Arizona Law Review*, Tucson, v. 51, n. 273. p. 273-303, 2009. Disponível em: http://scholarship.law.upenn.edu/faculty_scholarship/1781. Acesso em: 25 abr. 2019. Especificamente sobre as diferenças entre os sistemas norte-americano e europeu de defesa da concorrência na aplicação do *price squeeze*: HAY, George A.; MCMAHON, Kathryn. The diverging approach to price squeezes in the United States and Europe. *Journal of Competition Law & Economics*, Oxford, v. 8, n. 2, p. 259-296, jun. 2012. Disponível em: http://scholarship.law.cornell.edu/facpub/480. Acesso em: 25 abr. 2019.

[171] OCDE. *Policy rountables* – Margin Squeeze DAF/COMP(2009)36. Disponível em: https://www.oecd.org/daf/competition/sectors/46048803.pdf. Acesso em: 1º maio 2019.

o teste do *competidor-eficiente* (*efficient-competitor test*), que estabelece que o *margin squeeze* ocorre ao demonstrar que as operações a jusante da empresa dominante não poderiam atuar lucrativamente com base no preço a montante cobrado de seus concorrentes. Outro é o *teste do competidor-razoavelmente-eficiente* (*reasonably-efficient-competitor test*). Neste caso, ocorre o *margin squeeze* ao demonstrar que o preço cobrado dos concorrentes a jusante é insuficiente para permitir que um prestador de serviços razoavelmente eficiente nesse mercado obtivesse um lucro normal – a não ser que a empresa dominante conseguisse demonstrar que sua operação a jusante é excepcionalmente eficiente.[172]

A menção à sistemática internacional é relevante, pois ainda não há precedentes significativos a respeito do *margin squeeze* no controle de condutas no sistema brasileiro de defesa da concorrência. Contudo, sob a óptica da Lei nº 12.529/2011, poderia constituir infração da ordem econômica pelo uso abusivo de posição dominante em relações verticais, com base no seu art. 36, incs. I a IV, §3º, incs. IV, V e XI. O processo que culminou na Nota Técnica nº 13/2017/CGAA3/SGA1/SG/CADE provavelmente seria o *leading case* a respeito da temática no controle de condutas, porém, não foi decidido pelo pleno do Cade, encerrando ainda na Superintendência do órgão.

O problema central é que o preço da água no atacado é regulado pela ARSESP. Essa é a principal alegação de mérito trazida aos autos pela Sabesp. Contra este argumento, o Semasa aponta que a conduta anticompetitiva teve início em 1994, bem antes da existência da ARSESP. Além disso, alega que: (i) a ARSESP nunca produziu qualquer estudo a respeito do tema; (ii) a falta de transparência da Sabesp na formação de preços do atacado não foi corrigida pela ARSESP; (iii) tendo em vista o papel do estado de São Paulo na estrutura setorial, há captura

---

[172] BOSTOEN, Friso. Margin Squeeze: where competition law and sector regulation compete. *Jura Falconis Jg*, Leuven, v. 53, n. 1, p. 3-60, fev. 2017. Disponível em: https://ssrn.com/abstract=2922633. Acesso em: 1º maio 2019. No que se refere ao *margin squeeze*, a interação entre concorrência e regulação é vista como problemática, haja vista o problema da fixação de preços e de estrutura de custos pela autoridade regulatória. Nesse sentido, as autoridades europeias têm buscado estabelecer visão complementar entre as ambas as esferas: "When it comes to margin squeeze, the interaction between competition law approach and the regulatory approach is problematic. The Commission and the European courts have chosen for complementarity between the two regimes, with the state compulsion defence serving as an exception. This exception is meant to balance liability between undertakings and the state, but, given its narrow scope, does not achieve its purpose. Firstly, national regulatory authorities and courts are strictly prohibited from encouraging competition law abuses, but even far-reaching encouragements do not absolve the undertaking in question. Secondly, Member States can rest assured they will not face infringement proceedings for this encouragement".

regulatória da ARSESP pela Sabesp; (iv) a agência estadual não poderia sequer exercer atividade de regulação devido à competência municipal no setor de saneamento.

Sobre o último aspecto, importante ressaltar que, na ADI nº 1.842/RJ, o STF estabeleceu ser competência dos municípios os assuntos locais em matéria de saneamento (especialmente a competência material de prestação dos serviços), e da União o estabelecimento de diretrizes setoriais. Todavia, considerou que muitas vezes o interesse local ultrapassa os limites territoriais dos municípios em função de fatores geográficos e econômicos do setor, o que passa a conformar interesse comum e a justificar sua gestão associada (como em regiões metropolitanas, por exemplo).[173]

Em contrapartida, a Sabesp sustenta que a denúncia é só mais um capítulo dos vinte anos de disputas entre as partes sobre o tema, para o município justificar o seu inadimplemento. Os municípios de Guarulhos, Mauá e Santo André deviam juntos mais de R$8 bilhões pelo fornecimento de água no atacado (que não pagaram ou pagaram a menor), mas a Sabesp não pode fazer o corte no suprimento. Em relação aos preços cobrados, a empresa estadual sustenta que: (i) não é livre para definir os preços, pois estes são regulados pela ARSESP; (ii) o valor cobrado é o mesmo dos demais municípios da RMSP; (iii) os valores das tarifas refletem os seus custos. Alega também que é mais eficiente que o Semasa na operação de distribuição, pois suas perdas são menores e seu o índice de produtividade (economias atendidas *v.* empregados) é maior. Ressalta ainda que o Semasa possui desde 2008

---

173 "O art. 23, IX, da Constituição Federal conferiu competência comum à União, aos estados e aos municípios para promover a melhoria das condições de saneamento básico. Nada obstante a competência municipal do poder concedente do serviço público de saneamento básico, o alto custo e o monopólio natural do serviço, além da existência de várias etapas – como captação, tratamento, adução, reserva, distribuição de água e o recolhimento, condução e disposição final de esgoto – que comumente ultrapassam os limites territoriais de um município, indicam a existência de interesse comum do serviço de saneamento básico. A função pública do saneamento básico frequentemente extrapola o interesse local e passa a ter natureza de interesse comum no caso de instituição de regiões metropolitanas, aglomerações urbanas e microrregiões, nos termos do art. 25, §3º, da Constituição Federal. Para o adequado atendimento do interesse comum, a integração municipal do serviço de saneamento básico pode ocorrer tanto voluntariamente, por meio de gestão associada, empregando convênios de cooperação ou consórcios públicos, consoante o arts. 3º, II, e 24 da Lei Federal 11.445/2007 e o art. 241 da Constituição Federal, como compulsoriamente, nos termos em que prevista na lei complementar estadual que institui as aglomerações urbanas" (ADI nº 1.842. Rel. p/ acórdão Min. Gilmar Mendes, Tribunal Pleno. *DJe*, 13 set. 2013). Sobre o tema da competência multifontes e multinível no setor de saneamento brasileiro, v. MOREIRA, Egon Bockmann; CAGGIANO, Heloisa Conrado; GOMES, Gabriel Jamur. O novo marco legal do saneamento básico. *Revista de Direito Público da Economia – RDPE*, Belo Horizonte, v. 63, p. 89-116, 2018.

autorização e financiamento aprovado para a captação e tratamento de água em volume suficiente para abastecer 25% de sua população, porém, mesmo assim prefere continuar contratando todo o volume da Sabesp. Finalmente, aponta haver maior eficiência e maiores benefícios à população com a prestação verticalizada dos serviços de saneamento básico.

Ao analisar a questão, a Superintendência Geral do Cade apresentou parecer contrário à denúncia do Semasa. Na delimitação do mercado relevante, considerou o estado de São Paulo o mercado a montante de distribuição de água no atacado, possuindo a Sabesp posição dominante. Por sua vez, os mercados a jusante seriam os de distribuição de água para os usuários finais nos municípios da RMSP (Santo André, Guarulhos, São Caetano do Sul, Mogi das Cruzes, Mauá). A Sabesp seria detentora de posição dominante a jusante apenas nos mercados em que é verticalmente integrada, nos demais, cada um dos SAV (incluindo o Semasa) possuiria o poder de mercado na respectiva área territorial.

Segundo o órgão antitruste, não houve preço discriminatório com incidência de *margin squeeze*. De acordo com a *ratio decidendi* da nota técnica, para que a infração concorrencial ocorresse seria necessário que: (i) a Sabesp fosse capaz de definir unilateralmente os preços de fornecimento de água no atacado; (ii) estivesse cumprido o tríplice critério indicado pela OCDE; (iii) os SAV não fossem capazes de definir preços de varejo que pudessem repassar os custos de suprimento impostos pela Sabesp em seus mercados. A nota técnica considerou que não estavam presentes esses requisitos.

Primeiramente, os preços de atacado da Sabesp são regulados e determinados pela ARSESP, estando submetidos ao critério de *price cap*. O valor teto é então estipulado pelo regulador, não havendo espaço para lucro supracompetitivo por parte da empresa estadual. Tais preços são os mesmos cobrados dos demais SAV supridos pela empresa na RMSP, sem discriminação. Também não estavam plenamente presentes os três requisitos indicados pela OCDE para a configuração do *margin squeeze*, devido à estrutura do mercado de fornecimento de água no saneamento básico. Por fim, as distribuidoras municipais são livres para definir preços de varejo. Deste modo, em função do seu monopólio nas suas cidades, os SAV são capazes de preservar integralmente a sua margem de lucro e equilíbrio econômico-financeiro (inclusive, o Semasa cobra dos usuários finais tarifas inferiores às da Sabesp).

O Semasa interpôs então recurso administrativo alegando inconsistências da decisão. Sustenta que os preços praticados pela

Sabesp no atacado não são inteiramente determinados pela ARSESP. O regulador não analisa e supervisiona verdadeiramente a estrutura tarifária, apenas define a tarifa média geral para a receita de equilíbrio. Caso a Sabesp praticasse em suas operações verticalizadas o preço de atacado cobrado dos SAV, restaria inviabilizado o seu negócio de varejo. Por fim, não corresponde à realidade a afirmação de que os SAV podem cobrar qualquer valor dos seus usuários no varejo. O aumento desmesurado das tarifas implicaria a redução de receitas tendo em vista a diminuição do consumo e o aumento da inadimplência. O recurso, porém, não foi provido sob os mesmos fundamentos da Nota Técnica nº 13/2017/CGAA3/SGA1/SG/CADE.

A questão de fundo se refere à isenção antitruste para atividades desenvolvidas por agentes econômicos em mercados regulados, especialmente no que toca à fixação de preços na prestação de serviços. A inter-relação e a formação de tensões entre regulação e antitruste se dá em face das distintas funções que tais esferas pretendem exercer – e que, muitas vezes, as situam em posições antagônicas. Em grande parte dos casos, o próprio desenho da estrutura competitiva do mercado é definido pelo seu arcabouço regulatório.[174] Alexandre Ditzel Faraco bem apresenta essa divisão entre as finalidades essenciais do direito concorrencial e da regulação:

> (...) O direito concorrencial pretende disciplinar a ação do agente econômico no âmbito em que este tem liberdade de fazer suas escolhas. Controla o exercício do poder econômico onde esse pode ser exercido e limita escolhas que tendam a resultar em concentração desse poder. Trata-se de conjunto normativo voltado a todos os setores da economia, aplicado de forma casuística e que não pretende conduzir as escolhas privadas a resultados predeterminados.

[174] *Vide*, por exemplo, o setor bancário no qual a preocupação central do agente regulador, o Bacen, é assegurar a solidez do mercado com instituições financeiras de maior porte econômico, ainda que em detrimento da livre concorrência. Em 2018, Cade e Bacen firmaram memorando de entendimentos a fim de melhor coordenarem suas respectivas competências (Ato Normativo Conjunto nº 1/2018). De igual forma, no setor elétrico, em função das ínsitas características da matriz energética brasileira, estruturou-se modelo competitivo de atacado e de comprador único. Isso se dá com o intuito de assegurar a inserção da livre concorrência na compra e venda de energias nos segmentos da cadeia competitiva em que isso possível (agentes geradores, comercializadores e consumidores livres), no Ambiente de Contratação Livre (ACL); e, por outro lado, instaurar um regime de competição com maior segurança de suprimento para os consumidores cativos (finais), baseado em leilões públicos nos quais a energia é adquirida por *pool* de distribuidoras de energia (Ambiente de Contratação Regulada – ACR), conforme estabelecido nas leis nºs 10.847/2004 e 10.848/2004.

> A regulação, por sua vez, restringe o âmbito de liberdade do agente econômico. Substitui a escolha privada em relação a certas variáveis econômicas – como preço, quantidade, diferenciação e investimento – por uma decisão estatal. Abrange normas específicas a determinados setores da economia, que impõem escolhas e fazem restrições, além de instrumentalizarem a realização de certos resultados predeterminados.[175]

As principais teorias no antitruste que tratam dessa correlação têm origem na jurisprudência norte-americana, são as denominadas *state action doctrine* e *pervasive power doctrine*.[176]

A *state action doctrine* (ou *Parker doctrine*) se origina do precedente estabelecido pela Suprema Corte norte-americana no julgado *Parker v. Brown*, de 1943.[177] Foi decidido que, a partir do modelo de federalismo norte-americano, os autores das leis antitruste federais não pretendiam interferir na capacidade de os Estados afastarem ou modificarem a concorrência em certos mercados, criando regimes regulatórios específicos.[178] Os requisitos para a aplicação da teoria foram melhor delineados no *California Retail Liquor Dealers Ass'n v. Midcal Aluminum Co*, de 1980.[179] O chamado *Midcal Test* estabelece que para haver a isenção da *state action doctrine* é necessária a presença de duas condições: (i) a medida questionada deve ser "claramente articulada e afirmativamente expressa como política de Estado"; (ii) além disso, a política deve ser "ativamente supervisionada" pelo Estado. Apenas incide a doutrina se esses dois requisitos – autorização e supervisão – estiverem presentes.

No Brasil, a *state action doctrine* foi expressamente aplicada pela 1ª Turma do STJ, no REsp nº 1.390.875/RS, com a utilização do *Midcal Test*, para afastar a incidência do ilícito de cartel para distribuidoras de gás liquefeito de petróleo (GLP). Foi reconhecido que, naquele caso, o mercado de GLP possuía organização (Sistema Integrado de

---

175 FARACO, Alexandre Ditzel. Direito concorrencial e regulação. *Revista de Direito Público da Economia – RDPE*, Belo Horizonte, v. 44, p. 9-41, out./dez. 2013.

176 Sobre a aplicação dessas teorias no direito brasileiro: SALOMÃO FILHO, Calixto. *Direito concorrencial*. 3. ed. São Paulo: Malheiros, 2013. p. 273-274; FARACO, Alexandre Ditzel. Aplicação das normas gerais de concorrência nos setores regulados. *In*: MARTINEZ, Ana Paula (org.). *Temas atuais de direito da concorrência*. São Paulo: Singular, 2012. p. 359-391; PEREIRA NETO, Caio Mário da Silva; PRADO FILHO, José Inácio Ferraz de Almeida. Espaços e interfaces entre regulação e defesa da concorrência: a posição do CADE. *Revista Direito GV*, São Paulo, v. 12, n. 1, p. 13-48, jan./abr. 2016. Disponível em: http://dx.doi.org/10.1590/ 2317-6172201602. Acesso em: 25 set. 2018.

177 US Supreme Court – Parker *v*. Brown, 317, 63 S.Ct. 307 (1943).

178 HOVENKAMP, Hebert. *Antitrust*. 4. ed. Minnesota: Thomson West, 2005. p. 332.

179 US Supreme Court – California Retail Liquor Dealers Ass'n *v*. Midcal Aluminum Co., 445 U.S. 97, 100, S.Ct. 937 (1980).

Abastecimento) e preços determinados pelo Conselho Nacional do Petróleo (CNP), devidamente supervisionada e auditada pelos órgãos reguladores. Deste modo, afastou-se a condenação estabelecida aos particulares nas instâncias inferiores.[180]

A *pervasive power doctrine* caminha no mesmo sentido que a *state action*. Porém, ultrapassa a questão do federalismo e versa sobre a imunidade antitruste estabelecida pelo Legislativo federal. Seu principal precedente foi estabelecido pela Suprema Corte norte-americana no caso *US v. RCA* de 1959, e a sua melhor definição fixada pelo caso *US v. National Association of Securities Dealers*, de 1975.[181] Neste último julgado, restou estabelecida a seguinte tese quanto à *pervasive power doctrine*:

> (...) Na ausência de uma imunização antitruste expressa conferida pelo Congresso em um estatuto, tal imunidade só pode estar implícita se o Congresso claramente tiver suplantado as leis antitruste e seu modelo de concorrência com um regime competitivo distinto, definido por padrões competitivos particularizados e aplicado por uma agência administrativa e, assim, isentar uma violação antitruste que seria óbvia à sua ilegalidade. (Tradução livre)

Nesse sentido, o poder de quem implementa a isenção deve ser *extenso* o suficiente para substituir o sistema concorrencial e afastar a aplicação das normas antitruste. Ainda, deve ser *profundo* o bastante, ou seja, deve já incluir a competência para a aplicação da lei antitruste, levando-a em consideração para definir e implementar a regulação, de

---

180 "1. O mercado de GLP – gás liquefeito de petróleo – tinha seu preço tabelado pelos órgãos reguladores competentes no período em que se alega a formação de cartel por parte das distribuidoras, o que afasta a possibilidade de punição delas. 2. Aplicação, ao caso, da *state action doctrine* foi formulada nos EUA para definir os casos em que a regulação estatal afastaria o controle concorrencial feito pelo órgão antitruste, quando presentes determinados requisitos: (i) a regulação estatal deve servir a um fim de política pública; e (ii) o Estado deve efetivamente obrigar determinada conduta e supervisioná-la: lição do Professor Calixto Salomão Filho (Direito Concorrencial: As Estruturas. São Paulo: Malheiros, 2007. p. 238-240). 3. No caso, não há dúvidas de que se está diante de um mercado regulado, o de distribuição de GLP, que seria imune, portanto, ao controle do órgão antitruste, pois facilmente se verifica que: (i) o CNP aprovou a implantação de mercado de empresas que tinha como objetivo organizar a distribuição do GLP, facilitar a sua fiscalização, evitar a proliferação de revendedores clandestinos e propiciar melhores condições de segurança ao consumidor; e (ii) o Sistema Integrado de Abastecimento era elaborado pelo próprio órgão regulador, sendo mensalmente auditado pelo DNC (Departamento Nacional de Combustíveis). Assim, está claro que a regulação servia a uma política pública, era imposta às empresas reguladas e supervisionadas pelo órgão competente. (...)" (REsp nº 1.390.875/RS. Rel. Min. Napoleão Nunes Maia Filho. *DJe*, 19 jun. 2015).

181 Respectivamente: US *v*. RCA, 358, U. S. 334 (1959); US *v*. National Association of Securities Dealers, 422 U.S 694 (1975).

modo a não se cogitar do controle da conduta pelo órgão de defesa da concorrência.[182] Os critérios que definem a legalidade da isenção são a *competência* do órgão regulador na aplicação do direito antitruste e o *efetivo exercício* desta, levando-se em consideração os aspectos concorrenciais incidentes no caso.[183]

Uma vez não cumpridos os requisitos estabelecidos por tais teorias, do ponto de vista do direito brasileiro, a atuação do regulador é *inconstitucional* por violar o art. 173, §4º, da Constituição, e *ilegal* ao infringir o art. 36, da Lei nº 12.529/2011, ainda que se trate de serviços como o fornecimento de água.

Ao se analisar a Nota Técnica nº 13/2017/CGAA3/SGA1/SG/CADE, observa-se que a Superintendência-Geral do Cade implicitamente se utilizou da *state action doctrine* ao indicar que não poderia haver conduta anticoncorrencial por parte da Sabesp, pois o preço de venda de água no atacado é regulado pela ARSESP.

Em face desse motivo, seria possível contra-argumentar que não estaria presente a segunda condição do *Midcal Test* – *i.e.*, a supervisão ativa do órgão regulador. Tal alegação foi suscitada pelo serviço municipal em sede recursal, ao apontar a existência de captura regulatória da ARSESP e a falta de supervisão. Isso porque a tarifa seria estipulada apenas com base no equilíbrio econômico-financeiro da Sabesp, sem

---

182 SALOMÃO FILHO, Calixto. *Direito concorrencial*. 3. ed. São Paulo: Malheiros, 2013. p. 273. No mesmo sentido, *vide* o voto vogal da Conselheira Cristiane Alkmin Junqueira Schmidt, do Cade, no Processo Administrativo nº 08700.010110/2012-46: "A isenção antitruste tem caráter excepcional e, para ocorrer, exige-se que haja um claro objetivo de substituição da concorrência pela regulação (à semelhança da *State Action*) e que as atribuições do regulador sejam extensas o suficiente para afastar a incidência das normas concorrenciais. Outra hipótese, destacada pela doutrina, ocorreria quando a legislação atribua ao regulador o poder de aplicar a lei antitruste ou quando a defesa da concorrência tenha sido levada em consideração quando da elaboração da regulação" (Cade. P.A. nº 08700.010110/2012-46. Rel. Cons. João Paulo de Resende. *DJe*, 16 nov. 2016).

183 A tal respeito leciona Calixto Salomão: "A conclusão que se pode tirar é que, tratando-se da agência independente de regulamentação federal, a questão aplicação do direito antitruste se resolve em uma discussão de competência dos órgãos envolvidos. A falta de competência da agência governamental responsável por determinado mercado para aplicar direito antitruste não exclui sua aplicação; caracteriza – isto, sim – a ilegalidade de regulamentação que desconsidera o direito antitruste (por não ser este poder extenso o suficiente). Da mesma maneira, a existência de competência mas a falta de seu pleno exercício, ou o seu exercício sem levar em conta os aspectos concorrenciais de uma situação, torna a regulamentação ilegal, pois o poder, mesmo sendo profundo o suficiente, não foi exercido, não pervasive. Por esse motivo é que a casuística existente a respeito resolve o problema da ilegalidade concorrencial de determinada regulamentação em termos de excesso no exercício da competência regulatória ou, então, desvio de finalidade" (SALOMÃO FILHO, Calixto. *Direito concorrencial*. 3. ed. São Paulo: Malheiros, 2013. p. 274).

analisar devidamente a estrutura tarifária e seus impactos no mercado de saneamento.

4 Conclusão: *insights* e questões a refletir

O caso confere concretude à extensão e aos limites da relação entre defesa da concorrência e regulação. Isso se dá na cadeia de saneamento básico, que constitui setor de extrema importância para a coletividade e possui peculiaridades socioeconômicas.

O relacionamento entre tais esferas – que está longe de ser naturalmente harmônico – assume ainda maior complexidade devido à múltipla repartição de competências entre os diversos entes envolvidos (federais, estaduais e municipais). Deste modo, faz-se necessária uma estrutura regulatória multinível (atores de diferente estatura constitucional) e multifonte (espraiada nos textos constitucionais federais e estaduais, leis federais, estaduais e municipais, regulamentos administrativos, normas estatutárias e contratuais etc.), o que exige grande esforço analítico do intérprete – o qual se torna ainda maior para compatibilizá-la com as normas antitruste.

Mais do que dar respostas, o caso constitui relevante alavanca exemplificativa para a reflexão acerca desses temas, ainda que não tenha firmado precedente pela ausência de análise da *questio juris* do colegiado do Cade.

Assim, emergem *insights* que merecem aprofundamento futuro no que toca à relação entre regulação e defesa da concorrência, como exemplo: a ocorrência do *margin squeeze* na análise de condutas anticoncorrenciais no direito brasileiro; a captura regulatória pelo Estado quando este também atua como agente econômico no setor regulado; a apropriação da riqueza pelo Estado na cadeia de saneamento, ao não se promover a adequada análise da estrutura tarifária setorial; as questões interfederativas do saneamento básico, principalmente quando há interesse comum que se sobrepõe ao local; a atuação das estatais em setores monopolizados e de serviço público; a criação de imunidades e vantagens concorrenciais a estatais, especialmente em situações de disparidade de poder negocial; as isenções antitruste em setores regulados e aplicação das respectivas teorias no direito brasileiro.

Finalmente, propõem-se as seguintes questões para melhor fixar os aspectos relevantes trazidos pelo caso:

1. Reconstrua a situação no caso concreto: qual é a ordem de conflito em discussão? Que prática é questionada pelo Semasa? Quais os efeitos alegados da conduta sobre o mercado de saneamento básico no estado de São Paulo? Quais foram os pedidos formulados à autoridade antitruste? Se atendidos, como a decisão do Cade afetaria este mercado?
2. Como compatibilizar as ideias de serviço público e livre concorrência? As sociedades estatais prestadoras de serviço público em regime de monopólio submetem-se às mesmas premissas e parâmetros que os demais agentes econômicos?
3. Estaria a Sabesp em posição dominante no mercado de saneamento básico no estado de São Paulo? O que isso significa? Em que medida o aumento do preço da tarifa cobrada no mercado atacado decorre da posição privilegiada da Sabesp no mercado? Houve abuso de poder dominante? Afinal de contas, sendo a Sabesp uma empresa estatal, a sua estratégia não seria benéfica ao interesse público?
4. Avalie a juridicidade da denúncia apresentada pelo Semasa ao Cade: formalmente, esse foi o mecanismo adequado para reportar eventual infração da empresa estatal? Não seria a ARSESP a instituição pública com competência suficiente para dirimir o conflito? O fato de o processo ter sido arquivado por insuficiência de provas não comprovaria a incapacidade institucional para o Cade lidar com conflitos envolvendo o sistema tarifário de saneamento básico?

REGULAÇÃO DE BENS PÚBLICOS E INTERFACES REGULATÓRIAS

CASO *STF E GRATUIDADE DO USO DE BENS PÚBLICOS PARA INSTALAÇÃO DE REDES*

FLORIANO DE AZEVEDO MARQUES NETO

1 Resumo

Em fevereiro de 2021, o Plenário do Supremo Tribunal Federal julgou a Ação Direta de Inconstitucionalidade nº 6.482, tendo por objeto o art. 12 da Lei Federal nº 13.116/2015, conhecida como Lei das Antenas, que traz normas gerais sobre a implantação e compartilhamento da infraestrutura de telecomunicações. O dispositivo citado garante o direito de passagem gratuito em vias públicas, faixas de domínio e outros bens públicos de uso comum do povo. Por maioria e seguindo decisões anteriores, a Suprema Corte considerou improcedente o pedido de declaração de inconstitucionalidade, num caso que envolve regulação de bens públicos e concessões de telecomunicações.

2 Introdução: a questão de fundo

Segundo uma leitura apressada, os bens públicos seriam divididos em três espécies: bens públicos de uso comum do povo, de uso especial e dominicais. Isso o que se lê no Código Civil Brasileiro (Lei Federal nº 10.406/2002), em seu artigo 99:

> Art. 99. São bens públicos:
> I - os de uso comum do povo, tais como rios, mares, estradas, ruas e praças;
> II - os de uso especial, tais como edifícios ou terrenos destinados a serviço ou estabelecimento da administração federal, estadual, territorial ou municipal, inclusive os de suas autarquias;
> III - os dominicais, que constituem o patrimônio das pessoas jurídicas de direito público, como objeto de direito pessoal, ou real, de cada uma dessas entidades.
> Parágrafo único. Não dispondo a lei em contrário, consideram-se dominicais os bens pertencentes às pessoas jurídicas de direito público a que se tenha dado estrutura de direito privado.

Ainda nessa linha, para parte da doutrina, todos esses bens disporiam de um regime jurídico comum, pautado na inalienabilidade, impenhorabilidade e imprescritibilidade. Respectivamente, não poderiam ser alienados, tidos como garantia (diante do risco de alienação em caso de não cumprimento das obrigações garantidas) e não poderiam ser adquiridos por usucapião.

Nada mais singelo e distante da realidade das últimas décadas. Uma abordagem funcional desafia o critério de titularidade, ao mesmo tempo em que três traços são incapazes de definir a infinidade de regimes jurídicos que podem acometer os bens públicos.

A abertura econômica vivenciada no Brasil a partir dos anos de 1990 desafia as formas de atuação da Administração Pública. De um lado, atividades tidas como exclusivamente acometidas ao Estado, por prestação direta de seus órgãos, como telecomunicações, rodovias e ferrovias, passam a se abrir para o setor privado. De outro lado, além da prestação estatal, direta ou por meio de empresas estatais, e da exploração exclusivamente privada de atividades, passam a surgir outras formas, como a colaboração com o terceiro setor por meio de organizações sociais.

Esse cenário faz ruir a concepção de que são públicos apenas os bens estatais ou acometidos a serviços públicos prestados pelo

Estado. A atuação de empresas privadas em atividades antes tidas como unicamente públicas traz o desafio de indicar qual o tratamento conferido a esses bens, separar quais bens são públicos, afetados ao serviço prestado, e devem ser preservados, retornando ao patrimônio público ao final do contrato, e quais são privados. Além disso, à medida que os bens públicos se tornam passíveis de exploração econômica, surge a questão de até que ponto esta é compatível com a remuneração pelo seu uso ou não.

A retributibilidade pelo uso de um bem tampouco comporta uma regra única. De um lado, o acesso a um bem de uso comum poderá ser oneroso, como o próprio Código Civil (art. 103) admite, desde que o seja para todos os seus usuários. De outro lado, a exploração de um bem por determinado sujeito, a quem se outorga um título especial, excludente dos demais, também deverá ser oneroso, decerto. Já quando se trata de serviço previsto pela legislação como gratuito, caso de saúde e educação, decerto não haverá se falar em pagamento pelo uso do bem.[184]

O setor de telecomunicações traz um grande exemplo desse panorama. Antes tido como acometido à prestação pública, por meio de companhias telefônicas estaduais, constituídas sob a forma de empresas públicas, sua abertura à prestação privada levou ao estabelecimento de regimes jurídicos distintos, conforme o art. 62 e seguintes da Lei Geral de Telecomunicações (Lei Federal nº 9.472/97), com, basicamente, um regime público para a prestação de telefonia fixa e outro privado para a prestação de telefonia móvel.

No entanto, a brutal evolução tecnológica havida levou a que, num espaço de vinte anos, essa distinção tenha deixado de fazer sentido, com a telefonia fixa não sendo mais prestada necessariamente sob um regime jurídico público, a partir da revogação do parágrafo único do art. 64 da LGT, por exemplo.

Mais do que isso, a própria noção de serviço público passa por transformações nesse período, deixando de significar (se é que isso um dia ocorreu – certamente não na Constituição de 1988) que toda atividade do tipo deva ser prestada sob um regime jurídico de direito público único. Passa a ser mais importante identificar quais atividades, pelas suas relevâncias sociais, devam receber uma "regulação adequada

184 Cf. MARQUES NETO, Floriano de Azevedo. Regime Jurídico e Utilização dos Bens Públicos. *In*: DALLARI, Adilson Abreu; NASCIMENTO, Carlos Valder do; MARTINS, Ives Gandra da Silva (Org.). *Tratado de Direito Administrativo*. v. 2. São Paulo: Editora Saraiva, 2013. p. 419.

e proporcional na medida necessária para o cumprimento dos objetivos constitucionais",[185] de forma dinâmica e diversa.

Essa evolução também impactou o patrimônio e os bens afetados à prestação do serviço, tornando parte deles obsoletos e dispensáveis, e permitindo que equipamentos menores e mais simples os substituíssem. Assim, edifícios enormes que abrigavam equipamentos essenciais para a prestação do serviço, passado esse período, puderam ser substituídos por um espaço muito mais enxuto e simples. Assim, ao final do contrato, não é de se esperar que a prestadora devolva aquele mesmo equipamento, tido como bem público, recebido quando da assunção do serviço – muito provavelmente o qual já se tornou uma peça de museu e que sequer permite o desempenho da atividade. Tecnologia encontrada no setor de telecomunicações potencializa esse debate na medida em que bens tidos como essenciais quando da concessão podem se tornar sucata durante o prazo de vigência do contrato, diante de sua obsolescência.

O avanço desse cenário traz questões como a do caso concreto, em que o regime de exploração de uma via pública, inclusive como uma rodovia sob concessão, leva ao choque com o regime jurídico de outra concessão, como a das telecomunicações.

O caso discutido se soma a uma linha de decisões afins, como o Tema nº 261, do STF, que definiu em repercussão geral: "É inconstitucional a cobrança de taxa, espécie tributária, pelo uso de espaços públicos dos municípios por concessionárias prestadoras do serviço público de fornecimento de energia elétrica".

No *leading case*, o relator, ministro Eros Grau, destacou o poder-dever envolvido no serviço de energia elétrica:

> 2. As empresas prestadoras de serviços de geração, transmissão, distribuição e comercialização de energia elétrica incumbe o dever-poder de prestar o serviço público de que se trata. Para tanto - ou seja, a fim de que possam desincumbir-se do dever-poder que as vincula - a elas é atribuído, pelo poder concedente, o também dever-poder de usar o domínio público necessário à execução do serviço, bem como de promover desapropriações e constituir servidões de áreas por ele, poder concedente, declaradas de utilidade pública.
> 3. Referindo as pessoas concessionárias de serviço público, diz SEABRA FAGUNDES' que "a permissão dada a tais pessoas para promover a

[185] Cf. MARQUES NETO, Floriano de Azevedo; GAROFANO, Rafael Roque. Notas sobre o conceito de serviço público e suas configurações na atualidade. *Revista de Direito Público da Economia – RDPE*, Belo Horizonte, ano 12, n.46, abr./jun. 2014, p. 74.

> desapropriação não constitui mais do que uma extensão natural da atribuição de executar o serviço público concedido".
> (...)
> 5. Permito-me, a esta altura, parenteticamente desenvolver digressão sobre o que venho chamando de dever-poder. Ensina SANTI ROMANO2 que "as funções (officia, munera) são poderes que se exercem não por interesse próprio, ou exclusivamente próprio, mas por interesse de outrem ou por um interesse objetivo". A seguir, após exemplificar com o pátrio poder, o ofício do executor testamentário e do tutor - no campo do direito privado - observa que no direito público sua figura predomina e prossegue: "Com efeito, os interesses objetivos tutelados pelo Estado e os que nele se personificam são também interesses da coletividade considerada no seu conjunto, prescindindo de cada um dos que a compõem: os poderes do Estado são, em regra, funções".
> 6. Vale dizer: a Administração cumpre uma função na medida em que vinculada pelo dever de realizar determinados fins em benefício do interesse público. Daí porque se há de entender função como um dever-poder e não mero poder-dever.

Assim, segundo ele, para prestar o serviço em questão, decorria naturalmente às concessionárias o poder de utilizar as vias públicas para a instalação da infraestrutura necessária, não cabendo aos municípios instituir taxas.

Mais recentemente, no entanto, o Superior Tribunal de Justiça tem reafirmado decisões de que, com base no art. 11 da Lei nº 8.987/1995 (Lei Geral de Concessões), pode a concessionária de rodovias, autorizada a promover receitas alternativas por meio da exploração das faixas de domínio, cobrar valores das concessionárias que as utilizam.[186]

Assim, considerando a complexidade dos regimes jurídicos de exploração dos bens públicos, bem como de atividades econômicas de interesse coletivo, ou não, vejamos como o Plenário do STF julgou a ADI nº 6.482.

3 O caso concreto

Na ADI nº 6.482, foi discutida a constitucionalidade do art. 12 da Lei Federal nº 13.116/2015, que prevê:

[186] AREsp nº 1.251.496/SP, relator Ministro Francisco Falcão, Segunda Turma, julgado em 19/4/2022, DJe de 22/4/2022.

> Art. 12. Não será exigida contraprestação em razão do direito de passagem em vias públicas, em faixas de domínio e em outros bens públicos de uso comum do povo, ainda que esses bens ou instalações sejam explorados por meio de concessão ou outra forma de delegação, excetuadas aquelas cujos contratos decorram de licitações anteriores à data de promulgação desta Lei.
> § 1º O disposto no caput não abrange os custos necessários à instalação, à operação, à manutenção e à remoção da infraestrutura e dos equipamentos, que deverão ser arcados pela entidade interessada, e não afeta obrigações indenizatórias decorrentes de eventual dano efetivo ou de restrição de uso significativa.
> § 2º O direito de passagem será autorizado pelos órgãos reguladores sob cuja competência estiver a área a ser ocupada ou atravessada.

Como se colhe do dispositivo, estados e municípios ficam obrigados a tolerar, de forma gratuita, a passagem de infraestrutura de telecomunicações em seus bens públicos de uso comum, cabendo-lhes tão somente autorizar o direito de passagem. Por arrastamento, a decisão também atingiria o art. 9º do Decreto nº 10.480/2020, que regulamenta a lei.

A ADI nº 6.482 foi proposta pela PGR com os seguintes fundamentos, em suma: violação da forma federativa do Estado (arts. 2º e 60, §4º); violação do direito de propriedade dos estados e municípios sobre seus bens públicos, não podendo colher remuneração sobre sua exploração; violação da competência suplementar dos estados para legislar sobre licitação e contratos (art. 22, XXVII, e art. 24, §2º); e violação do princípio da moralidade (art. 37, *caput*). O art. 12 da lei citada, portanto, seria inconstitucional ao estabelecer um subsídio cruzado em favor da União, em prejuízo dos entes subnacionais.

A discussão girou em torno da competência da União, em se tratando de atividade sob sua titularidade, invocando-se os seguintes dispositivos da Constituição Federal:

> Art. 21. Compete à União: (...)
> XI - explorar, diretamente ou mediante autorização, concessão ou permissão, os serviços de telecomunicações, nos termos da lei, que disporá sobre a organização dos serviços, a criação de um órgão regulador e outros aspectos institucionais;
> Art. 22. Compete privativamente à União legislar sobre: (...)
> IV - águas, energia, informática, telecomunicações e radiodifusão;
> Art. 24. Compete à União, aos Estados e ao Distrito Federal legislar concorrentemente sobre:
> I - direito tributário, financeiro, penitenciário, econômico e urbanístico;

Com base no art. 21, XI, entendeu-se que há uma federalização ampla das relações jurídicas decorrentes, caso em que também o direito de passagem de tais infraestruturas deve poder ser tratado pela legislação federal. Ao mesmo tempo, segundo o art. 22, IV, a legislação sobre telecomunicações é de competência privativa da União Federal. Daí decorre o objetivo de garantir uniformidade ao tema, que transparece em outros dispositivos da lei que abriga o art. 12 impugnado, como seu art. 2º.

Apesar de se garantir o direito da União de tratar do tema e, inclusive, afetar a propriedade dos estados e municípios, reconhece-se um espaço para os entes subnacionais definirem o local exato da instalação, conforme restrições de ordenação urbana.

Também se aventa que o dispositivo impugnado estaria apenas exercendo a competência constitucional da União para dispor sobre normas gerais de licitação e contratação, constituindo uma regra geral de gratuidade do direito de passagem das infraestruturas (art. 22, XXVII, CF).[187]

Quanto à sua suposta violação do direito de propriedade dos entes subnacionais, colhem-se votos de que caberia à própria União definir os contornos do direito de propriedade, segundo o art. 22, I, da CF. Além disso, a ideia de garantia de propriedade teria sido desenvolvida para a defesa do cidadão frente ao Estado, e não o contrário. Ademais, não haveria um direito de propriedade absoluto aos entes públicos, mas sujeito à ponderação dos direitos envolvidos com base na proporcionalidade.

A Procuradoria-Geral da República, ao propor a ADI em questão, também apontou que a lei editada violaria os princípios constitucionais. Tal linha de pensamento não encontra respaldo nos votos dos ministros, que tampouco vislumbram violação aos princípios da proporcionalidade ou da razoabilidade.

As manifestações dos ministros também destacaram que a gratuidade colocada não fere a ordem constitucional nem seus princípios, mas é compatível com o interesse coletivo na fruição de determinado serviço público.

---

[187] Art. 22. Compete privativamente à União legislar sobre: (...) XXVII - normas gerais de licitação e contratação, em todas as modalidades, para as administrações públicas diretas, autárquicas e fundacionais da União, Estados, Distrito Federal e Municípios, obedecido o disposto no art. 37, XXI, e para as empresas públicas e sociedades de economia mista, nos termos do art. 173, § 1º, III.

Outro tema presente nos votos dos ministros é a distinção ou, por vezes, a aproximação, com outras decisões do Supremo Tribunal Federal (STF) e até do Superior Tribunal de Justiça (STJ). Nesse sentido, de um lado, foram colhidas aproximações com o RE nº 581.947, *leading case* do Tema nº 261 de Repercussão Geral do STF, incabível a remuneração por parte dos entes. De outro lado, também se apontou tratar de questões distintas, eis que naquele se examinava a capacidade de tributar de tais entes.

A decisão também deveria ser distinguida, afirma-se, de casos que tratam da cobrança com base na Lei de Concessões (Lei Federal nº 8.987/95) e seu art. 11, no caso de concessionárias de rodovias e uso das faixas de domínios.

Os votos destacam a importância da expansão da infraestrutura de telecomunicações no Brasil e as mudanças recorrentes no setor ao longo das últimas décadas, em que, apesar das mudanças legislativas, ainda há muito a se fazer no efetivo acesso da população a tais serviços. Ao mesmo tempo, a permissão de múltiplas cobranças promoveria o encarecimento do serviço.

Além disso, a ausência de coordenação entre os entes federativos poderia levar à inviabilidade da prestação da atividade, com legislações e cobranças específicas conforme cada um dos municípios e estados pelos quais a infraestrutura passasse.

4 Conclusão: *insights* e questões a refletir

O caso em comento deixa evidente que o tema não está perto de se esgotar. Considerando as decisões anteriores invocadas, a jurisprudência do Superior Tribunal de Justiça (STJ), as várias maneiras de se interpretar a atuação dos entes federativos no caso, bem como a possibilidade de se afetarem as concessionárias, não só de telecomunicações, mas também as de rodovias e outros espaços, é certo que muito em breve temas afeitos voltarão a ser discutidos nas cortes superiores, legislados e normatizados pelas agências reguladoras.

De forma a permitir essas novas discussões, deixamos algumas questões:

1. De que forma a titularidade dos bens públicos envolvidos condiciona as decisões tomadas, em especial quanto à sua gratuidade? Qual o critério utilizado pelos ministros para se

concluir pela constitucionalidade do dispositivo? O regime jurídico da prestação da atividade importa?

2. Considerando a federalização ampla, qual o tipo de normatização infralegal ou legislação estadual seria compatível com a legislação discutida e seu art. 12?
3. Como a cooperação interfederativa aparece na decisão? De que forma a cooperação se aproxima ou se afasta de outras decisões recentes, como aquelas tomadas durante a pandemia, no caso da vedação dos cortes de energia?
4. Como o então Ministério das Comunicações e a Agência Nacional de Telecomunicações atuaram no caso?
5. Quais os tipos de fundamentos utilizados pelos ministros em seus votos? Qual papel os princípios constitucionais ocupam na decisão? E as consequências? Esse papel está de acordo com a legislação aplicável, em especial a Lei de Introdução às Normas do Direito Brasileiro (LINDB)?

CAPÍTULO 7

REGULAÇÃO SUCESSIVA: QUEM TEM A ÚLTIMA PALAVRA? – CASO *PÍLULA DO CÂNCER*: ADI Nº 5.501, STF

EGON BOCKMANN MOREIRA

1 Resumo

A agência reguladora competente do setor de medicamentos não aprovou determinada substância. Todavia, foi editada lei autorizando seu uso como se medicamento fosse. Em ação direta de controle objetivo, o Supremo Tribunal Federal declarou a inconstitucionalidade da lei, em vista da reserva de competência privativa da agência.

2 Introdução: a questão de fundo

O câncer é doença que vitima milhares de pessoas ao redor do mundo. Ele assombra a humanidade. Tanto isso é verdade que os mais antigos a ele se referem como "a doença" (ou, como os norte-americanos, *the big* C). A superstição é tamanha que impede a pronúncia do nome.

Muito embora já tenhamos experimentado significativo avanço em sua detecção precoce, bem como tratamento exitoso, fato é que, em alguns casos, os pacientes restam desenganados. O diagnóstico revela prazo curto de sobrevivência e acentua a impotência humana diante dos fatos da vida: saúde e doença; cura e desengano; esperança e desilusão.

O que faz com que as pessoas (e seus familiares) abandonem convicções e se lancem na busca da solução que celebrará a vida, ainda que não prestigiada pela medicina científica/oficial.

Entre tais soluções alternativas, ganhou destaque no cenário brasileiro a *fosfoetanolamina*, substância química isolada no Canadá na década de 1930 e estudada no Brasil especialmente a partir dos anos 1990.

Depois de pesquisas com células cancerígenas humanas *in vitro* e com pequenos animais *in vivo*, o Instituto de Química da USP de São Carlos promoveu distribuição gratuita de cápsulas da substância a portadores da doença. Note-se bem: não era laboratório farmacêutico nem se tratava de medicamento, mas produto oriundo de pesquisas universitárias e não submetido aos testes e processos exigidos por lei (pré-clínicos e clínicos).

Ocorre que tal prescrição, experimental e descompromissada, fez com que notícias – inclusive as de cura – se multiplicassem. Muitos tentaram obter acesso à substância, que se tornou popularmente conhecida como "Pílula do Câncer". Porém, não havia quantidade suficiente da substância no laboratório que a produzia; tampouco verba em escala industrial. As demandas cresceram e se multiplicaram, resultando em milhares de ordens judiciais que determinavam o fornecimento da substância.[188] A ausência de custos no circuito judicial – demandas gratuitas por remédios gratuitos – criou incentivos para o ajuizamento irrestrito de ações.

Simultaneamente a isso, o Ministério da Saúde instituiu grupo de trabalho para apoiar as pesquisas e o Ministério da Ciência, Tecnologia e Inovação se comprometeu com investimentos de até R$10 milhões (tendo desembolsado R$2 milhões, por meio do CNPq). O objetivo era realizar "estudos para verificar a segurança e eficácia da fosfoetanolamina em instituições nacionais de excelência e com reconhecida experiência na pesquisa e desenvolvimento de fármacos".[189] Em suma, só pesquisas.

---

[188] O Ministro Ricardo Lewandowski, relator da Suspensão de Tutela Antecipada nº 832 (STF), registra, em seu voto na ADI nº 5.501, a existência de "mais de 15 mil ações contra a Universidade de São Paulo, inúmeros pedidos de prisão contra o Reitor, obrigando-o a fornecer essa substância, (...)" (STF. *ADI 5501*. Disponível em: http://portal.stf.jus.br/processos/detalhe.asp?incidente=4966501. Acesso em: 18 mar. 2019).

[189] BRASIL. Ministério da Ciência, Tecnologia, Inovações e Comunicações. *Fosfoetanolamina*. Disponível em: https://www.mctic.gov.br/mctic/opencms/ciencia/SEPED/Saude/fosfoetanolamina/index.html. Acesso em: 5 mar. 2019. Os relatórios estão disponíveis nessa página oficial. V. também o artigo de Francisco José Roma Paumgartten. "Questões éticas sobre o ensaio clínico da fosfoetanolamina 'sintética'". Rev. Assoc. Med. Bras. (online). 2017, vol. 63, n. 5. p. 388-392. Disponível em: http://www.scielo.br/scielo.php?script=sci_abstract&pid=S0104-42302017000500388&lng=en&nrm=i&tlng=pt.

Mas, talvez o mais sério estivesse na certeza de que a substância não havia sido aprovada, como medicamento, pela autoridade nacional competente: a Agência Nacional de Vigilância Sanitária – Anvisa.

Esta agência reguladora independente, criada pela Lei nº 9.782, de 26.1.1999, possui competência privativa para dizer o que são – e o que não são – "medicamentos de uso humano, suas substâncias ativas e demais insumos, processos e tecnologias" (Lei nº 9.782/1999, art. 8º, §1º, inc. I).[190] Só ela pode fazer isso, submetendo todas as pessoas, privadas e públicas, às suas decisões técnicas.

Como nas demais substâncias cuja indústria pretende ver qualificadas como medicamentos, o que não é aprovado pela Anvisa é normativamente proibido nessa condição. Logo, em termos técnico-jurídicos, o que os pacientes buscavam não era um medicamento, mas determinada substância produzida por laboratório universitário de pesquisas científicas. Por conseguinte, os médicos estavam impedidos de o prescrever como se medicamento fosse – e o mesmo se diga dos planos de saúde, das unidades públicas e das farmácias.

Acesso em: 5 mar. 2019. PAUMGARTTEN, Francisco José Roma. Questões éticas sobre o ensaio clínico da fosfoetanolamina 'sintética'. *Rev. Assoc. Med. Bras.*, v. 63, n. 5, p. 388-392, 2017. Disponível em: http://www.scielo.br/scielo.php?script=sci_abstract&pid=S0104-42302017000500388&lng=en&nrm=i&tlng=pt. Acesso em: 5 mar. 2019.

190 Igualmente, aplica-se a Lei nº 6.360/1976, cujo art. 2º assim prescreve: "Somente poderão extrair, produzir, fabricar, transformar, sintetizar, purificar, fracionar, embalar, reembalar, importar, exportar, armazenar ou expedir os produtos de que trata o Art. 1º as empresas para tal fim autorizadas pelo Ministério da Saúde e cujos estabelecimentos hajam sido licenciados pelo órgão sanitário das Unidades Federativas em que se localizem". O mencionado art. 1º submete "os medicamentos, as drogas, os insumos farmacêuticos e correlatos, definidos na Lei nº 5.991/1973". Esta lei, ao seu tempo, define medicamento como "produto farmacêutico, tecnicamente obtido ou elaborado, com finalidade profilática, curativa, paliativa ou para fins de diagnóstico" (Lei nº 5.991/1973, art. 4º, inc. II). Por fim, voltemos à Lei nº 6.360/1976, em seus arts. 12 ("Nenhum dos produtos de que trata esta Lei, inclusive os importados, poderá ser industrializado, exposto à venda ou entregue ao consumo antes de registrado no Ministério da Saúde") e 20, parágrafo único ("Não poderá ser registrado o medicamento que não tenha em sua composição substância reconhecidamente benéfica do ponto de vista clínico ou terapêutico"). A excepcional dispensa do registro pela Anvisa está limitada à hipótese do art. 8º, §5º: "A Agência poderá dispensar de registro os imunobiológicos, inseticidas, medicamentos e outros insumos estratégicos quando adquiridos por intermédio de organismos multilaterais internacionais, para uso em programas de saúde pública pelo Ministério da Saúde e suas entidades vinculadas". A descrição sumária do processo de registro de medicamentos pode ser consultada em ANVISA. *Como a Anvisa avalia o registro de medicamentos novos no Brasil*. Disponível em: http://portal.anvisa.gov.br/resultado-de-busca?p_p_id=101&p_p_lifecycle=0&p_p_state=maximized&p_p_mode=view&p_p_col_id=column-1&p_p_col_count=1&_101_struts_action=%2Fasset_publisher%2Fview_content&_101_assetEntryId=352687&_101_type=content&_101_groupId=33836&_101_urlTitle=como-a-anvisa-avalia-o-registro-de-medicamentos-novos-no-brasil&inheritRedirect=true. Acesso em: 5 mar. 2019.

Situação que igualmente esbarrava no princípio fundamental da medicina contemporânea, que é o consentimento assistido (ou informado). Esse princípio vê o paciente como sujeito digno e autônomo, titular do direito inabdicável de receber informações reais e consistentes, que permitam a avaliação dos riscos e a tomada de decisão de receber (ou não) o tratamento. Ele afasta o paternalismo dos profissionais da saúde e atribui a decisão ao indivíduo que poderá receber a prescrição. O que significa dizer que tais informações são imprescindíveis. Contudo, fornecer tratamento para casos em que não há provas de evidência ou efetividade por meio de testes e protocolos controlados instala a ignorância e vicia o consentimento. Não é exatamente medicina, mas algo "alternativo". Ministrar sem demonstração é pseudociência. O pior estará na ausência de informações a balizar a autonomia da vontade do paciente e os riscos a que ele estará submetido: o consentimento será desinformado, desassistido.

Ocorre que, no Brasil, existe crença no dever de o Estado fornecer a unanimidade de medicamentos e tratamentos a tantos quantos deles necessitem (boa parte das vezes em cumprimento a ordens judiciais). Costume esse que incentivou as partes e seus advogados a promover as já mencionadas enxurradas de ações,[191] inclusive com lastro em precedentes do STF,[192] para a entrega da substância fosfoetanolamina. O que foi posto em jogo era o direito fundamental à saúde *versus* o livre acesso a algo que medicamento não era.

Tal multiplicação de ações ampliou ainda mais a divulgação da substância alegadamente curativa e instalou oportunidade política para o Congresso Nacional. Em março de 2016, foi apresentado o Projeto de

---

[191] O sítio eletrônico do TJSP registra 6.863 acórdãos que mencionavam o termo "fosfoetanolamina" (nem todos se referem ao fornecimento da substância, mas o número revela a dimensão do assunto) (BRASIL. TJSP. *Consulta completa*. Disponível em: https://esaj.tjsp.jus.br/cjsg/resultadoCompleta.do;jsessionid=24612D86FD102153976B4CB745FB63DB.cjsg3. Acesso em: 10 jun. 2022). Ao seu tempo, o sítio do STF registra 4 acórdãos, sendo 1 de repercussão geral (RE nº 657718), 52 decisões monocráticas e três informativos que mencionam o termo (BRASIL. STF. *Pesquisa de jurisprudência*. Disponível em: https://jurisprudencia.stf.jus.br/pages/search?base=acordaos&pesquisa_inteiro_teor=false&sinonimo=true&plural=true&radicais=false&buscaExata=true&page=1&pageSize=10&queryString=fosfoetanolamina&sort=_score&sortBy=desc. Acesso em: 10 jun. 2022).

[192] "O direito à saúde é prerrogativa constitucional indisponível, garantido mediante a implementação de políticas públicas, impondo ao Estado a obrigação de criar condições objetivas que possibilitem o efetivo acesso a tal serviço" (AI nº 734.487. Min. Ellen Gracie, 2ª T. *DJe*, 20 ago. 2010). No mesmo sentido: RE nº 436.996 (Min. Celso de Mello, 2ª T. *DJ*, 3 fev. 2006) e RE nº 271.286 (Min. Celso de Mello, 2ª T. *DJ*, 24 nov. 2000). Os "parâmetros para solução judicial dos casos concretos que envolvem direito à saúde" e "fornecimento de medicamento" foram consolidados pelo STF na STA nº 175/AgR (Min. Gilmar Mendes, Pleno. *DJe*, 30 abr. 2010).

Lei nº 4.639, votado em regime de urgência e imediatamente sancionado pela Presidente da República, sob o nº 13.269, em 13.4.2016 (que recebeu o apelido oficial de "Lei da Pílula do Câncer").

A lei é breve e tem o seguinte teor:

> Art. 1º Esta Lei autoriza o uso da substância fosfoetanolamina sintética por pacientes diagnosticados com neoplasia maligna.
> Art. 2º Poderão fazer uso da fosfoetanolamina sintética, por livre escolha, pacientes diagnosticados com neoplasia maligna, desde que observados os seguintes condicionantes:
> I – laudo médico que comprove o diagnóstico;
> II – assinatura de termo de consentimento e responsabilidade pelo paciente ou seu representante legal.
> Parágrafo único. A opção pelo uso voluntário da fosfoetanolamina sintética não exclui o direito de acesso a outras modalidades terapêuticas.
> Art. 3º Fica definido como de relevância pública o uso da fosfoetanolamina sintética nos termos desta Lei.
> Art. 4º Ficam permitidos a produção, manufatura, importação, distribuição, prescrição, dispensação, posse ou uso da fosfoetanolamina sintética, direcionados aos usos de que trata esta Lei, independentemente de registro sanitário, em caráter excepcional, enquanto estiverem em curso estudos clínicos acerca dessa substância.
> Parágrafo único. A produção, manufatura, importação, distribuição, prescrição e dispensação da fosfoetanolamina sintética somente são permitidas para agentes regularmente autorizados e licenciados pela autoridade sanitária competente.
> Art. 5º Esta Lei entra em vigor na data de sua publicação.

Como se constata já em breve leitura, a lei contém três núcleos normativos quanto à substância fosfoetanolamina sintética: (i) autoriza que todos os pacientes com determinado diagnóstico dela façam uso; (ii) exige a livre escolha, dependente de laudo médico e de "termos de consentimento e responsabilidade" atribuídos ao paciente; (iii) a substância passa a ser de "relevância pública" e se permite a instalação de toda sua cadeia produtiva.

Em outras palavras, o Estado deve prestigiar a substância (lógico que o próximo passo seria o de fornecê-la a todos os que a demandarem, em vista de sua "relevância pública").

Nada obstante dirigida a uma só substância, a Lei nº 13.269/2016 pôs por terra toda a legislação pertinente a registros de medicamentos, bem como a autonomia da agência reguladora competente. A escolha quanto ao que poderia ser (ou não) prescrito por médicos para tratamentos de doenças passou a ser compartilhada com o Poder Legislativo.

Em face dessa lei, em 16.4.2016 foi ajuizada a Ação Direta de Inconstitucionalidade – ADI nº 5.501, de relatoria do Ministro Marco Aurélio.[193] Em breve síntese, a Associação Médica Brasileira pediu que a Lei nº 13.269/2016 fosse liminarmente declarada inconstitucional. Tal pleito foi deferido em sede cautelar, pela maioria do Plenário do STF.

O caso ora em exame é, portanto, muito especial quanto à dinâmica da regulação brasileira. Entrelaça vários temas de fronteira, entre eles: competência regulatória administrativa independente *v.* princípio da primazia legislativa; separação de poderes *v.* princípio da reserva de administração; direito à saúde *v.* dever estatal de impedir o comércio de substâncias que possam atentar à saúde; autonomia da vontade em situações-limite *v.* o dever estatal de preservar a vida; princípio da deferência *v.* inafastabilidade da jurisdição; consentimento informado *v.* ausência de informações. Em suma, pode-se falar, no caso brasileiro, em *reserva de administração regulatória*, oponível, inclusive, em face de lei superveniente?

O que precisa ser estudado, vez que este caso configura *leading case* em termos nacionais, é justamente até onde se pode ir em hipóteses de sucessão/substituição regulatória. Mais: onde está o fundamento normativo para a última palavra em termos regulatórios?

3 O caso concreto

Este caso da ADI nº 5.501 requer análise aprofundada porque os votos dos ministros proferidos em sede de cognição sumária em maio de 2016[194]– e respectiva *ratio decidendi* – revelam muito do que se está debatendo a propósito da autonomia das agências reguladoras brasileiras. O acórdão, lavrado por maioria de votos, expõe diferentes visões de mundo, tanto em termos jurídicos como existenciais.

---

193 A petição inicial da ação, todas as demais peças, decisões e o acórdão citado podem ser encontrados em BRASIL. STF. *ADI nº 5.501*. Disponível em: http://portal.stf.jus.br/processos/detalhe.asp?incidente=4966501. Acesso em: 18 mar. 2019.

194 O mérito foi julgado em 26.10.2020, tendo o Tribunal, por maioria, confirmado óptica adotada quando do implemento da medida cautelar, nos termos do voto do relator, vencidos os ministros Edson Fachin, Dias Toffoli e Gilmar Mendes. A ministra Rosa Weber não participou do julgamento.

Os assuntos jurídicos são próprios do constitucionalismo contemporâneo, matizado que é por princípios em conjugação com a ideia de Estado de Bem-Estar Social. Tratam do direito fundamental à saúde e da viabilidade da modulação – senão configuração – do seu exercício devido à positivação de normas advindas de autoridades diversas. Culmina na decisão da Suprema Corte, que arbitra em que situações se deve prestigiar os regulamentos administrativos, mesmo em detrimento da lei e de teses a propósito do direito fundamental à saúde de pessoas em situação de extrema vulnerabilidade.

A decisão pode ser estudada sob três prismas.

Por um lado, sob a perspectiva de que *o dever de o Estado fornecer medicamentos e tratamentos de saúde* é *positivo* (ele precisa ativamente prestar tais bens e serviços) e *negativo* (ele deve impedir que bens e serviços inapropriados cheguem aos habitantes). Este é um dos pontos mais relevantes do voto do Ministro Relator, Marco Aurélio.

Por outro lado, sob o ângulo de que *o Estado não pode suprimir o exercício pleno da autonomia de vontade dos indivíduos, devendo, quando muito, estabelecer protocolos para tal desiderato*. Esta é a motivação revelada pelo voto divergente do Ministro Edson Fachin.

Por fim, sob a compreensão de que *certos temas, porque tecnicamente tão complexos e/ou sensíveis, foram suprimidos da competência de todas as autoridades constituídas, exceção feita* àquela *a quem foi legislativamente cometida de modo original*. Aqui vem à luz o debate a propósito da *reserva de administração* (e de *regulação*). Este ponto tem bastante peso na razão de decidir do voto do Ministro Roberto Barroso.

Veja-se bem: são três panoramas decisórios. Ao mesmo tempo distintos e lastreados na Constituição brasileira. Constatação que revela a necessidade de análise mais aprofundada da decisão em si mesma e dos assuntos jurídicos por ela tratados. Examinemos cada uma dessas correntes.

O voto do Ministro Relator, Marco Aurélio, sustenta que a Lei nº 13.269/2016 viola o art. 196 da Constituição.[195] Nada obstante assegurado o direito fundamental social à saúde pública, conforme vários precedentes do STF, fato é que:

> Ao dever de fornecer medicamentos à população contrapõe-se a responsabilidade constitucional de zelar pela qualidade e segurança dos

---

[195] Art. 196. A saúde é direito de todos e dever do Estado, garantido mediante políticas sociais e econômicas que visem à redução do risco de doença e de outros agravos e ao acesso universal e igualitário às ações e serviços para sua promoção, proteção e recuperação.

> produtos em circulação no território nacional, ou seja, a atuação proibitiva do Poder Público, no sentido de impedir o acesso a determinadas substâncias.
> A esperança depositada pela sociedade nos medicamentos, especialmente naqueles destinados ao tratamento de doenças como o câncer, não pode se distanciar da ciência. Foi-se o tempo da busca desenfreada pela cura sem o correspondente cuidado com a segurança e eficácia das substâncias. O direito à saúde não será plenamente concretizado sem que o Estado cumpra a obrigação de assegurar a qualidade das drogas distribuídas aos indivíduos mediante rigoroso crivo científico, apto a afastar desenganos, charlatanismos e efeitos prejudiciais ao ser humano. (...)
> O fornecimento de medicamentos, embora essencial à concretização do Estado Social de Direito, não pode ser conduzido com o atropelo dos requisitos mínimos de segurança para o consumo da população, sob pena de esvaziar-se, por via transversa, o próprio conteúdo do direito fundamental à saúde.

Mais adiante, o voto do ministro relator menciona "a descentralização técnica necessária para a fiscalização de atividades sensíveis" para se referir à Anvisa e ao fato de que:

> O controle dos medicamentos fornecidos à população é efetuado, tendo em conta a imprescindibilidade de aparato técnico especializado, por agência reguladora supervisionada pelo Poder Executivo. A atividade fiscalizatória – artigo 174 da Constituição Federal – dá-se mediante atos administrativos concretos de liberação das substâncias, devidamente precedidos dos estudos técnicos – científicos e experimentais. Ao Congresso Nacional não cabe viabilizar, por ato abstrato e genérico, a distribuição de qualquer medicamento.

Logo, o voto envolve dois temas pertinentes à dinâmica da regulação brasileira, que merecem ser estudados de modo autônomo.

O primeiro é o fato de que o exercício de direitos fundamentais não é absoluto, mas impõe que os poderes públicos os concretizem por meio da combinação entre *fazer*, *dar*, *prestar* e, igualmente, *proibir*. Em determinadas situações, portanto, o Estado precisa fazer escolhas que podem parecer trágicas e negar peremptoriamente determinadas prestações (sejam feitas por pessoas públicas, sejam por pessoas privadas). Isso pode se dar, inclusive, por meio de regulação administrativa independente – que necessita ser blindada em face de medidas político-legislativas.

Sob este aspecto, a decisão é imediatamente constitucional e revela a compreensão do direito fundamental à saúde como não absoluto nem discricionário. A mesma norma que o assegura o limita, a fim de que a proteção ao direito seja proporcionalmente adequada (para se atingir o fim almejado pela norma constitucional: a efetiva e comprovada proteção à saúde). Ao suprimir a exigência do registro, a Lei nº 13.269/2016 "deixou em segundo plano o dever constitucional de implementar políticas públicas voltadas à garantia da saúde da população" –, como registra o voto.

O segundo tema, complementar ao primeiro, é o de que a regulação técnica efetivada por órgão a quem foi normativamente atribuída não pode ser suprimida nem mesmo pelo Poder Legislativo no exercício da primazia legislativa assegurada pela Constituição. Isto é, os direitos fundamentais admitem níveis de densificação normativa que podem ser concretizados em sede legal e regulamentar. Uma vez positivados, lei posterior não pode instalar retrocesso regulatório apto a vulnerabilizar o direito fundamental à saúde.

Sublinhe-se que o voto registra "ofensa ao postulado da separação dos Poderes" na Lei nº 13.269/2016, eis que corrompeu "a descentralização técnica necessária para a fiscalização de atividades sensíveis" – no caso, o registro e a fiscalização de medicamentos. Essa razão de decidir é interessantíssima, eis que, até pouco tempo atrás, era justamente a competência normativa das agências reguladoras que se inquinava de violadora da separação dos poderes (uma entidade do executivo a emanar normas gerais e abstratas não executivas).[196] O voto acolhe nova compreensão do tradicional princípio, a impedir que um dos poderes (o Legislativo) usurpe a competência técnico-normativa do outro (o Executivo).

Há de existir, portanto, certa deferência quando do controle da competência regulatória privativa, sobretudo em casos nos quais haja protocolos internacionais quanto ao modo e à técnica regulamentar. Nem o Congresso Nacional nem a chefia do Poder Executivo possuem competência para derrogar genericamente certas normas regulamentares

---

[196] Cf. MARQUES NETO, Floriano de Azevedo. Limites à abrangência e à intensidade da regulação estatal. *Revista de Direito Público da Economia – RDPE*, Belo Horizonte, v. 1, p. 69-93, 2003; GUERRA, Sérgio. *Controle judicial dos atos regulatórios*. Rio de Janeiro: Lumen Juris, 2005; CUÉLLAR, Leila. *Agências reguladoras e seu poder normativo*. São Paulo: Dialética, 2001; e MOREIRA, Egon Bockmann. Agências administrativas, poder regulamentar e o sistema financeiro nacional. *Revista de Direito Administrativo – RDA*, Rio de Janeiro, v. 218, p. 93-112, 1999.

infralegais, eis que blindadas pelo art. 37, inc. XIX, c/c art. 174 da Constituição brasileira.

Muito significativo é o fato de que o voto se reporta ao art. 174 da Constituição e sequer menciona o art. 84, inc. IV. Em outras palavras, adotou a dissociação entre os regulamentos administrativos *stricto sensu* (emanados pela Presidência da República para a "fiel execução" das leis) e os regulamentos econômicos (de titularidade do Estado, "como agente normativo e regulador da atividade econômica").[197] Aliás, essa matriz se revela em todos os votos (a única vez em que se faz referência ao art. 84, inc. IV, é no voto do Ministro Edson Fachin, justamente com a finalidade de o descartar como "fonte de legitimidade"). O caso concreto está amarrado à ordem econômica constitucional, portanto.

O relator foi acompanhado pela maioria dos ministros (Teori Zavascki; Luiz Fux; Cármen Lúcia; Ricardo Lewandowski), com sucintas declarações de votos.

Ocorre que o voto divergente do Ministro Edson Fachin é firme em outra direção, pautada pela liberdade fundamental que caracteriza a autonomia de vontade das pessoas privadas. Reportou-se ao voto por si proferido no RE nº 635.659 (porte de drogas para consumo pessoal), ao sustentar o seguinte:

> o uso privado de substâncias, ainda que apresentem eventuais efeitos nocivos à saúde humana, insere-se no âmbito da autonomia privada e está imune à interferência estatal em matéria penal. (...) A rigor, o uso da substância fosfoetanolamina é permitido se não há lei que o proíba.

O próximo passo da divergência foi questionar a regulação administrativa da substância, com lastro no art. 200, inc. I, da Constituição,[198] e Lei nº 8.080/1990 – que tratam do Sistema Único de Saúde – SUS. O art. 6º da referida lei vincula ao campo do SUS a política de controle e fiscalização de "substâncias" (incs. VII e IX), cuja execução está a cargo da Anvisa (Lei nº 8.080/1990, art. 6º, inc. I, "a") e §1º, c/c Lei nº 9.782/1999, arts. 4º e 8º). Para o Ministro Edson Fachin, a questão controversa transcenderia a mera esfera regulamentar e sua fonte

---

[197] Nesse sentido, v. MOREIRA, Egon Bockmann. Passado, presente e futuro da regulação econômica no Brasil. *Revista de Direito Público da Economia – RDPE*, Belo Horizonte, v. 44, p. 87-118, out./dez. 2013.

[198] Art. 200. Ao sistema único de saúde compete, além de outras atribuições, nos termos da lei: I – controlar e fiscalizar procedimentos, produtos e substâncias de interesse para a saúde e participar da produção de medicamentos, equipamentos, imunobiológicos, hemoderivados e outros insumos; (...).

tradicional (Constituição, art. 84, inc. IV) e se vincularia à "função regulatória do Estado e, mais genericamente, na atuação do Estado na economia".

Sublinhe-se, mais uma vez, que essa especificidade é muito importante para a dinâmica da regulação: o afastamento da teoria dos regulamentos puramente administrativos (art. 84, inc. IV) e sua diferenciação constitucional da regulação econômica (art. 174). No caso, trata-se da função regulatória do Estado, fazendo com que a Anvisa regule o acesso, as informações, o equilíbrio entre empresas e consumidores, o monopólio da propriedade intelectual e outros aspectos relevantes do respectivo mercado (inclusive a correção de suas falhas). Tudo isso congregado em vista do escopo de "assegurar a efetividade do direito à saúde" – cuja garantia o voto divergente vai buscar em tratados internacionais, práticas das organizações internacionais e decisões de tribunais de outros países (com lastro no art. 5º, §2º, da Constituição).

Situando o caso na violação do direito à saúde (assunto cuja competência regulatória da Anvisa, nos termos do voto, "possui assento constitucional"), a "questão chave que se coloca, portanto, é saber se o Congresso poderia autorizar a produção de substância que potencialmente pudesse afetar a saúde humana, dispensando o registro". Aqui são colocadas algumas condicionantes para o exercício da competência normativa das agências reguladoras, que exigem análise apartada.

Em primeiro lugar, o Ministro Edson Fachin frisa que tal "competência atribuída à agência não é privativa", mas "exercida nos termos da lei. Noutras palavras, a concretização da proteção à saúde é feita pelo poder legislativo". Ao exercer a faculdade de criar a agência reguladora, o Legislativo submeteria sua atuação regulatória para o lado de dentro da lei: "deve ser exercida *intra legem*", diz o voto. Ou seja: "A Anvisa não detém competência privativa para autorizar a comercialização de toda e qualquer substância".

Essa parte do voto é bastante significativa. Levada ao seu limite, importaria dizer que, em termos abstratos, poder-se-ia questionar a reserva ou a competência privativa da regulação atribuída às agências reguladoras brasileiras (aproximando-se da teoria administrativa clássica do art. 84, inc. IV). Muito embora "econômica", permaneceria atada aos regulamentos *secundum legis*. Por isso que seriam válidas, em tese, as leis que subvertessem e/ou alterassem e/ou revogassem tais competências regulatórias. O que a lei dá, a lei pode tirar.

O exame de constitucionalidade – se houvesse – poderia ser exercitado quanto ao conteúdo da nova lei – a modificadora/revogadora –

em face de seu impacto (ou não) em direitos fundamentais (no caso em exame, "de medidas necessárias para garantir proteção suficiente do direito à saúde", como frisado no voto). Incidiria a proibição do retrocesso, a autorizar o controle substancial da norma legislativa em contraste com a regulamentar. Se aquela, ao revogar/modificar esta, implicasse retrocesso, poderia ser inquinada de inconstitucional.

Indo avante, o voto do Ministro Edson Fachin se preocupará em saber se a substância autorizada pela Lei nº 13.269/2016 atende às "mesmas garantias de segurança dos demais produtos destinados à saúde humana". Porém, e recorrendo de modo exemplificativo à Resolução Anvisa nº 38/2013 (que autoriza e tipifica o uso excepcional de medicamento sem registro),[199] conclui:

> a situação de risco parece demonstrar que as exigências relativas à segurança de substâncias cedem em virtude da própria escolha das pessoas eventualmente acometidas da enfermidade. Essa escolha não decorre apenas do direito à autonomia, mas da autodefesa, ou seja, do direito de agir em prol da qualidade de vida.

Em suma: "É à luz do direito de preservar a própria vida que as restrições relativas à segurança da substância podem ser preservadas" – e, mais adiante: "no caso de pacientes em estágio terminal, a substância, ainda que eventualmente arriscada, torna-se de possível administração".

Daí a *interpretação conforme* proposta pelo voto, de que a Lei nº 12.269/2016 aplicar-se-ia unicamente a pacientes terminais:

> Em casos tais, pode o Congresso Nacional, no exercício de sua competência privativa para regular o funcionamento do sistema único de saúde, reconhecer o direito de pacientes terminais a agirem, ainda que tendo que assumir riscos desconhecidos, em prol de um mínimo de qualidade de vida.

---

[199] Por meio da RDC nº 38/2013, a Anvisa regulamentou acesso a medicamentos inovadores que ainda não estão disponíveis no mercado, por meio de três programas: uso compassivo (medicamento novo, promissor e ainda sem registro – também permite importar medicamentos não registrados no país), acesso expandido (medicamento novo, promissor, ainda sem registro na Anvisa ou não disponível comercialmente no país, em estudo clínico em fase III) e fornecimento de medicamento pós-estudos (disponibilização gratuita de medicamentos pela indústria aos voluntários que participaram da pesquisa e que se beneficiaram do medicamento durante o desenvolvimento clínico, nos casos de encerramento do estudo ou quando finalizada a participação do voluntário) (Regulamento acessível em BRASIL. Ministério da Saúde. *Resolução – RDC nº 38, de 12 de agosto de 2013*. Disponível em: http://bvsms.saude.gov.br/bvs/saudelegis/anvisa/2013/rdc0038_12_08_2013.html. Acesso em: 5 mar. 2019). Note-se que, em momento algum, a resolução trata de "substâncias".

O Poder Legislativo poderia, nestes casos, valer-se de sua primazia legislativa e relativizar, senão extinguir, determinada competência – normativa e regulamentar – da agência reguladora independente.

O voto divergente do Min. Edson Fachin foi acompanhado pela Ministra Rosa Weber e pelos Ministros Dias Toffoli e Gilmar Mendes.

O terceiro dos assuntos a ser tratado neste estudo de caso vem estampado no voto do Ministro Roberto Barroso. Ele possui dois argumentos, o segundo a nos interessar com maior intensidade: (i) a afronta ao direito à saúde por meio da disponibilização de substância sem os testes necessários à comprovação de sua segurança e eficácia (Constituição, arts. 6º e 196) e (ii) a "reserva de administração, que decorre do princípio da separação de Poderes (CF/88, arts. 2º e 60, §4º, III)".

Detenhamo-nos no argumento da "reserva de administração" e sua eventual configuração como *reserva de regulação*. Tomando emprestada a lição de Ana Raquel Gonçalves Moniz, "a alusão à reserva de Administração destina-se a esclarecer que o princípio da separação de poderes pressupõe um espaço de acção próprio da Administração, que não pode ser eliminado, a montante, pela função legislativa e, a jusante, pela função judicial".[200] O que esta garantia horizontal da separação dos poderes impede é a substituição da função administrativa justamente no âmbito interno de sua atividade normal, no seu núcleo duro puramente administrativo.

Ora, não é a primeira vez que o STF trata da mencionada reserva constitucional. Existem vários acórdãos antecedentes, desde 1992,[201] todos

---

[200] MONIZ, Ana Raquel Gonçalves. *Direito administrativo*: textos e casos práticos resolvidos. Coimbra: Almedina, 2012. p. 35.

[201] A pesquisa no sítio do STF teve como termo "reserva adj de adj administração" e revelou, aos 5.3.2019, 14 acórdãos, quais sejam, em ordem cronológica: ADI/MC nº 776 (Min. Celso de Mello, Pleno, j. 23.10.1992. *DJ*, 15 dez. 2006, sobre limite de idade em concursos públicos municipais); ADI/MC nº 2.364 (Min. Celso de Mello, Pleno, j. 1º.8.2001. *DJ*, 14 dez. 2001, sobre critério de concurso público estadual); RE nº 302.803 (Min. Ellen Gracie, 2ª T., j. 1º.2.2005. *DJ*, 25 fev. 2005, sobre alterações na política urbanística municipal); ADI nº 3.343 (Min. Luiz Fux, Pleno, j. 1º.9.2011. *DJe*, 22 nov. 2011, sobre política de cobrança tarifária em serviços públicos); RE nº 42.574 (Min. Celso de Mello, 2ª T., j. 13.12.2011. *DJe*, 13 fev. 2012, sobre a desconstituição de atos administrativos por lei); ADI nº 3.075 (Min. Gilmar Mendes, Pleno, j. 24.9.2014. *DJe*, 5 nov. 2004, sobre organização da Administração Pública); ADI nº 3.169 (Min. Roberto Barroso, Pleno, j. 11.12.2014. *DJe*, 19 fev. 2015, sobre determinação legislativa disciplinadora de aviso de vencimento em carteiras de habilitação); RE nº 632.853 (Min. Gilmar Mendes, Pleno, j. 23.4.2015. *DJe*, 29 jun. 2015, sobre avaliação de respostas e correção de provas em concursos públicos pelo Poder Judiciário); ADI nº 5.501/MC (o caso em exame); RE nº 629.392 (Min. Marco Aurélio, Pleno, j. 8.6.2017. *DJe*, 31 ago. 2018, sobre os efeitos da nomeação tardia de candidatos aprovados em concursos); ARE nº 929.591 (Min. Dias Toffoli, 2ª T., j. 6.10.2017. *DJe*, 26 out. 2017, sobre gratuidade de tarifas em serviços públicos concedidos); RE nº 722.010 (Min. Luiz Fux, 1ª T., j. 31.8.2018. *DJe*, 14 set. 2018, sobre controle de poluição sonora em locais de reunião pública); ADI

preservadores de matérias sujeitas à competência exclusiva do Poder Executivo, tal como fixado pelo próprio princípio da separação dos poderes. Ao editar atos de caráter material-administrativo (muitos dos quais a desconstituir atos prévios do Executivo), o Legislativo extrapola suas funções e suprime o núcleo da autonomia indispensável ao exercício da função administrativa do Estado pela autoridade competente.

Assim, a *reserva de administração* demarcaria as fronteiras de certo espaço administrativo de competência privativa da entidade, órgão ou autoridade administrativa a quem foi originalmente atribuída.[202] Isso a limitar o Legislativo e também o Judiciário. A própria Constituição, ao celebrar a separação de poderes e positivar extensamente a estrutura e as matérias de competência administrativa, instituiria a proteção constitucional da Administração Pública (o núcleo, central e indevassável, de uma função típica).

Todavia, e se pensarmos bem, tal ordem de limitações e reservas foi concebida em vista do exercício de funções típicas e atípicas pelos poderes do Estado. Assim se dá com o Judiciário, cuja função nuclear é a de julgar conflitos de interesse e as atípicas são legislar (regimentos internos) e administrar (contratação de servidores, licitações etc.) e com o Legislativo, que tem a primazia legislativa como função típica, mas também julga (comissões parlamentares de inquérito, conselho de ética e cassação de mandatos, processo de *impeachment* etc.) e administra

nº 5.352 (Min. Alexandre de Moraes, Pleno, j. 25.10.2018. *DJe*, 30 nov. 2018, sobre licenciamento de atividades de vigilância sanitária); e ADI nº 5.077 (Min. Alexandre de Moraes, Pleno, j. 25.10.2018. *DJe*, 22 nov. 2018, sobre poder de polícia ambiental e licenciamento de áreas para exploração de atividade potencialmente danosa). Na maioria dos casos, vedou-se ao Poder Legislativo a condição de "instância revisora" do Poder Executivo.

[202] Sobre o tema e especificamente sobre o acórdão em questão, v. FONSECA, Francisco José Defanti. Reserva de regulação da Administração Pública. *In*: GUERRA, Sérgio (org.). *Teoria do Estado Regulador*. Curitiba: Juruá, 2016. v. II. p. 131-162; e BLATTER, Stephanie. O reconhecimento da reserva do regulador no ordenamento jurídico brasileiro a partir do julgamento do caso da fosfoetanolamina sintética pelo STF. *In*: GUERRA, Sérgio (org.). *Teoria do Estado Regulador*. Curitiba: Juruá, 2016. v. II. p. 265-284. Para visão mais ampla do caso brasileiro, consulte-se CORREIA, Arícia Fernandes. Reserva de administração e separação de poderes. *In*: BARROSO, Luís Roberto (org.). *A reconstrução democrática do direito público no Brasil*. Rio de Janeiro: Renovar, 2007. p. 575-612; MACERA, Paulo Henrique. Reserva de administração: delimitação conceitual e aplicabilidade no direito brasileiro. *Revista Digital de Direito Administrativo*, v. 1, n. 2, p. 333-376, 2014. Disponível em: http://www.egov.ufsc.br/portal/sites/default/files/74332-110507-5-pb.pdf. Acesso em: 6 mar. 2019; CYRINO, André. *O poder regulamentar autônomo do presidente da República*. Belo Horizonte, Fórum, 2005; CYRINO, André. Regulamento autônomo no Brasil: uma resposta às críticas. *Revista da Faculdade de Direito-RFD-UERJ*, n. 30, p. 107-137, dez. 2016. Disponível em: https://www.e-publicacoes.uerj.br/index.php/rfduerj/article/viewFile/26902/19263. Acesso em: 6 mar. 2019; BINENBOJM, Gustavo. *Uma teoria do ato administrativo*. Rio de Janeiro: Renovar, 2006. p. 169 e ss.).

(contratação de servidores, licitações etc.). Já o Executivo, para além da função típica de administrar, também pratica julgamentos (demissão de servidores) e positiva normas gerais e abstratas (os regulamentos administrativos, sobretudo os não puramente executivos). Logo, a reserva de regulação aponta tema mais sensível, eis que, como sublinhou Ana Raquel Gonçalves Moniz a propósito do direito administrativo português (nesse ponto, semelhante ao brasileiro):

> a administrabilidade da reserva de administração não significa que, no sistema jurídico português, esteja consagrada uma *reserva material* como a "reserva de regulamento" existente no ordenamento francês, cuja Constituição distingue entre matérias integradas no "domínio da lei" (*domaine de la loi*) e matérias incluídas no "domínio do regulamento" (*domanine du règlement*).[203]

A questão aqui residirá, por conseguinte, na configuração da competência regulamentar como *espaço reservado da atividade normal, nuclear, inabdicável, da Administração Pública brasileira.*

Pois é justamente o exercício dessa função atípica por parte do Legislativo – a de administrar por meio de leis – que está em primeiro plano no voto do Ministro Roberto Barroso. Vejamos o que diz o voto, para retornarmos ao tema das funções típicas e atípicas em face das reservas pertinentes.

Desde a sua ementa, e logo depois de consignar a ausência de provas da segurança e eficácia da substância, o voto é explícito ao adotar como razão de decidir a "reserva de administração". Confira-se:

> Em segundo lugar, configura-se violação à reserva de administração, que decorre do princípio da separação de Poderes (CF/1988, arts. 2º e 60, §4º, III). Ao autorizar o uso da fosfoetanolamina sintética sem cumprimento das exigências legais de realização de testes clínicos e de registro sanitário, o Poder Legislativo substituiu o juízo essencialmente técnico da Anvisa por um juízo político, interferindo de forma indevida em procedimento de natureza tipicamente administrativa.

203 MONIZ, Ana Raquel Gonçalves. *Direito administrativo*: textos e casos práticos resolvidos. Coimbra: Almedina, 2012. p. 36. A redação do mencionado artigo da Constituição francesa é a seguinte: "Article 37. Les matières autres que celles qui sont du domaine de la loi ont un caractère réglementaire. Les textes de forme législative intervenus en ces matières peuvent être modifiés par décrets pris après avis du Conseil d'État. Ceux de ces textes qui interviendraient après l'entrée en vigueur de la présente Constitution ne pourront être modifiés par décret que si le Conseil constitutionnel a déclaré qu'ils ont un caractère réglementaire en vertu de l'alinéa précédent".

Daí o voto definir que a separação de poderes "atribui ao Executivo um domínio de funções tipicamente administrativas, que devem ser desempenhadas com exclusividade, sem margem para interferências legislativas ou judiciais. Tais funções correspondem à chamada *reserva de administração*". O que implicou exame minucioso da questão Anvisa e das correspondentes normas constitucionais e legais que fundamentam a sua competência, a autorizar citação mais longa do voto:

> A vigilância e o registro sanitário de medicamentos são, pela sua natureza, procedimentos de caráter tipicamente administrativo, reservados ao Poder Executivo (CF/1988, art. 200, I e II7) e, mais especificamente, à Anvisa, autarquia sob regime especial, vinculada ao Ministério da Saúde (Lei nº 9.782/1999, art. 7º, IX). A própria legislação (Lei nº 6.360/1976) dispõe sobre a vigilância sanitária a que ficam sujeitos os medicamentos e disciplina os requisitos e ritos específicos para a obtenção do registro (art. 16, II). Como visto, para que um novo medicamento possa ser disponibilizado no mercado, a Anvisa deve praticar uma série de atos administrativos relativos ao controle sanitário e realizar uma análise estritamente técnica a respeito da concessão ou não do registro, com o objetivo de garantir a proteção da saúde pública (Lei nº 9.782/1999, arts. 6º e 7º). A Anvisa tem, assim, o poder-dever de avaliar e decidir, em cada caso, se a substância em questão cumpre todas as exigências legais de segurança, eficácia e qualidade.

Daí a conclusão de que esse "domínio legítimo de atuação administrativa da Anvisa, balizado pela lei, deve ser respeitado pelas diferentes instâncias de controle, inclusive pelo Poder Legislativo", em decorrência lógica do princípio da separação de poderes.

> Ou seja, se uma lei (a Lei nº 9.782/1999) conferiu a um órgão administrativo (a Anvisa) competência para conceder registros sanitários a medicamentos, a partir de uma análise caso a caso e de acordo com o procedimento nela estabelecido, não pode o legislador, por meio de outra lei (a Lei nº 13.269/2016) usurpar a atividade executória, subvertendo casuisticamente o sistema regulatório vigente.

Essa usurpação seria inconstitucional, eis que ao Poder Legislativo é vedada a substituição à agência reguladora independente: a lei não pode substituir-se ao "exercício da atividade administrativa e executória".

Por conseguinte, o voto do Ministro Roberto Barroso declarou que existe, no constitucionalismo brasileiro, a reserva de administração – que blinda o exercício de competências públicas legislativamente atribuídas ao Poder Executivo central e à administração indireta (sobretudo aquelas que gozam de independência predefinida em lei).

Claro que o caso em exame revela o exercício de funções administrativas típicas (com breves notas de atipicidade), eis que se trata de competências de ordenação social no setor de saúde. A salubridade pública identifica-se com a matéria tradicionalmente abrigada pelo "poder de polícia administrativa", como estampado no conceito funcional de autoria de Sérvulo Correia:

> a actividade da Administração Pública que consiste na emissão de regulamentos e na prática de actos administrativos e materiais que controlam condutas perigosas dos particulares com o fim de evitar que estas venham ou continuem a lesar bens sociais cuja defesa preventiva através de actos de autoridade seja consentida pela Ordem Jurídica.[204]

Segurança, tranquilidade e salubridade: eis o poder de polícia contido no conceito de ordem pública.

Ou, no conceito contemporâneo de administração ordenadora, cunhado por Carlos Ari Sundfeld, como a congregação de "operações estatais de regulação do setor privado (e, portanto, ligadas à aquisição, exercício e sacrifício de direitos privados), com o emprego do poder de autoridade".[205] Afinal, o caso em exame põe em tensão multiplicidade de direitos submetidos ao poder de autoridade que a lei outorgou à Anvisa, quando menos: (i) o *direito fundamental da indústria de descobrir, desenvolver e produzir medicamentos para uso humano*, e (ii) o *direito fundamental dos pacientes de serem informados e fazerem a escolha, terem acesso e efetivarem o tratamento que cure, senão atenue, o mal de que padecem.*

Ao não aprovar a substância, o limite, estatuído pela agência reguladora, seria de duas ordens: não produzir e não acessar (na condição de medicamento). Aqui, há proibições que não podem ser usurpadas pelos outros poderes do Estado brasileiro. Esse é o efeito de a lei outorgar competência privativa a determinada autoridade administrativa independente.

---

[204] POLÍCIA. *In*: FERNANDES, José Pedro (Dir.). *Dicionário jurídico da Administração Pública*. Lisboa: (s.n.), 1994. v. VI. p. 394. Para ampliar/aprofundar o conceito atual, por todos, v. BINENBOJM, Gustavo. *Poder de polícia, ordenação, regulação*. Belo Horizonte: Fórum, 2016, *passim*.

[205] SUNDFELD, Carlos Ari. *Direito administrativo ordenador*. 1. ed. 3. tir. São Paulo: Malheiros, 2003. p. 16-17.

4 Conclusão: *insights* e questões a refletir

Apesar de trazerem fundamentações diversas, os votos dos ministros Marco Aurélio e Roberto Barroso em sede cautelar têm pontos de identidade bastante sensíveis. Unem-se quanto à compreensão de que o princípio da separação dos poderes do Estado traz consigo reserva material à Administração Pública, impedindo que os demais poderes – Legislativo e Judiciário – usurpem tais competências privativas. Aqui está a *reserva de administração.*

O detalhe está em se defender a *reserva de regulação* ao caso em exame. Isso coloca em foco dois assuntos. Por um lado, a função primária, a razão de existir, das agências reguladoras independentes não é a execução de leis (muito embora também façam isso). O seu núcleo duro está nos regulamentos dinâmicos e muitas vezes constitutivos, que têm por fundamento imediato a lei que as criou (e os *standards* normativos abertos que autorizam a definição conteudista da norma regulatória) e, mediato, o art. 174 da Constituição. Não se trata de atividade de mera execução da lei (como a do art. 84, inc. IV, da Constituição), mas sim de dinamização e atribuição de conteúdos a ela.

Logo, é de se questionar: quem está invadindo reservas de quem? Mais uma vez: a reserva de administração – e subespécie reserva de regulação – tem fonte exclusivamente constitucional, ou pode emanar de fonte legal? A separação de poderes blindou também a reserva do exercício de funções atípicas por todos os poderes? Esse tema está a demandar reflexão mais apurada.

De igual modo, o acórdão traz a lume um dos assuntos mais sensíveis do constitucionalismo contemporâneo. O fato de que a Constituição não se presta apenas a proibir que condutas más sejam concretizadas, mas, às vezes, igualmente veda que ações boas recebam prestígio. Como Frederick Schauer argutamente destacou, a compreensão tradicional vê a Constituição como a norma que impede pessoas corruptas, mal orientadas, incompetentes, sedentas de poder, de fazer coisas ruins. Mas fato é que o constitucionalismo demanda a compreensão de limites de segunda ordem, a incidir também sobre o indivíduo bem-intencionado (e até contra decisões sábias), em vista de uma gama de valores de longo prazo.[206] Esse tema assume relevância no

---

[206] Cf. F SCHAUER, F. Constitutionalism and coercion. *Boston College Law Review*, v. 54, n. 5, p. 1881-1908, 2013. Disponível em: http://lawdigitalcommons.bc.edu/bclr/vol54/iss5/2. Acesso em: 20 mar. 2019. V. também CHUEIRI, Vera Karam de; MOREIRA, Egon Bockmann. A Constituição e seus momentos difíceis: quando precisamos aplicá-la contra

caso em exame, eis que não se pode duvidar das boas intenções por detrás das pesquisas, da lei e dos votos que prestigiam a Lei nº 13.269/2016. Todavia, isso é suficiente para lhe conferir constitucionalidade?

O caso também provê várias oportunidades para resolver o desafio das agências reguladoras brasileiras, os limites/deferência à regulação infralegal independente e as dimensões coercitivas da força normativa da Constituição brasileira. São *insights* importantes, que iluminam questões dantes escondidas.

A fim de fixar os conceitos, reflitamos a propósito das seguintes questões:

1. Remonte o conflito jurídico do caso concreto – quais são os preceitos constitucionais que devem ser considerados no seu enfrentamento? Qual alternativa de solução, a seu ver, seria a mais fidedigna à Constituição?
2. Avalie a qualidade da argumentação jurídica e o emprego de conceitos técnicos em cada uma das decisões envolvidas no caso – qual é o espaço institucional do debate técnico? É viável que instituições não técnicas se engajem em discussões de ordem técnica?
3. Em que medida a teoria da discricionariedade administrativa fornece subsídios úteis à resolução do caso concreto? A dicotomia discricionariedade técnica *v.* discricionariedade administrativa ajuda no enfrentamento do problema concreto? Caso positivo, em que medida isso estabeleceria fronteiras ao controle jurisdicional?
4. Qual é a instituição legítima para deliberar sobre o fornecimento de medicamentos? Quais são os sentidos de legitimação envolvidos no caso concreto e quais são as instituições que respectivamente os detêm?
5. No final do dia, qual é o elemento preponderante para definir a competência em se decidir por último e em definitivo a questão da liberação do fornecimento de medicamentos?

---

ideias boas. *Jota*, 23 mar. 2019. Disponível em: https://www.jota.info/opiniao-e-analise/artigos/a-constituicao-e-seus-momentos-dificeis-quando-precisamos-aplica-la-contra-ideias-boas-23032019. Acesso em: 30 mar. 2019.

CAPÍTULO 8

CONTROLE SOBRE REGULAÇÃO E INTERFACES DA REGULAÇÃO COM A CONCORRÊNCIA

CASO *TCU E TARIFAS DE MOVIMENTAÇÃO DE CONTAINERS (THC-2)*

FLORIANO DE AZEVEDO MARQUES NETO

1 Resumo

Nos últimos anos, o Tribunal de Contas da União foi instado a analisar denúncias sobre a ilegalidade do processo de elaboração normativa da Agência Nacional de Transportes Aquaviários (ANTAQ) para alteração da sua Resolução nº 2.389/2012, que estabelece parâmetros regulatórios a serem observados na prestação dos serviços de movimentação e armazenagem de contêineres e volumes nos portos organizados. Além do procedimento adotado, o caso se refere à cobrança de tarifa por Serviço de Segregação e Entrega de Contêineres (SSE), também conhecida como THC-2.

O caso permite discutir como é realizado o controle exercido pelo Tribunal de Contas da União sobre as agências reguladoras, bem como as interfaces entre regulação e concorrência.

2 Introdução: a questão de fundo

As agências reguladoras foram criadas sob as premissas de que, congregando conhecimento técnico especializado, poderiam tratar de temas de forma mais descentralizada e adequada para os desafios que se apresentavam, quando comparadas às normas produzidas pelo Parlamento. Dentro do que permitido pela legislação, as agências poderiam buscar um equilíbrio entre os diversos interesses envolvidos em determinado setor. Para tanto, seriam legitimadas por um procedimento facilitador da participação dos interessados – sua oitiva, enfim –, caracterizado pela permeabilidade.

Essa missão deveria ser realizada garantindo-se a independência das agências, tidas como separadas da Administração Pública direta e de interesses políticos mais imediatos. Nesse cenário, um interesse não deveria prevalecer sobre todos os outros de forma apriorística, mas a solução deveria ser construída pelos mecanismos citados, buscando-se o equilíbrio do setor regulado. Segundo Floriano de Azevedo Marques Neto:[207]

> É essencial à noção de moderna regulação que o ente regulador estatal dialogue e interaja com os agentes sujeitos à atividade regulatória buscando não apenas legitimar a sua atividade, como tornar a regulação mais qualificada porquanto mais aderente às necessidades e perspectivas da sociedade. Fruto da própria dificuldade do Estado, hoje, de impor unilateralmente seus desideratos sobre a sociedade, mormente no domínio econômico, faz-se necessário que a atuação estatal seja pautada pela negociação, transparência e permeabilidade aos interesses e necessidades dos regulados. Portanto, o caráter de imposição da vontade da autoridade estatal (que impõe o interesse público selecionado pelo governante) dá lugar, na moderna regulação, à noção de mediação de interesses, no qual o Estado exerce sua autoridade não de forma impositiva, mas arbitrando interesses e tutelando hipossuficiências.

Sua criação também ocorre num momento em que o Estado revê seu papel, deixando a intervenção direta na economia, desconstituindo monopólios e abrindo mercados para outras empresas, atores e formas de remuneração. Um desafio gigantesco, considerando, como lembra Eduardo Jordão, que o Estado e a regulação também podem ser

[207] MARQUES NETO, Floriano de Azevedo. *Agências Reguladoras Independentes - Fundamentos e seu Regime Jurídico*. Belo Horizonte: Editora Fórum, 2005. p. 32.

responsáveis por promover limitações à concorrência em muitos casos. Justificáveis quando se destinam a promover outros fins, não fazem sentido quando não é esse seu objetivo ou em muito o excedem.[208]

Em junho de 2019, foi promulgada a Lei nº 13.848/2019, que dispõe sobre a gestão, a organização, o processo decisório e o controle social das agências reguladoras. Referida lei reforçou em seu artigo 3º a autonomia destas:

> Art. 3º A natureza especial conferida à agência reguladora é caracterizada pela ausência de tutela ou de subordinação hierárquica, pela autonomia funcional, decisória, administrativa e financeira e pela investidura a termo de seus dirigentes e estabilidade durante os mandatos, bem como pelas demais disposições constantes desta Lei ou de leis específicas voltadas à sua implementação.

A autonomia das agências é fundamental para as diversas atribuições de que dispõe, como produzir normas, arbitrar conflitos e aplicar sanções, de forma a manter uma posição equidistante dos atores do setor.

A lei mencionada também criou a obrigação de as agências reguladoras realizarem análise de impacto regulatório, a respeito dos efeitos de norma a ser produzida (art. 6º). Regulamentado pelo Decreto Federal nº 10.411/2020, tal mecanismo é definido no artigo 2º:

> Art. 2º Para fins do disposto neste Decreto, considera-se:
> I - análise de impacto regulatório - AIR - procedimento, a partir da definição de problema regulatório, de avaliação prévia à edição dos atos normativos de que trata este Decreto, que conterá informações e dados sobre os seus prováveis efeitos, para verificar a razoabilidade do impacto e subsidiar a tomada de decisão;

Todo esse cenário demonstra a importância das agências reguladoras, seus atributos de autonomia e independência, bem como seu papel na defesa da concorrência, muitas vezes nova nos setores regulados.

Dentro do equilíbrio visado, também caberia às agências fomentar a concorrência entre os agentes do setor, ao invés de criar monopólios.

Esse cenário que se verificou também no setor portuário, a partir dos anos 1990. Por muito tempo, os portos eram administrados

---

[208] JORDÃO, Eduardo Ferreira. A advocacia da concorrência como estratégia para redução do impacto anticompetitivo da regulação estatal. *Revista Brasileira de Direito Público – RBDP*, Belo Horizonte, ano 7, n. 24, jan./mar. 2009, p. 128-129.

por companhias docas, criadas sob a forma de empresas estatais, que basicamente administravam todas as atividades portuárias. A progressiva abertura do setor, no entanto, trouxe novos atores a essa equação, que exercem outras atividades e demandam outros tipos de remuneração.

A Agência Nacional de Transportes Aquaviários – ANTAQ foi criada pela Lei Federal nº 10.233/2001, a qual deixa evidentes muitas dessas características. Em termos concorrenciais, cabe à ANTAQ promover a competição no setor regulado:

> Art. 27. Cabe à ANTAQ, em sua esfera de atuação: (...)
> XXX - fomentar a competição e tomar as medidas necessárias para evitar práticas anticoncorrenciais, especialmente no tocante à má-fé na oferta de embarcações que não atendam adequadamente às necessidades dos afretadores na hipótese prevista no inciso I do caput do art. 9º da Lei nº 9.432, de 8 de janeiro de 1997.

Recentemente, a Lei Federal nº 13.848/2019 buscou reforçar a autonomia das agências reguladoras, bem como previu que estas devem atuar em cooperação com os órgãos de defesa da concorrência, alertando sobre possíveis infrações nos setores regulados, ainda que caiba aos órgãos, e não às agências, a aplicação da Lei de Defesa da Concorrência, ainda que estas possam ser consultadas, emitindo pareceres técnicos.

Além dessa proximidade necessária com os órgãos de defesa da concorrência, prevista na legislação, as agências também estão sujeitas aos órgãos de controle, apesar de sua autonomia e independência. Essa relação demanda cuidado, na medida em que é grande a tentação de determinado órgão buscar se substituir à agência, ainda que não possua a mesma *expertise*, ou siga os mesmos procedimentos para se chegar às suas decisões, ou tenha a mesma proximidade com o setor regulado e seus diversos atores.

Analisando o controle exercido pelo Tribunal de Contas da União sobre as agências reguladoras, Juliana Palma e Floriano de Azevedo Marques Neto mostram como o controle operacional foi inserido na Constituição de 1988 sem grande aprofundamento na Constituinte, sendo construído pelo próprio TCU ao longo de sua jurisprudência.[209] Destaque também que, em seu controle, surgiram "recomendações",

---

[209] MARQUES NETO, Floriano Peixoto de Azevedo; PALMA, J. B. Diálogos Fora de Esquadro: O Controle das Agências Reguladoras pelo Tribunal de Contas da União. DOI: 10.9732/P.0034-7191.2020V120P203, v. 120, p. 203-236, 2020. No mesmo sentido, cf. MARQUES NETO, Floriano Peixoto de Azevedo; PALMA, J. B.; REHEM, D.; MERLOTTO,

não previstas na legislação, mas que acabam sendo observadas pelas agências.

Em 2018, a Lei de Introdução às Normas do Direito Brasileiro – LINDB (Decreto-Lei nº 4.657/1942) foi alterada para incluir também normas de interpretação para o direito público, com vistas a garantir maior previsibilidade e segurança jurídica, atingindo o controle exercido pelo TCU sobre as agências e seus dirigentes quanto ao uso de conceitos jurídicos abstratos, consequências, desafios enfrentados, entre outros parâmetros que devem ser considerados.

Na importação de cargas por transporte marítimo, existe um intervalo de tempo entre a chegada da carga ao porto e sua nacionalização. Usualmente, isso ocorria na chamada "zona molhada" do porto, ou zona primária, próxima ao desembarque dos navios, pelos operadores portuários. Ocorre que, com o aumento da carga movimentada, realizar essa operação próximo às embarcações criava filas de espera e impedia que mais cargas fossem desembarcadas, gerando ineficiência.

Com o desenvolvimento e a expansão do setor portuário ocorridos nas últimas décadas, surgiu a possibilidade de a carga ser transportada e armazenada em outra área, chamada de "porto seco" ou zona secundária, mais distante do desembarque, até que ocorram os trâmites junto à Receita Federal. Com o armazenamento nessa área, aumenta-se a eficiência do porto, com as cargas não se acumulando no desembarque. O transporte entre as zonas primária e secundária não ocorre mais pelo operador portuário, mas pelo Recinto Alfandegário Independente – RAI, um concorrente.

Tradicionalmente, assim, haveria duas remunerações envolvidas nessa operação. A primeira, a *"box rate"*, uma cesta de serviços, que inclui a movimentação da carga desde o porão da embarcação até a pilha do terminal portuário, enquanto a *Terminal Handling Charge* – THC, que faz parte da *box rate*, inclui apenas a movimentação entre o costado do navio e a pilha no pátio do terminal.

Com o surgimento do RAI, desenvolveu-se uma nova remuneração, a THC-2, cobrada da movimentação da carga do costado do navio até a zona secundária, apenas quando o desembaraço é feito no porto seco. Trata-se de inovação considerando os agentes envolvidos e o local de desembaraço aduaneiro.

N.; GABRIEL, Y. Reputação Institucional e o Controle das Agências Reguladoras pelo TCU. *Revista de Direito Administrativo*, v. 278, p. 37-70, 2019.

A maior peculiaridade da THC-2, porém, é que sua definição depende do operador portuário, e não de quem faz a movimentação. Com isso, ela seria criticada por permitir ao operador exercer um poder anticoncorrencial sobre o porto que administra, cobrando preços maiores durante os períodos mais movimentados e amealhando mais recursos, ao mesmo tempo em que seria capaz de estrangular a operação do RAI.

Postas essas premissas, examinemos como se deu a decisão do TCU no caso.

3 O caso concreto

Segundo as denúncias apresentadas, a agência (i) não teria realizado análise de impacto regulatório para elaboração da nova norma; (ii) teria inserido na versão final da norma temas que não foram discutidos em audiência pública; e (iii) teria estabelecido a cobrança da taxa de Serviço de Segregação e Entrega de Contêineres (SSE), ou THC-2, de forma ilegal.

O caso envolve a Resolução ANTAQ nº 72/2022, que dispõe sobre "a prestação dos serviços de movimentação e armazenagem de contêineres e carga geral em instalações portuárias públicas e privadas". Dos seus artigos 7º e 9º, pode ser extraída a previsão da cobrança da THC-2:

> Art. 7º A instalação portuária ou o operador portuário, na qualidade de titulares da exploração de recinto alfandegado em zona primária, poderão prestar serviços de armazenagem, guarda, pesagem, transporte interno e manuseio para realização de vistoria, consolidação e desconsolidação de contêineres e outros serviços vinculados ou decorrentes da permanência das cargas em suas instalações, mediante condições e remuneração livremente negociadas ou divulgadas em tabelas de preços.
> § 1º Na entrega de cargas pátio em regime de trânsito aduaneiro, na importação ou no desembarque de cargas não nacionalizadas, é permitida a cobrança do SSE, perante o importador ou seu representante, pela colocação na pilha em pátio segregado, pelo gerenciamento de riscos de cargas perigosas, pelo cadastramento de empresas ou pessoas, pela permanência de veículos para retirada, pela liberação de documentos ou circulação de prepostos, pela remoção da carga da pilha na ordem ou na disposição em que se encontra e pelo posicionamento da carga no veículo do importador ou do seu representante.
> (...)

> Art. 9º O SSE na importação não faz parte dos serviços remunerados pela cesta de serviços ou box rate, nem daqueles cujas despesas são ressarcidas por meio do THC, salvo previsão contratual em sentido diverso.
> Parágrafo único. No caso em que restar demonstrada a verossimilhança de que exista abuso ilegal na cobrança do SSE, a ANTAQ poderá estabelecer o preço máximo a ser cobrado a esse título, mediante prévio estabelecimento e publicidade dos critérios a serem utilizados para sua definição.

A Resolução ANTAQ nº 72/2022 substituiu a Resolução ANTAQ nº 34/2019, elaborada em substituição à Resolução ANTAQ nº 2.389/2012, revisada por determinação do próprio TCU, no Acórdão nº 1.704/2018-TCU-Plenário.

Quanto à análise de impacto regulatório, ainda em 2015, por meio do Acórdão nº 240/2015, o Plenário do Tribunal de Contas da União havia recomendado à agência que "passasse a adotar as boas práticas referentes à análise de impacto regulatório".

Ao longo do seu voto, o ministro-relator destaca os limites da sua própria decisão, citando precedentes de como deveria ser o controle realizado pelo Tribunal de Contas da União. De um lado, não caberia ao controle se substituir às decisões da agência reguladora. De outro lado, diante da inação desta, o controle teria por missão promover o equilíbrio no setor regulado, com vistas à eficiência:

> 119. Ato contínuo, cabe a este TCU atuar nos termos definidos em sua jurisprudência mediante contornos de fiscalização de segunda ordem, tal qual explicitado no voto revisor do Acórdão 1.756/2004-TCU-Plenário:
> 31. Finalmente, ressalto que, no exercício do controle externo das concessões de serviços públicos, o TCU se defronta com dois tipos de atos praticados pelas agências reguladoras: os vinculados e os discricionários. *Quando os atos supostamente irregulares forem do primeiro tipo, ou seja, quando as entidades reguladoras tiverem violado expressa disposição legal, o Tribunal pode determinar a esses entes que adotem as providências necessárias à correção das irregularidades detectadas*. Por outro lado, quando se tratar de atos discricionários, praticados de forma motivada e visando satisfazer o interesse público, esta Corte de Contas pode unicamente recomendar a adoção de providências consideradas por ela mais adequadas. Afinal, nessa última hipótese, a lei conferiu ao administrador uma margem de liberdade, a qual não pode ser eliminada pelo TCU.
> 32. Contudo, se o ato discricionário sob enfoque contiver vício de ilegalidade ou se tiver sido praticado por autoridade incompetente, se não tiver sido observada a forma devida, se o motivo determinante e declarado de sua prática não existir *ou, ainda, se estiver configurado*

desvio de finalidade, esta Corte de Contas será competente para avaliá-lo e para determinar a adoção das providências necessárias ao respectivo saneamento, podendo, inclusive, determinar a anulação do ato em questão. Assim sendo, será sempre necessária uma análise caso a caso para determinar a existência de um desses vícios ensejadores da ação corretiva do TCU. (Grifos acrescidos)

Diante dessa inação, o TCU toma a frente e destaca o potencial anticompetitivo da cobrança da taxa THC-2, sujeita à oscilação de preços conforme a demanda de cada período do ano, definida não num mercado natural, mas de acordo com os interesses do operador portuário. Ademais, tal variação de preços poderia gerar gargalos de distribuição, bem como afetar o preço para o consumidor final da carga transportada. Em casos concretos, o CADE já teria examinado sua cobrança abusiva, bem como decidido pela condenação de certos operadores portuários.

Assim, por meio do Acórdão nº 1.488/2022, o Plenário do Tribunal de Contas da União (TCU) conheceu das denúncias recebidas e considerou procedente o desvio de finalidade do ato de expedição da Resolução ANTAQ nº 72/2022, a qual permite a cobrança da taxa de serviço de segregação e entrega dos recintos alfandegários independentes pelos terminais portuários, bem como determinou a anulação de todos os seus dispositivos que permitem a cobrança e, cautelarmente, suspendeu os efeitos de todos os dispositivos da norma que permitiriam referida cobrança. Também foi dada ciência à agência de que a análise de impacto regulatório (AIR) utilizada no processo que originou tal norma está em desacordo com recomendação anterior do Tribunal de Contas, com Guia Orientativo para Elaboração de AIR da Casa Civil da Presidência da República, bem como não observa o art. 6º da Lei nº 13.848/2019.

4 Conclusão: *insights* e questões a refletir

A riqueza de um caso a ser estudado pode ser explicada por vários fatores: a complexidade do tema e sua interdisciplinaridade, os diversos atores envolvidos, com seus pontos de vista diversos e cada um sujeito a diferentes efeitos, culminando num caso cujo histórico remonta a décadas e decisões que se sobrepõem, ao mesmo tempo em que a legislação não se detém.

Felizmente para o estudioso da regulação, o presente caso permite pensar sobre o impacto da regulação sobre a concorrência, no intrincado setor de portos, com atores que vão desde aqueles que atuam nele, passando pelos consumidores impactados pelas importações, até a atuação do controle, um personagem à parte.

Considerando a riqueza do caso, a legislação aplicável e seus desdobramentos, cabe refletir:

1. Como deve ser o controle exercido sobre as agências reguladoras, considerando seus atributos de independência e especialização técnica? No caso, qual a jurisprudência utilizada pelo Tribunal de Contas da União? Ela está de acordo com a legislação que rege o controle?
2. Qual a legislação citada pelo TCU para considerar a cobrança da taxa anticompetitiva? O que o capacita a aplicá-la? Como a agência reguladora se defende das conclusões de que a taxa adotada seria anticompetitiva e como isso transparece no acórdão?

SEÇÃO 3

REGULAÇÃO: ASSIMETRIAS, CONFLITOS E SOLUÇÕES

CAPÍTULO 1

MUTAÇÃO REGULATÓRIA E EQUILÍBRIO ECONÔMICO-FINANCEIRO – CASO *ARTESP – TAM*: PROCESSO Nº 1040986-29.2014.8.26.0053, TJSP

SÉRGIO GUERRA

JOSÉ MARINHO SÉVES SANTOS

1 Resumo

Contratos de concessão, por sua própria natureza, são celebrados em longo prazo e possuem execução diferida no tempo. Nesse quadrante, é comum que fatores exógenos interfiram em seu regular adimplemento. Nestes casos, a parte lesada possui o direito de pleitear o reequilíbrio contratual por meio da pactuação de termo aditivo. Entre os meios empregados para se auferir o equilíbrio contratual ao longo da concessão está a taxa interna de retorno, também conhecida como TIR, obtida quando se igualam os valores de entrada e saída de caixa projetados ao início do contrato. A TIR deverá manter-se estável ao longo de todo contrato e às suas variações corresponde o desequilíbrio econômico-financeiro. Para calcular a TIR, usualmente se utiliza como base a renda projetada no momento em que é assinado o contrato de concessão. Conforme veremos, entretanto, nos autos do Processo nº 1040986-29.2014.8.26.0053, o TJSP decidiu pelo uso da renda efetivamente percebida pelo concessionário na exploração do serviço concedido. Desta forma, busca-se aqui destacar os principais aspectos deste caso, fazendo uma ponderação acerca do critério que deve balizar o cálculo da TIR.

2 Introdução: a questão de fundo

Para a adequada compreensão do caso em análise, faz-se necessária uma pequena contextualização dos principais fatos e argumentos jurídicos envolvidos. Em 1998, foi celebrado, entre o estado de São Paulo, a Agência Reguladora de Serviços Públicos Delegados de Transporte do Estado de São Paulo – Artesp e a Concessionária de Rodovias Tebe/SA, o Contrato de Concessão nº 001/CR/98 para a exploração do sistema rodoviário constituído pelo chamado Lote 3 – composto pelos trechos de ligação entre Catanduva e Bebedouro; Taquaritinga e Pirangi; e Bebedouro e Barretos.

Em dezembro de 2006, foi celebrado o 11º Termo Aditivo e Modificativo ao Contrato de Concessão ("TAM"), que prorrogou a vigência do contrato em 84 meses, estendendo a sua duração total para 324 meses, após ser verificado desequilíbrio econômico-financeiro em função dos seguintes fatos: (i) perda de receita decorrente de alterações no local de uma praça de pedágio e extinção de outra; (ii) perda de receita decorrente de parcelamento no repasse do reajuste das tarifas do pedágio; (iii) majoração da Cofins; (iv) majoração do PIS; (v) alteração do imposto municipal incidente sobre o pedágio (ISSQN); e (vi) a celebração de aditivos contratuais para a adequação dos investimentos feitos pela concessionária.

Na ocasião da celebração do TAM, foi utilizado como parâmetro para calcular a perda decorrente do desequilíbrio econômico-financeiro do contrato a taxa interna de retorno (TIR), método usualmente empregado com esta finalidade em contratos de concessão. A TIR é calculada ao se igualar os valores de entrada e saída de caixa projetados ao início do contrato, devendo manter-se constante durante toda a sua execução. Assim, ela corresponde à *rentabilidade projetada* para a exploração da concessão, integrando as bases econômicas do contrato. Desta forma, havendo alteração na TIR, entende-se alterado o seu equilíbrio econômico-financeiro e fica determinada a necessidade de celebrar aditivo de modo a igualá-la à taxa inicial.

Ocorre, entretanto, que pouco depois da celebração do TAM o estado de São Paulo e a Artesp sustentaram haver verificado uma série de irregularidades em sua elaboração, entre as quais merecem destaque: (i) o uso do rendimento projetado no cálculo da TIR ao invés do efetivamente auferido pela concessionária – alegação que teve como base relatório elaborado pela Fundação Instituto de Pesquisas Econômicas (Fipe); (ii) fundamentação com base no uso de pareceres da Procuradoria Jurídica que não possuiriam relação direta com o caso e; (iii) possíveis irregularidades cometidas por servidores do estado, que estavam sob investigação das autoridades competentes.

Ainda segundo o estado de São Paulo e a Artesp, o emprego de metodologia supostamente equivocada teria gerado, no contrato, um desequilíbrio econômico-financeiro para o Poder Público, cujos cofres teriam sido lesados em R$118.600.000,00 (cento e dezoito milhões e seiscentos mil reais). Dessa forma, seria necessária a anulação do TAM para que fosse celebrado novo termo, alterando-se os parâmetros de cálculo empregados na obtenção da TIR, de modo a corrigir o desequilíbrio gerado em favor da concessionária – no caso, a renda efetivamente percebida pela Tebe.

Para os fins da análise deste caso é relevante apenas a questão atinente ao cálculo da TIR. Trata-se de questão crucial sobre a essência das relações econômicas travadas nas concessões de serviços públicos uma vez que, conforme já exposto, a TIR é um critério universalmente utilizado para auferir o desequilíbrio econômico-financeiro desses contratos, de modo que os parâmetros adotados em seu cálculo ganham grande relevo.

Neste caso teremos a oportunidade de encontrar um instigante debate sobre os parâmetros a serem utilizados no cálculo da TIR, o que, consequentemente, impacta o desequilíbrio econômico-financeiro nos contratos de concessão.

De um lado, amparada pela Fipe, Estado e Artesp sustentavam o uso do valor efetivamente recebido pela concessionária. Do outro, a Tebe argumentava que o cálculo deveria ter sido elaborado com base no valor projetado. A partir deste caso, portanto, pode-se compreender melhor a dinâmica da repactuação dos contratos de concessão face ao desequilíbrio econômico-financeiro, situação que poderá ser replicada – e de certa forma já vem ocorrendo – em outros casos.

Seja como for, é justo inferir que a estabilidade é essencial em qualquer contrato celebrado a longo prazo, como os contratos de concessão. A manutenção da TIR, nesta seara, torna-se elemento essencial à pactuação; contudo, por muitas vezes, pode confrontar-se com decisões tomadas pelo regulador ou pelos órgãos de controle, como se verifica no presente caso.

3 O caso concreto

A questão foi, em um primeiro momento, objeto de procedimento administrativo instaurado pelo estado de São Paulo e pela Artesp, em que se decidiu pela invalidação do TAM. Ao analisar o presente caso, percebem-se duas concepções diferentes a respeito do cálculo da TIR: por um lado, Artesp e Estado de São Paulo sustentavam que, nos contratos de concessão rodoviária, o parâmetro a ser adotado é a *renda efetivamente auferida* pela concessionária, calculada com base no número de carros tarifados. De maneira diversa, a Tebe sustentava que se deve empregar a *renda projetada* no momento em que celebrado o contrato de concessão.

Tradicionalmente, o critério defendido pela concessionária, neste caso, é o que possui maior acolhida por parte da doutrina e jurisprudência. De maneira geral, os Tribunais garantem a manutenção das regras previstas tanto no edital de licitação quanto no contrato de concessão, podendo-se concluir, inicialmente, que estaria aí incluída a garantia de manutenção da TIR prevista na modelagem/edital ou no contrato de concessão. Vejam-se dois exemplos:

> A vinculação do Edital ao contrato tem como consectário que as tarifas fixadas pelos proponentes servem como um dos critérios para a escolha da empresa vencedora do certame, sendo elemento contributivo para se determinar a viabilidade da concessão e estabelecer o que é necessário ao equilíbrio econômico-financeiro do empreendimento, tanto que o art. 9º da Lei nº 8.987, de 13 de fevereiro 1995, determina que a tarifa do serviço público concedido será fixada pelo preço da proposta vencedora da licitação.[210]

> A equação econômico-financeira é um direito constitucionalmente garantido ao contratante particular (CF, art. 37, XXI). Se as características do contrato não fossem asseguradas, permitindo poderes ilimitados para alterar cláusula contratual, o particular não teria interesse em negociar com a Administração. [211]

Não obstante, a posição sustentada pelo estado de São Paulo e pela Artesp vêm sendo submetida aos órgãos de controle, inclusive de

[210] REsp nº 961.376-RS. Rel. Min. Luiz Fux, 1ª Turma, j. 2.9.2008.

[211] AgRg na SL nº 76. Rel. Min. Edson Vidigal, Corte Especial, *DJ*, 20 set. 2004.

contas, havendo decisões autorizando a modificação da TIR pactuada no contrato de concessão.[212]

Após essa instauração e sob o argumento de que estavam buscando "um meio mais célere de estabilização das relações jurídicas" – evitando potenciais recursos na esfera administrativa – Estado e Agência propuseram ação anulatória de ato administrativo em face da Tebe visando: (i) à anulação do TAM; e (ii) à celebração de novo termo aditivo que levasse em consideração, ao se auferir o desequilíbrio econômico-financeiro do contrato, a receita efetivamente auferida pela Concessionária. É interessante destacar que Estado e Agência reconheceram ter ocorrido um desequilíbrio econômico-financeiro no contrato de concessão, o qual levou à celebração do TAM. O que se contestou foi apenas a metodologia empregada para o cálculo da TIR.

O juízo de primeiro grau, ao sentenciar, decidiu pela validade do TAM, considerando que a TIR deveria ser calculada com base na receita projetada no momento da celebração do contrato de concessão. Insatisfeitos, Estado e Agência apelaram da referida decisão.

O acórdão que julgou a apelação decidiu favoravelmente ao apelo, reformando a sentença. O TJSP considerou que: (i) na ocasião da celebração do TAM, foi utilizada uma demanda "fictícia" para o cálculo da TIR; (ii) a TIR deveria ser calculada com base na demanda "real", neste caso representada pelo rendimento auferido com base nos carros tarifados; (iii) o parâmetro defendido pelos autores estava em consonância com o interesse público; (iv) o uso do parâmetro diferente gerou desequilíbrio econômico-financeiro em desfavor do Poder Público; e (v) com base nestes fundamentos, o TAM deveria ser anulado.

Sobre a questão de fundo, cumpre assinalar que o direito ao equilíbrio econômico-financeiro, nos contratos de concessão, decorre da interpretação literal do art. 37, XXI[213] da Constituição Federal, bem como

---

[212] Veja-se, no TCU, o Acórdão nº 1.055/2011 (Processo nº 026.335/2007-4). Na ocasião, a Corte de Contas decidiu que a TIR das concessões rodoviárias seria passível de exame pela agência reguladora, cabendo até mesmo fixação de nova rentabilidade para a concessionária.

[213] Art. 37. A administração pública direta e indireta de qualquer dos Poderes da União, dos Estados, do Distrito Federal e dos Municípios obedecerá aos princípios de legalidade, impessoalidade, moralidade, publicidade e eficiência e, também, ao seguinte: (...) XXI – ressalvados os casos especificados na legislação, as obras, serviços, compras e alienações serão contratados mediante processo de licitação pública que assegure igualdade de condições a todos os concorrentes, com cláusulas que estabeleçam obrigações de pagamento, mantidas as condições efetivas da proposta, nos termos da lei, o qual somente permitirá as exigências de qualificação técnica e econômica indispensáveis à garantia do cumprimento das obrigações.

do art. 10 da Lei nº 8.987/1995,[214] a Lei de Concessões. Em nenhum dos dispositivos em comento, entretanto, encontram-se parâmetros objetivos para que se calcule o referido desequilíbrio no caso concreto. Parece ter havido uma opção consciente do legislador em deixar esta norma aberta à interpretação, tendo em vista que o desequilíbrio econômico-financeiro deve ser reconhecido casuisticamente, analisando-se as particularidades de cada contrato.

Dada a objetividade da definição legal, é necessário que seja realizado um maior aprofundamento teórico sobre o que significa, de fato, o equilíbrio econômico-financeiro no direito brasileiro. Egon Bockmann Moreira e Rafaella Peçanha Guzella, ao proporem uma definição para este conceito, dividem a sua análise em duas vertentes: (i) econômica e (ii) financeira.[215]

Para os autores, na vertente econômica, o ponto de equilíbrio contratual é aquele em que o sistema não apresenta tendência de alteração das decisões tomadas pelos agentes envolvidos, de modo que os benefícios gerados pelas suas escolhas não sejam inferiores aos prejuízos por elas geradas. Já na perspectiva financeira, tem-se o equilíbrio contratual no ponto em que todas as receitas igualam-se às despesas – em contratos de concessão, portanto, o momento em que o fluxo de recursos é o suficiente para que o serviço objeto do contrato seja provido sem gerar prejuízos ao concessionário.

Conjugando ambas as definições, os autores definem o equilíbrio econômico-financeiro como o ponto "quando o capital destinado ao investimento for remunerado por uma taxa que não só compense custos financeiros fixos, mas também o custo de oportunidade e os riscos associados ao empreendimento".[216]

Desta forma, os autores preceituam que o equilíbrio econômico-financeiro, nos contratos de concessão, não deve ser entendido como algo estático, mas sim como um sistema que instaura uma relação de

---

[214] Art. 10. Sempre que forem atendidas as condições do contrato, considera-se mantido seu equilíbrio econômico-financeiro.

[215] MOREIRA, Egon Bockmann; GUZELLA, Rafaella Peçanha. Contratos administrativos de longo prazo, equilíbrio econômico-financeiro e Taxa Interna de Retorno (TIR). *In*: MOREIRA, Egon Bockmann (Coord.). *Contratos administrativos, equilíbrio econômico-financeiro e a taxa interna de retorno*: a lógica das concessões e parcerias público-privadas. Belo Horizonte: Fórum, 2016. p. 337-356.

[216] MOREIRA, Egon Bockmann; GUZELLA, Rafaella Peçanha. Contratos administrativos de longo prazo, equilíbrio econômico-financeiro e Taxa Interna de Retorno (TIR). *In*: MOREIRA, Egon Bockmann (Coord.). *Contratos administrativos, equilíbrio econômico-financeiro e a taxa interna de retorno*: a lógica das concessões e parcerias público-privadas. Belo Horizonte: Fórum, 2016. p. 337-356.

equivalência entre as partes e, portanto, capaz de dialogar com cenários mutáveis. Dessa forma, o equilíbrio se conserva na medida em que é conservada essa tensão inicial estabelecida no contrato.

No mesmo sentido entende Sérgio Guerra, ao dizer que o "equilíbrio econômico-financeiro do contrato é a relação de proporcionalidade e equivalência entre as obrigações assumidas pelo contratado e a remuneração que lhe corresponderá, nos termos do contrato de concessão".[217]

Definindo-se o equilíbrio econômico-financeiro do contrato de concessão como uma tensão, cuja manutenção deve ser feita ao longo de toda a relação contratual, é necessário estabelecermos quais são os componentes que a integrarão.

Nesse sentido, é importante pontuar algumas das características dos contratos de concessão de serviço público. Em primeiro lugar, possuem, via de regra, longa duração, sendo o contratado responsável por fazer o aporte inicial, cuja remuneração dar-se-á mediante as tarifas cobradas pela prestação do serviço concedido – ou seja, a prazo futuro e não imediato. Ademais, os próprios investimentos e receitas não são aportados de maneira linear, constituindo-se por picos (de receitas) e vales (de investimento) inter-relacionados.

Com efeito, a equação que compõe o equilíbrio econômico-financeiro nos contratos de concessão vai muito além de receitas e encargos, incluindo também as tarifas cobradas e suas diferentes estruturas de preços, custos e retornos. Ainda, segundo Maurício Portugal Ribeiro, inclui-se dentro destas tensões a matriz de distribuição de riscos entabulada pelas partes no contrato, uma vez que, "ao estipular as responsabilidades de cada uma das partes do contrato, fixa o conjunto de encargos e benefícios de cada parte e, assim, em conjunto com os indicadores de serviços é o sistema de pagamentos".[218] Assim, para Portugal Ribeiro, "a função do sistema de equilíbrio econômico-financeiro é o cumprimento permanente da matriz de riscos contratual".[219]

Floriano de Azevedo Marques Neto assevera que a equação econômico-financeira do contrato é estabelecida no momento em que

---

[217] GUERRA, Sérgio. Equilíbrio econômico-financeiro e taxa interna de retorno nas parcerias público privadas. *In*: JUSTEN FILHO, Marçal; SCHWIND, Rafael Wallbach. *Parcerias público-privadas*: reflexões sobre os 10 anos da lei 11.079/2004. São Paulo: Revista dos Tribunais. 2015. p. 309-328.

[218] RIBEIRO, Maurício Portugal. *Concessões e PPP's*. Melhores práticas em licitações e contratos. São Paulo: Atlas, 2011. p. 78.

[219] RIBEIRO, Maurício Portugal. *Concessões e PPP's*. Melhores práticas em licitações e contratos. São Paulo: Atlas, 2011. p. 79.

é celebrado o contrato de concessão, de modo que "não me parece ser possível desconsiderar a referência ao termo inicial do contrato para o cálculo da equação econômico-financeira do contrato".[220]

Estabelecendo o que é o equilíbrio econômico-financeiro do contrato de concessão e dada a sua complexidade, o desafio que se apresenta, perante os juristas, é o de medi-lo, no caso concreto, de modo a apurar: (i) se ele vem sendo mantido; e (ii) caso seja rompido, como fazer para restaurá-lo.

Destaca-se, entre as demais metodologias elaboradas, a chamada taxa interna de retorno, ou a TIR, que mede a rentabilidade projetada para determinado investimento. A TIR é obtida ao igualarem-se os valores projetados de entrada e saída do caixa do investimento, ou seja, quando o valor presente líquido é igual a zero. O investimento estará equilibrado quando a TIR estimada for: (i) positiva; e (ii) igual ou superior ao custo do capital.

Dentro de determinado projeto, existem duas TIR: a do próprio projeto (desalavancada), que mede a remuneração do capital próprio, e a dos acionistas (alavancada), que mede a remuneração do capital de terceiros empregado no investimento. Para fins de análise do equilíbrio econômico-financeiro do contrato, privilegia-se a TIR do projeto, uma vez que esta "cinge-se a 'dados de receita e custos do empreendimento, sintetizando a essência da concessão e neutralizando as escolhas (adequadas ou não) do controlador da empresa concessionária'".[221]

Ainda sobre a TIR, cita-se Maurício Portugal Ribeiro, para quem a metodologia deve ser empregada com parcimônia, para evitar que se transforme em garantia de rentabilidade, o que poderia distorcer a matriz de riscos assumida no contrato e gerar incentivos ao concessionário para que não preste o serviço da forma mais adequada.[222]

No presente caso, em que litigaram o estado de São Paulo e a Artesp, de um lado, e a Concessionária de Rodovias Tebe/SA, de outro, cumpre ressaltar que nenhuma das partes contestava a existência

---

[220] MARQUES NETO, Floriano de Azevedo. Equilíbrio econômico nas concessões de rodovia: critérios de aferição. *Governet: a revista do administrador público*, ano 3, n. 24, p. 332-337, abr. 2004. Boletim de Licitações e Contratos.

[221] MOREIRA, Egon Bockmann; GUZELLA, Rafaella Peçanha. Contratos administrativos de longo prazo, equilíbrio econômico-financeiro e Taxa Interna de Retorno (TIR). *In*: MOREIRA, Egon Bockmann (Coord.). *Contratos administrativos, equilíbrio econômico-financeiro e a taxa interna de retorno*: a lógica das concessões e parcerias público-privadas. Belo Horizonte: Fórum, 2016. p. 337-356.

[222] RIBEIRO, Maurício Portugal. *Concessões e PPP's*. Melhores práticas em licitações e contratos. São Paulo: Atlas, 2011. p. 118.

de desequilíbrio econômico-financeiro no contrato, cingindo-se a controvérsia à metodologia empregada no momento de seu reequilíbrio.

Conforme se observa das alegações feitas em sua petição inicial, os autores contestavam a metodologia empregada para o cálculo da TIR, com base em estudo superveniente da Fipe. O estudo da Fipe, em linhas gerais, afirmava que o erro metodológico presente no cálculo da TIR no momento da celebração do TAM foi baseado em "demanda fictícia"; isto é, aquela projetada no momento da assinatura do contrato. Para a Fipe, o cálculo deveria ter tomado como base a "demanda real", ou seja, o valor auferido, pela concessionária, pela prestação do serviço com base no número de veículos tarifados.

Isso porque o desequilíbrio fora gerado, em partes, por alterações na carga tributária, em especial nas alíquotas de ISS e PIS-Cofins. O recolhimento destes impostos, por sua vez, varia conforme o tráfego de veículos na rodovia, o qual, conforme sustentam Estado e Agência, era risco da Tebe consoante entabulado pelas partes na cláusula 23.2 do contrato de concessão:

> 23.2 Variações de receita decorrentes de alterações de demanda de tráfego em relação ao previsto no Plano de Negócios apresentado na PROPOSTA não serão considerados para efeito de equilíbrio econômico financeiro, sendo considerado como risco exclusivo da CONCESSIONÁRIA a correta avaliação do possível impacto sobre a exploração do SISTEMA RODOVIÁRIO decorrente da evolução futura dessa demanda.

Dessa forma, o TAM, ao adotar a demanda projetada no cálculo da TIR teria, indiretamente, transferido o risco pela redução da demanda do poder concedente para a concessionária, o que violaria a matriz de risco entabulada no contrato pelas partes.

Ademais, os autores consideraram que admitir que a demanda projetada pudesse ser empregada para o cálculo do equilíbrio econômico-financeiro do contrato seria abrir uma janela para má-fé dos agentes privados, que poderiam formular propostas com base em demandas irreais com o objetivo de buscar o reequilíbrio econômico-financeiro com base em projeções exorbitantes.

Partindo dessa premissa, a Fipe analisou a metodologia empregada para o cálculo da TIR do contrato na celebração do TAM e concluiu que ela equivalia a 24,81%. Ainda segundo a Fipe, a TIR original do contrato era de 20,23%. Ou seja: teria ocorrido um aumento de 3,81% na TIR, o que, ao final do contrato, resultaria em uma remuneração adicional de 174,25% ao concessionário pelos serviços prestados.

A base de cálculo dita como equivocada adotada na celebração do TAM, segundo o estado de São Paulo e a Artesp, teria gerado um desequilíbrio econômico-financeiro em face do Poder Público, o que configuraria desvio de finalidade, lesivo ao interesse público, o que acarretaria, obrigatoriamente, sua nulidade.

A Tebe, por sua vez, alegou uma série de preliminares – que não serão objeto deste estudo – e, no mérito, contestou a metodologia proposta pela Fipe, alegando ser ela contrária ao contrato celebrado entre as partes, bem como ao art. 10 da Lei de Concessões, além de sustentarem que, uma vez que o TAM havia sido aprovado pelo Tribunal de Contas do Estado de São Paulo, sua anulação violaria o princípio da segurança jurídica, trazendo instabilidade para os particulares que buscam contratar com o Estado, sendo vedada por lei a sua revisão.

Segundo a concessionária, o art. 9º, §4º da Lei de Concessões[223] proibiria a revisão do TAM ao determinar que o restabelecimento do equilíbrio econômico-financeiro do contrato deve se dar de maneira concomitante à sua verificação, ou seja, no momento em que o aditivo foi celebrado.

Ademais, segundo a concessionária, a demanda estimada integraria as bases econômico-financeiras do contrato e, por isso, deveria servir de base para a aferição do desequilíbrio. Para isso, amparou-se na cláusula 23.2.1 do contrato de concessão, a qual diz que:

> 23.2.1 A CONCESSIONÁRIA assume, especialmente, os riscos de redução do tráfego em relação às projeções consideradas na PROPOSTA, ressalvados os casos em que essa redução resulte de ato unilateral do CONTRATANTE ou do PODER CONCEDENTE, impactando o equilíbrio econômico-financeiro do CONTRATO.

Segundo a interpretação dada pela concessionária, considerando que a base da proposta formulada foi ao tráfego projetado, a constatação do desequilíbrio econômico-financeiro do contrato deveria tomá-lo por parâmetro. Assim, contestou a interpretação dada pela Fipe de que teria ocorrido distorção no cálculo uma vez que a demanda real só poderia ser auferida, evidentemente, após a sua concretização, ao passo que o equilíbrio econômico-financeiro do contrato é estabelecido no momento

[223] Art. 9º A tarifa do serviço público concedido será fixada pelo preço da proposta vencedora da licitação e preservada pelas regras de revisão previstas nesta Lei, no edital e no contrato. (...) §4º Em havendo alteração unilateral do contrato que afete o seu inicial equilíbrio econômico-financeiro, o poder concedente deverá restabelecê-lo, concomitantemente à alteração.

em que ele é pactuado, ou seja, antes que possam ser auferidos quaisquer indicadores do ganho da concessionária com a sua exploração. Dessa forma, o cálculo elaborado pela Fipe incorreria, obrigatoriamente, em distorções quanto ao equilíbrio econômico-financeiro do contrato, posto que auferido fora de suas bases.

Segundo a Tebe, o cálculo proposto pelo Estado de São Paulo e pela Artesp teria, como única consequência, a de propor um equilíbrio financeiro que em nada se relaciona com aquele típico dos contratos de concessão.

Como se vê, o caso foi posto sob uma suposta tensão entre valores aparentemente opostos: de um lado o Estado de São Paulo e a ARTESP sustentando sua visão com base no "interesse público" e no desvio de finalidade presente na celebração do TAM. Por outro, a concessionária advogava a garantia da segurança jurídica e estabilidade dos contratos firmados com a Administração Pública, cuja ruptura traria impactos econômicos. Todas essas questões perpassaram, no caso concreto, o cálculo da TIR.

Enquanto que, em 1ª instância, foi acolhida a tese da concessionária, a partir da leitura da ementa a seguir colacionada, pode-se depreender que, em sede de apelação, o TJSP decidiu pela nulidade do TAM:

> APELAÇÃO CÍVEL. REEQUILÍBRIO ECONÔMICO FINANCEIRO. AÇÃO OBJETIVANDO A DECLARAÇÃO DE NULIDADE DO TERMO ADITIVO MODIFICATIVO (TAM) Nº 11/2006, DO CONTRATO DE CONCESSÃO Nº CR/001/1998.
> Hipótese em que, para o cálculo da recomposição do equilíbrio econômico financeiro de 2006 foi considerada a demanda da proposta e não a demanda real, o que implicou num aumento maior do que a perda da receita sofrida pela concessionária. Receita ficta não pode prevalecer sobre a real condição econômica do contrato.
> Metodologia adotada pela Administração Pública atende ao interesse público na medida em que a equação do contrato de concessão de serviço público deve guardar relação com a realidade da estrutura econômica da atividade.
> Recurso provido.

Destaca-se, entretanto, que o TJSP não se baseou em outras questões jurídicas suscitadas no caso concreto. É o que se observa, com efeito, da leitura do voto do Relator Des. Camargo Pereira. Ao negar provimento às questões preliminares suscitadas pela concessionária, iniciou seu voto reconhecendo o direito ao reequilíbrio contratual nos seguintes termos:

> Assim, a equação financeira originalmente fixada no momento da celebração do contrato deverá ser respeitada pela Administração. Esta terá que proceder, sempre que houver alteração unilateral de alguma cláusula de execução que afete a equação financeira original, à revisão contratual, aos ajustamentos econômicos necessários à manutenção do equilíbrio financeiro denotativo da relação encargo-remuneração inicialmente estabelecida para o particular com justa e devida adequação.

O relator fez menção direta "à equação financeira originalmente fixada no momento da celebração do contrato". Para ele, entretanto, o caso seria dotado de uma "particularidade", qual seja, o uso "da receita fictícia, e não da efetiva, para fins de reequilíbrio", o que "gerou uma distorção na taxa interna de retorno foi errônea (*sic*), com o aumento de 3,81 pontos percentuais na remuneração original do contrato". Como se vê, o relator aderiu às conclusões do relatório da Fipe, dizendo:

> A metodologia adotada pela Administração Pública atende ao interesse público na medida em que a equação do contrato de concessão de serviço público deve guardar relação com a realidade da estrutura econômica da atividade e não com mera projeção que não encontra correspondência com a efetiva situação econômica da exploração do serviço.
> Assim, a receita ficta não pode prevalecer sobre a real condição econômica do contrato, relevando notar que, se não pode ser assim em desfavor da concessionária, igualmente não pode contra a Administração Pública.

Com base neste fundamento, o relator acolheu o pedido feito por Estado e Agência em sua apelação, determinando: (i) a nulidade do TAM; e (ii) o refazimento dos cálculos.

Mesmo o voto divergente não enfrentou o mérito da questão, limitando-se à questão probatória, qual seja, o pedido de prova pericial formulado pela Tebe, consistente em avaliação, por perito judicial, do relatório da Fipe bem como dos relatórios que fundamentaram o TAM. Com efeito, é o que se extrai do voto do Des. Antonio Carlos Malheiros:

> Pois bem. Muito embora este Magistrado tenha composto a turma julgadora que julgou provido, por votação unânime, o Agravo de Instrumento no 2099026-15.2015.8.26.000, afastando a necessidade de produção de prova pericial, certo é que, em face dos argumentos trazidos pelas partes, assim como aquilo que restou decidido na r. sentença

apelada, e, enfim, a controvérsia em torno das conclusões apostas no estudo elaborado pela FIPE, e utilizados para embasar o pedido inicial da presente demanda, estando atualmente verifica-se, realmente, a imperiosa necessidade da produção de prova pericial, com a nomeação de perito judicial, inclusive em respeito ao Princípio constitucional do direito ao contraditório e a mais ampla defesa.
Nem se diga da impossibilidade, em face da decisão colegiada supra mencionada, visto que se trata de nova fase processual, e a este Segundo Grau foi devolvida toda a matéria julgada em Primeiro Grau.
Sendo assim, meu voto é pela conversão do presente julgamento em diligência, para produção, nesta instância recursal, da prova pericial, com o fito de pôr fim à controvérsia acerca da regularidade do estudo da FIPE, sem desmerecer o prestígio de referida agência, com o fito de verificar-se a ocorrência ou não de eventual desiquilíbrio econômico-financeiro, eventuais prejuízos sofridos, e, consequentemente, se o Termo Aditivo e Modificativo 11/2006 está correto ou está eivado de algum vício insanável que justifique a sua substituição.

4 Conclusão

O caso estudado aborda metodologias opostas para o cálculo da TIR em contratos de concessão rodoviária que encontravam sustentáculo jurídico/teórico no princípio do interesse público e no princípio da segurança jurídica. Subjacente a estas discussões, situa-se a tensão entre a atuação do órgão regulador e a manutenção das expectativas de retorno financeiro dos investidores nos contratos de concessão de serviços públicos.

Se, de um lado, seria possível afirmar, num primeiro momento, com base na doutrina e na jurisprudência dominante, que a TIR contratual deve ser utilizada em revisões tarifárias dos contratos de concessão, de outro lado, essa afirmação pode não sobreviver futuramente em vista das decisões identificadas em concessões comuns, levados tanto ao Tribunal de Contas da União quanto ao Poder Judiciário.[224]

A fim de fixar os conceitos, reflitamos a propósito das seguintes questões:

---

[224] GUERRA, Sérgio; SAMPAIO, Patrícia. Concessões de serviços públicos e o tempo: Aspectos relevantes sobre o impacto da variável "prazo" para a manutenção do equilíbrio econômico-financeiro. *In*: GUERRA, Sérgio; SAMPAIO, Patrícia; BARBOSA, Fernando de Holanda. *Equilíbrio financeiro em projetos de infraestrutura e a TIR flexível*. Rio de Janeiro: FGV Projetos, 2019. n. 32.

1. Reconstruindo a situação no caso concreto: qual é a ordem de conflito em discussão? Qual é o conteúdo jurídico do TAM? Em que medida ele salvaguarda finalidades de interesse público? Qual foi o posicionamento judicial com relação à juridicidade do TAM? Trata-se de um arranjo legal?
2. Em que medida o contexto do caso concreto viabiliza o TAM? Como as informações concretas podem ser aproveitadas para o desfecho do caso em exame? Houve alguma ordem de alteração regulatória? Em que medida tal mudança enseja o reequilíbrio econômico-financeiro?
3. É o equilíbrio econômico-financeiro autêntica regulação? Analisando a cláusula de recomposição do equilíbrio econômico-financeiro no caso, é possível traçar limites à disciplina contratual do direito? O contrato em comento se atentou a esses limites? O TAM está em consonância com as regras regulatórias, inclusive o teor contratual?
4. Como a decisão judicial impacta o TIR do negócio? Qual deve ser o papel da regulação para preservar as legítimas expectativas de retorno de investimentos?

REGULAÇÃO DE BENS REVERSÍVEIS – CASO *ANATEL – EDIFÍCIO MARTINIANO*: AGRG NO RESP Nº 971.851 – STJ; ACÓRDÃO Nº 1.809/2016 – TCU

SÉRGIO GUERRA

FERNANDA MARQUES MARTINS

1 Resumo

O estudo dos casos "Anatel – Edifício Martiniano": AgRg no REsp nº 971.851 – STJ; e Acórdão nº 1.809/2016 – TCU, permitem uma compreensão prática dos problemas advindos da imprecisão terminológica que eventualmente pode circundar o termo "bem reversível" – tanto a acepção funcional quanto a patrimonial que caracterizariam a reversibilidade de um ativo –, bem como a não manutenção do registro, controle e inventário físicos dos bens de uma concessionária de serviços públicos. As controvérsias relacionadas à reversão de bens em uma concessão relacionam-se não apenas às controvérsias envolvendo o seu conteúdo e alcance, mas com diversas formas de realizar a gestão destes bens.

2 Introdução: a questão de fundo

Entre as cláusulas essenciais do contrato de concessão estão as relativas aos bens reversíveis e aos critérios para o cálculo e a forma de pagamento das indenizações devidas à concessionária. De certa forma esses dois pontos estão associados, haja vista que a depender dos bens reversíveis aportados pela concessionária e não amortizados, haverá impacto nos valores a serem restituídos quando do termo final da concessão.

O Caso "Anatel – Edifício Martiniano" traz luz à questão da classificação de um bem como reversível, ou não, submetida ao Poder Judiciário no AgRg no REsp nº 971.85, enquanto no Acórdão nº 1.809/2016 o TCU explora, sob o ponto de vista de órgão controlador, além da classificação dos bens, a importância de que o regulador exerça sobre os bens relacionados à concessão um controle efetivo e metodologicamente adequado à garantia de sua continuidade.

Ambos os julgados questionam a fragilidade da procedimentalização adotada pela Anatel na interpretação do conceito e consequente regulamentação dos bens reversíveis.

Diversas questões se apresentam no bojo dos casos sob análise. Com base no estudo do AgRg no REsp nº 971.851-STJ, pode-se suscitar a necessidade de que seja observado um procedimento para reconhecer a reversibilidade de um bem, pautando-se em parâmetros específicos. O segundo caso, o Acórdão nº do 1.809/2016 – Plenário/TCU versa sobre a necessidade de que o agente regulador – no presente caso, a Anatel – possua um sistema que proveja uma regulamentação e controle efetivos sobre os bens reversíveis, assegurando conformidade e atualidade das informações acerca destes bens.

3 O caso concreto

A reversão de bens, segundo Sérgio Guerra, constitui um preceito tradicional nas leis brasileiras referentes às concessões de serviços públicos, não havendo, contudo, regra clara na legislação. Costuma-se conceituá-los como aqueles diretamente vinculados e necessários ao serviço público, que integrarão o patrimônio do concedente ao se findar a concessão. Nesse sentido, a normativa vigente apenas estabelece que, extinta a concessão, retornam ao poder concedente todos os bens reversíveis, direitos e privilégios transferidos ao concessionário conforme previsto no edital e estabelecido no contrato.[225]

Com efeito, o art. 31, da Lei nº 8.987/95, impõe à concessionária de serviço público a obrigação de manter em dia o inventário e o registro dos bens vinculados à concessão e garantir a integridade deles. Esse regramento tem a finalidade de zelar pelo real cumprimento dos objetivos da concessão, traçando, de maneira rígida, comportamentos a serem adotados por ambos os contratantes, notadamente para que o serviço público concedido seja prestado de modo a alcançar os interesses da coletividade.

O ponto nodal nesse campo de questões está em saber se a reversão atinge todos os bens que entraram no acervo da concessão. Com efeito, a divergência em torno da qualificação dos bens reversíveis é frequente, e isso se deve, na maioria das vezes, à pouca precisão dos editais de licitação e das cláusulas contratuais.

Especificamente sobre os bens passíveis de reversão, Floriano de Azevedo Marques adota uma classificação tripartite. Segundo o autor, incluem-se neste rol (i) os bens originalmente públicos ou aplicados ao serviço por instrumentos de direito público (p. ex., expropriação), que se confundem com sua afetação; (ii) os bens reversíveis que venham a ser adquiridos pela concessionária para ampliação ou melhoria do serviço ou, ainda, para substituir bens transferidos pelo poder concedente que cheguem ao fim de sua vida útil; e (iii) os direitos reais e pessoais sobre bens de terceiros, públicos ou privados, como ocorre com as servidões de passagem para equipamentos de infraestrutura. O autor lembra que "estas três espécies de bens afetados ao serviço delegado referem-se, respectivamente, a bens de propriedade do poder concedente, de propriedade do delegatário e bens de propriedade de terceiros, empregados ao serviço por algum vínculo jurídico real ou pessoal", a merecerem caracterização diversa.[226]

Nesses termos os bens envolvidos na prestação do serviço objeto da concessão podem ser públicos ou privados, dependendo de sua origem. Egon Bockmann Moreira leciona que há um liame especial e imediato entre o concessionário e determinados bens, expressado em sua relação jurídica com outras pessoas, a consubstanciar um direito real cujo objeto são igualmente coisas do domínio público. Essa relação,

---

225 GUERRA, Sérgio. A reversibilidade dos bens nas concessões de serviços públicos. *Revista de Direito Público da Economia – RDPE*, Belo Horizonte, ano 2, n. 8, out./dez. 2004.

226 MARQUES NETO, Floriano de Azevedo. *Bens públicos*: função social e exploração econômica. O regime jurídico das utilidades públicas. Belo Horizonte: Fórum, 2014. p. 172.

segundo o autor, traz consigo deveres e direitos específicos em conexão direta a tais bens, bem como o peculiar exercício desses direitos reais. Muito embora com limites (tanto no que respeita à "função positiva" do direito de propriedade, como quanto à sua "função negativa"), a ordem jurídica atribui ao concessionário o poder direto sobre específicas coisas públicas e privadas – para que as mantenha, explore-as economicamente e delas obtenha ganhos. A coletividade usufrui desses bens por meio do pagamento de tarifas individuais. Mas quem detém a posse imediata, os administra, confere-lhes o aproveitamento inerente à sua afetação e lucra com eles é o concessionário (que pode exercer, inclusive, os remédios possessórios para proteger esse vínculo juridicamente tutelado). Reitere-se aqui que o direito real exercido pelo concessionário tem por objeto tanto bens do domínio público (direito real administrativo) como os de domínio privado de sua propriedade (direito real civil).[227]

A esse propósito, ao discorrer sobre o regime dos bens de propriedade da empresa estatal que desempenha serviço público, mediante concessão ou permissão, doutrina Maria Sylvia Zanella Di Pietro que ela possui um patrimônio próprio, embora tenha que se utilizar, muitas vezes, de bens pertencentes à pessoa pública política.[228]

Assim, entre os bens nele integrados, distinguem-se duas espécies. Os que estão diretamente afetados à execução do serviço público e os que não estão afetados. Nesse sentido, esclarece a administrativista que se os bens das concessionárias e permissionárias são afetados a um serviço público, eles têm que se submeter ao mesmo regime jurídico a que se submetem os bens pertencentes à União, aos estados e aos municípios, também afetados à realização de serviços públicos.

No caso do serviço público, é a pessoa pública política (União, estado ou município) que detém a sua titularidade: a concessionária apenas o executa e não tem qualquer disponibilidade sobre ele, como também não tem a livre disponibilidade sobre os bens afetados ao serviço público.[229]

---

227 MOREIRA, Egon Bockmann. A concessão de serviços públicos e os direitos reais administrativos. *In*: GUERRA, Sérgio; FERREIRA JUNIOR, Celso Rodrigues (org.). *Direito administrativo*: estudos em homenagem ao Professor Marcos Juruena Villela Souto. Belo Horizonte: Fórum, 2015. p. 212.

228 DI PIETRO, Maria Sylvia Zanella. Natureza jurídica dos bens das empresas estatais. *Revista PGE de São Paulo*, p. 173-185, dez. 1988. p. 182 e ss.

229 DI PIETRO, Maria Sylvia Zanella. Natureza jurídica dos bens das empresas estatais. *Revista PGE de São Paulo*, p. 173-185, dez. 1988. p. 182 e ss.

Diversas são as opiniões sobre que bens estão alcançados pela reversibilidade na concessão de serviços públicos.[230] Luiz Alberto Blanchet adverte que a doutrina dominante sustenta que somente os bens necessários à prestação do serviço concedido devem ser revertidos ao poder concedente, atendendo ao princípio da permanência ou continuidade do serviço, haja vista que se os bens efetivamente utilizados na prestação adequada do serviço já são suficientes para preservar a continuidade de sua prestação, a reversão dos demais bens seria supérflua. Ademais, sustenta que a aquisição do bem terá sido paga com recursos públicos antes da concessão (se já existentes ou adquiridos pelo poder concedente para utilização na prestação do serviço), durante (dissolvido o seu custo no valor da tarifa), ou ao final da concessão mediante indenização ao concessionário (se assim estiver previsto no contrato).[231]

Sérgio Guerra já teve a oportunidade de indicar que no direito pátrio a jurisprudência do Supremo Tribunal Federal há muito consagra o entendimento de que só são reversíveis os bens efetivamente imprescindíveis ao contrato, citando um caso julgado em 1956 envolvendo a concessão de serviço de transporte por bondes.[232] O autor conclui que somente os bens efetivamente atrelados ao contrato de concessão são passíveis de reversão e que, do contrário, se quisesse o Poder Concedente

---

230 Sobre o tema, Hely Lopes Meirelles sustentou: "segundo a doutrina dominante, acolhida pelos nossos Tribunais, a reversão só abrange os bens, de qualquer natureza, vinculados à prestação do serviço. Os demais, não utilizados no objeto da concessão, constituem patrimônio privado do concessionário, que deles pode dispor livremente e, ao final do contrato, não está obrigado a entregá-los, sem pagamento, ao concedente. Assim é que a reversão só atinge o serviço concedido e os bens que asseguram sua adequada prestação. Se o concessionário, durante a vigência do contrato, formou um acervo à parte, embora provindo da empresa, mas desvinculado do serviço e sem emprego na sua execução, tais bens não lhe são acessórios e, por isso, não o seguem necessariamente, na reversão" (MEIRELLES, Hely Lopes. *Direito administrativo brasileiro*. 28. ed. São Paulo: Malheiros, 2003. p. 379).

231 BLANCHET, Luiz Alberto. *Concessão de serviços públicos*. 2. ed. Curitiba: Juruá, 2000. p. 102.

232 "Serviço de bondes do Distrito Federal; Reversão à Prefeitura dos bens da companhia sua cessionária; Somente são reversíveis aqueles vinculados, próprios ou afetos à execução do serviço concedido, na conformidade do respectivo contrato, esclarecido por 'termos de acordo' posteriores; Os adquiridos, portanto, pela concessionária, por aplicação de seus recursos, sem aquela destinação, são de sua livre propriedade e, consequentemente, não reversíveis. Recurso extraordinário por violação dos arts. 2º da lei de introdução ao código civil, 644 e 647 do código civil, 141, par. 2º, da constituição federal, e da lei nº. 1.533, de 1951; Improcedência das arguições. Revogabilidade de ato administrativo; Divergência inexistente, face à jurisprudência a respeito assentada. Arguição, sobre serodia, descabida e violação da lei orgânica do distrito federal. Descabimento, consequente, do recurso; seu não conhecimento" (RE nº 32.865. Rel. Min. Edgard Costa, 2ª Turma, j. 28.8.1956)

apropriar-se de todos os bens da concessionária, indiscriminadamente, configurar-se-ia um autêntico processo de desapropriação, não só dos bens da empresa, mas também do seu capital.[233]

Pela própria natureza e características dos bens reversíveis, em princípio, por ocasião do término do prazo contratual, todos os investimentos já devem ter sido amortizados ou depreciados. Maria Sylvia Zanella Di Pietro adverte que, extinta a concessão por decurso do prazo contratual, estará, em princípio, coberto o valor da indenização pela aquisição dos bens necessários à exploração do serviço concedido. Aduz que se a amortização não tiver sido total, por qualquer razão, ou se a extinção se der antes do prazo estipulado, caberá ao poder concedente indenizar o concessionário pelo valor restante, ainda não amortizado.[234]

Via de regra, o prazo contratual é dimensionado em função de uma previsão inicial dos investimentos necessários. Porém, num contrato de longa duração, sempre se fazem necessários novos e até mesmo imprevistos investimentos, inclusive em período próximo ao final da concessão, tudo com o objetivo de garantir a continuidade e atualidade do serviço concedido. Destarte, os investimentos adicionais feitos pela concessionária podem ser insuscetíveis de amortização no prazo estabelecido inicialmente. Desse modo, somente se for garantido à concessionária o retorno da totalidade dos investimentos efetuados, ela os fará, atendendo com isso aos interesses dos usuários. Assim, e com a reversibilidade dos bens, ainda que adquiridos durante o prazo de concessão, Sérgio Guerra sustenta que ao termo final do contrato de concessão o poder concedente pode recolher o acervo vinculado ao contrato em condições regulares, capazes de assegurar a continuidade do serviço, e o concessionário recobrar inteiramente o que fora investido durante o contrato na manutenção dos bens reversíveis.[235]

No presente caso, uma das peças processuais eleitas para embasar o estudo da reversibilidade dos bens em uma concessão foi o AgRg no Recurso Especial nº 971.851 – SC (2007/0178100-4), oriundo de uma ação popular impetrada contra uma prestadora de serviço público de telefonia em virtude da alienação de um bem entendido como reversível.

---

[233] GUERRA, Sérgio. A reversibilidade dos bens nas concessões de serviços públicos. *Revista de Direito Público da Economia – RDPE*, Belo Horizonte, ano 2, n. 8, out./dez. 2004.

[234] DI PIETRO, Maria Sylvia Zanella. *Parcerias na Administração Pública*. 3. ed. São Paulo: Atlas, 1999. p. 86.

[235] GUERRA, Sérgio. A reversibilidade dos bens nas concessões de serviços públicos. *Revista de Direito Público da Economia – RDPE*, Belo Horizonte, ano 2, n. 8, out./dez. 2004.

Tratava-se, em questão, de um escritório administrativo já desativado, que fora alienado pela Brasil Telecom S/A.

Preliminarmente, para a correta compreensão da lide, é preciso entender o contexto normativo em que o bem a ser supostamente revertido ao Poder Público se inseria. A agência reguladora agravada, nesta situação, era a Agência Nacional de Telecomunicações (Anatel), "entidade integrante da Administração Pública Federal indireta, submetida a regime autárquico especial e vinculada ao Ministério das Comunicações, com a função de órgão regulador das telecomunicações".[236]

A lei de criação da Anatel, Lei nº 9.472, de 16.7.1997 (Lei Geral de Telecomunicações, ou "LGT"), disciplina, em seus arts. 100 a 102, o regime aplicável aos bens integrantes de uma concessão. Notadamente, o art. 102 aduz, a respeito dos bens reversíveis, que:

> Art. 102. A extinção da concessão transmitirá automaticamente à União a posse dos bens reversíveis.
> Parágrafo único. A reversão dos bens, antes de expirado o prazo contratual, importará pagamento de indenização pelas parcelas de investimentos a eles vinculados, ainda não amortizados ou depreciados, que tenham sido realizados com o objetivo de garantir a continuidade e atualidade do serviço concedido.

Este regramento da LGT deve ser analisado em conjunto com o Regulamento de Controle de Bens Reversíveis (Resolução Anatel nº 447, de 19.10.2006). Esta norma infralegal, posteriormente revogada pela agência,[237] conceituava como bens reversíveis todos os

> equipamentos, infraestrutura, logiciários ou qualquer outro bem, móvel ou imóvel, inclusive Bens de Massa, ou direito integrantes do patrimônio da Prestadora, de sua controladora, controlada ou coligada, indispensáveis à continuidade e atualidade da prestação do serviço no regime público.[238]

---

[236] Art. 8º, Lei nº 9.472, de 16.7.1997, que dispõe sobre a organização dos serviços de telecomunicações, a criação e funcionamento de um órgão regulador e outros aspectos institucionais, nos termos da Emenda Constitucional nº 8, de 1995.

[237] Em abril de 2021, a Resolução nº 447/2006 foi revogada pela Resolução Anatel nº 744, de 08.04.2021, que aprova o Regulamento de Continuidade da Prestação do Serviço Telefônico Fixo Comutado Destinado ao Uso do Público em Geral (STFC) em Regime Público.

[238] ANATEL. *Resolução nº 447, de 19 de outubro de 2006*. Disponível em: http://www.anatel.gov.br/legislacao/resolucoes/2006/380-resolucao-447. Acesso em: 24 jul. 2019.

A este respeito, Floriano de Azevedo Marques Neto e Milene Coscione esclarecem que a opção normativa da Anatel, consubstanciada na Resolução nº 447, de 19.10.2006, foi de prestigiar o caráter funcional dos bens para atestar sua eventual reversibilidade:

> (...) a legislação e regulamentação do setor de telecomunicações pretenderam atribuir à reversibilidade dos bens das concessionárias de Serviço Telefônico Fixo Comutado – STFC caráter funcional. É dizer que somente os bens imprescindíveis, essenciais, indispensáveis à continuidade da prestação deste serviço poderiam ser considerados reversíveis ao término da concessão (...).[239]

De acordo com aquela normativa, bens reversíveis são aqueles que se qualificam como indispensáveis à continuidade e atualidade da prestação do serviço público. Entretanto, este entendimento – que não é uníssono – nem sempre fora adotado pela agência.

Por meio de uma análise dos precedentes da Anatel ao longo dos anos a respeito do conceito de bens reversíveis, Floriano de Azevedo Marques Neto e Milene Coscione identificaram, "especialmente no que tange ao seu conteúdo e alcance",[240] sucessivas mudanças normativas dentro da agência:

> (...) dentre o universo conhecido de precedentes da Anatel, três momentos distintos podem ser identificados: um primeiro, em que o entendimento da Agência se pautava exclusivamente na indispensabilidade dos bens para a continuidade da prestação do STFC para a devida avaliação de sua reversibilidade ou não; outro, em que se verifica a alteração radical no posicionamento da Anatel, no qual se passa a considerar o domínio dos bens das concessionárias como elemento indicador de sua reversibilidade; e um terceiro, mais recentemente, em que se vislumbra a combinação da imprescindibilidade do bem à prestação do STFC e o seu domínio pelas concessionárias, de modo a se considerar praticamente todos os bens da concessionárias de STFC como reversíveis.[241]

---

[239] MARQUES NETO, Floriano de Azevedo; COSCIONE, M. L. R. A reversibilidade dos bens no setor de telecomunicações de acordo com os precedentes da Anatel. *REDAC – Revista de Direito Administrativo Contemporâneo*, v. 10, 2014. p. 42.

[240] MARQUES NETO, Floriano de Azevedo; COSCIONE, M. L. R. A reversibilidade dos bens no setor de telecomunicações de acordo com os precedentes da Anatel. *REDAC – Revista de Direito Administrativo Contemporâneo*, v. 10, 2014. p. 42.

[241] MARQUES NETO, Floriano de Azevedo; COSCIONE, M. L. R. A reversibilidade dos bens no setor de telecomunicações de acordo com os precedentes da Anatel. *REDAC – Revista de Direito Administrativo Contemporâneo*, v. 10, 2014. p. 45.

Os autores apresentam e contrapõem as lógicas da funcionalidade do domínio dos bens objetos da concessão para fins de apuração de sua reversibilidade, destacando uma "alteração de entendimento da Anatel conferindo (...) ampla e diversa interpretação dos dispositivos da Lei nº 9.472/1997 (Lei Geral de Telecomunicações) e da Res. 447/2006 (Regulamento de Controle de Bens Reversíveis)".[242]

O estudo conclui que, para fins de classificação de um bem como reversível, basta atestar sua indispensabilidade à continuidade e atualidade dos serviços, isto porque "a legislação e a regulamentação setorial consagraram exclusivamente a funcionalidade como requisito essencial à afetação dos bens das concessionárias de STFC, em nada fazendo referência à propriedade destes bens".[243]

De maneira semelhante entende Sérgio Guerra, que destaca o critério funcional e o associa à continuidade do serviço ao reconhecer que são bens reversíveis "somente os bens efetivamente atrelados ao contrato de concessão".[244] Por "efetivamente atrelados", pode-se entender os bens diretamente afetados à execução do serviço público, os quais se submetem ao mesmo regime jurídico dos bens pertencentes à União, estados e municípios, quando afetados à realização de um serviço público.

Transpondo estes conceitos ao caso concreto, em que se discute se um escritório administrativo já desativado e, posteriormente, alienado, integraria o rol de bens reversíveis de uma concessionária de serviços de telecomunicação, tem-se, de plano, o aparente conflito entre o necessário caráter de essencialidade do bem e a sua desativação, na prática, enquanto o serviço público continua a ser prestado.

Sendo os bens reversíveis "aqueles diretamente vinculados e necessários ao serviço público, que integrarão o patrimônio do concedente ao se findar a concessão",[245] não parece haver possibilidade de enquadramento de um bem fora de uso, ante a efetiva, regular e contínua prestação do serviço, como reversível. Neste sentido, a decisão

---

[242] MARQUES NETO, Floriano de Azevedo; COSCIONE, M. L. R. A reversibilidade dos bens no setor de telecomunicações de acordo com os precedentes da Anatel. *REDAC – Revista de Direito Administrativo Contemporâneo*, v. 10, 2014. p. 42.

[243] MARQUES NETO, Floriano de Azevedo; COSCIONE, M. L. R. A reversibilidade dos bens no setor de telecomunicações de acordo com os precedentes da Anatel. *REDAC – Revista de Direito Administrativo Contemporâneo*, v. 10, 2014. p. 59.

[244] GUERRA, Sérgio. A reversibilidade dos bens nas concessões de serviços públicos. *Revista de Direito Público da Economia – RDPE*, Belo Horizonte, ano 2, n. 8, out./dez. 2004.

[245] GUERRA, Sérgio. A reversibilidade dos bens nas concessões de serviços públicos. *Revista de Direito Público da Economia – RDPE*, Belo Horizonte, ano 2, n. 8, out./dez. 2004.

que rejeitou o agravo regimental que ora se discute afirmou que "o que está desativado e fora de uso não é essencial à prestação de qualquer serviço".[246]

Para além dessa constatação, que mais se aproxima de uma questão lógica do que jurídica, pode-se destacar o fato de que são obrigações do concessionário arrolar, no contrato de concessão, a relação de bens reversíveis – conforme exigido pelo art. 23, X, da Lei nº 8.987/1995.

Ademais, deve o concessionário manter atualizada e informar anualmente à Anatel, por meio da Relação de Bens Reversíveis (RBR), a inclusão de qualquer bem neste rol – conforme exigido pelo art. 5º da Resolução Anatel nº 447/2006. No caso em tela, o escritório desativado não constava no contrato de concessão, nem, sequer, na RBR.

Não havendo qualquer vinculação jurídica deste bem à sua eventual indispensabilidade para a continuidade da prestação do serviço e, somado este fato à sua efetiva desativação durante a prestação do serviço – sem causar, contudo, interrupção –, pode-se presumir que o escritório desativado não era, de fato, um bem reversível.

Como afirmado no acórdão, a Anatel "em fiscalização realizada nos bens da Brasil Telecom, expressamente afastou a reversibilidade do imóvel controvertido nesta ação popular".[247] Segundo o laudo da agência, por não ser o escritório administrativo desativado um bem necessário à continuidade do serviço público, posto que não era diretamente afetado à consecução da atividade, não poderia ser, por conseguinte, classificado como bem reversível, de modo a obstar sua alienação.

Em voto-vista, a Ministra Eliana Calmon chegou à mesma conclusão que o relator, de que "a tese da recorrente de que o bem alienado continua como bem reversível, ainda que fora de uso, não se harmoniza com o conceito de bens reversíveis, pois o que está desativado e fora de uso não é essencial à prestação de qualquer serviço.[248]

O STJ decidiu, por unanimidade, negar provimento ao agravo regimental que pretendia declarar como reversível o escritório administrativo já desativado e devidamente alienado pela Brasil Telecom S/A.

---

[246] BRASIL. STJ. AgRg no REsp nº 971851 SC 2007/0178100-4. Rel. Min. Castro Meira, j. 10.6.2008, 2ª Turma. *DJe*, 8 set. 2008.

[247] BRASIL. STJ. AgRg no REsp nº 971.851 SC 2007/0178100-4. Rel. Min. Castro Meira, j. 10.6.2008, 2ª Turma. *DJe*, 8 set. 2008.

[248] BRASIL. STJ. AgRg no REsp nº 971.851 SC 2007/0178100-4. Rel. Min. Castro Meira, j. 10.6.2008, 2ª Turma. *DJe*, 8 set. 2008.

O segundo caso analisado é o Acórdão nº 1.809/2016 – TCU, na forma de embargos de declaração opostos pela Anatel em face de Relatório de Auditoria da Corte de Contas, realizada sobre as atividades dessa entidade autárquica especial, no que se refere à regulamentação, controle, acompanhamento e fiscalização dos bens reversíveis previstos nos contratos de concessão do Serviço Telefônico Fixo Comutado – STFC e na Lei Geral de Telecomunicações (Lei nº 9.472, de 16.7.1997, ou "LGT").

O pleito da agência apontava supostas obscuridades, omissões e contradições da decisão, requerendo:

> (i) o esclarecimento da obscuridade decorrente da heterogeneidade dos conceitos de bens reversíveis presentes na fundamentação; o (ii) saneamento das contradições quanto aos fundamentos do encaminhamento contido no item 9.2.1 e seus subitens – no que tange (ii.i) ao fundamento normativo e marco temporal do dever de controle dos recursos obtidos com a alienação de bens; (ii.ii) relação entre os valores dos bens reversíveis e o 'valor das concessões'; e (ii.iii) reconhecimento do custo e da impossibilidade do cumprimento da determinação; – o (iii) saneamento das omissões relacionadas à manifestação acerca de proposta alternativa a uma determinação específica, bem como manifestação acerca dos efeitos do cumprimento da recomendação que versava sobre a exequibilidade do conjunto de determinações e demais recomendações expedidas no Acórdão recorrido.[249]

Os embargos foram conhecidos e providos parcialmente. No que se refere ao mérito da questão, que se relaciona ao conceito de bens reversíveis, objeto do presente estudo, o TCU mencionou a dinâmica normativa da LGT, que contempla a indicação dos bens reversíveis no contrato de concessão, bem como a transmissão automática da posse dos bens reversíveis ao Poder Concedente ao fim da concessão. Da leitura destes dispositivos, entendeu o TCU que a LGT institui um verdadeiro sistema de controle de bens reversíveis, mesmo porque a própria agência deve aprovar previamente a alienação de um bem reversível. Em suma, o TCU esclareceu à Anatel:

> 9.2.1. a definição de bens reversíveis constante do art. 3º, IV, do Regulamento de Controle de Bens Reversíveis (RCBR), editado por essa agência reguladora, foi considerada adequada pelo TCU;
> 9.2.2. a obrigação da Anatel de controlar os bens reversíveis existe desde a entrada em vigor da Lei Geral das Telecomunicações – LGT.

[249] Acórdão nº 1.809/2016, TCU.

> Por outro lado, esta Corte de Contas limitou a abrangência temporal do levantamento determinado no item 9.2.1 do acórdão embargado com o intuito de possibilitar a realização desse levantamento;
> 9.2.3. sua proposta alternativa à implementação da determinação contida no item 9.2.1 do acórdão embargado não foi acolhida pelo TCU;
> 9.2.4. a mencionada determinação deve ser cumprida na forma em que se encontra expressa no decisum recorrido; e
> 9.2.5. em princípio, eventuais alterações futuras no Regulamento de Bens Reversíveis editado pelo ente regulador não impedirão o cumprimento das determinações proferidas no acórdão em tela

A Corte de Contas constatou, em suma, que a regulamentação e controle exercidos pela agência não garantiam a conformidade e atualidade das informações a respeito dos bens reversíveis, tendo ocorrido apenas poucas ações de regulamentação destes bens, as quais eram acometidas por fragilidades nos procedimentos de acompanhamento e análise das alienações eventualmente realizadas.

Segundo o TCU os métodos utilizados para controle e acompanhamento pela Anatel não seriam suficientes para garantir continuidade e atualidade ao serviço de telefonia fixa. No que se refere ao processo de apuração de irregularidades e na aplicação, eventual, de penalidades, o TCU concluiu por serem ineficazes. Foram, segundo a corte de contas, identificados empecilhos para o controle social dos bens reversíveis, o que se somava à falha na fiscalização destes bens por parte da agência.

Um fator marcante no comportamento da Anatel – e já mencionado na análise do AgRg no REsp nº 971.851-STJ – foi a fragilidade da procedimentalização voltada à interpretação do conceito e à regulamentação dos bens reversíveis. Isto significa que, após sucessivas alterações de interpretações, o TCU asseverou que os métodos de controle e acompanhamento exercidos pela agência eram restritos ao aspecto patrimonial dos bens, negligenciando seu aspecto funcional, qual seja, a análise da relevância de cada bem na continuidade da telefonia fixa.[250]

Como se pôde notar da análise dos casos narrados, é relevante durante todo o contrato de concessão que sejam estritamente observadas as normativas atinentes ao arrolamento e ao controle dos bens reversíveis, evitando-se conflitos.

---

[250] Somem-se a isso falhas identificadas pelo TCU no que concerne às ações desempenhadas pela agência entre 1998 e 2014 para a regulamentação, controle, acompanhamento e fiscalização dos bens reversíveis, dando ensejo às determinações constantes do Acórdão TCU nº 2.142/2019, no âmbito do mesmo processo de auditoria (Processo nº 024.646/2014-8).

4 Conclusão: *insights* e questões a refletir

O Caso "Anatel – Edifício Martiniano" traz luz à questão da classificação de um bem como reversível ou não, enquanto o Acórdão nº 1.809/2016 – TCU explora, sob o ponto de vista do controlador, além da classificação dos bens, a importância de que o regulador exerça sobre os bens relacionados à concessão um controle efetivo e metodologicamente adequado à garantia de sua continuidade.

O STJ decidiu, por unanimidade, negar provimento ao agravo regimental que pretendia declarar como reversível o escritório administrativo já desativado e devidamente alienado pela Brasil Telecom S/A, cuja alienação era questionada sob a alegação de que aquele se tratava, de fato, de um bem reversível, embora não constasse do contrato, tampouco da Relação de Bens Reversíveis – RBR. A discussão toda circundou, portanto, o conceito de "reversibilidade" do bem e suas implicações.

Por sua vez, o TCU constatou que a regulamentação e controle exercidos pela Anatel não garantiam a conformidade e atualidade das informações a respeito dos bens reversíveis, tendo ocorrido apenas poucas ações de regulamentação destes bens, as quais eram acometidas por fragilidades nos procedimentos de acompanhamento e análise das alienações eventualmente realizadas.

O AgRg no REsp nº 971.851 – STJ e o Acórdão nº 1.809/2016 – TCU permitem uma compreensão prática dos problemas que podem advir da não manutenção do registro, controle e inventário físicos dos bens de uma concessionária. As controvérsias relacionadas à reversão de bens em uma concessão relacionam-se, em parte, ao fato de existirem diversas opiniões a respeito de seu conteúdo e alcance.

Como se pode depreender do estudo do AgRg no REsp nº 971.851 – STJ e do Acórdão nº 1.809/2016 – TCU, os assuntos em tensão giram em torno da temática dos bens reversíveis e da importância de que a lógica por detrás do conceito de "reversão" seja, de fato, compreendida como a "entrega pelo concessionário ao Poder Concedente dos bens vinculados à concessão, por ocasião do fim do contrato, em virtude de sua destinação ao serviço público, de modo a permitir sua continuidade".[251]

Conclui-se, a partir das referências colacionadas, que somente os bens efetivamente atrelados ao contrato de concessão são passíveis de reversão. Embora a Anatel tenha, ao longo dos anos, alterado o seu

[251] GUERRA, Sérgio. A reversibilidade dos bens nas concessões de serviços públicos. *Revista de Direito Público da Economia – RDPE*, Belo Horizonte, ano 2, n. 8, out./dez. 2004.

entendimento a respeito dos critérios que configuram a reversibilidade de um bem, sua opção normativa, consubstanciada na Resolução nº 447, de 19.10.2006, posteriormente revogada pela Resolução nº 744/2021, foi de prestigiar o caráter funcional dos bens para atestar sua eventual reversibilidade. O critério estabelecido pela Resolução nº 447 determinava que "somente os bens imprescindíveis, essenciais, indispensáveis à continuidade da prestação deste serviço poderiam ser considerados reversíveis ao término da concessão (...)".

Objetiva-se, com este regramento, a preservação dos bens vinculados ao serviço durante todo o tempo da vigência do contrato de concessão, garantindo ao poder concedente que esse patrimônio seja revertido ao seu controle nas mesmas condições em que foram cedidos, caso o contrato expire sem renovação, ou por força das ocorrências da encampação, caducidade ou pelos outros motivos já elencados.

A fim de fixar os conceitos, reflitamos a propósito das seguintes questões:

1. Como caracterizar um bem reversível em matéria de concessão de serviço público? No caso concreto, o edifício Martiniano pode ser assim considerado? Quais são os mecanismos formais de relacionamento de bens reversíveis em uma concessão? No caso concreto, quais são os documentos em torno dos quais se discute a reversibilidade do edifício Martiniano? Afinal, por que a discussão sobre a caracterização de bens reversíveis em matéria de concessão importa para a regulação?
2. Considerando o conceito de patrimonialidade e seus atributos, pode a concessionária livremente dispor de seus bens? Quais são os limites e os requisitos à alienação de seus bens? Há diferenças operativas à alienação de bens relacionados ao objeto da concessão e de bens assim não relacionados? Há diferenças operativas quanto à alienação de bens imprescindíveis à continuidade da prestação do serviço concedido e de bens de valor meramente patrimonial?
3. Como caracterizar um bem reversível em matéria de concessão de serviço público? No caso concreto, o edifício Martiniano pode ser assim considerado? Quais são os mecanismos formais de relacionamento de bens reversíveis em uma concessão? No caso concreto, quais são os documentos em torno dos quais se discute a reversibilidade do edifício Martiniano? Afinal, por que a discussão sobre a caracterização de bens reversíveis em matéria de concessão importa para a regulação?

4. Sob qual fundamento a Anatel constrói o argumento de que a alienação de bens reversíveis pela concessionária deve ser previamente autorizada pela agência? Em que essa competência afeta a autonomia de gestão do concessionário? Quais são os bens jurídicos que essa construção visa a tutelar? Qual é a sua avaliação crítica sobre o entendimento? Há fundamento constitucional e legal para tanto? Poderia o contrato estabelecer um procedimento de alienação de ativos da concessão cuja uma das fases correspondesse ao crivo da Anatel quanto à validade do negócio jurídico?
5. O edifício Martiniano configura bem reversível? Tem a Anatel competência de validar *ex ante* operação negocial sobre este bem no curso da execução contratual? Qual o marco temporal de transferência da gestão de bens relacionados à concessão de serviços públicos?

CAPTURA PÚBLICA DO REGULADOR – CASO *REFORMA DO SETOR ELÉTRICO (2013)*, TCU E MME/MF/AGU

FLORIANO DE AZEVEDO MARQUES NETO

JULIANA BONACORSI DE PALMA

Acórdão TCU nº 2001/2016. Solicitação do Congresso Nacional apreciada pelo Plenário do TCU em 3 de agosto de 2016, com relatório técnico desenvolvido pela SeinfraElétrica.
SUMÁRIO. AUDITORIA OPERACIONAL REALIZADA EM ATENDIMENTO À SOLICITAÇÃO DO CONGRESSO NACIONAL. INVESTIGAÇÃO DOS FUNDAMENTOS QUE LEVARAM AO EXPRESSIVO AUMENTO DAS CONTAS DE ENERGIA NO EXERCÍCIO DE 2015. ADERÊNCIA DO CÔMPUTO DA CONTA DE DESENVOLVIMENTO ENERGÉTICO (CDE) ÀS CONDICIONANTES NORMATIVAS QUE REGEM A MATÉRIA. DEFINIÇÃO DAS BANDEIRAS TARIFÁRIAS PARA O EXERCÍCIO DE 2015 DEVIDAMENTE FUNDAMENTADA PELA ANEEL. NÃO CONSTATAÇÃO DE DESCONFORMIDADES. OUTRAS OBSERVAÇÕES. REMESSA DE CÓPIA DA AUDITORIA AO CONGRESSO NACIONAL. ARQUIVAMENTO DO FEITO EM FACE DO PLENO ATENDIMENTO DA SOLICITAÇÃO.

1 Introdução

A Reestruturação do Setor Elétrico brasileiro (Reseb) teve como uma de suas grandes marcas a criação da Agência Nacional de Energia Elétrica (Aneel) com a finalidade de regular geração, transmissão, distribuição e comercialização de energia elétrica.[252] A constituição de uma autoridade regulatória independente integrava com plena adequação o plano de promover maior liberdade de negociação da energia elétrica. Isso porque uma agência reguladora – autônoma e independente do chefe do Poder Executivo – termina por blindar importantes decisões regulatórias da vontade política.[253] No caso do setor energético, a criação da Aneel foi uma estratégia basilar para seu desenvolvimento na medida em que decisões regulatórias sensíveis ao mercado, especialmente as de ordem tarifária, não ficariam à mercê da vontade política.

A Aneel participa ativamente da definição das tarifas de energia. Segundo o art. 3º de sua lei de criação (Lei nº 9.427/96), à agência compete estabelecer tarifas para o suprimento de energia elétrica realizado às concessionárias e permissionárias de distribuição (inc. XI), homologar as tarifas a serem pagas pelas concessionárias, permissionárias ou autorizatárias de distribuição de energia elétrica (inc. XVI), bem como definir as tarifas de uso dos sistemas de transmissão e distribuição (inc. XVIII). Porém, nem todas as atividades energéticas têm o seu regime tarifário regulado, de modo que a remuneração pela compra e venda de energia fica inteiramente sujeita às leis de mercado. No caso das concessionárias de geração de hidrelétrica, por exemplo, a MP nº 579/2012 determinou que a Aneel passasse a definir as tarifas das concessionárias cuja comercialização se dê sob o regime de cotas.[254]

No dia 11.9.2012, a então Presidente Dilma Rousseff editou a Medida Provisória nº 579/2012 com regras sobre a prorrogação das concessões antigas (outorgadas antes da Lei nº 8.987/95) com a finalidade maior de promover a redução da tarifa de energia elétrica dos consumidores residenciais e industriais. A Exposição de Motivos

---

[252] Cf. art. 2º da Lei nº 9.427/96.

[253] Para análise do panorama de estruturação do setor de energia elétrica brasileiro, cf. MOREIRA, Egon Bockmann; KATO, Mariana Almeida. Regulação econômica e segurança energética – Breves notas sobre o caso brasileiro. *In*: ROCHA, Fábio Amorim da (Coord.). *Temas relevantes no direito de energia elétrica*. Rio de Janeiro: Synergia, 2013. t. II. p. 210-220.

[254] Cf. art. 3º, inc. XXI, da Lei nº 9.427/96.

Interministerial nº 37/MME/MF/AGU, que fundamenta a MP nº 579/2012, assim esclarece:

> Nesse sentido, a Medida Provisória, ora proposta, estabelece a faculdade de a União prorrogar as concessões vincendas de geração, transmissão e distribuição de energia elétrica pelo prazo máximo de até 30 (trinta) anos e as concessões de geração de energia termelétrica pelo prazo máximo de até 20 (vinte) anos, por uma única vez, desde que as atuais concessionárias aceitem as novas condições específicas relativas à observância do princípio da modicidade tarifária e à garantia da continuidade do suprimento de energia elétrica ao país, tudo sob o amparo do art. 21, XII, alínea "b", do art. 22, IV, e do art. 175, parágrafo único, I, todos da Constituição Federal de 1988.

Partindo do pressuposto de que essas concessões antigas tinham depreciado seus ativos – total ou significativamente – e eram ausentes deveres de novos investimentos pelas concessionárias, o Governo Central desenhou uma engenharia jurídica para reduzir em 20% em média as tarifas de energia elétrica: antecipar prorrogações únicas de 20 anos das concessões antigas ao tempo presente mediante o cumprimento de determinadas condições. Como isso, haveria imediata substituição do modelo de concessão[255] então vigente e que, na visão do Governo Central, não satisfazia plenamente a diretriz da modicidade tarifária. Vale lembrar que a maior parte dessas concessões, celebradas com base na Lei nº 9.074/95, iria vencer em 2015.

A prorrogação única de 20 anos requer expressa anuência do concessionário, quando lhe for apresentada essa possibilidade. A tabela abaixo sistematiza essas condições, quando previstas, por tipo atividade concedida e contemplada pela MP nº 579/2012:

[255] A incidência da MP nº 579/2012 se dá sobre as seguintes concessões: concessões de geração de energia hidrelétrica alcançadas pelo art. 19 da Lei nº 9.074/95, concessões de transmissão alcançadas pelo art. 17, §5º, da Lei nº 9.074/95 e concessões de distribuição alcançadas pelo art. 22 da Lei nº 9.074/95.

<table>
<tr><td>Prorrogação das concessões de energia hidrelétrica no regime de cotas</td><td>Prorrogação das concessões de transmissão de energia elétrica no regime de cotas</td></tr>
<tr><td>Remuneração por tarifa calculada pela Aneel para cada usina hidrelétrica</td><td>Receita fixada conforme critérios estabelecidos pela Aneel</td></tr>
<tr><td>Alocação de cotas de garantia física de energia e de potência da usina hidrelétrica às concessionárias de serviço público de distribuição de energia elétrica</td><td rowspan="2">Submissão aos padrões de qualidade do serviço fixados pela Aneel</td></tr>
<tr><td>Submissão aos padrões de qualidade do serviço fixados pela Aneel</td></tr>
</table>

Como se pode constatar, a MP nº 579/2012 vai em sentido oposto à Reestruturação do Setor Elétrico brasileiro por ao menos duas linhas: (i) intensificação da regulação sobre a remuneração e (ii) disciplina tarifária pelo Governo Central, ainda que a MP faça alusão às competências tarifárias da Aneel. Com ativos depreciado e sem deveres de novos investimentos, a remuneração das geradoras e transmissoras iria diminuir e, consequentemente, a conta de energia elétrica também sofreria redução. Seria devida a indenização às concessionárias caso os ativos ainda não estivessem depreciados.

Segundo levantamento realizado por Carolina Queiroz Pereira Dantas de Melo, 90,97% das concessões objeto de prorrogação pela MP nº 579/2012 eram detidas pelo grupo Eletrobrás; 8,796% eram estaduais, 0,079% eram municipais; e 0,153% eram privadas.[256] No caso das concessões de transmissão, todas as concessionárias enquadradas optaram pela prorrogação.[257]

Não se pode afirmar que se verificou ampla adesão à proposta de prorrogação das concessões. Fato é que algumas das principais concessionárias de energia elétrica não aderiram ao programa, comprometendo a principal finalidade da Reforma do Setor Elétrico: diminuir o valor das tarifas de energia elétrica aos consumidores cativos. Se em um primeiro momento a não adesão dessas concessionárias foi contornada por meio de aportes feitos diretamente à CDE pelo Tesouro Nacional, a perspectiva muda por completo em 2015, quando também

[256] MELO, Carolina Queiroz Pereira Dantas de. A regulação tarifária do setor elétrico e a autonomia da Agência Nacional de Energia Elétrica. *Revista de Direito Público da Economia*, Belo Horizonte, v. 48, 2014. p. 65.

[257] MELO, Carolina Queiroz Pereira Dantas de. A regulação tarifária do setor elétrico e a autonomia da Agência Nacional de Energia Elétrica. *Revista de Direito Público da Economia*, Belo Horizonte, v. 48, 2014. p. 67.

por decisão política se decide não mais repassar recursos do tesouro à CDE. O resultado foi um aumento estimado de 49%.

2 O caso concreto

A Conta de Desenvolvimento Energético (CDE) foi criada pela Lei nº 10.438/2002 com a finalidade de promover o desenvolvimento energético dos estados, a competitividade energética de diferentes matrizes e a universalização do serviço de energia elétrica em todo o território nacional. Originalmente, a sua fonte de receita era composta pelos valores referentes ao uso oneroso da infraestrutura elétrica, das multas aplicadas pela Aneel e das cotas anuais estabelecidas também pela Aneel.

A MP nº 579/2012 foi editada com a finalidade última de reduzir o valor das tarifas de energia na ordem de 20% para os consumidores cativos residenciais e na ordem de 32% para os industriais. Para tanto, a MP antecipou o vencimento das concessões de geração e de transmissão de energia que iriam expirar entre 2015 e 2017. A MP nº 579/2012 estabeleceu mais uma nova fonte de receita à CDE:[258] a União ficou autorizada a destinar créditos do Tesouro Nacional para a CDE, desde que sejam diretamente constituídos junto à Itaipu Binacional ou resultem da aquisição dos créditos devidos por esta à Eletrobrás.[259] Esta provisão se destinaria a arcar com os custos da extinção das concessões para quem não aderisse à prorrogação antecipada, especialmente as indenizações. Ainda, os valores também poderiam ser utilizados para promover a modicidade tarifária, em consonância com o espírito da MP nº 579/2012.

Uma das mais substanciais modificações trazidas pela MP nº 579/2012 refere-se ao cálculo das quotas anuais da CDE devidas pela comercialização de energia elétrica junto ao consumidor final. Originalmente, o cálculo considerava a inflação e o crescimento do mercado; com a MP nº 579/2012, passa-se a considerar a diferença entre as necessidades de recursos e as proporcionadas pelas demais matrizes energéticas. Este cálculo é de competência da Aneel.

[258] Eram fontes originárias de receita da CDE: valores referentes ao pagamento anual de concessionárias e autorizatárias pelo uso de bem público, valores das multas arrecadadas pela Aneel e cotas anuais pela comercialização de energia elétrica com o consumido final.

[259] Cf. arts. 17 e 18 da MP nº 579/2012.

As cotas anuais da CDE são definidas pela Aneel, conforme Resolução Normativa Aneel nº 273/2007. Consolidado o orçamento anual da CDE para 2015, a agência abriu período de audiência pública de sua estimativa indicada em nota técnica[260] e recebeu contribuições de 27 participantes, tendo todas sido devidamente respondidas. As cotas originalmente definidas na nota técnica foram homologadas em resolução própria.[261] Ainda assim, é excepcional o aumento nas contas de energia dos usuários e a repentina mudança das bandeiras tarifárias apenas um mês após começarem a ser aplicadas.

Porém, a expectativa de redução do valor da tarifa de energia elétrica não se confirmou.

O Congresso Nacional solicitou[262] que o TCU analisasse expressivo aumento das contas de energia no ano de 2015. O Tribunal, então, instaurou auditoria operacional tendo por objeto o processo de definição das cotas anuais da Conta de Desenvolvimento Energético (CDE) e das bandeiras tarifárias. O estudo foi operacionalizado pela SeinfraElétrica, cujo relatório foi desenvolvido contando como subsídio reuniões com superintendentes e técnicos da Aneel, análise legislativa e documental, bem como estudos e documentos disponibilizados nos sítios eletrônicos do MME, da Aneel e das Centrais Elétricas Brasileiras S/A. Não há maiores detalhamentos sobre cálculos e métricas, a matriz de planejamento (ainda que referida) e o modo de definição dos achados de auditoria.

O Relator Min. José Múcio Monteiro decidiu pelo encaminhamento da íntegra do relatório produzido pela SeinfraElétrica, o que foi acatado pelos demais ministros. Assim, importa assinalar mais detidamente os achados de auditoria com relação ao pedido do Congresso Nacional ao TCU.

Primeiramente, o relatório indica que as cotas anuais da CDE foram definidas no curso de um *processo normativo*: estudos técnicos com projeção do orçamento anual da CDE foram desenvolvidos pela agência, formalizados em nota técnica e submetidos à participação administrativa. As contribuições apresentadas foram respondidas, efetivando-se o contraditório nesse processo. A decisão regulatória final se formalizou em uma resolução homologatória da nota técnica

---

[260] Cf. Nota Técnica Aneel nº 14/2015-SGT/SRG/ANEEL.

[261] Cf. Resolução Homologatória Aneel nº 1.857/2015.

[262] Trata-se do Ofício nº 118/2015 do Deputado Eli Correa Filho, então Presidente da Comissão de Defesa do Consumidor da Câmara dos Deputados, o qual resultou, no âmbito do TCU, no Processo nº 019.065/2015-9.

inicial, com efeitos gerais e abstratos. Conforme a unidade técnica, há regularidade formal na definição das cotas da CDE para o ano de 2015, a qual seguiu estritamente o rito procedimental definido na Resolução Aneel nº 273/2007.

Assim, para cotejar o objeto de preocupação do Congresso, a unidade técnica analisou detidamente a substância da regulação. Considerando os estudos técnicos produzidos pela Aneel, constatou-se que os itens de despesa da CDE aumentaram no ano de 2015: restos a pagar do ano anterior, indenização das concessões, subsídios tarifários e repasses para a CCC. Um único item de despesa da CDE diminuiu, qual seja, a verba destinada ao Ministério de Minas e Energia. É evidente o impacto da reforma do setor elétrico de 2013 na definição de cotas da CDE e, consequentemente, no aumento da conta de energia elétrica.

O subsídio *Subvenção Modicidade – Redução da Tarifa* teve o maior peso nos restos a pagar de 2014, fazendo frente a indenizações devidas às concessionárias e autorizatárias que não aderiram à prorrogação. A propósito, a unidade técnica alude a um aumento das indenizações das concessões de 1,627 bilhão em 2014 para R$3 bilhões em 2015. A MP nº 605/2013 alterou o texto da MP nº 579/2012, posteriormente convolado na Lei nº 10.438/2002, para que passasse a prever como atribuição da CDE o provimento de recursos para compensar o efeito da não adesão à prorrogação das concessões.[263]

A auditoria realizada pela SeinfraElétrica também constatou que a Secretaria do Tesouro Nacional deixou de realizar aportes diretos à CDE a partir de 2015,[264] restando a conta desfalcada em 50%. Esse valor foi repassado aos consumidores. Materialmente, a unidade técnica concluiu que o aumento do valor da tarifa de energia elétrica é justificável em função do aumento das despesas e do fim dos repasses diretos do Tesouro à CDE. Nessa linha, a utilização da bandeira vermelha também foi considerada justificada.

Outro aspecto relevante para compreender o aumento dos valores da tarifa de energia elétrica em 2015 corresponde à liminar conferida em favor da Associação Brasileira de Grandes Consumidores Industriais de Energia e de Consumidores Livres (Abrace), que gerou a perda de arrecadação da CDE num montante de R$1,8 bilhão em 2015.

---

[263] Cf. art. 13, inc. VIII, da Lei nº 10.438/2002. O preceito não mais se encontra em vigor com a vigência encerrada da MP nº 605/2013.

[264] Cf. SCHAPIRO, Mario Gomes. Desajustes regulatórios no financiamento do setor elétrico: uma análise da conta de desenvolvimento energético. *Revista de Direito Administrativo*, Rio de Janeiro, v. 272, p. 153-155, 2016.

Desse modo, entendeu o TCU, em consonância com o relatório da unidade técnica, que a Aneel não cometeu qualquer irregularidade na definição tarifária, tendo seguido estritamente as normas que informam o processo homologatório da tarifa.

3 Conclusão

- *Modelo regulatório.* O caso da Reforma do Setor Elétrico conduzido em 2013 traz importantes considerações a respeito do desenho de modelos regulatórios. A criação da Aneel em 1996 consagrou um modelo regulatório permeado pela privatização, desverticalização e descentralização das decisões mais relevantes ao setor do Governo Central, em uma tentativa de blindar o mercado dos jogos políticos da cúpula do Executivo (Presidência e Ministérios). Assim, as normas regulatórias – verdadeiras "regras do jogo" em torno das quais se constroem decisões de alocação de recursos e prestação de serviços de utilidade pública – seriam mais qualificadas tecnicamente, além de mais previsíveis e estáveis. Este modelo de regulação firmado na década de 1990 decorre diretamente de lei – a Lei nº 9.427/96, de criação da Aneel –, e não em decorrência da agenda de governo ou de vontades institucionais.

O que se verifica com a Reforma do Setor Elétrico de 2013 é uma verdadeira mudança de modelo regulatório erigida unilateralmente pelo chefe do Executivo federal. Como se sabe, a Lei da Aneel vigorava à época dos fatos e continua vigente até hoje. No entanto, por meio de uma sucessão de medidas provisórias, o Governo determinou não apenas uma nova fórmula de cálculo tarifário, mas imprimiu ou reforçou notas características do modelo de regulação da energia elétrica no Brasil. Primeiramente, reforçou a nota da centralização política da disciplina do mercado de energia elétrica e, consequentemente, resultou no enfraquecimento da autoridade regulatória independente. Em segundo lugar, a Reforma do Setor Elétrico de 2013 ressaltou a importância do Tesouro Nacional na construção de planos e políticas públicas. De fato, o grave problema de encarecimento da tarifa de energia elétrica se colocou apenas em 2015, quando o Tesouro Nacional deixou de destinar recursos à CDE.

- *Como caracterizar um modelo regulatório?* O caso da Reforma do Setor Elétrico brasileiro de 2013 não apresenta um guia de solução, mas esclarece um ponto de partida fundamental: não é pela simples análise da legislação formal que se reconhece um modelo regulatório. Há outras variáveis formais que igualmente importam (outras espécies normativas, decisões judiciais etc.) e a política não pode ser desconsiderada. Governos mais estatistas ou mais liberalizantes podem imprimir dinâmicas de regulação marcadamente distintas ainda que sob os auspícios do mesmo enquadramento legal. Ainda se pode considerar a dinamicidade dos modelos regulatórios: quão previsíveis e estáveis são as regras do jogo regulatório, mesmo com a presença de uma agência reguladora independente no setor?

- *Reservas de competência.* Diante da conformação legal do setor de energia elétrica, seria constitucional a definição de critérios tarifários diretamente pelo chefe do Poder Executivo por meio de medida provisória? Ou restaria caracterizada a usurpação de competência da Aneel? Com a conversão da MP nº 579/2012 na Lei nº 12.783/2013, estaria convalidado eventual vício formal? Ou este seria um nítido caso de reserva de administração, cujas competências disciplinares da tarifa de energia elétrica seriam reservadas à Aneel, afastando-se o tratamento por meio de leis formais (oriundas do Parlamento) ou de medidas normativas do chefe do Poder Executivo (medidas provisórias e decretos). Para se posicionar sobre esse importante debate, é necessário resgatar o art. 87 da Constituição Federal, que estabelece o modelo de Executivo unitário no Brasil, e se posicionar sobre os fundamentos e a extensão dos poderes das agências reguladoras.
- *Captura pública.* O caso pode ser analisado pela lente da captura pública, ou seja, pelo exercício de competências regulatórias específicas das agências reguladoras pelo chefe do Poder Executivo. Internacionalmente, o tema da captura é largamente estudado pela perspectiva da captura do regulador por agentes privados regulados.[265] O ponto alto da captura do regulador se verificaria na dinâmica de nomeações de dirigentes ao estilo *revolving door*,[266] em que os reguladores seriam provenientes do

---

[265] Sobre a agenda contemporânea internacional da captura regulatória, cf. CARPENTER, Daniel; MOSS, David A. (Ed.). *Preventing regulatory capture*. Special interest influence and how to limit it. Cambridge: Cambridge University Press, 2013.

[266] Trabalhando a chave da *revolving door* pública, que se verificaria no setor energético brasileiro, Egon Bockmann Moreira e Mariana Almeida Kato assim se posicionam: "(e) sse fato se torna ainda mais evidente pela inexistência de quarentena relativa a atividades político-partidárias. Ao contrário do ex-dirigente com qualificação técnico-profissional no

mercado privado regulado e, depois de cumprirem o mandato nas agências, retornaria ao setor privado. Essa dinâmica poderia levar a um efeito de subserviência do conselho ou da diretoria às vontades do mercado em um claro conflito de interesses.

Essa, porém, não parece ser a realidade nacional. Em pesquisa desenvolvida pela FGV Direito SP, constata-se que apenas 6% dos dirigentes das agências reguladoras de infraestrutura são provenientes do setor privado.[267] A considerar o modelo de nomeação de dirigentes, o Brasil se aproxima muito mais de um perfil de *captura pública*, contrariando a experiência internacional. Segundo Egon Bockmann Moreira:

> Sobretudo no Brasil, em que o fenômeno da captura das agências independentes é bifronte, pois se dá tanto pelas mãos dos mercados regulados como pelas mãos do Estado que as instituiu.
>
> Sublinhe-se que, ao se mencionar a captura das entidades reguladoras, não se está a tratar propriamente de corrupção ou improbidade (sem se descartar estes crimes, que podem ocorrer). A ideia é bem mais sofisticada. Ser capturado antes significa não constatar e nem se dar conta da efetiva subordinação da agência a interesses alheios àquele interesse público primário que lhe é cometido em lei. Ser capturado implica imaginar que se está regulando determinado mercado em favor da concorrência, consumidores e usuários quando, a rigor, o principal beneficiário é o próprio regulado (ou o governante de plantão, à procura de votos). A regulação a impor maiores custos à própria economia – e a vangloriar os agentes regulados e/ou eleger políticos.[268]

---

setor regulado, que fica 'impedido para o exercício de atividades ou de prestar qualquer serviço no setor regulado pela respectiva agência, por um período de quatro meses, contados da exoneração ou do término do seu mandato' (Lei nº 9.986/2000, art. 89), o político profissional pode candidatar-se – ou ocupar cargos em comissão no governo – no dia seguinte ao término de seu mandato na agência. Inclusive, isso gerou casos de dirigentes de agência que, no curso do mandato, pediram exoneração para concorrer em eleições. *Situação que instala uma revolving door pública-pública: da agência para o Poder Executivo, empresas estatais ou Legislativo; de um destes poderes, de volta para a agência.* Instalou-se o fenômeno da migração pública na regulação" (MOREIRA, Egon Bockmann; KATO, Mariana Almeida. Regulação econômica e segurança energética – Breves notas sobre o caso brasileiro. *In*: ROCHA, Fábio Amorim da (Coord.). *Temas relevantes no direito de energia elétrica*. Rio de Janeiro: Synergia, 2013. t. II. p. 236. Grifos nossos).

[267] Cf. SALAMA, Bruno (Coord.). Nomeação de Dirigentes de Agências Reguladoras: um estudo descritivo. *FGV Direito SP*, 2016. Disponível em: https://direitosp.fgv.br/evento/nomeacao-de-dirigentes-de-agencias-reguladoras-estudo-descritivo.

[268] MOREIRA, Egon Bockmann. Passado, presente e futuro da regulação econômica no Brasil. *Revista de Direito Público da Economia – RDPE*, Belo Horizonte, v. 44, p. 87-118, out./dez. 2013. p. 93.

No caso da Reforma do Setor Elétrico Brasileiro de 2013, não se constatou qualquer objeção mais incisiva da Aneel à MP nº 579/2012. Um possível questionamento judicial por usurpação de competências não veio da agência, mas de uma entidade representativa de interesses regulados (Abrace), em melhor representação da litigância estratégica regulatória. O TCU entendeu esse impasse e considerou que a elevação dos custos da tarifa de energia não poderia ser imputada à Aneel, apesar de ter sido fixada na Resolução Homologatória nº 1.857/2015.

- *Regulação por escopo*. Com a edição da MP nº 579/2012, a regulação tarifária do setor de energia elétrica mudou sua estrutura para uma *regulação por escopo*, ou seja, o atingimento de metas passou a ser o fundamento da intervenção estatal. No caso específico, a meta de drástica redução do valor da tarifa (na ordem de 20% e 32% para consumidores cativos residenciais e industriais, respectivamente) pode ser considerada o fundamento da regulação. Porém, a narrativa do caso demonstra que a finalidade da regulação não foi atendida; se em um primeiro momento ela foi satisfeita apenas pelo repasse de recursos do Tesouro, em 2015 ela perdeu por completo a sua efetividade. Diante desse quadro, teria a regulação perdido o seu fundamento de validade? Isso poderia significar, na prática, uma espécie de "invalidação fática" da lei quando os seus resultados não são concretamente satisfeitos?
- *Os custos da regulação*. Outro ponto a ser analisado corresponde à juridicidade de "repassar" os custos da imperfeição da engenharia jurídica construída na MP nº 579/2012 aos consumidores. Uma possibilidade de análise consiste em apartar o que é custo do serviço público e o que é opção de política governamental: neste caso, os custos deveriam ser inteiramente arcados pelo orçamento público.[269] Seria juridicamente viável o repasse dos custos da regulação aos consumidores cativos?
- *Transparência do processo de produção da MP nº 579/2012*. Se hoje o processo administrativo é reconhecidamente elemento de validade formal das normas regulamentares produzidas pela Administração, este dever de procedimentalização da atividade normativa ainda não se estabeleceu como um dever geral vinculante a todo o Executivo. Com relação ao chefe do Poder Executivo federal, tende-se a considerar que sua produção

---

[269] Cf. SCHAPIRO, Mario Gomes. Desajustes regulatórios no financiamento do setor elétrico: uma análise da conta de desenvolvimento energético. *Revista de Direito Administrativo*, Rio de Janeiro, v. 272, p. 153-155, 2016. p. 160-161.

normativa configura autêntica vontade política e que, assim, não se vincularia ao processo normativo. Os decretos e as medidas provisórias, de competência exclusiva do chefe do Executivo, seriam exemplos de normas editadas independentemente de motivação ou de processo.

No caso da MP nº 579/2012, praticamente todo o setor foi surpreendido com a edição da norma. Os impactos econômicos sobre as concessionárias e, posteriormente, aos consumidores foram evidentes. Processos administrativos são indicados para a elaboração de normas na medida em que trabalham para a transparência e uma motivação mais qualificada das decisões públicas, principalmente se orientadas por participação administrativa (audiências e consultas públicas) e análise de evidências (análise de impacto regulatório, por exemplo). A MP nº 579/2012 deveria ter sido precedida de processo administrativo? A qual regime esse processo administrativo estaria vinculado? Seria obrigatória a realização de análise de impacto regulatório?

O caso Reforma do Setor Elétrico de 2013 é salutar para explorar os grandes desafios à segurança jurídica do Brasil, passando pela previsibilidade das decisões públicas e estabilidade das regras do jogo.

- *Papel institucional do TCU – metarregulador?* Outro ponto peculiar ao caso analisado corresponde ao papel institucional desempenhado pelo TCU no controle de conflitos regulatórios. No caso da MP nº 579/2012, pelo menos dois conflitos regulatórios são evidentes: (i) disputa de competência disciplinar do regime tarifário entre autoridades públicas e (ii) legalidade do objeto da regulação *per se*, ou seja, da "conta de energia elétrica" para o ano de 2015. Para além da relação entre Governo Central e agências reguladoras independentes a que o caso remete, importa considerar o papel do TCU no caso.

Por meio de solicitação do Congresso Nacional, outro controlador externo do Poder Público, o TCU desenvolveu análise técnica e constatou as verdadeiras razões que levaram ao encarecimento da conta de energia elétrica aos consumidores cativos finais (fundamentalmente, o desenho da regulação por escopo atrelada à modicidade tarifária pela CDE). Porém, teria o TCU competência de revisor da qualidade da regulação energética brasileira? Considerando tratar-se de auditoria, teria o TCU competência para endereçar recomendações e determinações à Aneel? E ao presidente da República?

- A prorrogação das concessões de geração, transmissão e distribuição já era juridicamente viável antes da edição da MP nº 579/2012? A prorrogação das concessões de energia elétrica já era admitida pelo ordenamento jurídico mesmo antes da edição da MP nº 579/2012. Nos termos da Lei nº 8.987/95, a previsão das condições para prorrogação do contrato constitui-se cláusula obrigatória do contrato de concessão (art. 23, inc. XII). Por sua vez, a Lei nº 9.074/95 explicitamente dispõe sobre a prorrogação dos contratos de energia elétrica nos seguintes termos:

> Art. 4º As concessões, permissões e autorizações de exploração de serviços e instalações de energia elétrica e de aproveitamento energético dos cursos de água serão contratadas, *prorrogadas* ou outorgadas nos termos desta e da Lei nº 8.987, e das demais. Destacamos.

Além das expressas previsões legais e da previsão do regime de transição em diferentes preceitos dessas leis, deve-se ressaltar que é comum a previsão de cláusula autorizativa de prorrogação nos vários contratos de concessão de energia elétrica.[270] Quais seriam as implicações da MP nº 579/2012 sobre os contratos de concessão então vigentes? Como compatibilizar o regime contratual construído sob leis de matiz regulatória menos interventiva à luz desse novo intervencionismo estatal?

[270] Cf. MARQUES NETO, Floriano de Azevedo. A prorrogação dos contratos de concessão do setor elétrico e a medida provisória nº 579/2012. *In*: MARQUES NETO, Floriano de Azevedo; ALMEIDA, Fernando Dias Menezes de; NOHARA, Irene; MARRARA, Thiago (org.). *Direito e Administração Pública*. Estudos em homenagem a Maria Sylvia Zanella Di Pietro. São Paulo: Atlas, 2013. p. 905-908.

CAPÍTULO 4

REGULAÇÃO E ARBITRAGEM – CASO *PETROBRAS VS. ANP*: CC Nº 139.519-RJ – STJ

EGON BOCKMANN MOREIRA

ELISA SCHMIDLIN CRUZ

1 Resumo

Em contrato administrativo de concessão para exploração, desenvolvimento e produção de petróleo e gás natural, que continha cláusula compromissória, a agência reguladora setorial praticou ato de alteração unilateral. A concessionária afetada instaurou o processo arbitral. Houve medidas judiciais intentadas pela referida agência e por ente federativo, a fim de obstar a arbitragem. Daí foi suscitado conflito de competência perante o Superior Tribunal de Justiça – STJ, buscando definir quem poderia – Tribunal Arbitral ou Poder Judiciário – decidir a controvérsia. O STJ declarou a competência prioritária incondicionada do Tribunal Arbitral, inclusive diante de atos administrativos da agência reguladora.

2 Introdução: a questão de fundo

Os anos de "Operação Lava Jato" marcaram o setor de óleo e gás no Brasil, em cenário que conjuga volatilidade político-econômica e recordes de produção e desafios tecnológicos, a paulatinamente impactar a dinâmica do mercado de extrativos e produção de derivados. Todavia, em país agraciado com significativas reservas de hidrocarbonetos, a indústria produziu, entre 2010 e 2015, impacto modesto de menos de 4% no PIB.[271]

O quadro dos indicadores setoriais não denota novidade. A década de 1970 foi igualmente marcada por mudanças expressivas, concentradas na vertente positiva. Em 1974, a descoberta de óleo no campo de Garoupa da Bacia de Campos colocou a indústria em posição de destaque. O aumento da demanda interna levou a então monopolista Petrobras a concentrar a maior parte de seus investimentos no desenvolvimento da área.[272]

Com extensão territorial de aproximadamente 100 mil quilômetros quadrados e mais de 1.250 poços exploratórios em áreas de águas rasas, profundas e ultraprofundas, a Bacia de Campos – dotada de notável importância na matriz energética nacional – está situada na região Sudeste, alcançando desde o litoral Norte do estado do Rio de Janeiro até o Sul do estado do Espírito Santo.[273]

A promulgação da Lei do Petróleo (Lei nº 9.478/1997) implicou a quebra do monopólio exercido pela Petrobras e a instituição da Agência Nacional do Petróleo, Gás Natural e Biocombustíveis – ANP como órgão regulador, fiscalizador e contratante das atividades de pesquisa, exploração, produção e refino de petróleo e gás natural.[274] Em seguida, a Bacia de Campos, a partir da Rodada Zero de Licitações da ANP, inaugurou a produção marítima de petróleo no Brasil, chegando a alcançar o posto de maior província petrolífera do país.

Atraindo aproximadamente uma centena de empresas interessadas na exploração e produção de óleo e gás natural, a Rodada Zero, realizada em 1998, contou com a participação da Petrobras. Esta arrematou uma série de campos de petróleo e celebrou com a ANP

[271] CADERNO DE MÉTRICAS INDUSTRIAIS PARA O DESENVOLVIMENTO DO SETOR DE ÓLEO E GÁS NO BRASIL, ano 5, n. 8, abr. 2018. Disponível em: https://bibliotecadigital.fgv.br/dspace/bitstream/handle/10438/22063/BOOK%20completo%20%20Me%CC%81tricas%20Industriais%20BAIXA_SITE.pdf?sequence=1&isAllowed=y. Acesso em: 3 maio 2019.

[272] CADERNO DE PETRÓLEO, ano 2, n. 4, out. 2015. Disponível em: https://fgvenergia.fgv.br/sites/fgvenergia.fgv.br/files/caderno_petroleo_ok.pdf. Acesso em: 3 maio 2019.

[273] BASTOS, Gabriel; BASTOS, Ildeson Prates. *Bacia de Campos* – Sumário geológico e setores em oferta. Brasília: ANP, 2017. Disponível em: http://rodadas.anp.gov.br/arquivos/Round14/Mapas/sumarios/Sumario_Geologico_R14_Campos.pdf.

[274] As atividades da ANP são hoje regidas pelos seguintes marcos legais: Lei nº 9.478/1997; Lei nº 14.134/2021; Lei nº 12.351/2010; Lei nº 12.304/2010; Lei nº 12.276/2010; Lei nº 11.097/2005; e Lei nº 12.490/2011.

o Contrato de Concessão nº 48000.003560/97-49, Bloco BC-60, para exploração, desenvolvimento e produção de petróleo e gás natural em campos de grande porte que integram a Bacia de Campos (na área sedimentar conhecida como Parque das Baleias, localizada no território do estado do Espírito Santo).

O referido contrato foi aditado em 1999, oportunidade em que as partes, entre outras disposições, convencionaram a inclusão de cláusula compromissória apontando a Corte Internacional de Arbitragem da Câmara de Comércio Internacional – CCI como órgão responsável pela administração de eventuais conflitos.[275]

Em 2016, por meio da Resolução de Diretoria nº 69/2014 (RD/ANP nº 69/2014), a ANP modificou unilateralmente as condições para a execução contratual.[276] Os campos arrematados pela Petrobras na Rodada Zero foram unificados – o que alterou a distribuição de *royalties* e modificou outros parâmetros que afetam o contrato relativo à área do Parque das Baleias. Esta remodelação provocou "alteração da forma de pagamento dos direitos de participação de exploração, com aumento de arrecadação dos entes públicos na ordem de bilhões de reais", gerando

---

[275] "Cláusula Vigésima-Nona – Regime Jurídico – (...) Foro 29.2 Fica eleito o foro da Cidade do Rio de Janeiro para resolver quaisquer dúvidas, controvérsias, conflitos ou pendências surgidas entre as partes em decorrência da execução ou da interpretação deste Contrato, que não possam ser solucionados de forma amigável ou por meio de arbitragem. (...) Arbitragem 29.4 Observado o disposto no parágrafo 29.3.1, se a qualquer momento uma parte considerar que inexistem condições para uma solução amigável de uma disputa ou controvérsia a que se refere o parágrafo 29.3 (conciliação), então essa parte poderá submeter essa disputa ou controvérsia a arbitragem, dando início ao processo respectivo, de acordo com os seguintes princípios: (a) a arbitragem será realizada de acordo com as Regras de Conciliação e Arbitragem da Câmara de Comércio Internacional, ou quaisquer outras normas acordadas por todas as partes envolvidas; (b) Serão três os árbitros, escolhidos um por cada parte (com todos os concessionários agindo como uma única só parte) e o terceiro, que exercerá as funções de presidente, nomeado de acordo com as Regras da CCI; (c) o lugar da arbitragem será a cidade do Rio de Janeiro, Estado do Rio de Janeiro, Brasil; (d) o idioma a ser utilizado no processo de arbitragem será a língua portuguesa, sendo que as partes poderão submeter depoimentos ou documentos em inglês (ou qualquer outro idioma se os árbitros assim decidirem), sem necessidade de tradução oficial; (e) quanto ao mérito, decidirão os árbitros com base nas leis substantivas brasileiras; (f) o laudo arbitral será definitivo e obrigará as partes, podendo ser executado perante qualquer juízo ou tribunal competente" (fls. 90-91 do caso Petrobras-ANP, disponível no acórdão STJ).

[276] Resolução nº 69/2014, de 5.2.2014, tomada na Reunião de Diretoria nº 743 da ANP, pela qual esta passou a "considerar como um único Campo, delimitado por uma mesma poligonal (*ringfence*), os campos de Baleia Anã, Baleia Franca, Cachalote, Caxaréu, Jubarte e Pirambu, designando-o Campo de Jubarte" (fl. 98 do caso Petrobras-ANP). Sobre o caso, v. o parecer de Patrícia Ferreira Batista, anterior à decisão do STJ (BATISTA, Patrícia Ferreira. A inarbitrabilidade objetiva do conflito entre Petrobras e a ANP. *Revista de Direito Administrativo – RDA*, Rio de Janeiro, v. 175, p. 251-318, maio/ago. 2017. Disponível em: http://bibliotecadigital.fgv.br/ojs/index.php/rda/article/view/71654/69328. Acesso em: 5 maio 2019).

desavença entre as partes. A majoração dos *royalties* teria por beneficiário o estado do Espírito Santo (não signatário da convenção de arbitragem).

Diante do impacto financeiro decorrente da decisão, a Petrobras, sem lograr êxito em pedido de reconsideração na via administrativa, ajuizou ação cautelar perante a Justiça Federal do Rio de Janeiro, objetivando suspender os efeitos do ato regulatório até a constituição de Tribunal Arbitral. Na sequência, instaurou arbitragem questionando a aplicabilidade da RD/ANP nº 69/2014 e postulando a declaração de sua nulidade.

Judicialmente, foram propostas – pela ANP e pelo estado do Espírito Santo – múltiplas medidas antiarbitragem, destinadas a obstar o processo arbitral sob alegações de diversas ordens, duas das quais merecem destaque: (i) a não sujeição da disputa à arbitragem em razão da indisponibilidade dos direitos concernentes à delimitação do campo de petróleo (atividade fiscalizadora derivada de poder de polícia da agência reguladora); e (ii) a legitimidade para postular a suspensão e anulação da arbitragem perante o Poder Judiciário (sob pena de cerceamento do acesso à Justiça, por não ter o estado-membro firmado cláusula compromissória).

Depois de longa e complexa batalha judicial, a Petrobras suscitou conflito de competência positivo perante o STJ, requerendo que se determinasse "quem tem competência para apreciar as questões atinentes à existência, validade e eficácia da cláusula compromissória" (CC nº 139.519-RJ).[277] O conflito se pôs entre o Tribunal Arbitral e o Poder Judiciário – e quem foi instado a resolvê-lo foi órgão superior do próprio Judiciário.

O ineditismo da controvérsia se dá justamente por ser esta a primeira oportunidade em que reguladora/controladora/contratante e regulada/controlada/contratada ocupam polos opostos em ação judicial que tem por objeto a competência de Tribunal Arbitral para apreciar e decidir questão controvertida derivada de contrato administrativo atrelado à convenção de arbitragem (com repercussões federativas). Conforme veiculado pelo próprio STJ, "(t)rata-se do primeiro julgado acerca da aplicação da arbitragem no âmbito da administração pública".[278]

---

[277] A petição inicial da ação, todas as demais peças, decisões e o acórdão citado estão acessíveis em: BRASIL. STJ. *CC 139.519-RJ*. Disponível em: https://ww2.stj.jus.br/processo/pesquisa/. Acesso em: 25 abr. 2019.

[278] BRASIL. STJ. Corte internacional de arbitragem vai decidir conflito envolvendo Petrobras e ANP no Espírito Santo. Últimas notícias, 2017. Disponível em: http://www.stj.jus.br/sites/STJ/default/pt_BR/Comunica%C3%A7%C3%A3o/noticias/Not%C3%ADcias/

Neste sentido, muito embora a arbitragem envolvendo a Administração Pública brasileira fosse especialmente viável desde a versão original da Lei de Arbitragem (nº 9.307/1996), fato é que sua implementação prática experimentou severa resistência, tanto acadêmica como factual. Boa parte dos órgãos e entidades administrativas, bem como Poder Judiciário e Cortes de Contas, houveram por bem simplesmente refutar a aplicação de tal método de solução de controvérsias.[279] Os esforços pela transposição dessa barreira culminaram na edição da Lei nº 13.129/2015, que acrescentou dispositivos à Lei de Arbitragem, os quais literalmente acolhem as controvérsias com entidades estatais (administração direta e indireta, qualquer que seja seu regime jurídico).

Em outras palavras, dúvida não existe de que a Administração Pública brasileira pode resolver conflitos dos quais faça parte por meio da arbitragem. A arbitragem deve ser encarada como algo normal. Caso prevista nos pactos e/ou regulamentos, sua aplicação é compulsória. Quem determina que assim seja é o princípio da juridicidade.

Porém, isso não importa dizer que não haja outros desafios a serem enfrentados. Ao contrário. Assim como se deu em alguns momentos e instâncias da arbitragem entre pessoas privadas, os procedimentos arbitrais que tratam da Administração Pública já são (e serão) objeto

---

Corte-internacional-de-arbitragem-vai-decidir-conflito-envolvendo-Petrobras-e-ANP-no-Esp%C3%ADrito-Santo. Acesso em: 5 jun. 2018.

279 Ampliar em: SUNDFELD, Carlos Ari; CÂMARA, Jacintho Arruda. O cabimento da arbitragem nos contratos administrativos. *Revista de Direito Administrativo*, Rio de Janeiro, v. 248, p. 117-126, maio 2008. Disponível em: http://bibliotecadigital.fgv.br/ojs/index.php/rda/article/view/41529/40879. Acesso em: 16 maio 2019; SUNDFELD, Carlos Ari; ROSILHO, André. Arbitragem na Administração Pública: é hora de parar de resistir. *Informativo de Licitações e Contratos – ILC*, Curitiba, v. 258, p. 1074-1078, nov. 2017, GAMA JÚNIOR, Lauro. Sinal verde para a arbitragem nas parcerias público-privadas. *Revista de Direito Administrativo*, Rio de Janeiro, v. 241, p. 121-158, jul. 2005. Disponível em: http://bibliotecadigital.fgv.br/ojs/index.php/rda/article/view/43331. Acesso em: 16 maio 2019; BUCHEB, José Alberto. A arbitragem na indústria do petróleo. *Revista de Direito Público da Economia – RDPE*, Belo Horizonte, v. 15, p. 19-48, jul./set. 2006; TIBURCIO, Carmen; MEDEIROS, Suzana. Arbitragem na indústria do petróleo no direito brasileiro. *Revista de Direito Administrativo*, Rio de Janeiro, v. 241. p. 53-92, jul. 2005. Disponível em: http://bibliotecadigital.fgv.br/ojs/index.php/rda/article/view/43328/44669. Acesso em: 16 maio 2019; BARALDI, Eliana B. Arbitragem e contratos com a administração pública. *In*: MELO, Leonardo de Campos; BENEDUZI, Renato Resende (Coord.). *A reforma da arbitragem*. Rio de Janeiro: Forense, 2016. p. 21-57; ANDRADE, Gustavo Fernandes de. Arbitragem e administração pública: da hostilidade à gradual aceitação. *In*: MELO, Leonardo de Campos; BENEDUZI, Renato Resende (Coord.). *A reforma da arbitragem*. Rio de Janeiro: Forense, 2016. p. 411-457; e PARADA, André Luis Nascimento. Análise crítica das decisões do Tribunal de Contas da União acerca da utilização da arbitragem em contratos administrativos. *Revista de Direito Administrativo*, Rio de Janeiro, v. 273. p. 165-198, set. 2016. Disponível em: http://bibliotecadigital.fgv.br/ojs/index.php/rda/article/view/66660/64684. Acesso em: 16 maio 2019.

de intensos debates, os quais envolvem temas inéditos à experiência brasileira.

Nesse cenário, o caso em análise é paradigmático porque pôs fim a debate a propósito de temas relativos à validade de cláusula compromissória entre pessoas jurídicas de direito público (e a extensão de seus efeitos a terceiros não signatários, ainda que sejam pessoas políticas de direito público interno), bem como reafirmou a natureza jurisdicional da arbitragem e a *ratio decidendi* pertinente ao princípio competência-competência no âmbito arbitral. Tais temas são sobranceiros, mesmo porque constituirão a razão de precedente de obrigatória obediência pelo Poder Judiciário e órgãos de controle em outros casos (CPC, art. 926).

Potenciais conflitos federativos e outros dilemas que foram discutidos, mas não diretamente enfrentados pelo STJ, como a arbitrabilidade objetiva da controvérsia e a extensão da competência do Tribunal Arbitral em relação à participação de partes não signatárias no procedimento arbitral, tornam o caso ainda mais especial.

O caso "Petrobras-ANP" constitui marcante precedente no sistema brasileiro de arbitragem. Foi dado um passo gigantesco – merecedor de críticas em alguns pontos, é bem verdade –, o qual significa a consolidação dessa ordem de interpretação e aplicação da Lei de Arbitragem a conflitos que envolvam a Administração Pública brasileira – e todas as pessoas e entidades nela contempladas. Daí a importância do estudo apurado de tal caso.

3 O caso concreto

O CC nº 139.519-RJ foi suscitado pela Petrobras, em desfavor do Tribunal Regional Federal da 2ª Região – TRF2 e do Juízo da 5ª Vara Federal da Seção Judiciária do Estado do Rio de Janeiro e em favor da Corte Internacional de Arbitragem da Câmara de Comércio Internacional – CCI. O estado do Espírito Santo, a ANP e o Instituto Brasileiro de Petróleo, Gás e Biocombustíveis participaram na qualidade de partes interessadas.

Como já dito, o Termo Aditivo ao Contrato de Concessão nº 48000.003560/97-49, Bloco BC-60, firmado por Petrobras e ANP para exploração, desenvolvimento e produção de petróleo e gás natural no território do estado do Espírito Santo – continha convenção de arbitragem apontando a CCI como órgão arbitral responsável pela administração de eventual litígio. Assim, aos 17.4.2014, uma arbitragem foi iniciada pela empresa petrolífera em face da agência reguladora, tendo por objeto a declaração de nulidade da RD/ANP nº 69/2014.

Antes mesmo da instauração da arbitragem, a Petrobras ajuizou ação cautelar na Justiça Federal do Rio de Janeiro pleiteando a suspensão dos efeitos da RD/ANP nº 69/2014 até a efetiva constituição do Tribunal Arbitral. A medida foi concedida liminarmente, mas, na sequência, o TRF2 cassou essa decisão em recurso de agravo interposto pela ANP.

Ainda assim, o processo arbitral foi instalado. Uma vez ciente da instauração, alegando que a matéria envolvia direito patrimonial indisponível (não arbitrável), a ANP, com a participação do estado do Espírito Santo como assistente processual,[280] buscou ordem impeditiva em ação *anti-arbitration*.[281] A liminar foi negada e, ao fundamento de aplicabilidade do princípio competência-competência, confirmada em sentença. Tanto a ANP quanto o estado do Espírito apresentaram recursos de apelação dirigidos ao TRF2.

Ou seja, em razão da especificidade da matéria em disputa e da presença de parte interessada não signatária da convenção arbitral, o debate judicial tinha por fundamento a possível inarbitrabilidade objetiva dos direitos envolvidos e a participação de estado-membro na arbitragem (terceiro interessado).

Paralelamente, no âmbito da CCI, os árbitros foram nomeados e informados da existência de ação judicial em trâmite. A Ata de Missão foi firmada aos 27.11.2014,[282] delimitando o objeto da arbitragem. A Ordem

---

[280] O estado do Espírito Santo pleiteou seu ingresso na condição de assistente da ANP, com base no art. 5º, parágrafo único, da Lei nº 9.469/1997 ("Art. 5º A União poderá intervir nas causas em que figurarem, como autoras ou rés, autarquias, fundações públicas, sociedades de economia mista e empresas públicas federais. Parágrafo único. As pessoas jurídicas de direito público poderão, nas causas cuja decisão possa ter reflexos, ainda que indiretos, de natureza econômica, intervir, independentemente da demonstração de interesse jurídico, para esclarecer questões de fato e de direito, podendo juntar documentos e memoriais reputados úteis ao exame da matéria e, se for o caso, recorrer, hipótese em que, para fins de deslocamento de competência, serão consideradas partes").

[281] Conforme explica João Bosco Lee, "Apesar de a Lei 9.307/1996 e os arts. 267, VII e 301, §4º, do CPC estabelecerem, de forma inequívoca, o efeito negativo da cláusula compromissória, encontra-se, ainda, artifícios que são utilizados por uma parte recalcitrante para tentar escapar do procedimento arbitral. Uma parte poderia introduzir uma ação judicial com a finalidade de suspender ou interromper um procedimento arbitral sob o fundamento de que a cláusula arbitral é inexistente, nula, ineficaz ou caduca. Essas ações judiciais são conhecidas em direito comparado como anti-arbitration injuctions" ("LEE, João Bosco. Parecer: eficácia da cláusula arbitral. Aplicação da Lei de Arbitragem no tempo. Transmissão da cláusula compromissória. Anti-suit injunction. *Revista Brasileira de Arbitragem*, Porto Alegre, v. 3, n. 11. p. 7-36, jul./set. 2006).

[282] Cf. fls. 126-163 do caso Petrobras-ANP.

Processual nº 1 foi prolatada aos 22.1.2015,[283] fixando o cronograma do procedimento e prevendo, entre outras disposições de praxe, sua bifurcação, a fim de que a decisão sobre a arbitrabilidade da controvérsia e eventual participação de partes não signatárias fosse proferida antes das demais etapas.

Visando a evitar novos conflitos, aos 6.2.2015, o Tribunal Arbitral reiterou a vedação da prática de quaisquer atos pelas partes que pudessem afetar a esfera de direitos da outra.[284] Mas, em razão do regular seguimento da arbitragem, novas ações cautelares foram propostas pela ANP e pelo estado do Espírito Santo, sob o argumento de risco de decisão final e definitiva pelos árbitros antes da apreciação dos recursos de apelação pelo Judiciário.

A tramitação da arbitragem foi então suspensa pelo TRF2, tendo entendido que o Judiciário deve se manifestar não apenas sobre a competência, mas também sobre o mérito da causa, vez que:

> (...) a matéria objeto da RD nº 69/2014, da ANP, concernente à delimitação de campo de petróleo, por envolver atividade fiscalizadora, decorrente de poder de polícia da agência reguladora, configuraria direito indisponível que, por conseguinte, escaparia aos limites da cláusula de compromisso arbitral.

Ante tal decisão do TRF2, aos 6.4.2015, a Petrobras suscitou o conflito de competência ora analisado, em que pleiteou a suspensão liminar dos processos administrativos e judiciais. A ordem foi concedida no STJ, atribuindo-se provisoriamente ao Tribunal Arbitral a competência para apreciar as providências de natureza emergencial, urgente ou acautelatória (paralisando-se a arbitragem quanto às demais questões).

Na sequência, a Petrobras noticiou suposto descumprimento pela ANP das determinações provenientes da concessão da liminar e a Corte Especial do STJ reiterou sua decisão anterior. Por sua vez, ANP e estado do Espírito Santo interpuseram agravos regimentais, sendo então proferida nova decisão – agora em favor do ente federado – suspendendo os efeitos daquelas anteriormente exaradas.[285]

---

[283] Cf. fls. 349-358 do caso Petrobras-ANP.

[284] Cf. fls. 204-205 do caso Petrobras-ANP.

[285] "(...) Com essas considerações inspiradas na ideia de justiça do caso concreto, SUSPENDO DA DECISÃO IMPUGNADA PELA PROCURADORIA CAPIXABA QUAISQUER EFEITOS QUE DE ALGUMA FORMA RESTRINJAM, EMBARACEM, IMPEÇAM OU RETARDEM O LEGÍTIMO EXERCÍCIO DO ESTADO DO ESPÍRITO SANTO À REGULAR PERCEPÇÃO DOS RECURSOS ORIUNDOS DE SUA PARTICIPAÇÃO NA

No ínterim da homérica contenda judicial, aos 2.7.2015, o Tribunal Arbitral emitiu decisão de medida cautelar suspendendo parcialmente a resolução da ANP. Ainda no STJ, a Petrobras e a ANP opuseram novos embargos de declaração (que não provocaram qualquer modificação significativa na última decisão dada pela Corte).[286] O Ministério Púbico Federal exarou parecer pelo conhecimento do conflito de competência, opinando pela fixação da competência do Tribunal Arbitral.

Por último, o estado do Espírito Santo interpôs outro agravo regimental (i) alegando a indisponibilidade da matéria objeto da RD/ANP nº 69/2014 (art. 1º da Lei de Arbitragem); (ii) defendendo a inaplicabilidade do princípio da competência-competência; (iii) insurgindo-se contra o recebimento do conflito de competência e sobrestamento das decisões administrativas e judiciais que, pela unificação dos campos que compõem o Parque das Baleias, impuseram o recolhimento dos valores devidos à União, aos estados e aos municípios; e (iv) sustentando não submissão à convenção de arbitragem e sua consequente legitimidade para postular pela suspensão e anulação da arbitragem perante o Judiciário, sob pena de restar caracterizado cerceamento de defesa.

Pondo fim aos debates e inaugurando uma nova fase de consagração das arbitragens envolvendo a Administração Pública no Brasil, a Primeira Seção do STJ decidiu, em outubro de 2017, por maioria de votos, que é do Tribunal Arbitral instituído perante a Corte Internacional de Arbitragem da Câmara de Comércio Internacional – CCI a competência para processar e julgar – de maneira primária – o conflito envolvendo contrato de concessão de petróleo, que tem como partes uma agência reguladora e uma sociedade de economia mista controlada pela União.

Com especial enfoque nas questões relacionadas ao instituto da arbitragem que foram enfrentadas pelo STJ, quatro são os pilares decisórios que merecem destaque neste estudo:

(i) a confirmação da natureza jurisdicional da arbitragem;
(ii) a interpretação dada ao princípio da competência-competência;

EXPLORAÇÃO PETROLÍFERA NO SEU ÂMBITO TERRITORIAL; por conseguinte, determino que a Petrobras e a ANP adotem e façam adotar no domínio das respectivas atribuições administrativas, todas as medidas necessárias à liberação imediata do que devido for ao ESTADO DO ESPÍRITO SANTO, sem mais demora, e sem protelações burocráticas, ou seja, com prioridade absoluta".

[286] Os embargos opostos pela Petrobras restaram acolhidos sem efeitos infringentes, apenas para retificar a parte dispositiva da decisão sanando obscuridade, ao passo que os da ANP foram rejeitados na integralidade, tendo o STJ apenas reiterado que "no tocante à competência da Corte Arbitral e sua atuação, mantém-se incólume a decisão de fls. 542/544, que determinou a paralisação, suspensão e sobrestamento de todas as ações judiciais e/ou procedimentos administrativos vinculados ao objeto deste Conflito".

(iii) a afirmação da arbitrabilidade objetiva de controvérsias derivadas de contratos de concessão para exploração de petróleo e gás natural; e
(iv) a possibilidade de submissão/participação de terceiros não signatários da convenção arbitral em arbitragens envolvendo a Administração Pública.

Como se constata, seja em razão de sua complexidade, seja porque as contribuições para a consolidação da adequabilidade do emprego de arbitragem para resolver disputas envolvendo entes da Administração Pública não podem deixar de ser ressaltadas, o caso "Petrobras-ANP" merece análise tópica aprofundada. Para tanto, o endereçamento de cada um dos pontos acima relatados será feito a partir das divergências e soluções encontradas pelo STJ no curso do processo decisório.

Em primeiro lugar, a confirmação da natureza jurisdicional da arbitragem pode ser expressamente verificada em diversos excertos da decisão, tendo constado, inclusive, da ementa. O relator originário do conflito de competência, Min. Napoleão Nunes Maia Filho, consignou que "a atividade desenvolvida no âmbito da arbitragem tem natureza jurisdicional, sendo possível a existência de conflito de competência entre juízo estatal e câmara arbitral".[287]

Também a relatora do voto-vista prevalente, Min. Regina Helena Costa, afirmou que é "(...) relevante lembrar que a atividade de arbitragem possui natureza jurisdicional", tendo adiante reforçado adotar "(...) o entendimento de que a arbitragem ostenta natureza jurisdicional e,

---

[287] Para análise aprofundada sobre a falta de instrumento tecnicamente apropriado e a consequente adequabilidade do uso de incidente de conflito de competência para resolver conflito existente entre tribunal arbitral e juiz estatal, cf. LADEIRA, Ana Clara Viola. Conflito de competência em matéria de arbitragem. *Revista Brasileira de Arbitragem*, n. 41. p. 42-67, jan./mar. 2014; MONTEIRO, André Luís. Algumas questões sobre a recente decisão do STJ na arbitragem Petrobras v. ANP: princípio da competência-competência, arbitrabilidade e Convenção de Nova Iorque. *Revista de Arbitragem e Mediação*, São Paulo, v. 16, n. 57, p. 57-98, abr./jun. 2018; TALAMINI, Eduardo. Nota sobre o conflito de competência entre árbitro e juiz estatal. *Revista Brasileira de Arbitragem*, São Paulo, n. 60. p. 36-43, out./dez. 2018; MARQUES, Ricardo Dalmaso. O STJ, as medidas antiarbitragem e o princípio da competência na Lei 9.307/1996: comentários às decisões da MC 17.868/BA. *Revista de Arbitragem e Mediação*, São Paulo, n. 32. p. 275-307, jan./mar. 2012; FONSECA, Rodrigo Garcia da. O princípio da competência-competência na arbitragem: uma perspectiva brasileira. *Revista de Arbitragem e Mediação*, São Paulo, n. 9. p. 272-294, abr./jun. 2006; e, sustentando posição diversa, WALD, Arnoldo. A patologia da arbitragem. *Revista de Arbitragem e Mediação*, São Paulo, n. 27. p. 35-45, out./dez. 2010; BARALDI, Eliana B. Caso Parque das Baleias. Superior Tribunal de Justiça. 1ª Sessão. Conflito de Competência nº 139.519/RJ. Ministro Relator Napoleão Nunes Maia Filho. 11.10.2017. *Revista Brasileira de Arbitragem*, São Paulo, n. 58. p. 139-163, out./dez. 2018; e FONSECA, José Arnaldo da. Jurisdição estatal e jurisdição arbitral: conflito aparente. *Revista de Arbitragem e Mediação*, São Paulo, v. 6, n. 23. p. 49-59, out./dez. 2009.

assim, estabelecido o conflito entre juízo arbitral e órgão jurisdicional estatal, a competência para dirimi-lo é desta Corte Superior", razão pela qual "deve ser conhecido o conflito de competência". Por fim, o Min. Benedito Gonçalves, em seu voto-vista, destacou que a discussão envolve "de um lado Juízo Estatal e de outro Juízo arbitral, o qual, ostenta, como bem assentado nos votos que me precederam, natureza jurisdicional".

Em outras oportunidades, como nos conflitos de competência nºs 111.230/DF e nº 146.939/PA, a 2ª Seção do STJ já havia reconhecido a natureza jurisdicional da atividade desenvolvida no âmbito da arbitragem. A ausência de divergência entre os julgadores e a unanimidade alcançada demonstram claramente que a matéria está bem consolidada no STJ, seguindo a linha defendida pela corrente doutrinária majoritária no Brasil.[288] Em outras palavras, a interpretação consolidada da legislação federal é a de que a jurisdição arbitral deve ser assim reconhecida e respeitada.

Ainda que não se tenha qualquer inovação, a importância da consolidação deste ponto no caso "Petrobras-ANP" deriva do peculiar cenário instaurado pelo envolvimento de órgãos e entidades da Administração Pública direta e indireta. Superada a questão da legalidade e sedimentada a arbitragem como via processual adequada à resolução de conflitos, ostentando natureza jurisdicional, comportamentos intencionados a impedir sua instituição e/ou seu normal prosseguimento perdem espaço. Assim, espera-se que a deferência conferida pelo Poder Judiciário coíba – cada vez mais – a adoção de táticas de guerrilha e outras medidas antiarbitrais protelatórias altamente prejudiciais à tão desejada celeridade do procedimento arbitral.

Sobre o princípio da competência-competência, cabe igualmente salientar que esta não é a primeira oportunidade em que o STJ se manifesta. Existem outras decisões que, desde 2006, enfrentam o tema ante o direito brasileiro.[289] À luz da competência-competência, é cediço que aquele que optou por firmar cláusula compromissória fica

---

[288] A esse respeito, v. WALD, Arnoldo. O espírito da arbitragem. *Revista do IASP*, São Paulo, v. 23, jan./jul. 2009. p. 22; DINAMARCO, Cândido Rangel. *Arbitragem na teoria geral do processo*. São Paulo: Malheiros, 2014 p. 41; CARMONA, Carlos Alberto. *Arbitragem e processo*: um comentário à Lei nº 9.307/96. 3. ed. São Paulo: Atlas, 2009. p. 26.

[289] Para um histórico pormenorizado dos posicionamentos do STJ sobre a questão da competência-competência, v. MARQUES, Ricardo Dalmaso. O STJ, as medidas antiarbitragem e o princípio da competência-competência na Lei 9.307/1996. Comentários às decisões da MC 17.868/BA. *Revista de Arbitragem e Mediação*, São Paulo, v. 10, n. 32, p. 275-307, jan./mar. 2012.

automaticamente vinculado à obrigação de submeter eventuais conflitos à solução pela via arbitral.

A convenção de arbitragem válida e eficaz é, pois, pacto prospectivo que gera efeitos imediatos: o efeito negativo de afastamento da competência do Judiciário para dirimir controvérsias futuras abrangidas por sua extensão (dever de não fazer) e, em igual tempo, o efeito positivo de sujeitar-se à decisão (ou decisões) do Tribunal Arbitral validamente constituído para apreciar a matéria (dever de fazer), inclusive emitindo juízo sobre a arbitrabilidade do litígio. Com isso, ao Poder Judiciário não é dado exercer controle prévio sobre aspectos relacionados à inexistência, invalidade e ineficácia da convenção de arbitragem – quanto menos à inarbitrabidade do conflito –, e sim controle ulterior sobre as sentenças arbitrais, nos estreitos limites do art. 33 da Lei nº 9.307/1996.

Todavia, no caso em comento, o relator original, Min. Napoleão Nunes Maia Filho, sustentou que "(a)jurisdição estatal não é afastada definitivamente pela cláusula compromissória e, principalmente, que o seu cumprimento (da cláusula compromissória) não se eleva acima do interesse nacional de preservação de suas riquezas minerais", votando, assim, pela competência da Justiça Federal.

Em voto-divergente, a Min. Regina Helena Costa deixou claro que a competência é a do Tribunal Arbitral. Destacando os arts. 8º e 20 da Lei nº 9.307/1996, concluiu que, antes de qualquer outro órgão julgador, é do próprio Tribunal Arbitral o dever de deliberar sobre os limites de suas atribuições, incluindo questões referentes ao escopo, validade e eficácia da convenção de arbitragem. Para a ministra, a abertura prematura da instância judicial frustra "o propósito maior do instituto da arbitragem, de meio de solução dos conflitos alternativo e precedente à discussão judicial, nesta nova era pontuada por múltiplos instrumentos de busca de pacificação social".[290]

A competência prioritária incondicionada dos árbitros para decidir sobre a própria jurisdição também é majoritariamente defendida pela doutrina nacional.[291] Assim, prevalecendo a solução satisfatória proposta

---

[290] Para estudo direcionado sobre a questão da multiplicidade de vias adequadas de acesso à justiça, v. SILVA, Paula Costa e. *A nova face da justiça*: os meios extrajudiciais de resolução de controvérsias. Lisboa: Coimbra Editora, 2009.

[291] Cf. WALD, Arnoldo. Os meios judiciais do controle da sentença arbitral. *Revista de Arbitragem e Mediação*, São Paulo, v. 1, n. 1. p. 40-65, jan./abr. 2004; CARMONA, Carlos Alberto. *Arbitragem e processo*: um comentário à Lei nº 9.307/96. 3. ed. São Paulo: Atlas, 2009. p. 26; e MARTINS, Pedro Batista. *Apontamentos sobre a Lei de Arbitragem*. Rio de Janeiro: Forense, 2008, entre outros. No âmbito internacional, v. VALDES, Juan Eduardo

pelo voto-divergente, que confirma a opção legislativa brasileira pela prioridade cronológica do árbitro para decidir sobre a sua própria competência, por maioria de 5 (cinco) a 2 (dois), a Primeira Seção do STJ conheceu do incidente suscitado para declarar a competência do Tribunal Arbitral, prestigiando novamente a realização da arbitragem.[292]

Passando ao terceiro ponto, o enfrentamento da arbitrabilidade objetiva representa um dos elementos mais complexos da decisão e, em que pese a matéria dispensar qualquer análise por parte do STJ em razão da afirmação de competência do Tribunal Arbitral para decidir sobre a questão (interesse público *v.* disponibilidade de bens e direitos pela Administração), tanto o voto prevalente, quanto os votos-vista e o voto-originário adentram o tema.

Bem vistas as coisas, nada obstante decidir que a competência para decidir todas as questões (título competencial, cabimento, arbitrabilidade objetiva, direitos disponíveis ou não etc.), fato é que o STJ examinou a questão da disponibilidade dos direitos e interesses postos em jogo. Julgou que não dispunha de competência para essa delibação, mas, ainda assim, apreciou o tema.

A Min. Regina Helena Costa afirmou que "sempre que a Administração contrata há disponibilidade do direito patrimonial, podendo, desse modo, ser objeto de cláusula arbitral, sem que isso importe em disponibilidade do interesse público". Com maior sutileza, mas na mesma linha, o Min. Benedito Gonçalves consignou que "a controvérsia travada entre a Petrobras e a ANP relativa ao contrato de concessão para exploração petrolífera tangencia direito patrimonial disponível, passível de solução via arbitragem".

Já o Min. Napoleão Nunes Maia Filho, não obstante afirmar que não há dissidência de entendimento quanto ao caráter patrimonial da avença, acabou consignando entendimentos contraditórios a respeito do tema. Em seu voto originário, o ministro afirmou que "não se vislumbra a indisponibilidade do direito discutido no presente processo arbitral", vez que as alterações definidas na decisão administrativa impugnada "têm caráter eminentemente patrimonial, não se revelando

---

Figueroa. Principle of Kompetenz-Kompetenz in international commercial arbitration. *Revista de Arbitragem e Mediação*, São Paulo, v. 4, n. 15. p. 134-190, out./dez. 2007.

292 O modelo de princípio da competência-competência adotado pelo Brasil e a ideia de derrogação da Convenção de Nova Iorque pela Lei de Arbitragem também foram elementos suscitados pelos ministros em seus votos, mas, por extrapolarem o recorte metodológico deste artigo, as minúcias não serão aqui trabalhadas. Sobre a questão, v. POTSCH, Bernard. Comentários ao julgado de 11 de outubro de 2017 do Conflito de Competência nº 139.519/RJ. *Revista Brasileira de Arbitragem*, São Paulo, n. 57. p. 135-144, jan./mar. 2018.

inalienável ou impossível de se proceder e ajustar de maneira diversa". Na complementação de voto, entretanto, o ministro afirmou:

> (...) o reconhecimento da patrimonialidade dos direitos que constituem o objeto daqueles instrumentos jurídicos não significa, nem de longe, que se trate de bens que possam ser transacionados, onerados, alienados ao talante da entidade incumbida da sua gestão, no caso, a Petrobras S.A., porque se trata de bens e direitos titulados pela União Federal.

Reforçando seu posicionamento com alusões ao interesse público envolvido, pontuou que:

> (o)s recursos minerais de qualquer espécie ou natureza constituem patrimônio nacional, reservados à tutela da soberania brasileira. A atuação prospectiva desses recursos e a gestão de sua exploração econômica, mesmo atribuídas à Petrobrás S.A., não ficam, por essa só razão, à plena disposição das decisões da empresa petrolífera. E assim é porque, além de ser patrimônio nacional, inalienável e estratégico, o petróleo explorado economicamente produz participações financeiras em benefício de outros Entes Federativos, Estados e Municípios Brasileiros, que não estão subordinados à Petrobrás S.A., não são caudatários dos seus interesses e, sobretudo, não são signatários do tal pacto compromissório de arbitragem.

Sobre este aspecto, reiterando que a disponibilidade ou indisponibilidade do direito objeto da disputa não deveria sequer ser discutida pelos ministros em razão da primazia temporal reconhecida ao Tribunal Arbitral, é errado considerar tecnicamente adequado que um exame do mérito – ainda que mínimo, mesmo em *obiter dictum* – sobre a natureza do interesse a ser tutelado seja feito com o intuito de determinar a jurisdição em que se deva conhecer de tal interesse. Admitir este raciocínio pressupõe autorizar o pré-julgamento da controvérsia em si, o que, na melhor hipótese, gera risco para o alcance de uma solução satisfatória, sólida e unitária proporcionada pelo emprego da arbitragem que, usualmente, não comporta recurso.

Assim, apesar da divergência apontada – e ressalvando uma vez mais que, em homenagem ao princípio da competência-competência, apenas aos árbitros cabe avaliar as nuances do caso concreto –, a indicação de reconhecimento pelo STJ da arbitrabilidade objetiva de conflitos relacionados a direitos e obrigações decorrentes de contrato de concessão para exploração de petróleo e gás pode ser vista como uma contribuição positiva do caso "Petrobras-ANP" para a segurança jurídica do instituto da arbitragem.

Indo adiante neste peculiar, o acórdão também expõe algo de muito importante quanto ao regime da arbitragem com pessoas de direito público. Isso porque revela talvez aquele que seja o tema mais agudo desses novos desafios: justamente a ideia contemporânea de competências administrativas, suas fontes normativas imediatas (tanto em termos formais quanto substanciais) e eventual reserva de administração para as agências reguladoras independentes brasileiras.

Como se sabe, a fonte primária das competências administrativas são normas jurídicas, eis que vige o primado da juridicidade (Constituição, art. 5º, inc. II, c/c art. 37, *caput*, e art. 174, *caput*, a gerar sua "atuação conforme a lei e o Direito", conforme preceitua o art. 2º, parágrafo único, inc. I, da Lei nº 9.784/1999, bem como os arts. 20 a 30 da LINDB).[293] Em outras palavras, a Administração Pública contemporânea não é mero executor dos textos legais, em atividade automática com efeitos declaratórios. Os atos e contratos da Administração constituem novas situações jurídicas e instalam as pertinentes relações jurídico-administrativas.

Para além das normas-princípio (escritas e não escritas) e das regras jurídicas, o direito administrativo brasileiro não se exercita apenas por meio de singelas decisões executórias concretas, mas, também e especialmente, por meio de regulamentos administrativos – que possuem efeitos *intra* e *extra* Administração (como se infere da redação dos arts. 84, inc. IV, e 174, *caput*, da Constituição). O mesmo se diga dos contratos administrativos de longo prazo, os quais possuem efeitos regulatórios a se estender por décadas em setores de suma importância socioeconômica (energia, telecomunicações, rodovias, ferrovias, aeroportos, portos – e, com especial relevância para o caso "Petrobras-ANP", petróleo).

Por conseguinte, são também fontes normativas tanto os regulamentos quanto os respectivos contratos administrativos (especialmente os de longo prazo). Pois o conteúdo e o objeto material de tais fontes são construídos entre as partes, em típico exercício de disponibilidade.

---

[293] A propósito dos desafios contemporâneos quanto ao conceito de "fontes do direito", v. GUASTINI, Riccardo. *Le fonti del diritto*: fondamenti teorici. Milão: Giuffrè, 2010; REGLA, Joseph Agiló. *Teoria geral das fontes do direito*. Tradução de Manuel Poirier Braz. Lisboa: Escolar Editora, 2013; MOREIRA, Egon Bockmann; PEREIRA, Paula Pessoa. Art. 30 da LINDB – O dever público de incrementar a segurança jurídica. *Revista de Direito Administrativo*, Rio de Janeiro, p. 243-274, nov. 2018. Edição Especial. Disponível em: http://bibliotecadigital.fgv.br/ojs/index.php/rda/article/view/77657. Acesso em: 27 jul. 2019.

A bem da verdade, as relações jurídicas entre pessoas privadas e Administração Pública desenvolvem-se sobretudo nesta sede normativa infralegal, quando da "atuação conforme a lei e o direito". Logo, serão as cláusulas regulamentares e contratuais as fontes com conexão imediata às controvérsias a serem sanadas por meio da arbitragem. Sublinhe-se que, neste nível de densidade normativa, a própria Administração Pública, em tratativas negociais com pessoas privadas, constitui situações jurídicas as quais se submetem à disponibilidade qualificada (possibilidade de negociar) e admitem transações (disponibilidade e transacionabilidade do lado de dentro das cláusulas contratuais).

Está na hora, portanto, de encontrar formas de aplicar a juridicidade com maior efetividade e eficiência. Afinal, as autoridades públicas não podem definir o conteúdo de seus regulamentos e contratos, com a participação ativa de pessoas privadas? Ora, se detêm competências para escolher o que, quando, onde e como deve ser efetivado aquele contrato, por que se lhes negar a capacidade de negociar tais elementos e, diante de controvérsias, submetê-los à arbitragem? Ao estatuir critérios de negociação coletiva (licitação) e ao celebrar contratação específica, a Administração está a exercitar sua competência negocial – isto é, a gerir a disponibilidade de gama específica de direitos e interesses. Ao firmar a cláusula compromissória – ou o compromisso arbitral –, os entes públicos confirmam a disponibilidade do pactuado (submetidos ao contrato de concessão e, inclusive, à agência setorial).

O esforço que merece ser desenvolvido diz respeito, portanto, a dois ângulos da questão: por um lado, reconhecer que aquele que celebra pactos arbitrais – de boa-fé e com lealdade, no exercício da competência definida em lei – está marcando a disponibilidade dos direitos e interesses objeto do contrato administrativo; por outro, blindar as opções encontradas, inclusive em face do Judiciário. Soluções desenvolvidas sob o manto da lei, em especial as de arbitragem, de concessões e de PPP.

Constatação que gera significativas consequências quanto à ideia de "direitos patrimoniais disponíveis" estabelecida como fronteira à arbitragem. Ora, se os regulamentos e os contratos são *dispostos* pela própria Administração Pública, pode-se entender que o que neles se origina e o que por eles é criado, salvo exceção expressa (ou remissão imediata às leis), tem como premissa cognitiva a disponibilidade e a possibilidade de ser submetido à instância arbitral. Se a Administração dispõe, desde o edital, como deve ser desenvolvido o contrato administrativo, não pode pretender que se trata de assunto indisponível (a celebrar critério enviesado de "disponibilidade cronológica": ontem, disponível; hoje, quando surge o conflito, indisponível).

Aqui, ouvem-se ecos da doutrina que remonta ao clássico Santi Romano, ao dissociar os *deveres* das *obrigações*: estas, são eminentemente contratuais, advindas de atos das próprias partes que a elas se vinculam; aqueles, precipuamente legais, oriundos de norma jurídica vinda de fonte diversa. Os deveres, portanto, podem existir em decorrência de regime estatutário específico – e não exigem, para a sua configuração, cariz pessoal ou patrimonial.[294] Já o termo "obrigações" é reservado a relações jurídicas eminentemente pessoais e patrimoniais. As obrigações são espécies do gênero "deveres" e os "deveres em sentido estrito" os não obrigacionais. Transportando-se a construção acadêmica para a arbitragem que entrecruza agências reguladoras, empresa estatal e estados da Federação, o objeto do procedimento terá parâmetros obrigacionais – e não poderá atingir os deveres em sentido estrito (que decorrem da lei). E a norma da competência-competência predispõe que o sujeito apto a fazer esse juízo é o Tribunal Arbitral.

O que permite desvelar que o caso "Petrobras-ANP" traz à tona dilemas que haverão de ser enfrentados pelos Tribunais Arbitrais no futuro, inclusive quanto a quais assuntos a eles submetidos dizem respeito a "direitos e obrigações" (nota da disponibilidade e passíveis de transação) e quais outros serão marcados por "deveres" (com a marca da indisponibilidade). Nesse momento, apenas uma coisa é certa: quem tem capacidade normativa para decidir esse tema, com forma e força de sentença, é a jurisdição arbitral.

Por fim, o último ponto de destaque do caso concreto diz respeito à possibilidade de participação de terceiros não signatários da convenção arbitral em arbitragens envolvendo a Administração Pública. Como o estado do Espírito Santo não firmou a cláusula compromissória, mas detinha evidente interesse econômico no resultado final do procedimento arbitral (a decisão influenciará sua arrecadação de *royalties*), a

[294] Cf. ROMANO, Santi. Deberes. Obligaciones. *In*: ROMANO, Santi. *Fragmentos de un diccionario jurídico*. Tradução de S. Sentis Melendo e M. Ayerra Redín. Buenos Aires: Ed. Jurídicas Europa-América, 1964. p. 111. O célebre autor não cogitava das relações administrativas – questionava a bilateralidade das relações jurídicas e distinguia aquelas com cariz obrigacional/patrimonialista daqueles poderes e deveres não correlativos a obrigações. Sobre a construção dos conceitos, v. Marçal Justen Filho, máxime ao sublinhar que "é possível que dever e poder se conjuguem em uma única e mesma pessoa, o que se passa comumente no campo do direito público, dando origem à figura da função" (JUSTEN FILHO, Marçal. *Sujeição passiva tributária*. Belém: Cejup, 1986. p. 48). Sobre as relações jurídicas de direito público e respectivos direitos, deveres e obrigações, v. MOREIRA, Egon Bockmann. *Direito das concessões de serviço público*. São Paulo: Malheiros, 2010. p. 275-285

admissibilidade de sua participação na arbitragem ensejou forte debate entre os Ministros.

A posição prevalente sustentou que "(a) arbitragem não impossibilita o acesso à jurisdição arbitral por Estado-Membro, possibilitando sua intervenção como terceiro interessado". Por outro lado, a posição vencida entendeu que o afastamento da jurisdição estatal "acarretaria indevido cerceamento do acesso à Justiça por parte do ente federado, constituindo em prestação jurisdicional deficitária, insuficiente, e por consequência, injusta".

Em razão do disposto no art. 5º, inc. XXXV da Constituição Federal, questões sobre a extensão subjetiva da cláusula compromissória com frequência sensibilizam e, por vezes, despertam certo desconforto. Entretanto, a construção teórica de cerceamento de acesso à justiça sustentada pelo Estado-Membro merece contraponto, ainda que apenas para fins de reflexão acadêmica.

O art. 5º, parágrafo único, da Lei nº 9.469/1997, prescreve expressamente que "as pessoas jurídicas de direito público poderão intervir (...), nas causas cuja decisão possa ter reflexos, ainda que indiretos, de natureza econômica, (...), para esclarecer questões de fato e de direito (...)". Da leitura atenta do texto, extrai-se que a referida intervenção pode ocorrer em "causas", o que não exclui a demanda arbitral. Some-se a isso a efetiva possibilidade de participação nos termos do atual Regulamento da CCI, em vigor desde 2017, que não veda o ingresso voluntário de terceiro interessado no procedimento e, portanto, oferece válvula de escape válida.

E mais: como no modelo adotado no direito brasileiro a competência do Tribunal Arbitral não é exclusiva, mas cronologicamente prioritária, não há que se falar em supressão do acesso à justiça. Em síntese, manifestada a vontade do estado do Espírito Santo, a garantia de acesso à jurisdição arbitral estaria, ao menos em tese, mantida, sendo viável a tomada das medidas que entendesse cabíveis no âmbito da própria arbitragem.

Cabem aqui duas constatações: em primeiro lugar, quem decide da legitimidade adequada do terceiro interessado é o Tribunal Arbitral. Este possui a competência não só para decidir acerca da sua própria atuação, mas também, e especialmente, da participação de terceiros não signatários do pacto – sejam eles (ou não) órgãos e pessoas de direito público. Em segundo lugar, ao pleitear o ingresso, o terceiro leva para si todos os efeitos da cláusula ou do compromisso e aceita se submeter à jurisdição arbitral. O pleito de ingresso traz consigo a aceitação ao processo e ao resultado arbitral. Estes temas possuem variações e tendências que assumirão extraordinários desafios no caso das arbitragens envolvendo os poderes públicos (e sua incidência em terceiros, públicos ou privados).

Assim, ainda que o mérito da questão não tenha sido objeto de decisão, novamente, contribui o STJ para a consolidação do instituto da arbitragem no Brasil ao entender, por maioria, que a análise da questão deve ser feita pelo Tribunal Arbitral. A (im)possibilidade de imposição dos efeitos da cláusula compromissória a terceiros não signatários e o juízo de admissibilidade de ingresso, intervenção e participação de terceiros em determinado procedimento arbitral guarda estreita relação com a análise dos fatos e direitos invocados, o que, assente no princípio da competência-competência, é atividade reservada ao Tribunal Arbitral devidamente constituído.[295]

Estas questões são apenas algumas das que surgirão do exercício prático, na justa medida em que mais procedimentos sejam instalados. Mas existe algo de mais profundo e atual, que merece ser desde logo destacado em vista de decisão proferida pelo Superior Tribunal de Justiça – STJ no Conflito de Competência nº 139.519/RJ: o conceito de viabilidade da arbitragem para solucionar litígios envolvendo o poder público amadureceu e, quando assim pactuada, a efetiva utilização da via arbitral pela Administração é uma realidade sem volta.

4 Conclusão: *insights* e questões a refletir

O grande protagonismo das atribuições conferidas às agências reguladoras brasileiras ante a atividade econômica deixa latente a potencialidade de conflitos que demandem soluções céleres, tecnicamente adequadas e juridicamente seguras. Os constantes e crescentes desafios enfrentados pelo Estado na prestação jurisdicional impulsionam a relevância da adoção de um sistema verdadeiramente multiportas para o gerenciamento adequado das controvérsias e, respeitando as particularidades de cada caso, o alcance de seu desejado equacionamento.

Assim, considerando que qualquer intervenção na ordem econômica é nascedouro de conflitos por natureza, bem como a celebração de contratos administrativos (sobretudo os complexos e de longo

295 No caso concreto, a análise da questão pelos árbitros foi, inclusive, assegurada por ocasião da Ordem Processual nº 1.

prazo), a arbitragem pode ser especialmente útil ao aperfeiçoamento da atividade regulatória.

Neste vértice, desde a primeira rodada de licitações após a criação da ANP (Rodada Zero), foram inseridas cláusulas compromissórias em todos os contratos do setor de óleo e gás brasileiro.[296] As próximas rodadas certamente contarão com tais cláusulas, mas o estudo do tema arbitragem e regulação ainda é incipiente e apresenta consideráveis desafios.

As peculiaridades e complexidades dos conflitos envolvendo a Administração Pública ainda são, pela própria Administração, comumente tomadas como obstáculos a serem transpostos para a aceitação do procedimento arbitral como forma válida, eficaz e adequada de resolução de litígios. Por insegurança, pluralidade de interesses, ou falta de alinhamento na auto-organização administrativa, a postura institucional adotada pela ANP e pelo estado do Espírito Santo no caso em comento parece ser um contrassenso por parte do Poder Público, um *venire contra factum proprium*, que inclui convenção arbitral em suas contratações e, no momento seguinte, frustra a realização da arbitragem anteriormente avençada por sua própria iniciativa, impondo manifestação unilateral de vontade.

Sem levar em conta os potenciais efeitos gerados pela problemática existência de juízos paralelos e simultâneos, a arbitragem foi transformada em uma verdadeira *via crucis* judicial. Ao intentar incidente processual com o claro objetivo de obstar o seguimento da arbitragem, os entes da administração pretendiam uma ampliação significativa do espectro de ação do Poder Judiciário no universo arbitral. O ruído provocado por uma atuação bélica e ilógica reverbera econômica e socialmente. Para o alcance dos resultados esperados é preciso trabalhar conjuntamente, cooperativamente e com respeito.

Especialmente vantajosa no âmbito dos contratos complexos e conflitos dotados de especificidades técnicas, a escolha pela arbitragem é estratégica para transmissão de credibilidade ao agente econômico privado. As agências reguladoras, os poderes concedentes e outros órgãos de regulação precisam, portanto, estar em sinergia, conscientes

---

[296] A respeito das alterações na redação das cláusulas compromissórias adotadas pela ANP em seus contratos de concessão cf. SCHMIDT, Gustavo da Rocha. A arbitragem no setor de óleo e gás. Considerações sobre as cláusulas compromissórias inseridas nos contratos de concessão celebrados pela ANP. *Revista de Arbitragem e Mediação*, São Paulo, v. 13, n. 50, p. 186-211, jul./set. 2016.

da transcendência de seus atos, e agir de maneira responsável perante as repercussões geradas para si e para terceiros.

Na ausência de reformas estruturais, comportamentos contraditórios questionando validade, eficácia e extensão da cláusula compromissória devem continuar sendo firmemente coibidos pelo Poder Judiciário, como feito pelo STJ ao decidir o conflito de competência em questão, sob pena de subverter as sempre aclamadas vantagens da arbitragem. Afinal, as ferramentas disponíveis na dinâmica própria do procedimento arbitral serão muito melhor aproveitadas se encaradas como geradoras de valor do que como tormentosas e angustiantes escolhas.

É certo que a arbitragem envolvendo a Administração Pública trata de assuntos de sensibilidade diversa, com características peculiares e fontes normativas distintas daquelas até o presente manejadas pelos Tribunais Arbitrais (e Poder Judiciário, no controle das respectivas sentenças arbitrais). Assim, pode-se antecipar que haverá novas tensões, como quatro simples exemplos revelam: pense-se no tema (i) "confidencialidade *v.* publicidade" (tudo é público?, publicidade ativa ou passiva?, todos têm o dever de tornar a integralidade do procedimento acessível ao público e a órgãos de controle?; como fica a privacidade das sessões das câmaras e reuniões dos árbitros? etc.); e também nos (ii) "tribunais arbitrais e decisões *v.* órgãos de controle" (se as sentenças arbitrais são de impossível controle jurisdicional, quais limites impor aos Tribunais de Contas, ao Ministério Público e às controladorias?), além (iii) dos efeitos da Nova Lei de Introdução às Normas do Direito Brasileiro (Decreto-Lei nº 4.657/1942, com novos artigos instalados pela Lei nº 13.655/2018, que estabelecem deveres consequencialistas, bem como novas diretrizes hermenêutico-aplicativas, quanto a quaisquer decisões que afetem, *v.g.*, contratos administrativos); (iv) "participação *v.* interesse" (sabendo que a consensualidade é elemento indispensável à validade da arbitragem, qual a extensão de possíveis impactos que as decisões arbitrais trarão aos cofres dos estados-membros? E, ainda, caso o ente federado não vinculado ao ajuste não tenha sido parte na arbitragem, a decisão dada pelo Tribunal Arbitral será ineficaz em sua relação?).

Com o intuito de fixar os conceitos e estimular a reflexão, procure endereçar os seguintes pontos:

1. Sobre o que ANP e Petrobras divergem? A criação e/ou alteração de campos petrolíferos figura no rol de competências legalmente atribuídas à ANP? Como se deu formalmente a unificação dos campos de exploração de petróleo licitados? Na sua opinião, as

formalidades para tanto foram estritamente seguidas? Quais são as consequências da criação do campo para a Petrobras? E para o setor petrolífero?

2. A grande divergência entre Petrobras e ANP pode ser dirimida por meio da arbitragem? Em que medida essa cláusula se compatibiliza com a máxima do "direito patrimonial disponível"? Ao versar sobre a exploração de petróleo, historicamente um monopólio da União, embora não o mais seja hoje, não seria essa uma cláusula de interesse público primário? Por que cabe, ou não, a arbitragem no caso concreto? Como o Judiciário enfrentou esse dilema?
3. Quais são os requisitos formais específicos que a arbitragem entre Petrobras e ANP deve observar? Aplica-se a Lei de Arbitragem? E o novo Código de Processo Civil? Regulamentações específicas da ANP dispondo sobre a arbitragem são aplicadas no caso concreto? Caso as formalidades não sejam observadas ou haja um erro de definição de regime jurídico, a qual controlador a parte lesada pode recorrer? Poderia uma associação de defesa do monopólio do petróleo questionar a validade da arbitragem em juízo? Qual o impacto do conteúdo da sentença arbitral ante os órgãos de controle externo, especialmente o TCU e o MP?
4. Em que medida a arbitragem pode ser entendida como um instrumento de regulação? Qual é a diferença entre arbitragem regulatória e arbitragem comercial? Quais são as externalidades positivas e negativas da arbitragem na disciplina de mercados, especialmente quanto à emissão de mensagens regulatórias claras aos regulados?

COMPETIÇÃO ENTRE REGULADORES – CASO *BACEN VS. CADE*

FLORIANO DE AZEVEDO MARQUES NETO

RE nº 1.094.218/DF – Julgado procedente o recurso por maioria de votos em 25.8.2010. Min. Rel. Eliana Calmon (voto condutor). Votaram com a relatoria os ministros Humberto Martins, Mauro Campbell Marques e Benedito Gonçalves. Vencidos os ministros Castro Meira e Herman Benjamin. Impedimento do Min. Luiz Fux.

> EMENTA: ADMINISTRATIVO – ATO DE CONCENTRAÇÃO, AQUISIÇÃO OU FUSÃO DE INSTITUIÇÃO INTEGRANTE DO SISTEMA FINANCEIRO NACIONAL – CONTROLE ESTATAL PELO BACEN OU PELO CADE – CONFLITO DE ATRIBUIÇÕES – LEIS 4.594/64 E 8.884/94 – PARECER NORMATIVO GM-20 DA AGU. 1.Os atos de concentração, aquisiçao ou fusão de instituição relacionados ao Sistema Financeiro Nacional sempre foram de atribuição do BACEN, agência reguladora a quem compete normatizar e fiscalizar o sistema como um todo, nos termos da Lei nº 4.594/64. 2. Ao CADE cabe fiscalizar as operações de concentração ou desconcentração, nos termos da Lei nº 8.884/94. 3. Em havendo conflito de atribuições, soluciona-se pelo princípio da especialidade. 4. O Parecer GM-20, da Advocacia-Geral da União, adota solução hermenêutica e tem caráter vinculante para a administração. 5. Vinculação ao parecer, que se sobrepõe à Lei nº 8.884/94 (art. 50). 6. O Sistema Financeiro Nacional não pode subordinar-se a dois organismos regulatórios. 7. Recurso especial provido.

1 Introdução

Em 1997 se completou a operação societária de aquisição do Banco de Crédito Nacional (BCN) pelo Bradesco. Com estimativa de valor em torno de R$1 bilhão e 340 mil clientes, o Bradesco adquiriu 93,9% das ações ordinárias com direito a voto do BCN, o que corresponde a 53% do capital total.[297] A história do BCN remonta à do *crash* da Bolsa de NY, pois foi fundado pela família Conde exatamente nesta janela de oportunidade. Era, então, a Casa Bancária Conde. Em 25.6.1998 foi publicada no *Diário Oficial da União* a aprovação da incorporação pelo Bacen.[298]

Em 2001 o Cade determinou a submissão da operação de aquisição do controle do BCN pelo Bradesco em análise de outro ato de concentração.[299] Contra esta decisão foi impetrado mandado de segurança com pedido liminar, deferido na primeira instância e, no mérito, determinada a desconstituição do ato coator. Em sede de apelação, o TRF-1ª Região reformou a decisão por maioria e a questão foi levada ao STJ por meio de recurso especial. Este é o itinerário de uma das mais paradigmáticas decisões sobre conflito de competência institucional de grande importância para o modelo de Estado Regulador no Brasil. O REsp nº 1.094.218 – *Caso Bacen v. Cade* – foi julgado em 25.8.2010 pelo Plenário do STJ. Por maioria de votos, foi dado provimento ao recurso com voto condutor da relatora Min. Eliana Calmon.

Cade, Bradesco e BCN interpuseram recursos extraordinários junto ao STF. Em 9.6.2014, o Min. Dias Toffoli negou seguimento ao recurso apresentado pelo Cade e julgou prejudicado o recurso extraordinário interposto por Bradesco e BCN no RE nº 664.189/DF. Invocando as súmulas nºs 279 e 280 do Supremo, decide pela inadmissibilidade porque o enfrentamento do caso demanda análise de conjunto fático-probatório, bem como de legislação infraconstitucional. No entanto, indica o seguinte:

---

[297] ADACHI, Vanessa. Bradesco conclui a compra do BCN. *Folha de S.Paulo*, 4 dez. 1997. Disponível em: https://www1.folha.uol.com.br/fsp/dinheiro/fi041205.htm. Acesso em: 29 mar. 2019.

[298] BANCO CENTRAL DO BRASIL. Evolução do Sistema Financeiro Nacional. Disponível em: https://www.bcb.gov.br/acessoinformacao/legado?url=https:%2F%2Fwww.bcb.gov.br%2Fhtms%2FDeorf%2Fr199812%2FAnexd.asp. Acesso em: 29 mar. 2019.

[299] Ato de Concentração nº 08012.002381/2001-23, submetido pelo BCN ao Cade em 2001, quando firmou contrato de compra e venda de ações com a empresa Alliance Capital Management Corporation of Dellaware para exercício de controle absoluto da sociedade BCN Alliance.

o entendimento adotado pelo Colendo Superior Tribunal de Justiça não se afastou da jurisprudência desta Corte, no sentido de que a disciplina de atos normativos relativos ao Sistema Financeiro Nacional é reservada à lei complementar (vide ADI nº 4, Relator(a): Ministro Sydney Sanches, Tribunal Pleno, DJ de 25/06/1993).

Pendem de julgamento os agravos contra a decisão no RE nº 664.189/DF. No dia 19.3.2018, o Min. Celso de Mello despachou nos seguintes termos:

> os órgãos de imprensa têm veiculado noticiário sobre a formulação de "memorando de entendimento" destinado a viabilizar a atuação conjunta do CADE e do BACEN, em tema de defesa da concorrência e em processo de fusão e aquisição no âmbito do sistema financeiro nacional. Desse modo, manifestem-se ambas as autarquias sobre o seu alegado propósito de pôr termo ao conflito existente.

Trata-se de uma tentativa de resolução do processo, considerando que eventual acordo levaria à perda do objeto da ação. Recebidas as manifestações, os autos encontram-se conclusos ao relator.[300]

Também no âmbito do Legislativo se tentou dar um desfecho ao conflito de competências entre Cade e Bacen. Em 2015 o Senador Antonio Anastasia apresentou projeto de lei para disciplinar as específicas competências do Cade e do Bacen quanto a fusões e aquisições, bem como à aplicação de sanções por infração à ordem econômica. Pela redação original da proposta, a Lei nº 4.595/64 passaria a prever expressa referência da competência do Cade na apreciação de atos de concentração no mercado financeiro em seu art. 10, inc. X. Também convola o ato de concentração no sistema financeiro nacional em ato complexo: após a manifestação do Bacen, o Cade deve se pronunciar caso a operação tenha o potencial de afetar qualquer das diretrizes da política do CVM (art. 3º, Lei nº 4.595/64).

O projeto original foi sensivelmente modificado: há previsão de processo específico, com ônus regulamentar, e todo e qualquer ato de concentração será ato complexo, demandando expressa anuência de ambas as instituições, inclusive conjuntamente. Para mitigar o risco sistêmico, a nova redação do projeto prevê a possibilidade de o Bacen

---

[300] O trâmite processual do RE nº 664.189/DF, assim como todos os documentos e peças produzidos nos autos, pode ser acompanhado em BRASIL. STF. *RE 664.189/DF*. Disponível em: http://portal.stf.jus.br/processos/detalhe.asp?incidente=4170404. Acesso em: 29 mar. 2019.

aprovar unilateralmente os atos de concentração sempre que aspectos de natureza prudencial indiquem riscos relevantes e iminentes à solidez e à estabilidade do SFN. Quanto à supervisão de mercado, as competências para aplicação de sanções passam a ser mais claramente colocadas, ainda que dúvidas remanesçam: ao Bacen cabe sancionar em função do descumprimento de normas legais ou regulamentares que fiscalize e, ao Cade, cabe a repressão à infração à ordem econômica. O projeto foi remetido à Câmara dos Deputados (PLP nº 499/2018) e apensado em 2018 ao PLP nº 265/2007.

No dia 28.2.2018 foi assinado memorando de entendimento pelos presidentes do Bacen e do Cade sobre o exercício harmônico das competências pelas autoridades signatárias.[301] Primeiramente, comprometem-se editar normas conjuntas para disciplinar os processos de controle de atos de concentração e sancionatórios. Os atos de concentração devem ser submetidos ao Bacen e ao Cade, que conduziram processos autônomos, mas cuja eficácia dos atos de concentração fica condicionada à aprovação de ambas as autoridades, passando, portanto, a ter natureza de ato complexo. Outro ponto importante do memorando é o compromisso de troca de informações constante entre as autoridades, especialmente nos processos sancionatórios. O preceito de aprovação unilateral dos atos de concentração pelo Bacen de natureza prudencial, previsto no PL, foi aproveitado no memorando de entendimento.

O caso Bacen *v.* Cade é paradigmático no estudo do conflito de competências regulatórias. Trata-se de debate já largamente conhecido na academia[302] e que mobiliza instituições e diálogos há longos anos para a resolução do impasse entre dois dos mais fortes entes no organograma da Administração federal.

---

[301] Documento acessível em: CADE. Memorando de Entendimentos Relativo aos Procedimentos de Cooperação na Análise de Atos de Concentração Econômica no Sistema Financeiro Nacional entre o Banco Central do Brasil (BCB) e o Conselho Administrativo de Defesa Econômica (CADE). 2018. Disponível em: https://cdn.cade.gov.br/Portal/Not%C3%ADcias/2018/28_02_2018_Cade%20e%20Banco%20Central%20assinam%20Memorando%20de%20Entendimentos.pdf. Acesso em: 23 jun. 2022.

[302] Em 2002 foi publicado o livro *Concorrência e regulação no sistema financeiro*, um marco do debate sobre o conflito de competências regulatórias entre Cade e Bacen. Com artigos de grandes expoentes da academia e da prática da regulação, ainda hoje o livro é a principal referência no assunto (CAMPILONGO, Celso; ROCHA, Jean-Paul Veiga da; LESSA, Paulo Todescan (Coord.). *Concorrência e regulação no sistema financeiro*. São Paulo: Max Limonad, 2002). Cf., ainda, GRAU, Eros Roberto; FORGIONI, Paula. Cade v. Bacen: conflitos de competência entre autarquias e a função da Advocacia-Geral da União. *Revista de Direito Público da Economia*, Belo Horizonte, v. 8, 2004.

2 O caso concreto

2.1 Sobre o que o caso versa?

Quem tem a competência para apreciar os atos de concentração de instituições financeiras? Essa é a grande questão material do Caso Bacen *v.* Cade.

Bradesco e BCN estruturaram a sua defesa com base em três argumentos centrais:

(i) a decisão do Bacen configura ato jurídico perfeito, não cabendo ao Cade deliberar sobre o mesmo ato com efeitos retroativos;

(ii) é expressa a competência privativa do Bacen em autorizar fusão, incorporação ou encampação de instituições financeiras (art. 10, inc. X, "c",[303] c/c art. 18, §2º,[304] da Lei nº 4.595/64);

(iii) o Parecer Normativo GM-20,[305] que conclui pela competência privativa do Bacen para analisar atos de concentração de instituições financeiras do sistema financeiro nacional, não foi observado.

Por sua vez, o Cade apresentou quatro argumentos centrais:

(i) assim como as instituições financeiras devem obediência ao CDC, CTN, CLT, CC etc., também devem se submeter à Lei nº 8.884/94;[306]

(ii) as leis nºs 4.595/64 e 8.884/94 devem tentar ser interpretadas ao máximo de modo harmonioso e, caso não seja possível, esta deve prevalecer por ser posterior e mais especial;

(iii) Bacen e Cade não analisam o caso pela mesma perspectiva: rigidez do sistema financeiro e defesa da concorrência, respectivamente. As competências não são excludentes, portanto. Ademais, consolidou-se prática administrativa nos demais mercados regulados por agências reguladoras de elas fazerem

[303] Art. 10. Compete privativamente ao Banco Central da República do Brasil: (...) X – conceder autorização às instituições financeiras, a fim de que possam: (...) c) ser transformadas, fundidas, incorporadas ou encampadas.

[304] Art. 18. As instituições financeiras somente poderão funcionar no País mediante prévia autorização do Banco Central da República do Brasil ou decreto do Poder Executivo, quando forem estrangeiras. (...) §2º O Banco Central da República do Brasil, no exercício da fiscalização que lhe compete, regulará as condições de concorrência entre instituições financeiras, coibindo-lhes os abusos com a aplicação da pena (Vetado) nos termos desta lei.

[305] BRASIL. AGU. *Parecer Normativo GM-20, de 5 de abril de 2001*. Disponível em: http://www.agu.gov.br/atos/detalhe/8413. Acesso em: 29 mar. 2019.

[306] Julgado em 2010, o Caso Bacen *v.* Cade toma por referência à antiga Lei do Cade (Lei nº 8.884/94), que foi revogada pela Nova Lei do Cade (Lei nº 12.529/2011).

a primeira análise de atos de concentração para, na sequência, submeterem os casos ao Cade;

(iv) o Parecer Normativo GM-20 não se aplica ao caso concreto porque pareceres normativos têm natureza vinculante à Administração Pública quando versarem sobre organização e funcionamento da AGU, em interpretação do art. 131 da Constituição, e, ainda, a Lei nº 8.884/94 é posterior ao Parecer Normativo GM-20.

Em resumo, os argumentos se articulam em duas ordens de compreensão do sistema jurídico: (i) *quanto ao critério da competência*: tese da legislação específica (art. 10, X, "c", Lei nº 4.595/64) *v.* tese do ato de concentração (Lei nº 8.884/94); e (ii) *quanto à interpretação legal*: tese da exclusão, que leva inexoravelmente a uma única autoridade decisória, e tese da complementariedade, de modo que ambas as instituições podem atuar conjuntamente, como para aprovação de atos de concentração.

O Caso Bacen *v.* Cade é de notável importância na conformação do Estado Regulador brasileiro não tanto por sua questão material, mas sim pelas questões subjacentes que os argumentos suscitam e que se espraiam sobre o sistema regulatório como um todo.

Como se nota, todas essas questões vão além da especificidade do caso informada na tríade ato de concentração – Cade – Bacen. Primeiramente, há outras ordens de conflitos de competência regulatória, como Cade *v.* Anatel,[307] por exemplo. Seria o precedente aplicável neste caso? Em segundo lugar, qual é o grau de relacionamento entre autoridades com funções regulatórias ante o Governo central? Pareceres normativos, decretos e orientações emanadas do chefe do Poder Executivo são vinculantes? Aqui, a questão do controle presidencial é destacada.

2.2 Fundamentação e resolução judicial do caso

Como já indicado, por maioria de votos o Plenário do STJ reforçou a competência do Bacen, prevalecendo o voto condutor da Relatora Min. Eliana Calmon. Sua decisão se apoia em dois argumentos centrais: (i) o Parecer Vinculante GM-20 se aplica no caso concreto e (ii) as normas

---

[307] Vale aqui a advertência de Egon Bockmann Moreira sobre a natureza jurídica do Bacen, cujo grau de vinculação com o Governo central e a submissão de decisões sancionatórias ao CRSFN impede que seja reconhecido como autêntica agência reguladora independente (MOREIRA, Egon Bockmann. Agências administrativas, poder regulamentar e o sistema financeiro nacional. *Revista de Direito Administrativo – RDA*, Rio de Janeiro, v. 218, p. 93-112, 1999. p. 100).

da Lei nº 4.595/64 têm prevalência sobre a Lei nº 8.884/94, por serem especiais. Assim, o Bacen é a autoridade competente para apreciar atos de concentração de instituições financeiras no âmbito do Sistema Financeiro Nacional, o que autoriza o exame do voto condutor.

Em seu voto, a Min. Eliana Calmon toma o art. 84, inc. II e inc. IV, "a", da Constituição Federal para indicar a adoção do *modelo de Estado unitário* para compreender a organização administrativa e política brasileira. Fundamentalmente, o Executivo unitário é caracterizado pela prevalência decisória do chefe do Poder Executivo, autoridade suprema cujas decisões se impõem sobre todos os órgãos e entes administrativos.[308] Trata-se da leitura mais difundida na doutrina brasileira e que informa as relações entre chefe do Poder Executivo com órgãos e entes administrativos; não por outra razão, referenciou Hely Lopes Meirelles em passagem sobre o Decreto-Lei nº 200/67, erigido com base no modelo de Executivo unitário. O exame do acórdão e de suas notas revela essa compreensão centralizadora/unitária da Administração Pública brasileira.

Desse modo, assim como a figura do decreto, o parecer normativo[309] se impõe a todos os órgãos e entes administrativos, inclusive ao Cade. A Min. Eliana Calmon considera ser o Cade uma agência reguladora, cuja autonomia reforçada e independência, inclusive perante o chefe do Poder Executivo, é subentendida. Ainda assim, entende pela plena aplicação do parecer normativo.

Quanto à prevalência da Lei nº 4.595/64 sobre a Lei Antitruste, a Min. Eliana Calmon constrói seu entendimento a partir do pressuposto de que a Lei do Sistema Financeiro Nacional é especial. Enquanto a Lei nº 4.595/64 regula a concorrência no mercado financeiro, a Lei nº 8.884/94 disciplina a concorrência nos demais mercados relevantes. A questão se encerraria em uma dinâmica de aplicação do art. 2º, §2º, da LINDB. Em suas palavras: "adverti, em tom de irreverência, que o entendimento da prevalência da lei geral sobre a especial só tem espaço se desprezadas as normas de hermenêutica e a LICC, adotando-se o caminho do direito alternativo".

---

308 Cf. BINENBOJM, Gustavo. *Uma teoria do direito administrativo*. 3. ed. Rio de Janeiro: Renovar, 2013.

309 O caráter vinculante do parecer normativo é determinado pela Lei Complementar nº 73/93 (Lei Orgânica da AGU): "Art. 40. Os pareceres do Advogado-Geral da União são por este submetidos à aprovação do Presidente da República. §1º O parecer aprovado e publicado juntamente com o despacho presidencial vincula a Administração Federal, cujos órgãos e entidades ficam obrigados a lhe dar fiel cumprimento".

Por fim, importa ressaltar que a Min. Eliana Calmon afastou a tese da complementariedade entre Bacen e Cade na autorização de atos de concentração de instituições financeiras. Primeiramente, a leitura de legalidade que ela apresenta – informada pela especialidade das normas financeiras e pelo modelo de Executivo unitário – afasta por completo qualquer participação do Cade neste tipo de decisão. Ainda, ela vislumbra que a solução da complementariedade, de inspiração em países do *common law*, não se coaduna com o sistema brasileiro, de *civil law*.

Votaram com a Min. Rel. Eliana Calmon os ministros Humberto Martins,[310] Mauro Campbell Marques[311] e Benedito Gonçalves. A divergência foi instaurada pelo Min. Castro Meira, que foi acompanhado pelo Min. Herman Benjamin.

Embora não chegue a acatar o *modelo de Estado pluricêntrico*, em que se reconhecem múltiplas esferas decisórias no âmbito da Administração Pública, o Min. Castro Meira reconhece que o Cade goza de prerrogativas próprias e é dotado de maior independência e imparcialidade ante o Governo central. Tais prerrogativas – processo de nomeação dos conselheiros com aprovação pelo Senado, fixação de mandato e o não cabimento de recurso hierárquico impróprio, por exemplo – terminam por conferir *status* diferenciado ao Cade quanto à submissão aos pareceres normativos, à semelhança de simples autarquias. Na visão do julgador, apenas mediante expressa previsão legal seria possível vincular o Cade a pareceres normativos, o que não é o caso.

Nas palavras do Min. Castro Meira:

> não pode o parecer normativo da AGU vincular o CADE, impondo-lhe limites ao poder de apreciar atos de concentração potencialmente nocivos à livre concorrência, porquanto essa prerrogativa fora outorgada por lei e apenas por igual instrumento poderá ser restringida ou excepcionada.

---

[310] "A força normativa para a Administração Pública Federal do Parecer da AGU aprovado pelo Presidente da República foi outorgada por lei complementar. Assim, não poderia, ainda que fosse o caso de intromissão indevida nos julgados do CADE, ser afastada lei ordinária posterior. O argumento de que as normas do CDC se aplicam às instituições financeiras não têm pertinência ao presente processo, visto que o debate consumerista não é relativo a conflito de atribuições entre entidades da Administração Pública Federal nem trata de regulação de uma determinada atividade econômica por mais de uma entidade" (voto do Min. Humberto Martins no RE nº 1.094.218/DF).

[311] "Nada obstante, entendo que, existindo parecer normativo que deferia, à época dos fatos (e ainda hoje), a competência exclusiva para o Bacen funcionar nos atos de concentração controversos, seria no mínimo de duvidosa boa-fé por parte da Administração para com os administrados, a esta altura, impor uma multa em razão de condutas tomadas à revelia do Cade" (voto do Min. Mauro Campbell Marques no RE nº 1.094.218/DF).

Depreende desse racional que apenas as atividades-meio do Cade estariam condicionadas aos pareceres normativos, restando as atividades-fim, na qualidade de atribuições específicas do Cade, excepcionadas da observância de pareceres normativos.

Ao contrário do voto condutor, o Min. Castro Meira entende pela complementariedade das normas (diálogo das fontes), sem importar em exclusão do Cade ou do Bacen na análise dos atos de concentração de instituições financeiras. Enquanto o Cade tem por atribuição preservar o ambiente concorrencial, ao Bacen cabe a regulação e a manutenção da higidez do sistema financeiro nacional: o controle concorrencial do Cade apenas ocorreria após serem afastados os riscos sistêmicos e prudenciais pelo Bacen. Assim, nega provimento ao recurso especial.

A tabela a seguir sistematiza as duas orientações conflitantes do julgado.

Voto	Modelo	Competência	Interpretação legal	Parecer normativo	Recurso especial
Min. Eliana Calmon	Executivo unitário	Legislação específica	Exclusão => Bacen	Vinculante ao Cade	Provimento
Min. Castro Meira	Estado pluricêntrico	Doutrina do ato de concentração	Complementariedade => Bacen + Cade	Não vinculante ao Cade	Negou provimento

2.3 *Ratio decidendi* e alcance do precedente

Essa é a *ratio decidendi* do Caso Bacen *v.* Cade: o *Bacen é a autoridade competente para, privativamente, autorizar atos de concentração de instituições financeiras nos termos do Parecer Normativo GM-20, vinculante a toda a Administração Pública (inclusive entidades com regime jurídico especial) e da Lei nº 4.595/64, de natureza especial ante a Lei Antitruste.*

Um ponto fundamental é delimitar o campo de aplicação deste precedente para casos futuros e, assim, fornecer critérios de *distinguishing* suficientes para orientar o aplicador no direito.

Com relação ao perímetro de incidência, este é um precedente que poderá ser invocado apenas em casos de *conflito de competência positivo* com o Cade especificamente quanto à decisão de autorizar *atos de concentração*. O precedente não alcança situações de conflito de competência negativo; tampouco abarca casos em que o Cade não participe como uma das partes, como no exemplo de uma disputa entre Ministério e agências reguladoras. Ainda, este precedente se aplica especificamente aos casos de ato de concentração, pois esta foi a específica competência analisada no julgado e em torno da qual a *ratio decidendi* foi construída. Assim, o precedente não pode ser invocado para o exame da repressão de condutas, por exemplo.

Ao ser invocado, o precedente não serve para afirmar que sempre a competência será da autoridade em disputa com o Cade. É preciso compreender adequadamente o contexto de construção do precedente para dele depreender os *testes* que o caso Bacen *v.* Cade fornecem para estabelecer a competência específica. Importa enfatizar que a aplicação do precedente corresponde ao emprego dos testes no caso concreto, e não da solução cabal. Diante de casos de conflito de competência positivo com o Cade envolvendo atos de concentração, as seguintes etapas precisam ser enfrentadas:

(i) O caso concreto é de conflito de competência positivo com o Cade envolvendo atos de concentração?

(ii) Lei formal atribui expressamente a competência de autorizar atos de concentração à autoridade em disputa com o Cade?

(iii) A lei é especial na comparação com a Lei Antitruste, considerando a disciplina de um microssistema com autoridades, dinâmicas e valores próprios?

Se as respostas forem positivas para todas as perguntas, então a autoridade em disputa com o Cade é a competente, com exclusividade, para deliberar sobre a validade de ato de concentração em sua esfera de atuação.

Tão relevante quanto a delimitação do alcance do precedente é explicitar algumas projeções indevidas de sua *ratio decidendi*. O caso Bacen *v.* Cade não significa que o STJ, e o Judiciário como um todo, reconheça apenas o modelo de Executivo unitário. Tampouco o caso Bacen *v.* Cade deve ser lido como o reconhecimento judicial de ampla submissão de autoridades administrativas independentes ao chefe do Poder Executivo pela via do parecer normativo. Isso porque não se pode depreender uma solução geral a partir de um único caso específico em uma situação igualmente específica.

3 Conclusões

O caso Bacen *v.* Cade é emblemático, mas importantes questões ainda restam para ser respondidas. A seguir, os pontos que merecem reflexão para o adequado emprego do precedente.

- *Nova Lei do Cade.* A Nova Lei do Cade foi aprovada em 2011 e endereçou vários pontos polêmicos envolvendo a atuação da autoridade antitruste. O art. 9º, inc. X, da Lei nº 12.529/2011 prevê expressamente a competência do Plenário do Tribunal para apreciar processos de ato de concentração. O §3º do mesmo art. 9º prevê:

> as autoridades federais, os diretores de autarquia, fundação, empresa pública e sociedade de economia mista federais e agências reguladoras são obrigados a prestar, sob pena de responsabilidade, toda a assistência e colaboração que lhes for solicitada pelo CADE, inclusive elaborando pareceres técnicos sobre as matérias de sua competência.

Teria o legislador resolvido a questão de fundo do Caso Bacen *v.* Cade? Como este preceito determina uma releitura do precedente em análise? Teria o art. 9º, §3º, da Lei nº 12.529/2011 determinado um ônus de diálogo e de troca de informações entre Bacen e Cade? Houve, então, a recepção da tese da complementariedade normativa e de atuação institucional entre ambas as autoridades?

- *Overruling.* Outro ponto importante a se considerar é a capacidade de definitividade do entendimento do STJ esposado no caso Bacen *v.* Cade. Pende de decisão do STF sobre o caso analisado, o qual poderá ter uma resposta marcadamente pragmática, de alta sensibilidade ao diálogo institucional entre as autoridades. Note, nessa linha, o despacho do Min. Celso de Mello pedindo manifestação das autarquias sobre possível acordo normativo.
- *O voto vencido e vencedor do Min. Castro Meira.* Como analisado, o voto do Min. Castro Meira foi vencido, mas vários dos pontos apresentados estão em discussão no âmbito do Legislativo e, especialmente, no Memorando de Entendimento. Ressalte-se, por exemplo, a tese da complementaridade, a necessidade de diálogo institucional, o processo conjunto de deliberação e até mesmo a possibilidade de o Bacen se pronunciar unilateralmente em casos de risco sistêmico-prudencial. Embora vencido no julgado, seria o voto do Min. Castro Meira autenticamente um voto vencido? Como lidar com um precedente cuja *ratio decidendi* vencedora não se coaduna com as aplicações concretas?
- *Debate sobre a capacidade institucional.* Não se pode negar que um dos elementos decisivos para a formação da *ratio decidendi* foi o grau de confiança que os julgadores depositaram nas instituições. Para a Min. Eliana Calmon, que decidiu favoravelmente ao Bacen:

> como é notório, a rigor o CADE não tem nenhuma responsabilidade sobre a condução da política econômica, nem sobre os reflexos de suas decisões no mercado financeiro, contrariamente do que ocorre com o BACEN, a quem compete a vigilância constante sobre o tema, especialmente em cenários de crise.

Já para o Min. Castro Meira, "a estrutura orgânica do Cade é mais adequada ao exercício do controle da concorrência". Quanto a interpretação das normas foi fruto de hermenêutica técnica e pura, sem qualquer viés de ordem de capacidade institucional?

LIBERDADE DE INICIATIVA, ORDENS PROFISSIONAIS E AUTORREGULAÇÃO – CASO *MÚSICA E POLÍCIA*: STF, ADPF Nº 183

EGON BOCKMANN MOREIRA

1 Resumo

A liberdade de iniciativa é fundamento da República Federativa do Brasil, ao lado de ser um dos princípios da Ordem Econômica (art. 1º, inc. IV, c/c art. 170, *caput*, da Constituição). Tal liberdade constitui direito fundamental inclusive quanto ao exercício de trabalhos e profissões (art. 5º, inc. XIII), que também assegura o direito à livre associação (art. 5º, inc. XVII). No caso brasileiro, associações profissionais têm sido instituídas por meio de leis criadoras de "ordens" ou "conselhos". Várias remontam a décadas passadas – como se dá com a Lei 3.857/1960, que instalou a Ordem dos Músicos do Brasil e preceituou quem pode ser músico profissional (só os "legalmente habilitados"), além de estabelecer como se daria a fiscalização do "exercício da profissão de músicos". A decisão do STF na ADPF do caso Música e Polícia são a chave de compreensão do sistema constitucional das liberdades individuais.

2 Introdução: a questão de fundo

"Em julho de 1696, os fabricantes de botões da cidade (de Paris) causaram um alvoroço. Eles invadiram alfaiatarias à procura de botões ilegais que ameaçassem seu domínio no comércio de botões de seda. O problema era que alguns alfaiates empreendedores começaram a fazer botões de lã. A guilda de fabricantes de botões reclamou, e as autoridades proibiram os botões de lã. Os lojistas de Paris ignoraram a proibição, e então os guardas da guilda passaram à caça dos alfaiates e rebeldes, inclusive tentando prender qualquer pessoa na rua que estivesse usando botões de lã". – esse trecho do delicioso livro de Nial Kishtainy,[312] ao descrever fato havido há mais de 300 anos, comprova quão persistente é a discussão a respeito de privilégios oriundos de corporações de profissionais. E como o Estado pode (ou deve) se posicionar a respeito.

Em setembro de 2019, o Plenário do STF julgou procedente a Ação de Descumprimento de Preceito Fundamental nº 183, sob relatoria do Min. Alexandre de Moraes. A ADPF, ajuizada pela Procuradoria-Geral da República, questionava a constitucionalidade, total ou parcial, de vários dispositivos da Lei nº 3.857/1960, que criou a Ordem dos Músicos do Brasil (arts. 1º; 16; 17, *caput*, §§2º e 3º; 18; 19; 28; 29; 30; 31; 32; 33; 34; 35; 36; 37; 38; 39; 40; 49, *caput*; 50; 54, al. "b"; e 55).

A impugnação deu-se em decorrência de expressões legais que atribuíam competências à Ordem dos Músicos para selecionar, disciplinar e fiscalizar a profissão, limitando seu exercício àqueles regularmente inscritos no Ministério da Educação e Conselhos Regionais.

A liberdade de profissão dependeria da posse de carteiras profissionais (com validade geograficamente limitada ao respectivo Conselho). Sem o registro, as pessoas teriam sua atividade qualificada como "exercício ilegal" e ficariam sujeitas às "penalidades aplicáveis", tipificadas no art. 19 da Lei nº 3.857/1960 (desde advertência até cassação do registro profissional, passando por multas). Tais deliberações punitivas não exigiam o devido processo, mas apenas a "audiência do acusado".

Logo, a questão de fundo é bastante sensível para o exercício de direitos fundamentais de primeira dimensão – as liberdades ditas

[312] *Uma história da Economia breve*. Tradução J. Marcoantonio. Porto Alegre: L&PM, 2018, p. 36. "Guildas" eram corporações, associações de profissionais (artesãos, negociantes, artistas) advindas da Idade Média, que se organizavam em torno de seu interesse comum, a fim de dar assistência e proteção só aos seus membros, excluir novos entrantes e concorrentes, bem como definir territórios de atuação.

clássicas, em face do vetusto poder de polícia estatal legalmente atribuído a associações privadas. As pessoas que exercem atividade cuja essência não gera danos à ordem nem à saúde ou à economia públicas podem ter sua liberdade inibida por lei? Precisam se submeter a registros e anuências para exercitar seus direitos fundamentais? Mais: é válido obrigá-las a se vincular a ordens e conselhos? Tais coletivos institucionalizados podem vigiar, punir e mesmo impedir o exercício de profissões?

3 O caso concreto

Como Vital Moreira demonstrou em sua prestigiada tese,[313] há três formas de os sistemas econômicos se organizarem, as quais podem ser coincidentes (não necessariamente autoexcludentes). *Grosso modo*, para além do modelo de direção central (escolhas, regras e disciplina concentradas no Estado) e de livre mercado (*laissez-faire*: escolhas difusas, decorrentes da oferta e da procura), existe o de autorregulação, no qual os agentes econômicos estatuem as próprias regras, que transcendem o livre mercado, mas não são heterônomas (não advêm de terceiro, estranho ao mercado).

Hoje, na ampla maioria dos países, vigoram sistemas econômico-regulatórios de caráter misto, nos quais coabitam a regulação estatal, o livre mercado e a autorregulação "publicamente institucionalizada ou reconhecida".[314] Por meio da autorregulação, são estabelecidas regras de forma interna e autônoma, sem controles heterônomos. No modelo ideal, menos regras (leia-se desregular), com acentuado caráter de *soft law*, em ambientes de acordo de cavalheiros. Pretende-se estabelecer pautas mais eficientes – eis que manufaturadas por aqueles que efetivamente entendem das peculiaridades do respectivo setor econômico: as próprias pessoas que desenvolvem a atividade regulada. Mais eficientes, menos intrusivas e mais bem acolhidas pelos mercados, pois feitas pelos pares.

---

[313] *Auto-Regulação profissional e Administração Pública*. Coimbra: Almedina, 1997; e *O Governo de Baco*. Lisboa: Afrontamento, 1998. Ampliar em Leila Cuéllar, "Autorregulação profissional – exercício de atividade pública", in CUÉLLAR, Leila; MOREIRA, Egon Bockmann. *Estudos de Direito Econômico*. Belo Horizonte: Fórum, 2010, v. II. p. 181-208, e Francisco Defanti, "Um ensaio sobre a autorregulação: características, classificações e exemplos práticos", *Revista de Direito Público da Economia – RPDE* 63/149-181. Belo Horizonte: Fórum, jul./set. 2018.

[314] Auto-Regulação profissional e Administração Pública, cit., p. 389.

A autorregulação possui – como anota Vital Moreira – três traços distintivos. Ao mesmo tempo, é *forma de regulação*; é *regulação coletiva* (envolve organização coletiva) e é espécie de *regulação não estatal*.[315] Porém, a iniciativa da autorregulação pode ser privada (os próprios agentes econômicos adotam espontaneamente a alternativa regulatória – o que tende a esvaziar a regulação pública heterônoma) ou pública (quando o Estado determina, ordena a autorregulação). Por isso que Floriano de Azevedo Marques Neto distingue três espécies de autorregulação: a *voluntária*, a *reconhecida* e a *induzida*.[316]

Em suma, na lição de Francisco Defanti, a autorregulação pode ser "enquadrada como uma verdadeira *estratégia regulatória* induzida – por mais paradoxal que possa parecer – pelo próprio Poder Público. Há casos em que a iniciativa de instituição da autorregulação de um setor é tomada pelo próprio Estado ao dotar certas entidades privadas de competências regulatórias para dispor de temas de sua pertinência".[317] O caso da criação, por meio da Lei nº 3.857/1960, da Ordem dos Músicos do Brasil, é típico exemplo dessa estratégia.

Nesse cenário, podem-se vislumbrar as relações entre a regulação heterônoma (regras externas ao mercado, vindas dos poderes públicos); autorregulação (regras externas ao mercado, advindas consensualmente de seus próprios agentes) e as ideias de autoadministração profissional e de corporativismo. As instituições privadas de autoadministração profissional excluem o exercício do poder de polícia estatal (parte ou todo) quanto ao exercício das profissões e instalam a administração autônoma de setores econômicos específicos. Trata-se daquilo que Vital Moreira conceitua como "a institucionalização oficial do autogoverno profissional de determinadas relações económico-profissionais".[318] Existem muitas espécies autorregulatórias e autoadministrativas – algumas espontâneas, outras nem tanto.

A ideia de autorregulação aproxima-se, portanto, da desregulação estatal e da assunção da tarefa regulatória pelos próprios profissionais

---

315 Auto-Regulação Profissional e Administração Pública, cit., pp. 52-53.

316 Regulação estatal e autorregulação na economia contemporânea, *Revista de Direito Público da Economia* 33/8. Belo Horizonte: Fórum, jan./mar. 2011. Com lastro em Julia Black e José Esteve Pardo, Leila Cuéllar consigna que "a autorregulação pode ser imposta pelos poderes públicos ou pode decorrer de uma decisão/opção dos entes privados, como alternativa à regulação estatal" (Autorregulação profissional: exercício de atividade pública, cit., p. 186).

317 Um ensaio sobre a autorregulação: características, classificações e exemplos práticos, cit., p. 160.

318 Auto-Regulação profissional e Administração Pública, cit., pp. 387-388.

que a exercitam (em todo o seu ciclo regulatório: desde edição de normas até fiscalização e punições). Igualmente, destina-se a ordenar a qualidade dos serviços e assegurar o correto exercício da profissão (a fim de gerar confiança e segurança aos mercados). Por isso as entidades de autorregulação detêm legitimidade especial para a defesa dos interesses da dignidade da profissão (em face dos próprios profissionais, de terceiros e mesmo do Estado).

Os conselhos e ordens tendem a consagrar alguns pontos em comum. Em síntese, o exercício da profissão pode ter como requisitos e particularidades: *(i)* grau acadêmico predefinido; *(ii)* submissão a exames ou comprovação de títulos para ingresso nos quadros da entidade; *(iii)* inscrição obrigatória para a prática; *(iv)* pagamento de contribuições periódicas; *(v)* respeito à deontologia profissional; *(vi)* direitos e prerrogativas próprias. São, portanto, barreiras negativas e positivas ao exercício da respectiva liberdade: incluem determinados profissionais, disciplinam a profissão e proíbem o acesso de todas as demais pessoas.

Claro que tais preceitos podem variar – desde modelos de integração espontânea e punições de *soft law* (a culminar no desligamento do sujeito da respectiva associação, sem impedimentos ao exercício da profissão) até os cogentes (a obrigação da inscrição e subordinação à entidade, *ope legis*, para o exercício da profissão). O que revela, igualmente, os respectivos perigos de abuso: discricionariedade dos requisitos, fiscalizações e punições; limitações à formação de sociedades profissionais (e quem pode ser sócio); defesa dos membros originários e a criação de obstáculos institucionais a novos entrantes; estigmatização daqueles que se opõem às regras; definição de preços e honorários mínimos; estímulos a acordos anticompetitivos; proibições à publicidade; potenciais conflitos de interesses; lassidão do controle pelos próprios pares; problemas de agente-principal, etc.

Ocorre que esse tipo de regulação do exercício das profissões privadas encontra limites constitucionais expressos na atual Constituição brasileira. Como bem o demonstra o caso em exame, também a autorregulação subordina-se ao sistema constitucional que, desde o seu *Preâmbulo*, é instituído com a finalidade de "assegurar o exercício dos direitos sociais e individuais".[319] Isto é, nem mesmo a autoadministração

[319] "Nós, representantes do povo brasileiro, reunidos em Assembléia Nacional Constituinte para instituir um Estado Democrático, destinado a assegurar o exercício dos direitos sociais e individuais, a liberdade, a segurança, o bem-estar, o desenvolvimento, a igualdade e a justiça como valores supremos de uma sociedade fraterna, pluralista e sem

profissional – seja ela espontânea, seja induzida – pode implicar a criação de normas que inibam o exercício de direitos fundamentais.

Daí a importância de examinarmos com especial atenção o *Preâmbulo* da Constituição brasileira, na condição de matriz hermenêutica. Inicialmente, preceitua-se a *garantia do exercício* de direitos *sociais*: aqui está a ideia de competências proativas dos Poderes Públicos, inclusive em sede econômica, que assegurem aos indivíduos o gozo de certos benefícios e prerrogativas. De igual modo, define-se a *garantia do exercício* de direitos *individuais*, dentre eles o *direito fundamental da liberdade de empresa e de profissão*.[320] Examinemos brevemente cada um desses preceitos.

Direitos sociais são os fundamentais de segunda dimensão, que nasceram com as primeiras Constituições Econômicas.[321] Eles preceituam o dever de o Estado exercer suas competências de modo a adotar medidas proativas instituidoras de benefícios socioeconômicos, tanto ao nível individual quanto coletivo. Também trazem, implicitamente, o dever fundamental de solidariedade social como caracterizador da posição fundamental do indivíduo, a ser cumprido por todos especialmente no que respeita ao financiamento do bem-estar coletivo (sobretudo o dever de pagar tributos[322]). De igual modo, os direitos sociais garantem, horizontalmente, o seu respeito nas relações entre as pessoas privadas (ou, quando menos, servem de base, de parâmetro cogente, para a convivência social).

Ao seu passo, os direitos individuais condensam a primeira camada dos fundamentais, a qual garante aos indivíduos o exercício de suas liberdades, especialmente as declaradas pela Constituição. Oriundos do alvorecer do movimento constitucional, sua razão de ser é a de inibir os Poderes Públicos de condutas, omissivas e comissivas, que possam atentar contra tais direitos fundamentais. Prestam-se os

---

preconceitos, fundada na harmonia social e comprometida, na ordem interna e internacional, com a solução pacífica das controvérsias, promulgamos, sob a proteção de Deus, a seguinte CONSTITUIÇÃO DA REPÚBLICA FEDERATIVA DO BRASIL."

320 Como Vital Moreira há tempos escreveu, as Constituições declaram e protegem também os *direitos fundamentais econômicos*: propriedade, liberdade de empresa, respeito aos contratos, etc. (*A ordem jurídica do capitalismo*. 4. ed. Lisboa: Editorial Caminho, 1987, p. 111 ss.).

321 Sobre as dimensões dos direitos fundamentais e sua perspectiva histórica, v. COMPARATO, Fabio Konder. *A afirmação histórica dos direitos humanos*. 12. ed. São Paulo: Saraiva, 2019, e SARLET, Ingo. *A Eficácia dos Direitos Fundamentais:* uma teoria geral dos direitos fundamentais na perspectiva constitucional. 13. ed. Porto Alegre: Livraria do Advogado, 2018.

322 Cf. NABAIS, Casalta. *O dever fundamental de pagar imposto*: contributo para a compreensão constitucional do estado fiscal contemporâneo. Coimbra: Almedina, 2009.

direitos individuais, portanto, a ordenar a omissão do Estado quanto às liberdades fundamentais das pessoas privadas – a fim de que possam realizar as próprias escolhas e responsabilizar-se por elas, do alto de sua autonomia e dignidade individuais. Incidem também nas relações intersubjetivas privadas, de modo a assegurar o prestígio da dignidade da pessoa em todos os seus ângulos e dimensões.

No caso do exercício das liberdades – sobretudo a de iniciativa e a de profissão – o Estado está não só proibido de proibir, mas a ele é especialmente vedado adotar condutas, omissivas ou comissivas, regulatórias ou de gestão empresarial, que, direta ou indiretamente, impeçam ou dificultem o livre exercício das liberdades individuais.

Demais disso, em ambos os casos (direitos individuais e direitos sociais), como anotaram J. J. Gomes Canotilho e Vital Moreira, ao Estado "incumbe não apenas 'respeitar' os direitos e liberdades fundamentais, mas também 'garantir a sua efectivação'", o que "importa defender os direitos de liberdade não só perante o Estado, mas também perante *terceiros*, sucedendo que, muitas vezes, é aquele que está em condições de os garantir perante os segundos".[323] Constatação que tem especial importância no que respeita às liberdades econômicas (iniciativa, profissão, empresa), a conviver com o poder econômico (público e privado), seu uso e abuso. Em específico no caso em exame, tal dever de garantir a efetivação do direito à liberdade de profissão incide, com especial relevância, nas instâncias de autorregulação profissional.

Logo, ao Estado cumpre assegurar o exercício da liberdade econômica (que inclui as profissões) não só perante os Poderes Públicos, mas também em face dos demais agentes econômicos (reconhecendo, inclusive, a legitimidade do uso do poder econômico pelas pessoas privadas, mas inibindo o seu abuso). No caso brasileiro, o *Preâmbulo* assegura que o desiderato constitucional é o de garantir que o *exercício* dos direitos fundamentais – inclusive os de primeira dimensão – seja efetivo.

O sujeito primário, detentor desse *dever fundamental de garantir o exercício de direitos* é o Estado, integrado pelos três poderes da República. A norma constitucional é dirigida aos Poderes Públicos, que lhe devem cumprimento ativo. Estabelece critérios para o exercício das competências públicas definidas ao longo do texto constitucional. Afinal, é no *Preâmbulo* que "se contém a explicitação dos valores que

323 *CRP – Constituição da República Portuguesa anotada*, v. I. 4. ed. Coimbra: Coimbra Ed., 2007, p. 208.

dominam a obra constitucional de 1988" (STF, ADI nº 2.649, Rel. Min. Cármen Lúcia, *DJe* 17/10/2008).

Indo avante, ao definir os fundamentos da República Federativa do Brasil, o art. 1º consagra "os valores sociais do trabalho e da livre iniciativa" (inc. IV). Esses valores sociais, que asseguram em estatura constitucional equivalente o direito ao trabalho e o direito à livre iniciativa, são razões essenciais da República brasileira. Ou seja, a livre iniciativa desempenha papel fundante e primordial no constitucionalismo republicano brasileiro, conforme decidiu o STF:

> A liberdade de iniciativa garantida pelos artigos 1º, IV, e 170 da Constituição brasileira consubstancia cláusula de proteção destacada no ordenamento pátrio como fundamento da República e é característica de seleto grupo das Constituições ao redor do mundo (...) O sistema constitucional de proteção de liberdades goza de prevalência *prima facie*, devendo eventuais restrições ser informadas por um parâmetro constitucionalmente legítimo e adequar-se ao teste da proporcionalidade, exigindo-se ônus de justificação regulatória baseado em elementos empíricos que demonstrem o atendimento dos requisitos para a intervenção. (ADPF nº 449, Rel. Min. Luiz Fux, *DJe* 02/09/2019)

Correlata à liberdade de iniciativa, projetando-se especificamente nas ditas profissões liberais (em que o indivíduo desenvolve autonomamente seu trabalho) é a liberdade de profissão, estampada no art. 5º, inc. XIII. Isso importa dizer que uma profissão não precisa ser administrativamente regulada para ser exercida. Proibidas são as tipicamente ilícitas. As demais são permitidas e protegidas: desde a escolha da profissão, trabalho ou ofício (positiva: a viabilidade de livremente decidir; negativa: a impossibilidade de ser obrigado a exercer certa profissão) até o seu exercício e encerramento.

Logo, o princípio da liberdade de iniciativa econômica rege a lógica das atividades econômicas brasileiras. A sua interpretação, necessariamente republicana, proscreve privilégios e não tolera discriminações. O que autoriza o exame da questão à luz do art. 170 da Constituição,[324] que positiva direito-garantia de suma importância em seu parágrafo único:

---

[324] "Art. 170. A ordem econômica, fundada na valorização do trabalho humano e na livre iniciativa, tem por fim assegurar a todos existência digna, conforme os ditames da justiça social, observados os seguintes princípios: I – soberania nacional; II – propriedade privada; III – função social da propriedade; IV – livre concorrência; V – defesa do consumidor; VI – defesa do meio ambiente, inclusive mediante tratamento diferenciado conforme o

É assegurado a todos o livre exercício de qualquer atividade econômica, independentemente de autorização de órgãos públicos, salvo nos casos previstos em lei.

A função desse parágrafo é a de explicar o *caput* do art. 170 e seus incisos (elementos discriminativos do artigo), congregando-os em torno da *liberdade universal* do *exercício* de *qualquer atividade econômica,* sem que para isso se façam necessárias autorizações ou licenças emanadas por órgãos públicos (ou quem lhe faça as vezes, por delegação, como se dá no presente caso da Ordem dos Músicos).

A única exceção constitucionalmente admitida a esse direito fundamental econômico é a dos casos *expressamente previstos em lei* (redação análoga à do art. 5º, inc. XIII). Logo, o parágrafo único do art. 170 não apenas explica, mas restringe a incidência do *caput* e incisos. Se porventura houver intersecções ou colisões com o direito fundamental à liberdade econômica, os princípios elencados no artigo terão sua inteligência subordinada à lei.

Sublinhe-se que, tal como a garantia do exercício de direitos positivada no *Preâmbulo*, o art. 170 trata do *direito fundamental* ao *exercício da liberdade*. Isto é, do *ato de exercer a liberdade individual,* de *colocá-la em ação* e *desempenhá-la dinamicamente.* A lei precisa assegurar a liberdade econômica, conferindo-lhe máxima eficácia. O mesmo se diga da ação dos Poderes Públicos, tanto em termos de gestão quanto de regulação. Logo, se a lei porventura estampar limitações ao exercício de tais liberdades, haverá de ser interpretada e aplicada de modo bastante ponderado, tanto em termos formais quanto substanciais. Foi o que se deu no caso em exame, como se constatará dos votos mais adiante comentados.

Em suma, a lógica constitucional está em que as leis, ao invés de estarem constitucionalmente habilitadas a inibir o exercício da livre iniciativa e da liberdade de profissão, devem, sim, conferir máxima eficácia a esse direito fundamental econômico. A regra não é a do poder absoluto de restrições estatais – e o mesmo se diga do poder econômico detido pelas organizações coletivas e demais agentes econômicos e competidores nos respectivos mercados. Existe a garantia constitucional

impacto ambiental dos produtos e serviços e de seus processos de elaboração e prestação; VII – redução das desigualdades regionais e sociais; VIII – busca do pleno emprego; IX – tratamento favorecido para as empresas de pequeno porte constituídas sob as leis brasileiras e que tenham sua sede e administração no País. Parágrafo único. É assegurado a todos o livre exercício de qualquer atividade econômica, independentemente de autorização de órgãos públicos, salvo nos casos previstos em lei."

a atividades a ser implementadas em respeito ao valor da liberdade de profissão preceituado no *Preâmbulo* (e explicitado nos arts. 1º, 5º e 170).

O que implica constatar que as competências públicas de intervenção e atuação na economia são apenas e tão somente aquelas exaustivamente enumeradas na Constituição brasileira. Não se pode inferir, supor ou imaginar bloqueios à livre iniciativa, que não os previstos de modo expresso na Lei Fundamental. As barreiras de entrada não podem advir, portanto, nem mesmo de interpretação extensiva ou aplicação analógica de preceitos constitucionais. Quaisquer obstáculos não autorizados constitucionalmente atentarão não só contra o direito individual da liberdade econômica, mas também ao dever de prestígio ao desenvolvimento econômico (*Preâmbulo* e art. 3º da Constituição).

A norma constitucional prestigia amplamente, portanto, a liberdade de iniciativa e liberdade de profissão. Se porventura houver restrições legais, excepcionais que são, haverão de obedecer a firmes limites, pertinentes à própria profissão regulada e seu impacto na saúde, ordem e economia públicas. Como acentua o voto do Relator da ADPF, Min. Alexandre de Moraes, o STF já consolidou o entendimento de que o art. 5º, inc. XIII, disciplina justamente a *liberdade* de escolha e a de exercício nas profissões:

> Quanto à liberdade de escolha, a garantia é praticamente irrestrita, só admitindo exceção quanto às atividades ilícitas e àquelas cujo exercício seja tratado na própria Constituição, como é o caso do serviço militar obrigatório (art. 143 da CF). Fora dessa hipótese, não pode o Estado exigir a prestação de trabalhos compulsórios, nem mesmo por meio de lei. É que a prevalência do livre arbítrio na determinação do destino individual constitui domínio elementar da dignidade humana, que é um dos fundamentos em que assentado o Estado Democrático de Direito.
> Quanto ao exercício de trabalho, ofício ou profissão, a garantia de liberdade comporta alguma limitação pelo legislador infraconstitucional, conforme dispõe o art. 5º, XIII, da CF. Embora admissível, essa intervenção está materialmente submetida aos demais preceitos constitucionais, como o valor social do trabalho (arts. 1º, IV; 6º, caput, XXXII; 170, *caput*, e VIII; 186, III, 191 e 193, entre outros).

Na justa medida em que o exercício da profissão exige o domínio de técnicas cada vez mais apuradas, em vista do avanço científico (pense-se na medicina e sua aguda dependência da tecnologia de ponta), o legislador pode minudenciar a aplicabilidade da norma constitucional do art. 5º, inc. XIII, de molde a fixar exigências normativas proporcionais, que compatibilizem a técnica à segurança e ao interesse público. Mas, atenção: essas limitações legislativas ao exercício do direito fundamental à liberdade de profissão devem ser interpretadas restritivamente e ser obedientes aos parâmetros e técnicas do estado da arte da respectiva atividade. Médicos, policiais, juízes, jornalistas, farmacêuticos, motoristas e músicos são profissões com igual envergadura e dignidade constitucional, mas com impactos distintos na saúde, segurança e ordem públicas.[325]

O legislador sempre precisa estar atento a três diretrizes fixadas no voto do Ministro relator, quais sejam: "(a) a lei não pode estabelecer limitações injustificadas, arbitrárias ou excessivas; (b) as limitações instituídas pela lei devem fundamentar-se em critérios técnicos capazes de atenuar os riscos sociais inerentes ao exercício de determinados ofícios; e (c) as limitações instituídas pela lei não podem dificultar o acesso a determinada categoria profissional apenas sob o pretexto de favorecer os seus atuais integrantes, mediante restrição exclusivamente corporativista do mercado de trabalho". Daí a conclusão do voto condutor, no sentido de que:

> Disso se infere que a criação de um conselho profissional, como a Ordem dos Músicos do Brasil, com competências para selecionar, disciplinar e fiscalizar o exercício da profissão de músico (art. 1º), para proceder a registros profissionais obrigatórios, para expedir carteiras profissionais obrigatórias (arts. 16 e 17) e para exercer poder de polícia, aplicando penalidades pelo exercício ilegal da profissão (arts. 18, 19 e 55), afronta as garantias da liberdade de profissão e de expressão artística.
> Assim, eventuais limitações da atividade artística, antes de dar proteção, imporiam, na verdade, um injustificável dano, não apenas ao artista, mas ao patrimônio cultural da sociedade.

A mesma compreensão foi esposada pelo Min. Edson Fachin quando do julgamento da ADPF nº 183. Depois de acentuar a existência de precedentes no STF a respeito da garantia da liberdade de profissão, o voto consigna que:

[325] Quanto aos advogados, o STF julgou válido o exame de ordem, em razão de que o exercício da profissão pode afetar direitos fundamentais de terceiros (RE nº 603.583, Rel. Min. Marco Aurélio, *DJe* 25/05/2012). No que respeita ao jornalismo, o STF afastou a necessidade de comprovação de título acadêmico de nível superior (RE nº 511.961, Rel. Min. Gilmar Mendes, *DJe* 13/11/2009). Levantamento sobre os casos de conselhos profissionais no STF, STJ, TRFs e TCU pode ser visto em CUÉLLAR, Leila. Autorregulação profissional: exercício de atividade pública, cit.

Verifica-se, pois, que a discussão posta na presente arguição de descumprimento de preceito fundamental já foi enfrentada e dirimida pelo Supremo Tribunal Federal, no sentido da incompatibilidade das restrições impostas pelo legislador ao livre exercício da profissão de músico, exatamente por limitarem também a livre manifestação da expressão artística, tendo em vista que os dispositivos da Constituição de 1988 que garantem os respectivos direitos fundamentais somente admitem restrições para aquelas profissões que envolvam atividades com exigências técnicas e potencial lesivo para a sociedade, o que não é o caso da profissão de músico.

Nesse sentido, ambos os votos põem em destaque a decisão relatada pelo Min. Celso de Mello no ED-RE nº 635.023, julgado em 2011, em que a mesma Ordem dos Músicos era recorrente e que versava sobre os limites à competência legislativa para disciplinar o exercício de atividades profissionais pelas pessoas privadas. Isso porque, conforme consigna o voto, "*não é qualquer* atividade profissional *que poderá* ser validamente submetida a restrições **impostas** pelo Estado, **eis que profissões**, empregos **ou** ofícios cujo exercício **não faça instaurar** situações **impregnadas** *de potencialidade lesiva* constituem atividades **insuscetíveis** de regulação normativa por parte do Poder Público, **porque desnecessário**, *quanto a tais profissões*, **o atendimento** de requisitos mínimos **de caráter** técnico-científico **ou** de determinadas condições de capacidade".

Ou seja, se é bem verdade que a Constituição autoriza restrições legais à aplicabilidade de normas pertinentes a direitos fundamentais, é igualmente veraz que tais limitações devem ser obedientes às peculiaridades de cada um desses direitos: ao passo que o direito à vida não pode ser objeto de qualquer agressão ou limitação institucional, as liberdades econômicas admitem fronteiras, desde que obedientes à lógica do próprio sistema constitucional. Assim, mais adiante e reportando-se às guildas medievais, o voto pontua que:

> *Também se revela incompatível* com o texto da Constituição – **sob pena** de reeditar-se **a prática medieval** *das corporações de ofício*, **abolidas** pela Carta Imperial de 1824 (art. 179, XXV) – *a exigência* de que alguém, **para desempenhar**, *validamente*, atividade profissional, **tenha que se inscrever** em associação **ou** em sindicato **para poder exercer**, *sem qualquer restrição legal*, determinada profissão.

O que se agrava em casos pertinentes à Ordem dos Músicos e sua relação estreita com comportamentos humanos que expressam manifestações culturais, tal como definido pelo Min. Celso de Mello no ED-RE nº 635.023:

> **A liberdade de expressão artística** *não se sujeita* a controles estatais, **pois** o espírito humano, *que há de ser permanentemente livre*, **não pode** expor-se, no processo de criação, a mecanismos burocráticos **que imprimam** restrições administrativas, **que estabeleçam** limitações ideológicas **ou que imponham** condicionamentos estéticos à exteriorização dos sentimentos que se produzem nas profundezas mais recônditas da alma de seu criador.

Enfim, ao julgar pela inconstitucionalidade dos dispositivos impugnados na ADPF nº 183, o Pleno do STF consolidou interpretação de suma importância para a compreensão não só da liberdade de profissão, mas também para o que se pode entender por *autorregulação econômica* em face das *liberdades econômicas*. Também os direitos econômicos fundamentais merecem ter a sua máxima eficácia prestigiada pelos poderes públicos – inclusive em face dos próprios coletivos profissionais que autorregulam o exercício de tais liberdades.

4 Conclusão: *insights* e questões a refletir

O caso Música e Polícia exprime o estado da arte da autorregulação econômica brasileira, ao consolidar os precedentes do STF quanto ao limite da competência das ordens e conselhos profissionais, a depender da profissão em tela.

Como os demais direitos fundamentais de primeira geração – ou dimensão, ou camada – a liberdade de profissão inspira cuidados constitucionais, sobretudo naqueles caso em que os próprios agentes econômicos instalam estruturas associativas que pretendem regular a profissão. As ordens e entidades são instituições que merecem todo o prestígio, mas não podem cair na tentação – legislativa ou regulamentar, tanto faz – de voltar ao tempo das guildas.

O caso da ADPF nº 183 é emblemático, pois decide pela invalidade de preceitos que, a título de disciplinar o exercício de determinado direito fundamental, acabaram por coarctá-lo, ao estabelecer limitações agressivas, não acolhidas pela Constituição brasileira.

Com o intuito de fixar os conceitos e estimular a reflexão, procure endereçar os seguintes pontos:

1. Qual a diferença entre as ordens e conselhos instituídos autonomamente pelos próprios agentes econômicos e aqueles criados pelo Estado? Essa distinção pode gerar efeitos quanto à intensidade e/ou extensão da regulação?
2. Qual a distinção entre a autorregulação voluntária, a reconhecida e a induzida? Pode haver autorregulação obrigatória? Por que tais alternativas constituem estratégias regulatórias?
3. As entidades de autorregulação podem estabelecer barreiras de ingresso e condições ao exercício da profissão regulada? Caso positivo, quais são os limites a tais normas? Podem elas ter fonte regulamentar – ou apenas legislativa?
4. Enumere os aspectos positivos e os negativos relativos ao conteúdo da proteção constitucional ao direito fundamental da liberdade de profissão. Pode ela garantir, por exemplo, o direito à não escolha, ao não trabalho? Deve assegurar toda a formação em qualquer profissão e o seu futuro exercício?
5. Pode o Estado – ou as entidades de autorregulação – estabelecer limites quantitativos ao ingresso na profissão, se não houver mais interesse público no exercício de determinadas atividades? Isso pode ser feito através de carga tributária extraordinária a atividades lícitas, ou mesmo de contribuições associativas inibidoras de novos entrantes?

CAPÍTULO 7

SANÇÕES ADMINISTRATIVAS, LEGALIDADE E AGÊNCIAS REGULADORAS

CASO *TIPIFICAÇÃO DE SANÇÕES: ADI Nº 5.906, STF*

EGON BOCKMANN MOREIRA

1 Resumo

O acórdão do STF na ADI nº 5.906 declarou constitucionais as previsões legislativa e regulamentar de competência sancionadora de agência independente. Os dispositivos legais impugnados haviam previsto, em termos genéricos, as sanções passíveis de serem aplicadas, bem como seus critérios de apuração e limites de incidência. Ao seu tempo, o regulamento administrativo procedeu à definição das condutas passíveis de punição ("constituem infrações" é a dicção de que se valeu a agência antes de estabelecer a correlação entre penas e condutas, classificadas em grupos), o valor e os critérios de cálculos das multas pecuniárias, tendo como premissa o atendimento ao devido processo legal. O julgamento no STF se deu por maioria de votos, em debate que versou a propósito de tema fulcral à dinâmica da regulação: a tensão entre legalidade, tipicidade de ilícitos e competência regulamentar autônoma.

2 Introdução: a questão de fundo

Com algum esforço de síntese, podem ser apontadas as seguintes competências das agências reguladoras brasileiras: (i) o desenvolvimento e a implementação de normas secundárias que disciplinem o respectivo setor; (ii) a fixação e/ou o controle das tarifas e preços das atividades reguladas; (iii) a fixação e/ou o controle dos bens e serviços produzidos no âmbito daquela regulação específica; (iv) a promoção e o resguardo da concorrência do respectivo setor; (v) a composição de conflitos entre agentes do setor e entre estes e os consumidores.[326] Mas, talvez, a função que venha a despertar maiores desafios seja a sancionadora: aplicar sanções jurídicas negativas em face do descumprimento de preceitos normativos por parte dos agentes regulados.

Trata-se da competência para instalar e instruir um processo que albergue a eventualidade de provimento final com índole punitiva, em última instância administrativa, apenando condutas violadoras de comandos emanados de leis e normas regulamentares, o que avulta de importância devido ao fato de que a regulação brasileira por meio das autoridades administrativas independentes desenvolve-se dos setores mais significativos da economia, nos quais o poder econômico é marcante e os monopólios são um dado usual. Confiram-se alguns dos setores abrangidos por algumas das agências reguladoras brasileiras: *energia elétrica* (ANEEL, Lei nº 9.427/1996); *telecomunicações* (ANATEL, Lei nº 9.472/1997); *petróleo* (ANP, Lei nº 9.478/1997); *saúde e vigilância sanitária* (ANVISA, Lei nº 9.782/1999); *saúde suplementar* (ANS, Lei nº 9.961/2000); *recursos hídricos* (ANA, Lei nº 9.984/2000); *transportes terrestres e aquaviários* (ANTT e ANTAQ, Lei nº 10.233/2001).

Em vista da dimensão do poder econômico detido pelos operadores em combinação com os direitos dos usuários e consumidores, a atividade regulatória há de deter séria carga de *dever-poder* cogente, pois, como bem fixou Miguel A. Fernández Ordóñez, "é muito difícil que um regulador possa levar adequadamente suas tarefas se não há um certo temor por parte dos monopólios quanto às consequências que possam resultar de não cumprir com o que decida o regulador, pelo que se deve conceder aos órgãos reguladores, com o sistema de recursos

---

326 Esta parcela do artigo revisa e sintetiza um de meus primeiros estudos sobre a competência sancionatória das agências reguladoras independentes: MOREIRA, Egon Bockmann. Agências reguladoras independentes, poder econômico e sanções administrativas. *In*: GUERRA, Sérgio (Coord.). *Temas de Direito Regulatório*. Rio de Janeiro: Freitas Bastos, 2004. p. 160-199.

que se considere adequado, suficientes faculdades sancionadoras, ou ao menos, faculdades de iniciação de expedientes sancionadores e proposta de sanção aos órgãos decisórios correspondentes".[327]

Tal constatação que leva à análise de todo o *ciclo regulatório*: a regulação designa o conjunto de normas jurídicas externas aos operadores, pelas quais eles se veem obrigados a adotar específicas condutas, e igualmente a supervisão estatal e a imputação de punições aos descumprimentos, noção que se assemelha ao "conceito operacional" de regulação, elaborado por Vital Moreira: "O estabelecimento e a implementação de regras para a actividade económica destinadas a garantir o seu funcionamento equilibrado, de acordo com determinados objectivos públicos".[328] Através da regulação, o Estado pretende fazer com que os operadores econômicos adotem determinadas condutas fixadas positivamente em fonte normativa, comportamentos que, em tese, não adotariam espontaneamente em situações de plena liberdade empresarial. Por isso a necessidade de seu caráter cogente, parametrizador do poder econômico a ser exercido nas relações concorrenciais e consumeristas.

O fenômeno regulatório não se dá apenas quando da aplicação das regras (legais, regulamentares ou contratuais), mas também num momento anterior (procedimentos de criação normativa) e noutro posterior (a imputação de sanções em decorrência do seu desrespeito). Ou seja, há todo um *circuito regulatório*, linha evolutiva que determina o início da cadeia de regulação e o seu ponto final. Vital Moreira expõe com clareza todo esse ciclo regulatório:

> Um processo de regulação implica tipicamente as seguintes fases: formulaçao das orientações de regulação; definição e operacionalização das regras; sancionamento dos transgressores; decisão dos recursos. Condensando e agregando esses diversos níveis, podem ser reunidos em três etapas essenciais: *(a)* a aprovação das normas pertinentes (leis, regulamentos, códigos de conduta, etc.); *(b)* implementação concreta das referidas regras (autorizações, licenças, injunções, etc.); *(c)* fiscalização do cumprimento e punição das infracções.[329]

---

[327] "Reflexión preliminar" à obra de Miguel Ángel Lasheras, *La Regulación Económica de los Servicios Públicos*. Barcelona: Ariel, 1999. p. 9. Tradução livre.

[328] *Auto-Regulação Profissional e Administração Pública*. Coimbra: Almedina, 1997. p. 34.

[329] *Auto-Regulação Profissional e Administração Pública*. Coimbra: Almedina, 1997. p. 36-37.

Logo, a regulação compreende quando menos três subconceitos: regulamentação normativa, supervisão fiscalizatória e sanção punitiva. A vantagem em distinguir tais vertentes está em que assim se define o todo do ciclo regulatório e torna-se possível um desdobramento analítico mais preciso, acentuando-se a importância da capacidade punitiva, como exposta por Garrido Falla e Fernandez Pastrana: "O fato de que a sanção se imponha precisamente para reprimir transgressões que foram produzidas em um campo cuja competência e cuidado foi previamente encomendado à Administração. A configuração da Administração como um poder jurídico (e em tal sentido autossuficiente) postula essa potestade sancionadora".[330] Tomando emprestado a fala dos professores espanhóis, também no Brasil a independência "postula essa potestade sancionadora".

A sanção administrativa exige obediência a uma regra de competência previamente estabelecida no que diz respeito à forma e limites do seu exercício e, em especial, quanto à substância e à estabilidade da capacidade punitiva da Administração. Essa lógica convive com a das agências independentes, eis que a complexidade econômico-social dos setores regulados exige apuramento técnico dos agentes administrativos. Mesmo porque as sanções administrativas não têm unicamente natureza punitiva ou repressiva: sua razão primeira está em conter abusos e prevenir desvios, desestimulando os agentes a arcar com riscos e custos extraordinários. A especialização técnica é essencial para a perfeita compreensão dos limites e especificidade das sanções.

Por conseguinte, à agência reguladora independente deve ser reservada a competência para aplicar as sanções administrativas que a lei lhe atribuir. A imputação dessa competência a um terceiro, que não o próprio regulador, implicaria coarctar a razão de ser de entidades independentes (eis que subtrairia deles um dos mais importantes momentos do ciclo regulatório).

Concluído que as sanções administrativas são inerentes à regulação e que a reserva desse poder punitivo às agências independentes é essencial a esse modelo regulatório, cumpre examinar a noção de sanção administrativa e o núcleo duro do direito administrativo sancionador.

Iniciemos sublinhando que o tema das sanções administrativas envolve campo todo próprio do ilícito: o administrativo e suas consequências. Trata-se da *punição aplicada por autoridades administrativas,*

---

[330] *Régimen Jurídico y Procedimiento de las Administraciones Públicas*. 2. ed. Madrid: Civitas, 1995. p. 304-305.

vinculada ao desrespeito a preceitos normativos de ordem administrativa (isto é, não civis em sentido estrito e não criminais), infligindo um mal àquele que praticou a conduta ilícita. A sanção administrativa *impõe consequência considerada deletéria (um castigo institucionalizado), em decorrência do desrespeito a específicas previsões normativas anteriores, imputada àquele que cometeu o desvio, determinada por uma autoridade constituída pelo sistema normativo contra o qual a ofensa foi cometida.*

A compreensão mais apurada do conceito de sanção administrativa exige a fragmentação analítica de seus componentes em face de um direito administrativo sancionador, de molde a dissociá-la das sanções civis *stricto sensu* e das sanções criminais. Seguindo o caminho traçado por Eduardo Correia e Jorge Figueiredo Dias, é possível defender a especialização do direito administrativo sancionador com lastro em três fundamentos conexos: a *natureza do ilícito*, a *natureza da sanção* e as *especificidades processuais*.[331] A visão unitária dessa tríade permite a compreensão da natureza e do regime jurídicos do ilícito administrativo e respectivas sanções.

O *ilícito punível através de sanções administrativas* é aquele oriundo de infrações administrativas, tal como definidas em lei, reportando-se a um fundamento de substância constitucional (*a contrario sensu* da "dignidade penal" dos delitos vinculados ao direito criminal). Envolve repressão àquelas condutas que tenham vínculo com o exercício da função administrativa do Estado, objeto de sanção punitiva devido à proibição legal específica, esta em sede de direito administrativo.

Tal como as penais e civis, a conduta será um ilícito administrativo a depender da específica previsão legal que assim a positive. Para os ilícitos administrativos, o que está em jogo é uma prescrição de ordem administrativa, inserida no regime jurídico dessa função estatal. Trata-se da disciplina administrativa (especialmente através de deveres, ordens e proibições) de certos aspectos da vida privada. As infrações administrativas violam tais prescrições – que, por mais significativas que sejam, não são "valores ou interesses *fundamentais* da vida comunitária ou da personalidade ética do homem, mas simples valores de criação ou manutenção de uma certa *ordem social*".[332]

---

[331] A tese do primeiro autor pode ser vista em CORREIA, Eduardo. *Direito Criminal*. vol. I. Coimbra: Almedina, 1999. p. 27 ss. As ideias do segundo estão no ensaio Do direito penal administrativo ao direito de mera ordenação social. *In*: FIGUEIREDO DIAS, Jorge. *Temas básicos da doutrina penal*. Coimbra: Coimbra Ed., 2001. p. 144.

[332] CORREIA, Eduardo. *Direito Criminal*. vol. I. Coimbra: Almedina, 1999. p. 28-29.

O segundo aspecto está na *natureza das sanções administrativas*: eminentemente *preventiva* e secundariamente *retributiva*. Ao mesmo tempo em que são instituídas com vistas a coibir a prática de condutas ilícitas, resultam na imputação de sofrimento específico ao agente que cometeu o ilícito. Não envolvem ressarcimento do dano (tal como as sanções civis), tampouco compensação aos prejuízos causados ou imposição de castigo como um fim em si mesmo (tal como as penais). Têm por objetivo imediato prevenir contra a prática de outras tantas violações de equivalente dimensão normativa e, mediato, punir a violação à proibição previamente definida em norma administrativa.

Em sede de direito administrativo, a punição retributiva "antes serve como mera admonição, como especial *advertência* ou *reprimenda* relacionada com a observância de certas proibições ou imposições legislativas; e o que esta circunstância representa em termos de medida concreta da sanção é da mais evidente importância".[333] Por isso que as sanções administrativas serão econômicas: ora de forma direta (multa pecuniária), ora indireta (suspensão ou interdição de funcionamento, confisco e destruição de bens, publicidade compensatória, caducidade, etc.). Não se trata apenas de "graus de punição" entre as sanções penais e as administrativas, mas verdadeiramente de diversos paradigmas punitivos.

Por fim, a terceira peça essencial ao núcleo duro do direito administrativo sancionador reside na *autonomia do processo* e nas *autoridades competentes* para aplicar as sanções. A apuração do ilícito administrativo e a aplicação da respectiva sanção exigem processo administrativo instalado e instruído nos termos da Constituição brasileira (art. 5º, incs. II, LIV e LV, e art. 37, *caput*) e da Lei nº 9.784/1999 (quando menos subsidiariamente em face de legislação específica). Ele há de ser conduzido pela autoridade competente (Lei nº 9.784/1999, art. 5º e art. 11 e ss.), que o instruirá, lançará a decisão e a executará. O *juiz natural* da sanção administrativa é a autoridade detentora da competência para conhecer, processar e decidir a questão (Constituição, art. 5º, incs. XXXVII e LIII), competência definida antes da prática da infração, sem exceções posteriores.

A compreensão uníssona dessa tríade de fundamentos possibilita estabelecer a especificidade das sanções administrativas em face das demais normas punitivas, cognição essa que requer o exame de dois dos

---

333 FIGUEIREDO DIAS, Jorge de. Do direito penal administrativo ao direito de mera ordenação social. *In*: *Temas básicos da doutrina penal*. Coimbra: Coimbra Ed., 2001. p. 151.

princípios essenciais à atividade punitiva: a legalidade e a tipicidade. Se pode haver discussões doutrinárias quanto à possibilidade de essas agências estabelecerem em regulamento deveres e/ou obrigações às pessoas privadas, isso não se põe frente às sanções administrativas. Aqui os limites são ainda mais estreitos.

À parte a discussão quanto aos lindes do regulamento no direito administrativo brasileiro, deve-se afastar qualquer compreensão que porventura cogite da geração e definição de ilícitos e suas respectivas sanções através de ato administrativo (regulamentar ou não). Como já escrevemos em outra ocasião, "o regulamento não pode *criar* penas e sanções, nem tributos, inclusive contribuições da seguridade social (CF, arts. 5º, inc. XXXIX, 149, 150, I, e 195). Aplica-se o princípio da tipicidade penal (*nullum crimen, nula poena, sine praevia lege*), tributária e da seguridade, ao Direito Administrativo",[334] constatação que autoriza aprofundamento do princípio da legalidade em termos punitivos.

Na lição de Castanheira Neves, o princípio da legalidade tem "o sentido funcional de uma garantia jurídica. É a primeira função do princípio *nullum crimen* decerto uma *função de garantia*, exigida pela ideia do Estado-de-Direito, contra o exercício já ilegítimo (político-juridicamente ilegítimo), já abusivo (persecutório e arbitrário), já incontrolável (subtraído à racionalidade jurídico-dogmática e crítico-metodológica) do *ius puniendi* estadual".[335] O mesmo Castanheira Neves aponta os seguintes corolários normativos do princípio:

a) "nullum crimen, nulla poena sine *lege scripta*": "só a lei é fonte político-juridicamente legítima da incriminação punitiva";[336]
b) "nullum crimen, nulla poena, sine *lege praevia*": "a irrenunciável proibição da retroactividade criminal *in malam partem*";[337]
c) "nullum crimen, nulla poena sine *lege certa*": "*Lex certa* será a lei *determinada* na sua formulação prescritiva e no seu conteúdo normativo, em termos de poder impor-se já como critério autônomo e suficiente da incriminação punitiva, já como fundamento verdadeiramente vinculante da decisão concreta que impute essa incriminação – e para que assim possa prever-se

[334] MOREIRA, Egon Bockmann. Agências administrativas, poder regulamentar e o sistema financeiro nacional. *RDA*, 218/93-112. Rio de Janeiro: Renovar, out./dez. 1999, p. 107.

[335] O princípio da legalidade criminal. *In*: *Digesta*: escritos acerca do Direito, do Pensamento Jurídico, da sua Metodologia e Outros. vol. 1º. Coimbra: Coimbra Ed., 1995. p. 352.

[336] O princípio da legalidade criminal. *In*: *Digesta*: escritos acerca do Direito, do Pensamento Jurídico, da sua Metodologia e Outros. vol. 1º. Coimbra: Coimbra Ed., 1995. p. 355.

[337] O princípio da legalidade criminal. *In*: *Digesta*: escritos acerca do Direito, do Pensamento Jurídico, da sua Metodologia e Outros. vol. 1º. Coimbra: Coimbra Ed., 1995. p. 361.

essa decisão, seja ela susceptível de preservar a igualdade e de se submeter a um *contrôle* objectivo na sua aplicação individualizada e concreta";[338]

d) "nullum crimen, nulla poena sine *lege stricta*": a pena não tem valência autônoma em relação à lei. Excluem-se "tanto a incriminação (e a agravação) como a determinação da pena por analogia".[339]

Dúvida não pode haver de que o princípio da legalidade e seus corolários do direito penal se aplicam às sanções administrativas, o que se intensifica em face das próprias agências reguladoras independentes. Reitere-se: se incertezas podem existir quanto ao fundamento da sua competência normativa, delas não se cogita quanto à competência sancionatória. Não é possível que ato administrativo estabeleça, por si só e *ab ovo*, quaisquer ilícitos e respectivas sanções.

A segurança e a confiança jurídica determinam que os agentes econômicos tenham ciência prévia acerca do que o ordenamento jurídico define como ilícito administrativo e quais as consequências previstas para a sua prática (de forma escrita, prévia e certa), considerações que autorizam às agências administrativas darem concretude aos *standards* normativos descritos em lei, ainda que para fins sancionadores.

Ocorre que o direito sancionador não pode se satisfazer apenas com o respeito ao princípio da legalidade. É imprescindível o recurso à teoria do tipo: através dele, são definidos os elementos nodais à caracterização de uma conduta como ilícita e à dimensão da respectiva sanção (o verbo, a descrição da conduta, o seu tempo e modo, os requisitos condicionais objetivos e subjetivos, a sanção e seus parâmetros). Não basta a atribuição de determinada competência sancionatória em lei, mas é imprescindível que a própria norma jurídica descreva com firmeza e minúcias o fato concreto ao qual se pretende aplicar determinada sanção. O tipo é descrição normativa que deve ser encarada em sua globalidade, uma combinação de dados limitados e prefixados que posteriormente será preenchida pelo comportamento do agente.

A dupla função do tipo emerge com clareza da clássica doutrina de Heleno Fragoso: "A de *garantia* e a de *fundamentação* do fato punível. Por um lado, o tipo limita o poder punitivo do Estado, introduzindo um elemento de segurança na justiça punitiva e excluindo o arbítrio,

---

[338] O princípio da legalidade criminal. *In*: *Digesta*: escritos acerca do Direito, do Pensamento Jurídico, da sua Metodologia e Outros. vol. 1º. Coimbra: Coimbra Ed., 1995. p. 370.

[339] O princípio da legalidade criminal. *In*: *Digesta*: escritos acerca do Direito, do Pensamento Jurídico, da sua Metodologia e Outros. vol. 1º. Coimbra: Coimbra Ed., 1995. p. 385.

pois toda ilicitude penal só pode ser ilicitude típica. A exata realização da conduta típica constitui pressuposto do crime e da imposição de pena. Por outro lado, o tipo fundamenta a ilicitude penal, constituindo o esquema a que deve ajustar-se a antijuridicidade (tipo de ilícito), funcionando como indício ou como expressão da mesma".[340] No que respeita ao direito administrativo sancionador, a tipicidade do ilícito administrativo configura a realização objetiva da conduta descrita na norma e passível de punição administrativa. O ilícito administrativo é a descrição, clara e minuciosa, da conduta cuja concretização implica violação à ordem jurídico-administrativa e faz eclodir o dever funcional de aplicar a sanção correspondente.

O princípio da tipicidade exige a definição normativa concreta quanto à sanção a ser aplicada, seu conteúdo e limites. Não basta a definição da ação (ou omissão) proibida, mas também das consequências do seu descumprimento: a predeterminação normativa de todas as condutas e respectivas sanções.

Definidas essas premissas, podemos falar a respeito da existência, válida, de "normas administrativas sancionadoras em branco": previsões normativas cuja estrutura é incompleta. A sanção é certa, porém o conteúdo do preceito é indeterminado, devendo ser preenchido por dispositivos de legislação diversa daquela que estabelece a sanção ou através de provimentos administrativos específicos (atos ou regulamentos).

A expressão remonta à teoria das "normas penais em branco", que contempla casos nos quais a completude da norma sancionadora eclodirá quando da positivação do complemento à sua aplicação (seja por parte do Poder Legislativo, seja por parte do órgão administrativo a quem foi atribuída essa competência).[341] As normas penais em branco são homogêneas ou heterogêneas, a depender da fonte normativa que

---

340 *Conduta Punível*. São Paulo: José Bushatsky, 1961. p. 131.

341 Há décadas, o STF prestigia as normas penais em branco no sistema constitucional brasileiro. Por exemplo: HC nº 73.168, rel. Min. Moreira Alves, Primeira Turma, *DJ* 15/03/1996; RHC nº 65.130, rel. Min. Octavio Gallotti, Primeira Turma, *DJ* 07/08/1987; RE nº 1.119.015, rel. Min. Rosa Weber, Primeira Turma, *DJe* 05/11/2020; HC nº 68.904, rel. Min. Carlos Velloso, Segunda Turma, *DJ* 03/04/1992; RHC nº 134.830, rel. Min. Gilmar Mendes, Segunda Turma, *DJe* 05/12/2016. No Tema de Repercussão Geral nº 1.246, o STF fixou a seguinte tese, prestigiadora das normas penais em branco e sua complementação interfederativa: "O art. 268 do Código Penal veicula norma penal em branco que pode ser complementada por atos normativos infralegais editados pelos entes federados (União, Estados, Distrito Federal e Municípios), respeitadas as respectivas esferas de atuação, sem que isso implique ofensa à competência privativa da União para legislar sobre direito penal (CF, art. 22, I)" (ARE nº 1.418.846, rel. Min. Rosa Weber, Tribunal Pleno, j. 25/03/2023).

as completará: no primeiro caso, trata-se da mesma fonte instituidora da norma incompleta (o Poder Legislativo); no segundo, a fonte formal será outra que não a emissora do comando normativo primário (por exemplo, regulamentos administrativos). As heterogêneas são também conhecidas por normas penais em branco em sentido estrito, pois envolvem a interação de outro poder, que emana ato secundário à lei, num grau hierárquico inferior (o que faz parte da própria noção de ato administrativo).

Ora, na justa medida em que é possível à Administração completar o preceito criminal em branco, nada mais adequado e razoável que também possa fazê-lo em relação às sanções administrativas, com o que se retorna à ideia de que a agência reguladora saberá melhor quais sanções devem ser aplicadas naquele setor regulado (quais repercutem de modo mais eficiente não só em termos punitivos, mas também quanto à análise da estabilidade e segurança do mercado ele mesmo e na condição de forma específica de prevenção contra outros desvios).

É perfeitamente válido que a lei instituidora da sanção administrativa estabeleça previsão que admita provimento complementar por parte da Administração Pública, de molde a concretizá-la. Os princípios da legalidade e da tipicidade não impedem de forma absoluta a edição de regulamentos com conteúdo normativo sancionador. O que se exige é uma compreensão limitada à tal competência das agências reguladoras independentes, adequada à própria natureza e regime jurídico dos ilícitos administrativos (e respectivas sanções).

Aplica-se o raciocínio desenvolvido por José Garberí Llobregat e Guadalupe Buitrón Ramírez, que limita a operacionalidade do regulamento administrativo "à *especificação ou graduação* do quadro infrator e sancionador estabelecido pela lei, *sem que em nenhum caso cause a alteração do respectivo quadro ou a alteração de sua natureza e limites* pela via regulamentar, e sempre que ele contribua para a *mais correta identificação das condutas* ou à mais precisa determinação das correspondentes sanções".[342]

Postas essas premissas, examinemos como se deu o julgamento da ADI nº 5.906 pelo Plenário do STF.

---

[342] *El Procedimiento Administrativo Sancionador*. vol. I. Valencia: Tirant lo Blanch, 2001. p. 90. Tradução livre.

3 O caso concreto

O caso concreto, como estampado no voto do ministro Marco Aurélio, trata exatamente da "possibilidade de, por meio de lei, transferir-se à Agência a definição de infrações, sanções e medidas administrativas aplicáveis aos serviços de transportes". A inicial da ADI defendia a "invalidade da delegação às agências reguladoras de competência para a criação de figuras infracionais por resoluções", com fundamento na "garantia constitucional da reserva absoluta de lei para a tipificação de infrações e sanções dirigidas a particulares, assegurada pela Constituição da República por força dos artigos 2º, 5º, II e XXXIX, 37, *caput*". A autorização conferida à ANTT seria por demais ampla, a violar as garantias constitucionais.

Os dispositivos impugnados são alguns dos que foram incluídos na Lei nº 10.233/2001 (*Dispõe sobre a reestruturação dos transportes aquaviário e terrestre, cria o Conselho Nacional de Integração de Políticas de Transporte, a Agência Nacional de Transportes Terrestres, a Agência Nacional de Transportes Aquaviários e o Departamento Nacional de Infra-Estrutura de Transportes, e dá outras providências*) pela Lei nº 12.996/2014 e pela Medida Provisória nº 2.217-3/2001. Em específico, trata-se do inciso XVIII do art. 24, que define como "atribuições gerais" da ANTT a competência para "dispor sobre infrações, sanções e medidas administrativas aplicáveis aos serviços de transportes", e o art. 78-A, *caput* e incisos I a VI, que tratam das específicas sanções administrativas passíveis de serem aplicadas pela agência reguladora (advertência, multa, suspensão, cassação, declaração de inidoneidade e perdimento do veículo).

Note-se que a Medida Provisória nº 2.213-3/2001 e a Lei nº 12.996/2014 também fizeram incluir na Lei nº 10.233/2001 outros dispositivos pertinentes a sanções administrativas, seu processo, o respeito à ampla defesa e ao contraditório, critérios de aplicação das sanções (natureza, gravidade, reincidência, danos e vantagens, circunstâncias atenuantes e agravantes, etc.), desconsideração da pessoa jurídica, critério e teto do valor da multa, etc. São os atuais artigos 78-A a 78-K da Lei nº 10.233/2001.[343]

---

[343] Inclusive, o art. 78-B, que previa o sigilo do processo administrativo para apuração de sanções e aplicação de penalidades, foi julgado inconstitucional pelo STF na ADI nº 5.371, que fixou a seguinte tese de julgamento: "Os processos administrativos sancionadores instaurados por agências reguladoras contra concessionárias de serviço público devem obedecer ao princípio da publicidade durante toda a sua tramitação, ressalvados eventuais atos que se enquadrem nas hipóteses de sigilo previstas em lei e na Constituição" (ADI nº 5.371, rel. Min. Roberto Barroso, Tribunal Pleno, *DJe* 31/03/2022).

De igual modo, a ADI voltou-se contra a Resolução ANTT nº 233, de 25 de junho de 2003, advogando que suas "disposições estabelecem diversos tipos infracionais em caráter absolutamente inovatório, cominando-lhe as respectivas sanções, em acintosa invasão da esfera de competência atribuída exclusivamente ao Poder Legislativo pelo poder constituinte originário". Em suma, não seria constitucional delegar a agências reguladoras a competência para editar "normas restritivas de direitos, mais especificamente as destinadas à descrição de condutas ilícitas e seu apenamento", o que implicaria a inconstitucionalidade não só dos dispositivos legais atribuidores da competência regulamentar, mas, também e por arrastamento, a da Resolução ANTT nº 233/2003 – como foi reconhecido no voto do ministro Marco Aurélio, que restou vencido pela maioria.

Em seu voto condutor, o ministro Alexandre de Moraes dá um passo avante e deixa "assentada a premissa geral de que a impossibilidade de criação normativa primária do ordenamento jurídico não significa que os regulamentos emanados das agências reguladoras não possam inovar, acrescentando e complementando, desde que seu conteúdo normativo não traduza desbordamento dos limites da delegação congressual estabelecidos para sua atuação, é preciso verificar se os *standards* fixados na Lei 10.233/2001 são capazes de dar sustentação jurídica à Resolução 233/2003, emanada da Diretoria-Geral da ANTT". Isto é, o exame de constitucionalidade (ou não) das normas legais e regulamentares impugnadas dependeria dos exatos termos da Lei nº 10.233/2001, em sua interpretação sistemática, e do que nela significam os dispositivos acoimados de inconstitucionais.

Daí o voto do ministro Alexandre de Moraes concluir que "o diploma legislativo em causa não se limita a enumerar as punições às quais estão sujeitas as pessoas prestadoras de serviço de transporte", mas estabelece os critérios para a apuração dos fatos e eventual aplicação das penalidades, bem como os limites e circunstâncias de incidência das sanções tipificadas em lei – para concluir que, "no exercício do poder normativo que lhe foi congressualmente delegado, a ANTT não dispõe de liberdade absoluta para inovar no ordenamento jurídico, em matéria de infrações administrativas, tanto no que concerne à previsão, geral e abstrata, de condutas caracterizadoras de ilícito administrativo e à cominação de sanções".

Ao acompanhar o voto condutor, o ministro Gilmar Mendes reconheceu "a constitucionalidade da abertura normativa às agências reguladoras para que, a fim de controlar e fomentar o exercício da atividade regulada, disponham sobre infrações, sanções e medidas administrativas aplicáveis aos agentes privados que descumpram o arcabouço normativo regulatório do setor".

Essa compreensão formou maioria no Plenário, tendo sido a ementa do acórdão assim redigida:

> CONSTITUCIONAL. ADMINISTRATIVO. AGÊNCIAS REGULADORAS E PODER REGULAMENTAR. ART. 24, VIII, E ART. 78-A DA LEI 10.233/2011. RESOLUÇÃO ANTT 233/2003. PREVISÃO LEGAL DA COMPETÊNCIA PARA A AGÊNCIA REGULADORA EDITAR REGULAMENTO SOBRE INFRAÇÕES ADMINISTRATIVAS. PREVISÃO DAS SANÇÕES CABÍVEIS E CRITÉRIOS MÍNIMOS PARA A REGULAMENTAÇÃO. ALEGAÇÃO DE VIOLAÇÃO AO PRINCÍPIO DA LEGALIDADE. IMPROCEDÊNCIA. 1. As Agências Reguladoras, criadas como autarquias especiais pelo Poder Legislativo (CF, art. 37, XIX), recebem da lei que as instituem uma delegação para exercer seu poder normativo de regulação, competindo ao Congresso Nacional a fixação das finalidades, dos objetivos básicos e da estrutura das Agências, bem como a fiscalização de suas atividades. 2. As Agências Reguladoras não poderão, no exercício de seu poder normativo, inovar primariamente a ordem jurídica sem expressa delegação, tampouco regulamentar matéria para a qual inexista um prévio conceito genérico, em sua lei instituidora (standards), ou criar ou aplicar sanções não previstas em lei, pois, assim como todos os Poderes, Instituições e órgãos do poder público estão submetidas ao princípio da legalidade (CF, art. 37, caput). 3. No caso em julgamento, a Lei 10.233/2003, com as alterações redacionais supervenientes, fixou os critérios mínimos indispensáveis para o exercício, pela Agência Reguladora, da competência para imposição de sanções pela prática de infrações administrativas. 4. As disposições emanadas da Resolução ANTT 233/2003 obedecem às diretrizes legais, na medida em que protegem os interesses dos usuários, relativamente ao zelo pela qualidade e pela oferta de serviços de transportes que atendam a padrões de eficiência, segurança, conforto, regularidade, pontualidade e modicidade das tarifas, assim como a cominação das penas não desborda da parâmetros estabelecidos em lei. 5. Ação Direta julgada improcedente. (ADI 5906, rel. Min. Marco Aurélio, rel. p/ acórdão Min. Alexandre de Moraes, Tribunal Pleno, j. 06/03/2023, *DJe* 16/03/2023).

Enfim, por meio dessa decisão, o Tribunal Pleno do STF definiu um critério, bastante nítido e geral, de aferição da constitucionalidade da definição legislativa de competências sancionadoras pelas agências reguladoras independentes, ao mesmo tempo em que prestigiou a edição de regulamentos administrativos que deem aplicabilidade a tal ordem de preceitos punitivos, desde que autorizador por meio de previsão legal expressa.

4 Conclusão: *insights* e questões a refletir

Logo ao alvorecer dessa nova geração de agências reguladoras brasileiras (final da década de 1990), houve enorme reação doutrinária e jurisprudencial à respectiva competência normativa. Passadas mais de duas décadas, já se transpôs essa primeira onda contrária às autarquias especiais com competência regulatória diferenciada. O momento hoje é de dar um passo avante e analisar os limites e o conteúdo de tais competências definidas em lei, sobretudo em temas que envolvam a legalidade e a tipicidade punitivas.

A fim de fixar os conceitos, reflitamos a propósito dos seguintes temas:

1. Remonte os conceitos de legalidade e de tipicidade penal. Cogite de sua aplicação em temas de direito administrativo sancionador.
2. Avalie a competência normativa das agências reguladoras brasileiras, sobretudo em vista do art. 174 da Constituição. Pense a respeito do Estado como agente normativo e regulador e o que essa ordem de competências exige em face da legalidade administrativa.
3. Qual é a razão de ser das normas penais em branco? É válido o raciocínio *a maiori, ad minus*, no sentido de que, se o ordenamento jurídico acolhe as normas penais em branco em direito penal, por que isso não seria válido para o direito administrativo sancionador?

REFERÊNCIAS

ADACHI, Vanessa. Bradesco conclui a compra do BCN. *Folha de S.Paulo*, 4 dez. 1997. Disponível em: https://www1.folha.uol.com.br/fsp/dinheiro/fi041205.htm. Acesso em: 29 mar. 2019.

ANATEL. *Resolução ANATEL nº 303/2002*. Disponível em: https://informacoes.anatel.gov.br/legislacao/resolucoes/17-2002/128-resolucao-. Acesso em: 07 abr. 2021.

ANATEL. *Resolução ANATEL nº 700/2018*. Disponível em: https://informacoes.anatel.gov.br/legislacao/resolucoes/2018/1161-resolucao-700#:~:text=Aprova%20o%20Regulamento%20sobre%20a,de%202%2F10%2F2018. Acesso em: 07 abr. 2021.

ANATEL. *Resolução nº 447, de 19 de outubro de 2006*. Disponível em: http://www.anatel.gov.br/legislacao/resolucoes/2006/380-resolucao-447. Acesso em: 24 jul. 2019.

ANDRADE, Gustavo Fernandes de. Arbitragem e administração pública: da hostilidade à gradual aceitação. *In*: MELO, Leonardo de Campos; BENEDUZI, Renato Resende (Coord.). *A reforma da arbitragem*. Rio de Janeiro: Forense, 2016.

ANP. *A ANP*. Disponível em: http://www.anp.gov.br/perguntas/286-outros/a-anp/3736-a-anp-faq. Acesso em: 12 maio 2019.

ANTT. *Relatório da Comissão de Processo Administrativo da ANTT para análise do caso da Malha Paulista*. Disponível em: http://portal.antt.gov.br/index.php/content/view/50071/010_2016.html. Acesso em: 13 jul. 2019.

ANVISA. *Como a Anvisa avalia o registro de medicamentos novos no Brasil*. Disponível em: http://portal.anvisa.gov.br/resultado-de-busca?p_p_id=101&p_p_lifecycle=0&p_p_state=-maximized&p_p_mode=view&p_p_col_id=column-1&p_p_col_count=1&_101_struts_action=%2Fasset_publisher%2Fview_content&_101_assetEntryId=352687&_101_type=-content&_101_groupId=33836&_101_urlTitle=como-a-anvisa-avalia-o-registro-de-medicamentos-novos-no-brasil&inheritRedirect=true. Acesso em: 5 mar. 2019.

ARSESP. *Perfil do setor*. Disponível em: http://www.arsesp.sp.gov.br/SitePages/saneamento/saneamento.aspx. Acesso em: 30 abr. 2019.

BANCO CENTRAL DO BRASIL. *Evolução do Sistema Financeiro Nacional*. Disponível em: https://www.bcb.gov.br/acessoinformacao/legado?url=https:%2F%2Fwww.bcb.gov.br%2Fhtms%2FDeorf%2Fr199812%2FAnexd.asp. Acesso em: 29 mar. 2019.

BARALDI, Eliana B. Arbitragem e contratos com a administração pública. *In*: MELO, Leonardo de Campos; BENEDUZI, Renato Resende (Coord.). *A reforma da arbitragem*. Rio de Janeiro: Forense, 2016.

BARALDI, Eliana B. Caso Parque das Baleias. Superior Tribunal de Justiça. 1ª Sessão. Conflito de Competência nº 139.519/RJ. Ministro Relator Napoleão Nunes Maia Filho. 11.10.2017. *Revista Brasileira de Arbitragem*, São Paulo, n. 58. p. 139-163, out./dez. 2018.

BARROSO, Luís Roberto. *Interpretação e aplicação da Constituição*. 7. ed. São Paulo: Saraiva, 2009.

BASTOS, Gabriel; BASTOS, Ildeson Prates. *Bacia de Campos* – Sumário geológico e setores em oferta. Brasília: ANP, 2017. Disponível em: http://rodadas.anp.gov.br/arquivos/Round14/Mapas/sumarios/Sumario_Geologico_R14_Campos.pdf.

BATISTA, Patrícia Ferreira. A inarbitrabilidade objetiva do conflito entre Petrobras e a ANP. *Revista de Direito Administrativo – RDA*, Rio de Janeiro, v. 175, p. 251-318, maio/ago. 2017. Disponível em: http://bibliotecadigital.fgv.br/ojs/index.php/rda/article/view/71654/69328. Acesso em: 5 maio 2019.

BINENBOJM, Gustavo. *Poder de polícia, ordenação, regulação*. Belo Horizonte: Fórum, 2016.

BINENBOJM, Gustavo. *Uma teoria do ato administrativo*. Rio de Janeiro: Renovar, 2006.

BINENBOJM, Gustavo. *Uma teoria do direito administrativo*. 3. ed. Rio de Janeiro: Renovar, 2013.

BLANCHET, Luiz Alberto. *Concessão de serviços públicos*. 2. ed. Curitiba: Juruá, 2000.

BLATTER, Stephanie. O reconhecimento da reserva do regulador no ordenamento jurídico brasileiro a partir do julgamento do caso da fosfoetanolamina sintética pelo STF. *In*: GUERRA, Sérgio (org.). *Teoria do Estado Regulador*. v. II. Curitiba: Juruá, 2016.

BOSTOEN, Friso. Margin Squeeze: where competition law and sector regulation compete. *Jura Falconis Jg*, Leuven, v. 53, n. 1, p. 3-60, fev. 2017. Disponível em: https://ssrn.com/abstract=2922633. Acesso em: 1º maio 2019.

BRASIL. AGU. *Parecer Normativo GM-20, de 5 de abril de 2001*. Disponível em: http://www.agu.gov.br/atos/detalhe/8413. Acesso em: 29 mar. 2019.

BRASIL. *Diretrizes gerais e guia orientativo para elaboração de análise de impacto regulatório (AIR)*. Disponível em: http://www.casacivil.gov.br/regulacao/consulta-publica/consulta-publica-001-2017-diretrizes-e-guia-air-pasta/abertura/anexo-v-guia-air.pdf. Acesso em: 17 jun. 2019.

BRASIL. Ministério da Ciência, Tecnologia, Inovações e Comunicações. *Fosfoetanolamina*. Disponível em: https://www.mctic.gov.br/mctic/opencms/ciencia/SEPED/Saude/fosfoetanolamina/index.html. Acesso em: 5 mar. 2019.

BRASIL. Ministério da Saúde. *Resolução – RDC nº 38, de 12 de agosto de 2013*. Disponível em: http://bvsms.saude.gov.br/bvs/saudelegis/anvisa/2013/rdc0038_12_08_2013.html. Acesso em: 5 mar. 2019.

BRASIL. Planalto. *Constituição Federal*. Disponível em: http://www.planalto.gov.br/ccivil_03/constituicao/constituicaocompilado.htm. Acesso em: 07 abr. 2021.

BRASIL. Planalto. *Decreto nº 2.705/98*. Disponível em: http://www.planalto.gov.br/ccivil_03/decreto/d2705.htm. Acesso em: 07 abr. 2021.

BRASIL. Planalto. *Resolução CNPE nº 1/2016*. Disponível em: https://www.legisweb.com.br/legislacao/?id=315720. Acesso em: 07 abr. 2021.

BRASIL. STF. *ADI nº 3.357*. Disponível em: http://portal.stf.jus.br/processos/detalhe.asp?incidente=2258854. Acesso em: 07 abr. 2021.

BRASIL. STF. *ADI nº 5.610*. Disponível em: https://portal.stf.jus.br/processos/detalhe.asp?incidente=5072213. Acesso em: 07 abr. 2021.

BRASIL. STF. *ADI nº 5.501*. Disponível em: http://portal.stf.jus.br/processos/detalhe.asp?incidente=4966501. Acesso em: 18 mar. 2019.

BRASIL. STF. *ADPF 139*. Disponível em: http://portal.stf.jus.br/processos/detalhe.asp?incidente=2607867. Acesso em: 3 ago. 2019.

BRASIL. STF. *Pesquisa de jurisprudência*. Disponível em: http://stf.jus.br/portal/jurisprudencia/listarJurisprudencia.asp?s1=%28%28FOSFOETANOLAMINA%29%29+E+S%2EPRES%2E&base=basePresidencia&url=http://tinyurl.com/yb57na6d. Acesso em: 5 mar. 2019.

BRASIL. STF. RE 511.961, Rel. Min. Gilmar Mendes, *DJe* 13/11/2009. Disponível em: http://redir.stf.jus.br/paginadorpub/paginador.jsp?docTP=AC&docID=605643. Acesso em: 07 abr. 2021.

BRASIL. STF. RE 603.583, Rel. Min. Marco Aurélio, *DJe* 25/05/2012. Disponível em: https://redir.stf.jus.br/paginadorpub/paginador.jsp?docTP=TP&docID=2056975. Acesso em: 07 abr. 2021.

BRASIL. STF. *RE 664.189/DF*. Disponível em: http://portal.stf.jus.br/processos/detalhe.asp?incidente=4170404. Acesso em: 29 mar. 2019.

BRASIL. STJ. *CC 139.519-RJ*. Disponível em: https://ww2.stj.jus.br/processo/pesquisa/. Acesso em: 25 abr. 2019.

BRASIL. STJ. Corte internacional de arbitragem vai decidir conflito envolvendo Petrobras e ANP no Espírito Santo. Últimas notícias, 2017. Disponível em: http://www.stj.jus.br/sites/STJ/default/pt_BR/Comunica%C3%A7%C3%A3o/noticias/Not%C3%ADcias/Corte-internacional-de-arbitragem-vai-decidir-conflito-envolvendo-Petrobras-e-ANP-no-Esp%C3%ADrito-Santo. Acesso em: 5 jun. 2018.

BRASIL. TCU. *Auditoria operacional*. Disponível em: https://portal.tcu.gov.br/controle-externo/normas-e-orientacoes/normas-de-fiscalizacao/auditoria-operacional.htm. Acesso em: 3 abr. 2019.

BRASIL. TJSP. *Consulta completa*. Disponível em: https://esaj.tjsp.jus.br/cjsg/resultadoCompleta.do;jsessionid=24612D86FD102153976B4CB745FB63DB.cjsg3. Acesso em: 5 mar. 2019.

BRASIL. Tribunal de Contas da União. Acórdão nº 2.121/2017. Plenário. Relator: Ministro Bruno Dantas. Sessão de 27/09/2017. *Diário Oficial da União*, Brasília, DF, 6 out. 2017.

BUCHEB, José Alberto. A arbitragem na indústria do petróleo. *Revista de Direito Público da Economia – RDPE*, Belo Horizonte, v. 15, p. 19-48, jul./set. 2006.

CADE. *Memorando de Entendimentos Relativo aos Procedimentos de Cooperação na Análise de Atos de Concentração Econômica no Sistema Financeiro Nacional entre o Banco Central do Brasil (BCB) e o Conselho Administrativo de Defesa Econômica (CADE)*. 2018. Disponível em: http://www.cade.gov.br/noticias/banco-central-e-cade-assinam-memorando-de-entendimentos/memorando_cade_bc.pdf. Acesso em: 29 mar. 2019.

CADERNO DE MÉTRICAS INDUSTRIAIS PARA O DESENVOLVIMENTO DO SETOR DE ÓLEO E GÁS NO BRASIL, ano 5, n. 8, abr. 2018. Disponível em: https://bibliotecadigital.fgv.br/dspace/bitstream/handle/10438/22063/BOOK%20completo%20%20Me%CC%81tricas%20Industriais%20BAIXA_SITE.pdf?sequence=1&isAllowed=y. Acesso em: 3 maio 2019.

CADERNO DE PETRÓLEO, ano 2, n. 4, out. 2015. Disponível em: https://fgvenergia.fgv.br/sites/fgvenergia.fgv.br/files/caderno_petroleo_ok.pdf. Acesso em: 3 maio 2019.

CAMPILONGO, Celso; ROCHA, Jean-Paul Veiga da; LESSA, Paulo Todescan (Coord.). *Concorrência e regulação no sistema financeiro*. São Paulo: Max Limonad, 2002.

CANOTILHO, J. J. Gomes; MOREIRA, Vital. *CRP – Constituição da República Portuguesa anotada*. 4. ed. v. I. Coimbra: Coimbra Ed., 2007.

CARLTON, Dennis W. Should price squeeze be a recognized form of anticompetitive conduct? *Journal of Competition Law and Economics*, Oxford, v. 4, n. 2, p. 271-278, abr. 2008. Disponível em: http://jcle.oxfordjournals.org/. Acesso em: 25 abr. 2019.

CARMONA, Carlos Alberto. *Arbitragem e processo*: um comentário à Lei nº 9.307/96. 3. ed. São Paulo: Atlas, 2009.

CARPENTER, Daniel; MOSS, David A. (Ed.). *Preventing regulatory capture*. Special interest influence and how to limit it. Cambridge: Cambridge University Press, 2013.

CASTRO JUNIOR, Osvaldo Agripino de. *O direito portuário e a nova regulação*. São Paulo: Aduaneiras, 2015.

CHUEIRI, Vera Karam de; MOREIRA, Egon Bockmann. A Constituição e seus momentos difíceis: quando precisamos aplicá-la contra ideias boas. *Jota*, 23 mar. 2019. Disponível em: https://www.jota.info/opiniao-e-analise/artigos/a-constituicao-e-seus-momentos-dificeis-quando-precisamos-aplica-la-contra-ideias-boas-23032019. Acesso em: 30 mar. 2019.

COMISSÃO EUROPEIA. *Orientação sobre as prioridades da Comissão na aplicação do artigo 82º do Tratado CE a comportamentos de exclusão abusivos por parte de empresas em posição dominante*. Disponível em: https://eur-lex.europa.eu/legal-content/PT/TXT/PDF/?uri=CELEX:52009XC0224(01)&from=EN. Acesso em: 1º maio 2019.

COMPARATO, Fabio Konder. *A afirmação histórica dos direitos humanos*. 12. ed. São Paulo: Saraiva, 2019.

CORREIA, Arícia Fernandes. Reserva de administração e separação de poderes. *In*: BARROSO, Luís Roberto (Org.). *A reconstrução democrática do direito público no Brasil*. Rio de Janeiro: Renovar, 2007.

CORREIA, Eduardo. *Direito Criminal*, vol. I. Coimbra: Almedina, 1999.

CUÉLLAR, Leila. *Agências reguladoras e seu poder normativo*. São Paulo: Dialética, 2001.

CUÉLLAR, Leila. Autorregulação profissional – exercício de atividade pública. *In*: CUÉLLAR, Leila; MOREIRA, Egon Bockmann. *Estudos de Direito Econômico*. v. II. Belo Horizonte: Fórum, 2010.

CYRINO, André. *O poder regulamentar autônomo do presidente da República*. Belo Horizonte: Fórum, 2005.

CYRINO, André. Regulamento autônomo no Brasil: uma resposta às críticas. *Revista da Faculdade de Direito-RFD-UERJ*, n. 30, p. 107-137, dez. 2016. Disponível em: https://www.e-publicacoes.uerj.br/index.php/rfduerj/article/viewFile/26902/19263. Acesso em: 6 mar. 2019.

DEFANTI, Francisco. Um ensaio sobre a autorregulação: características, classificações e exemplos práticos. *Revista de Direito Público da Economia – RPDE*, Belo Horizonte, Fórum, 63, p. 149-181, jul./set 2018.

DI PIETRO, Maria Sylvia Zanella. Natureza jurídica dos bens das empresas estatais. *Revista PGE de São Paulo*, p. 173-185, dez. 1988.

DI PIETRO, Maria Sylvia Zanella. *Parcerias na Administração Pública*. 3. ed. São Paulo: Atlas, 1999.

DIÁRIO OFICIAL DO ESTADO DE SÃO PAULO, 11 abr. 1962. Disponível em: https://www.imprensaoficial.com.br/DO/BuscaDO2001Documento_11_4.aspx?link=%2f1962%2fexecutivo%2fabril%2f11%2fp1%2fpag_0001_6FRU7DVJBALTKe1EVVANNSP2GI1.pdf&pagina=1&data=11/04/1962&caderno=Executivo&paginaordenacao=100001. Acesso em: 10 jun. 2019.

DINAMARCO, Cândido Rangel. *Arbitragem na teoria geral do processo*. São Paulo: Malheiros, 2014.

FARACO, Alexandre Ditzel. Aplicação das normas gerais de concorrência nos setores regulados. *In*: MARTINEZ, Ana Paula (Org.). *Temas atuais de direito da concorrência*. São Paulo: Singular, 2012.

FARACO, Alexandre Ditzel. Direito concorrencial e regulação. *Revista de Direito Público da Economia – RDPE*, Belo Horizonte, v. 44, p. 9-41, out./dez. 2013.

FARIA, José Eduardo. *Sociologia jurídica*: direito e conjuntura. 2. ed. São Paulo: Saraiva, 2010.

FERNÁNDEZ ORDÓÑEZ, Miguel A. "Reflexión preliminar" à obra de Miguel Ángel Lasheras, *La Regulación Económica de los Servicios Públicos*. Barcelona: Ariel, 1999.

FIGUEIREDO DIAS, Jorge. Do direito penal administrativo ao direito de mera ordenação social. *In*: NEVES, António Castanheira. O princípio da legalidade criminal. *Digesta*: escritos acerca do Direito, do Pensamento Jurídico, da sua Metodologia e Outros, vol. 1º. Coimbra: Coimbra Ed., 1995.

FONSECA, Francisco José Defanti. Reserva de regulação da Administração Pública. *In*: GUERRA, Sérgio (Org.). *Teoria do Estado Regulador*. v. II. Curitiba: Juruá, 2016.

FONSECA, José Arnaldo da. Jurisdição estatal e jurisdição arbitral: conflito aparente. *Revista de Arbitragem e Mediação*, São Paulo, v. 6, n. 23. p. 49-59, out./dez. 2009.

FONSECA, Rodrigo Garcia da. O princípio da competência-competência na arbitragem: uma perspectiva brasileira. *Revista de Arbitragem e Mediação*, São Paulo, n. 9. p. 272-294, abr./jun. 2006.

FRAGOSO, Heleno. *Conduta Punível*. São Paulo: José Bushatsky, 1961.

FREITAS, Rafael Véras de; RIBEIRO, Leonardo Coelho, FEIGELSON, Bruno (Org.). *Regulação e novas tecnologias*. Belo Horizonte: Fórum, 2017.

GAMA JÚNIOR, Lauro. Sinal verde para a arbitragem nas parcerias público-privadas. *Revista de Direito Administrativo*, Rio de Janeiro, v. 241, p. 121-158, jul. 2005. Disponível em: http://bibliotecadigital.fgv.br/ojs/index.php/rda/article/view/43331. Acesso em: 16 maio 2019.

GARBERÍ LLOBREGAT, José; BUITRÓN RAMÍREZ, Guadalupe. *El Procedimiento Administrativo Sancionador*. vol. I. Valencia: Tirant lo Blanch, 2001.

GARCÍA DE ENTERRÍA, Eduardo; FERNÁNDEZ, Tomás-Ramón. *Curso de derecho administrativo*. 10. ed. t. I. Madrid: Civitas, 2001.

GARCIA, Flávio Amaral; FREITAS, Rafael Véras de. Portos brasileiros e a nova assimetria regulatória. *In*: GARCIA, Flávio Amaral. *Concessões, parcerias e regulação*. São Paulo: Malheiros, 2018.

GARRIDO FALLA, F.; FERNANDEZ PASTRANA, J. M. *Régimen Jurídico y Procedimiento de las Administraciones Públicas*. 2. ed. Madrid: Civitas, 1995.

GAWANDE, Atul. *Checklist*: como fazer as coisas bem feitas. Tradução de A. C. Cunha Serra. Rio de Janeiro: Sextante, 2011.

GERADIN, Damien; O'DONOGHUE, Robert. The concurrent application of competition law and regulation: the case of margin squeeze abuses in the telecommunications sector. *Journal of Competition Law & Economics*, Oxford, v. 1, n. 2, p. 355-425, jun. 2005. Disponível em: https://academic.oup.com/jcle/article-abstract/1/2/355/856608. Acesso em: 25 abr. 2019.

GLUCK, Abbe; BRESSMAN, Lisa Schultz. Statutory Interpretation from the Inside. *Stanford Law Review*, v. 65, 2013, p. 942.

GONÇALVES, Pedro Costa. Advertências da Administração Pública. *In*: AAVV. *Studia Iuridica 61* – Estudos em homenagem ao prof. Doutor Rogério Soares. Coimbra: Coimbra Ed., 2001.

GRAU, Eros Roberto; FORGIONI, Paula. Cade v. Bacen: conflitos de competência entre autarquias e a função da Advocacia-Geral da União. *Revista de Direito Público da Economia*, Belo Horizonte, v. 8, 2004.

GUASTINI, Riccardo. *Le fonti del diritto*: fondamenti teorici. Milão: Giuffrè, 2010.

GUERRA, Sérgio; PALMA, Juliana Bonacorsi de. Art. 26 da LINDB – Novo regime jurídico de negociação com a Administração Pública. *RDA*, 2018. Edição especial.

GUERRA, Sérgio; SAMPAIO, Patricia. Análise de impacto regulatório. *Revista Justiça & Cidadania*, v. 145, 2012.

GUERRA, Sérgio; SAMPAIO, Patrícia. Concessões de serviços públicos e o tempo: Aspectos relevantes sobre o impacto da variável "prazo" para a manutenção do equilíbrio econômico-financeiro. *In*: GUERRA, Sérgio; SAMPAIO, Patrícia; BARBOSA, Fernando de Holanda. *Equilíbrio financeiro em projetos de infraestrutura e a TIR flexível*. n. 32. Rio de Janeiro: FGV Projetos, 2019.

GUERRA, Sérgio. A reversibilidade dos bens nas concessões de serviços públicos. *Revista de Direito Público da Economia – RDPE*, Belo Horizonte, ano 2, n. 8, out./dez. 2004.

GUERRA, Sérgio. *Agências reguladoras*: da organização administrativa piramidal à governança em rede. 2. ed. Belo Horizonte: 2021.

GUERRA, Sérgio. *Controle judicial dos atos regulatórios*. Rio de Janeiro: Lumen Juris, 2005.

GUERRA, Sérgio. *Discricionariedade, regulação e reflexividade*: uma nova teoria sobre as escolhas administrativas. 5. ed. Belo Horizonte: Fórum, 2018.

GUERRA, Sérgio. *Discricionariedade, regulação e reflexividade*: uma nova teoria sobre as escolhas administrativas. 6. ed. Belo Horizonte: Fórum, 2021.

GUERRA, Sérgio. Equilíbrio econômico-financeiro e taxa interna de retorno nas parcerias público privadas. *In*: JUSTEN FILHO, Marçal; SCHWIND, Rafael Wallbach. *Parcerias público-privadas*: reflexões sobre os 10 anos da Lei 11.079/2004. São Paulo: Revista dos Tribunais, 2015.

GUERRA, Sérgio. Evolução do marco regulatório do setor portuário no Brasil. *In*: PEREIRA, C.; SCHWIND, R. (Org.). *Direito portuário brasileiro*. São Paulo: Marcial Pons, 2015.

GUERRA, Sérgio. *Teoria do Estado Regulador*. v. III. Curitiba: Juruá, 2017.

HÄBERLE, Peter. *Teoría de la Constitución como ciencia de la cultura*. Tradução de E. Mikunda. Madrid: Tecnos, 2000.

HAY, George A.; MCMAHON, Kathryn. The diverging approach to price squeezes in the United States and Europe. *Journal of Competition Law & Economics*, Oxford, v. 8, n. 2, p. 259-296, jun. 2012. Disponível em: http://scholarship.law.cornell.edu/facpub/480. Acesso em: 25 abr. 2019.

HEIMLER, Alberto. Is a margin squeeze an antitrust or a regulatory violation? *Journal of Competition Law & Economics*, Oxford, v. 6, n. 4. p. 879-890, dez. 2010. Disponível em: https://academic.oup.com/jcle/article-abstract/6/4/879/825214. Acesso em: 25 abr. 2019.

HESSE, Konrad. *Elementos de direito constitucional da República Federal da Alemanha*. Tradução de L. A. Heck. Porto Alegre: Fabris, 1998.

HOVENKAMP, Erik; HOVENKAMP, Herbert J. The viability of antitrust price squeeze claims. *Arizona Law Review*, Tucson, v. 51, n. 273. p. 273-303, 2009. Disponível em: http://scholarship.law.upenn.edu/faculty_scholarship/1781. Acesso em: 25 abr. 2019.

HOVENKAMP, Hebert. *Antitrust*. 4. ed. Minnesota: Thomson West, 2005.

HOVENKAMP, Herbert. Robert Bork and vertical integration: leverage, foreclosure, and efficiency. *Antitrust Law Journal*, v. 79, n. 3. p. 984-1001, 2014. Disponível em: http://scholarship.law.upenn.edu/faculty_scholarship/1848. Acesso em: 25 abr. 2019.

IBGE. *Panorama*. Disponível em: https://cidades.ibge.gov.br/brasil/sp/panorama. Acesso em: 5 maio 2019.

IBGE. *Produto Interno Bruto*. Disponível em: https://www.ibge.gov.br/explica/pib.php. Acesso em: 5 maio 2019.

ISSA, Rafael Hamze. Requisição administrativa para enfrentamento da Covid-19. *Portal Jota*, 24 mar. 2020. Disponível em: https://www.jota.info/opiniao-e-analise/artigos/requisicao-administrativa-para-enfrentamento-da-covid-19-24032020.

JESUS, Michael de. *Direito Portuário no Brasil*. São Paulo: Quartier Latin, 2018.

JORDÃO, Eduardo Ferreira. A advocacia da concorrência como estratégia para redução do impacto anticompetitivo da regulação estatal. *Revista Brasileira de Direito Público – RBDP*, Belo Horizonte, ano 7, n. 24, jan./mar. 2009, p. 128-129.

JORDÃO, Eduardo. *Controle judicial de uma Administração Pública complexa*. São Paulo: Malheiros, 2015.

JORDÃO, Eduardo. Entre o prêt-à-porter e a alta costura: procedimentos de determinação da intensidade do controle judicial no direito comparado. *Revista Brasileira de Direito Público*, Belo Horizonte, Fórum, v. 52, 2016.

JUSTEN FILHO, Marçal. *Curso de direito administrativo*. 2. ed. São Paulo: Saraiva, 2006.

JUSTEN FILHO, Marçal. *O direito das agências reguladoras independentes*. São Paulo: Dialética, 2002.

JUSTEN FILHO, Marçal. *Sujeição passiva tributária*. Belém: Cejup, 1986.

KAHNEMAN, Daniel. *Rápido e devagar*: duas formas de pensar. Tradução de C. Arantes Leite. Rio de Janeiro: Objetiva, 2012.

KISHTAINY, Nial. *Uma história da economia breve*. Tradução J. Marcoantonio. Porto Alegre: L&PM, 2018.

KOMESAR, Neil. *Imperfect alternatives*: choosing institutions in law, economics, and public policy. Chicago: University of Chicago Press, 1994.

LADEIRA, Ana Clara Viola. Conflito de competência em matéria de arbitragem. *Revista Brasileira de Arbitragem*, n. 41, p. 42-67, jan./mar. 2014.

LEE, João Bosco. Parecer: eficácia da cláusula arbitral. Aplicação da Lei de Arbitragem no tempo. Transmissão da cláusula compromissória. Anti-suit injunction. *Revista Brasileira de Arbitragem*, Porto Alegre, v. 3, n. 11. p. 7-36, jul./set. 2006.

LEVINE, Michael E.; FORRENCE, Jennifer L. Regulatory capture, public interest, and the public agenda: toward a synthesis. *Journal of Law, Economics, and Organization*, 1990. Special issue.

LEVITIN, Daniel J. *The organized mind*: thinking straight in the age of information overload. New York: Dutton, 2014.

LIBÂNIO, Paulo Augusto Cunha; CHERNICHARO, Carlos Augusto de Lemos; NASCIMENTO, Nilo de Oliveira. Dimensão da qualidade de água: avaliação da relação entre indicadores sociais, de disponibilidade hídrica, de saneamento e de saúde pública. *Revista Engenharia Sanitária e Ambiental*, Rio de Janeiro, v. 10, n. 3. p. 219-228, jul./set. 2005.

MACERA, Paulo Henrique. Reserva de administração: delimitação conceitual e aplicabilidade no direito brasileiro. *Revista Digital de Direito Administrativo*, v. 1, n. 2, p. 333-376, 2014. Disponível em: http://www.egov.ufsc.br/portal/sites/default/files/74332-110507-5-pb.pdf. Acesso em: 6 mar. 2019.

MARQUES NETO, Floriano de Azevedo; GAROFANO, Rafael Roque. Notas sobre o conceito de serviço público e suas configurações na atualidade. *Revista de Direito Público da Economia – RDPE*, Belo Horizonte, ano 12, n. 46, abr./jun. 2014.

MARQUES NETO, Floriano de Azevedo; COSCIONE, M. L. R. A reversibilidade dos bens no setor de telecomunicações de acordo com os precedentes da Anatel. *REDAC – Revista de Direito Administrativo Contemporâneo*, v. 10, 2014.

MARQUES NETO, Floriano de Azevedo; LOUREIRO, Caio de Souza. Contratações administrativas e Covid-19: passado, presente e futuro na regulamentação das licitações e contratos. *Fórum Administrativo – FA*, Belo Horizonte, ano 20, n. 234, p. 57-68, ago. 2020.

MARQUES NETO, Floriano de Azevedo. A prorrogação dos contratos de concessão do setor elétrico e a medida provisória nº 579/2012. *In*: MARQUES NETO, Floriano de Azevedo; ALMEIDA, Fernando Dias Menezes de; NOHARA, Irene; MARRARA, Thiago (Org.). *Direito e Administração Pública*. Estudos em homenagem a Maria Sylvia Zanella Di Pietro. São Paulo: Atlas, 2013.

MARQUES NETO, Floriano de Azevedo. *Agências Reguladoras Independentes*: Fundamentos e seu Regime Jurídico. Belo Horizonte: Editora Fórum, 2005.

MARQUES NETO, Floriano de Azevedo. *Agências reguladoras independentes*: fundamentos e seu regime jurídico. Belo Horizonte: Fórum, 2009.

MARQUES NETO, Floriano de Azevedo. *Agências reguladoras independentes*. Belo Horizonte: Fórum, 2005.

MARQUES NETO, Floriano de Azevedo. *Bens públicos*: função social e exploração econômica. O regime jurídico das utilidades públicas. Belo Horizonte: Fórum, 2014.

MARQUES NETO, Floriano de Azevedo. *Concessões*. Belo Horizonte: Fórum, 2015.

MARQUES NETO, Floriano de Azevedo. Delimitação da poligonal dos portos organizados e o regime jurídico dos bens públicos. *In*: PEREIRA, C.; SCHWIND, R. (Org.). *Direito portuário brasileiro*. São Paulo: Marcial Pons, 2015.

MARQUES NETO, Floriano de Azevedo. Equilíbrio econômico nas concessões de rodovia: critérios de aferição. *Governet: a revista do administrador público*, ano 3, n. 24, p. 332-337, abr. 2004. Boletim de Licitações e Contratos.

MARQUES NETO, Floriano de Azevedo. Finalidades e fundamentos da moderna regulação econômica. *Fórum Administrativo*, v. 100, 2009.

MARQUES NETO, Floriano de Azevedo. Limites à abrangência e à intensidade da regulação estatal. *Revista de Direito Público da Economia – RDPE*, Belo Horizonte, v. 1, p. 69-93, 2003.

MARQUES NETO, Floriano de Azevedo. Regime Jurídico e Utilização dos Bens Públicos. *In*: DALLARI, Adilson Abreu; NASCIMENTO, Carlos Valder do; MARTINS, Ives Gandra da Silva (Org.). *Tratado de Direito Administrativo*. v. 2. São Paulo: Editora Saraiva, 2013.

MARQUES NETO, Floriano de Azevedo. Regulação estatal e autorregulação na economia contemporânea. *Revista de Direito Público da Economia*, Belo Horizonte, Fórum, 33/8, jan./mar. 2011.

MARQUES NETO, Floriano Peixoto de Azevedo; PALMA, J. B.; REHEM, D.; MERLOTTO, N.; GABRIEL, Y. Reputação Institucional e o Controle das Agências Reguladoras pelo TCU. *Revista de Direito Administrativo*, v. 278, p. 37-70, 2019.

MARQUES NETO, Floriano Peixoto de Azevedo; PALMA, J. B. Diálogos Fora de Esquadro: O Controle das Agências Reguladoras pelo Tribunal de Contas da União. DOI: 10.9732/P.0034-7191.2020V120P203, v. 120, p. 203-236, 2020.

MARQUES, Ricardo Dalmaso. O STJ, as medidas antiarbitragem e o princípio da competência-competência na Lei 9.307/1996. Comentários às decisões da MC 17.868/BA. *Revista de Arbitragem e Mediação*, São Paulo, v. 10, n. 32, p. 275-307, jan./mar. 2012.

MARTINS, Pedro Batista. *Apontamentos sobre a Lei de Arbitragem*. Rio de Janeiro: Forense, 2008.

MEIRELLES, Hely Lopes. *Direito administrativo brasileiro*. 28. ed. São Paulo: Malheiros, 2003.

MELO, Carolina Queiroz Pereira Dantas de. A regulação tarifária do setor elétrico e a autonomia da Agência Nacional de Energia Elétrica. *Revista de Direito Público da Economia*, Belo Horizonte, v. 48, 2014.

MENDONÇA, José Vicente Santos de. Uma teoria do fomento público. *Revista de Direito – PGE/RJ*, Rio de Janeiro, v. 65, p. 115-176, 2010. Disponível em: https://www.pge.rj.gov.br/comum/code/MostrarArquivo.php?C=MTE0OA%2C%2C. Acesso em: 27 jul. 2019.

MONIZ, Ana Raquel Gonçalves. *Direito administrativo*: textos e casos práticos resolvidos. Coimbra: Almedina, 2012.

MONTEIRO, André Luís. Algumas questões sobre a recente decisão do STJ na arbitragem Petrobras v. ANP: princípio da competência-competência, arbitrabilidade e Convenção de Nova Iorque. *Revista de Arbitragem e Mediação*, São Paulo, v. 16, n. 57, p. 57-98, abr./jun. 2018.

MOREIRA NETO, Diogo de Figueiredo; FREITAS, Rafael Véras de. *A nova regulação portuária*. Belo Horizonte: Fórum, 2015.

MOREIRA NETO, Diogo de Figueiredo. *Direito regulatório*: a alternativa participativa e flexível para a administração pública de relações setoriais complexas no estado democrático. Rio de Janeiro: Renovar, 2003.

MOREIRA, Egon Bockmann; CAGGIANO, Heloisa Conrado; GOMES, Gabriel Jamur. O novo marco legal do saneamento básico. *Revista de Direito Público da Economia – RDPE*, Belo Horizonte, v. 63, p. 89-116, 2018.

MOREIRA, Egon Bockmann; CAGGIANO, Heloisa Conrado. O poder normativo das agências reguladoras na jurisprudência do STF: mutação constitucional do princípio da legalidade?. *Revista de Direito Público da Economia – RDPE*, Belo Horizonte, v. 43, p. 35-58, jul./set. 2013.

MOREIRA, Egon Bockmann; GUZELLA, Rafaella Peçanha. Contratos administrativos de longo prazo, equilíbrio econômico-financeiro e Taxa Interna de Retorno (TIR). *In*: MOREIRA, Egon Bockmann (Coord.). *Contratos administrativos, equilíbrio econômico-financeiro e a taxa interna de retorno*: a lógica das concessões e parcerias público-privadas. Belo Horizonte: Fórum, 2016.

MOREIRA, Egon Bockmann; KATO, Mariana Almeida. Regulação econômica e segurança energética – Breves notas sobre o caso brasileiro. *In*: ROCHA, Fábio Amorim da (Coord.). *Temas relevantes no direito de energia elétrica.* t. II. Rio de Janeiro: Synergia, 2013.

MOREIRA, Egon Bockmann; PEREIRA, Paula Pessoa. Art. 30 da LINDB – O dever público de incrementar a segurança jurídica. *Revista de Direito Administrativo,* Rio de Janeiro, p. 243-274, nov. 2018. Edição Especial. Disponível em: http://bibliotecadigital.fgv.br/ojs/index.php/rda/article/view/77657. Acesso em: 27 jul. 2019.

MOREIRA, Egon Bockmann. Agências reguladoras independentes, poder econômico e sanções administrativas. *In*: GUERRA, Sérgio (Coord.). *Temas de Direito Regulatório.* Rio de Janeiro: Freitas Bastos, 2004. p. 160-199.

MOREIRA, Egon Bockmann. A concessão de serviços públicos e os direitos reais administrativos. *In*: GUERRA, Sérgio; FERREIRA JUNIOR, Celso Rodrigues (Org.). *Direito administrativo*: estudos em homenagem ao Professor Marcos Juruena Villela Souto. Belo Horizonte: Fórum, 2015.

MOREIRA, Egon Bockmann. A nova lei dos portos e os regimes de exploração dos portos brasileiros. *In*: FREITAS, Rafael Véras de; RIBEIRO, Leonardo Coelho; FEIGELSON, Bruno (Org.). *A nova regulação da infraestrutura e da mineração.* Belo Horizonte: Fórum, 2015.

MOREIRA, Egon Bockmann. Agências administrativas, poder regulamentar e o sistema financeiro nacional. *Revista de Direito Administrativo – RDA,* Rio de Janeiro, v. 218, p. 93-112, 1999.

MOREIRA, Egon Bockmann. Agências reguladoras independentes, poder econômico e sanções administrativas. *In*: GUERRA, Sérgio (Coord.). *Temas de direito regulatório.* Rio de Janeiro: Freitas Bastos, 2005.

MOREIRA, Egon Bockmann. Atos administrativos negociais. *In*: WALD, A.; JUSTEN FILHO, M.; PEREIRA, C. (Org.). *O direito administrativo na atualidade.* São Paulo: Malheiros, 2017.

MOREIRA, Egon Bockmann. *Direito das concessões de serviço público.* São Paulo: Malheiros, 2010.

MOREIRA, Egon Bockmann. Exploração privada dos portos brasileiros: concessão versus autorização. *Revista de Direito Administrativo Contemporâneo – ReDAC,* São Paulo, v. 0, p. 31-45, 2013.

MOREIRA, Egon Bockmann. Monopólios naturais e licitações de serviços públicos. *Revista de Direito Administrativo,* Rio de Janeiro, v. 256. p. 255-271, jan. 2011. Disponível em: http://bibliotecadigital.fgv.br/ojs/index.php/rda/article/view/8505/7251. Acesso em: 25 set. 2018.

MOREIRA, Egon Bockmann. Passado, presente e futuro da regulação econômica no Brasil. *Revista de Direito Público da Economia – RDPE*, Belo Horizonte, v. 44, p. 87-118, out./dez. 2013.

MOREIRA, Egon Bockmann. Qual é o futuro do direito da regulação no Brasil?. *In*: SUNDFELD, Carlos Ari; ROSILHO, André (Org.). *Direito da regulação e políticas públicas*. São Paulo: Malheiros, 2014.

MOREIRA, Vital. *A ordem jurídica do capitalismo*. 4. ed. Lisboa: Editorial Caminho, 1987.

MOREIRA, Vital. *Auto-regulação profissional e Administração Pública*. Coimbra: Almedina, 1997.

MOREIRA, Vital. *O governo de Baco*. Lisboa: Afrontamento, 1998.

NABAIS, Casalta. *O dever fundamental de pagar imposto*: contributo para a compreensão constitucional do estado fiscal contemporâneo. Coimbra: Almedina, 2009.

NEVES, António Castanheira. *Metodologia jurídica*. Coimbra: Coimbra Ed., 1993.

NUSDEO, Fábio. A Constituição Econômica: origens, evolução, principiologia. *Revista de Direito Público da Economia – RDPE*, Belo Horizonte, v. 66, p. 101-117, abr./jun. 2019.

OCDE. *Policy rountables* – Margin Squeeze DAF/COMP(2009)36. Disponível em: https://www.oecd.org/daf/competition/sectors/46048803.pdf. Acesso em: 1º maio 2019.

OLIVEIRA, Rafael Carvalho Rezende. *Precedentes no direito administrativo*. Rio de Janeiro: Forense, 2018.

OMS. *Don't pollute my future!* The impact of the environment on children's health. 2017. Disponível em: https://www.who.int/ceh/publications/don-t-pollute-my-future/en/. Acesso em: 1 maio 2019.

OMS. *Inheriting a sustainable world*: Atlas on children's health and the environment. 2017. Disponível em: https://www.who.int/ceh/publications/inheriting-a-sustainable-world/en/. Acesso em: 1º maio 2019.

OMS. *Progress on drinking water, sanitation and hygiene*. Jul. 2017. Disponível em: https://www.who.int/mediacentre/news/releases/2017/launch-version-report-jmp-water-sanitation-hygiene.pdf?ua=1. Acesso em: 1 maio 2019.

PALMA, Juliana Bonacorsi de. *Sanção e acordo na Administração Pública*. São Paulo: Malheiros, 2015.

PARADA, André Luis Nascimento. Análise crítica das decisões do Tribunal de Contas da União acerca da utilização da arbitragem em contratos administrativos. *Revista de Direito Administrativo*, Rio de Janeiro, v. 273. p. 165-198, set. 2016. Disponível em: http://bibliotecadigital.fgv.br/ojs/index.php/rda/article/view/66660/64684. Acesso em: 16 maio 2019.

PAUMGARTTEN, Francisco José Roma. Questões éticas sobre o ensaio clínico da fosfoetanolamina 'sintética'. *Rev. Assoc. Med. Bras.*, v. 63, n. 5, p. 388-392, 2017. Disponível em: http://www.scielo.br/scielo.php?script=sci_abstract&pid=S0104-42302017000500388&lng=en&nrm=i&tlng=pt. Acesso em: 5 mar. 2019.

PEREIRA NETO, Caio Mário da Silva; PRADO FILHO, José Inácio Ferraz de Almeida. Espaços e interfaces entre regulação e defesa da concorrência: a posição do CADE. *Revista Direito GV*, São Paulo, v. 12, n. 1, p. 13-48, jan./abr. 2016. Disponível em: http://dx.doi.org/10.1590/ 2317-6172201602. Acesso em: 25 set. 2018.

PINHEIRO, Armando Castela; RIBEIRO, Leonardo Coelho. *Regulação das ferrovias*. Rio de Janeiro: Editora FGV, 2017.

POLÍCIA. *In*: FERNANDES, José Pedro (Dir.). *Dicionário jurídico da Administração Pública*. v. VI. Lisboa: [s.n.], 1994.

POSNER, Richard. The concept of regulatory capture. A short, inglorious history. *In*: CARPENTER, Daniel; MOSS, David A. (Coord.). *Preventing regulatory capture*. Special interest influence and how to limit it. Cambridge: Cambridge University Press, 2014.

POTSCH, Bernard. Comentários ao julgado de 11 de outubro de 2017 do Conflito de Competência nº 139.519/RJ. *Revista Brasileira de Arbitragem*, São Paulo, n. 57. p. 135-144, jan./mar. 2018.

REGLA, Joseph Agiló. *Teoria geral das fontes do direito*. Tradução de Manuel Poirier Braz. Lisboa: Escolar Editora, 2013.

RIBEIRO, Leonardo Coelho. *O direito administrativo como "caixa de ferramentas"*: uma nova abordagem da ação pública. São Paulo: Malheiros, 2017.

RIBEIRO, Leonardo Coelho. O direito administrativo como caixa de ferramentas e suas estratégias. *Revista de Direito Administrativo*, Rio de Janeiro, v. 272, p. 209-249, nov. 2016. Disponível em: http://bibliotecadigital.fgv.br/ojs/index.php/rda/article/view/64303. Acesso em: 26 jul. 2019

RIBEIRO, Maurício Portugal. *Concessões e PPP's*. Melhores práticas em licitações e contratos. São Paulo: Atlas, 2011.

ROMANO, Santi. Deberes. Obligaciones. *In*: ROMANO, Santi. *Fragmentos de un diccionario jurídico*. Tradução de S. Sentis Melendo e M. Ayerra Redín. Buenos Aires: Ed. Jurídicas Europa-América, 1964.

SALAMA, Bruno (Coord.). Nomeação de Dirigentes de Agências Reguladoras: um estudo descritivo. *FGV Direito SP*, 2016. Disponível em: https://direitosp.fgv.br/evento/nomeacao-de-dirigentes-de-agencias-reguladoras-estudo-descritivo.

SALOMÃO FILHO, Calixto. *Direito concorrencial*. 3. ed. São Paulo: Malheiros, 2013.

SALOP, Steven C. Anticompetitive overbuying by power buyers. *Antitrust Law Journal*, v. 72, p. 669-715, fev. 2005. Disponível em: http://scholarship.law.georgetown.edu/facpub/211. Acesso em: 25 abr. 2019.

SARLET, Ingo. *A eficácia dos direitos fundamentais*: uma teoria geral dos direitos fundamentais na perspectiva constitucional. 13. ed. Porto Alegre: Livraria do Advogado, 2018.

SCHAPIRO, Mario Gomes. Desajustes regulatórios no financiamento do setor elétrico: uma análise da conta de desenvolvimento energético. *Revista de Direito Administrativo*, Rio de Janeiro, v. 272, p. 153-155, 2016.

SCHAUER, F. Constitutionalism and coercion. *Boston College Law Review*, v. 54, n. 5, p. 1881-1908, 2013. Disponível em: http://lawdigitalcommons.bc.edu/bclr/vol54/iss5/2. Acesso em: 20 mar. 2019.

SCHEELINGS, Richard; WRIGHT, Joshua D. Sui generis?: an antitrust analysis of buyer power in the United States and European Union. *Akron Law Review*, Akron, v. 39, n. 1, p. 207-242, jul. 2015. Disponível em: http://ideaexchange.uakron.edu/akronlawreview/vol39/iss1/6. Acesso em: 25 abr. 2019.

SCHMIDT, Gustavo da Rocha. A arbitragem no setor de óleo e gás. Considerações sobre as cláusulas compromissórias inseridas nos contratos de concessão celebrados pela ANP. *Revista de Arbitragem e Mediação*, São Paulo, v. 13, n. 50, p. 186-211, jul./set. 2016.

SILVA, Almiro do Couto e. Privatização no Brasil e o novo exercício de funções públicas por particulares. *Revista de Direito Administrativo – RDA*, Rio de Janeiro, v. 230, n. 70. Disponível em: http://bibliotecadigital.fgv.br/ojs/index.php/rda/article/view/45915/45101. Acesso em: 30 jul. 2019.

SILVA, José Afonso da. *Aplicabilidade das normas constitucionais*. 8. ed. São Paulo: Malheiros, 2012.

SILVA, José Afonso da. *Ordenação constitucional da cultura*. São Paulo: Malheiros, 2001.

SILVA, Paula Costa e. *A nova face da justiça*: os meios extrajudiciais de resolução de controvérsias. Lisboa: Coimbra Editora, 2009.

SILVA, Vasco Pereira da. *A cultura a que tenho direito* – Direitos fundamentais e cultura. Coimbra: Almedina, 2007.

SILVA, Virgílio Afonso da. *Constitucionalização do direito*. 4. tir. São Paulo: Malheiros, 2014.

SIMON, Herbert A. *Administrative behaviour*. 4. ed. New York: The Free Press, 1997.

SOUTO, Marcos Juruena Villela. *Direito administrativo regulatório*. Rio de Janeiro: Lumen Juris, 2002.

SUNDFELD, Carlos Ari; CÂMARA, Jacintho Arruda. O cabimento da arbitragem nos contratos administrativos. *Revista de Direito Administrativo*, Rio de Janeiro, v. 248, p. 117-126, maio 2008. Disponível em: http://bibliotecadigital.fgv.br/ojs/index.php/rda/article/view/41529/40879. Acesso em: 16 maio 2019.

SUNDFELD, Carlos Ari; ROSILHO, André. Arbitragem na Administração Pública: é hora de parar de resistir. *Informativo de Licitações e Contratos – ILC*, Curitiba, v. 258, p. 1074-1078, nov. 2017.

SUNDFELD, Carlos Ari. *Direito administrativo ordenador*. 1. ed. 3. tir. São Paulo: Malheiros, 2003.

SUNDFELD, Carlos Ari. Meu depoimento e avaliação sobre a Lei Geral de Telecomunicações. *Revista de Direito da Informática*, Belo Horizonte, Fórum, v. 2, 2007.

TALAMINI, Eduardo. Nota sobre o conflito de competência entre árbitro e juiz estatal. *Revista Brasileira de Arbitragem*, São Paulo, n. 60. p. 36-43, out./dez. 2018.

TIBURCIO, Carmen; MEDEIROS, Suzana. Arbitragem na indústria do petróleo no direito brasileiro. *Revista de Direito Administrativo*, Rio de Janeiro, v. 241. p. 53-92, jul. 2005. Disponível em: http://bibliotecadigital.fgv.br/ojs/index.php/rda/article/view/43328/44669. Acesso em: 16 maio 2019.

TRATA BRASIL. *Benefícios econômicos da expansão do saneamento em SP*. Disponível em: http://www.tratabrasil.org.br/estudos/estudos-itb/itb/beneficios-economicos-da-expansao-do-saneamento-em-sp. Acesso em: 22 abr. 2019.

VALDES, Juan Eduardo Figueroa. Principle of Kompetenz-Kompetenz in international commercial arbitration. *Revista de Arbitragem e Mediação*, São Paulo, v. 4, n. 15. p. 134-190, out./dez. 2007.

WALD, Arnoldo. A patologia da arbitragem. *Revista de Arbitragem e Mediação*, São Paulo, n. 27. p. 35-45, out./dez. 2010.

WALD, Arnoldo. O espírito da arbitragem. *Revista do IASP*, São Paulo, v. 23, jan./jul. 2009.

WALD, Arnoldo. Os meios judiciais do controle da sentença arbitral. *Revista de Arbitragem e Mediação*, São Paulo, v. 1, n. 1. p. 40-65, jan./abr. 2004.

WILLIAMS, Raymond. *Palavras-chave*: um vocabulário de cultura e sociedade. Tradução de S. G. Vasconcelos. São Paulo: Boitempo, 2007.

Elisa Schmidlin Cruz
Mestre em Direito Econômico e Social pela PUCPR (2017). Professora de Pós-Graduação em Alternative Dispute Resolution (ADRs), com ênfase em arbitragem, mediação e negociação. Membro do Conselho Administrativo da Câmara de Mediação e Arbitragem da OAB-PR (Triênio 2022-2024). Membro Consultor da Comissão de Arbitragem da OAB-PR (Triênio 2022-2024). Mediadora certificada pelo Instituto de Certificação de Mediadores Lusófonos – ICFML (2014) e pelo ADR-ODR International. Integrante das Listas de Árbitros das seguintes Câmaras de Mediação e Arbitragem: CAMFIEP, CAMARB e ARBITAC. Presidente do Conselho Administrativo da ARBITAC (Gestão 2023-2025). Coautora do livro *Direito Administrativo e Alternative Dispute Resolution* (2ª Ed., Fórum, 2022). Colaborou no capítulo: *Regulação e arbitragem – Caso "Petrobras v. ANP": CC nº 139.519-RJ – STJ* (Seção 3, Capítulo 4).

Gabriel Jamur Gomes
Mestre em Direito pela UFPR (2012). Doutorando pela UnB. Professor da Graduação da Universidade de Brasília (UnB). Professor e organizador do Curso de Direito do Saneamento Básico e coordenador do Grupo de Estudos em Direito do Saneamento Básico (GESANE) do Programa de Pós-Graduação em Direito da Faculdade de Direito da Universidade de Brasília (UnB). Pós-Graduado em *Arbitraje Comercial Internacional y de Inversiones* pela Universidad Complutense de Madrid (2018). Membro da Comissão Especial de Saneamento, Recursos Hídricos e Sustentabilidade (triênio 2019-2021) e da Comissão Especial de Saneamento (triênio 2022-2024) da OAB/Nacional (triênio 2019-2021). Colaborou no capítulo: *Regulação pró-competição: concorrência no mercado – Caso "Semasa v. Sabesp, Cade"* (Seção 2, Capítulo 4).

Heloisa Conrado Caggiano
Doutoranda em Direito Regulatório na Escola de Direito da FGV/RJ. Mestre em Direito Regulatório pela Escola de Direito da FGV/RJ (2018). Formada em Contabilidade e Finanças pela Lisbon School of Business & Economics (2014). Especialista em Direito Tributário pelo Instituto Brasileiro de Estudos Tributários – IBET (2013). Pós-Graduada em Contratos Públicos pela Escola de Direito da FGV/SP (2012). Pós-Graduada em Arbitragem pela FGV Law/SP (2018). Curso de Mediação pelo Mediar Paraná em parceria com o Imap (2019). Pós-Graduada em Teoria Geral do Direito pela Sociedade Brasileira de Direito Público – SBDP/SP (2009). Membro da Comissão de Direito da Infraestrutura e Sustentabilidade da OAB/PR (triênio 2019-2021) e Membro

Consultor da Comissão de Direito da Infraestrutura e Sustentabilidade da OAB/PR (triênio 2022-2024). Colaborou no capítulo: *Regulação e delimitação de regimes jurídicos – Caso "Portos públicos e privados": Acórdãos nºs 402/2013 e 989/2017, TCU* (Seção 1, Capítulo 3).

Fernanda Marques Martins
Mestra em Direito da Regulação. Graduada em Direito pela Escola de Direito do Rio de Janeiro da Fundação Getulio Vargas (FGV Direito Rio).. Tem experiência como Advogada e Pesquisadora em Direito Administrativo e Regulatório, com foco em Agências Reguladoras. Colaborou no capítulo: *Regulação de bens reversíveis – Caso "Anatel – Edifício Martiniano": AgRg no REsp* nº 971.851 – STJ; Acórdão nº 1.809/2016 – TCU (Seção 3, Capítulo 2).

Guilherme Hazell Laudisio
Mestre Direito da Regulação pela Escola de Direito do Rio de Janeiro da Fundação Getulio Vargas (FGV Direito Rio). Bacharel em Direito pela Escola de Direito da Fundação Getúlio Vargas de São Paulo. Advogado com atuação em direito Concorrencial, Administrativo e Contencioso. Colaborou no capítulo: *Regulação pró-competição: concorrência pelo mercado – Caso "Concessão de aeroportos": Acórdão nº 1.865/2016 – TCU* (Seção 2, Capítulo 3).

José Marinho Séves Santos
Doutorando em Direito do Estado na Faculdade de Direito do Largo de São Francisco – USP. Mestre em Direito da Regulação pela Escola de Direito do Rio de Janeiro da Fundação Getulio Vargas (FGV Direito Rio). Bacharel em Direito pela Pontifícia Universidade Católica do Rio de Janeiro. Advogado com atuação nas áreas de infraestrutura, direito regulatório e arbitragem. Colaborou no capítulo: *Mutação regulatória e equilíbrio econômico-financeiro – Caso "Artesp – TAM": Processo nº 1040986-29.2014.8.26.0053, TJSP* (Seção 3, Capítulo 1).

Juliana Bonacorsi de Palma
Doutora (2014) e Mestre (2010) pela Faculdade de Direito da Universidade de São Paulo. *Master of Laws* (LL.M.) pela Yale Law School e bolsista da Lilian Goldman Perpetual Scholarship. Bacharel em Direito pela PUC-SP (2006). Foi *visiting scholar* na Washington College of Law – American University. Professora da FGV Direito SP e colaboradora da Escola de Formação Pública, da qual foi aluna (2004). Pesquisadora do Grupo de Estudos das Relações entre Estado e Empresa Privada (GRP) da FGV Direito SP. Desenvolve pesquisas na área de Direito Administrativo, Regulação e Direito & Burocracia. Colaborou nos capítulos: *Limites à regulação: liberdade de iniciativa – Caso "Uber, STF"* (Seção 1, Capítulo 1) e *Captura pública do regulador – Caso "Reforma do setor elétrico (2013), TCU e MME/MF/AGU"* (Seção 3, Capítulo 3).

Lucas Aluísio Scatimburgo Pedroso
Mestre em Direito do Estado e Bacharel pela Faculdade de Direito da Universidade de São Paulo. Advogado com atuação nas áreas de Direito Administrativo, *compliance* e proteção de dados. Autor da obra "Contratos administrativos de serviços de publicidade: a remuneração das agências" (Fórum, 2022) e artigos jurídicos. Colaborou nos capítulos: *Controle sobre regulação e interfaces da regulação com a concorrência – Casto TCU e tarifas de movimentação de containers (THC-2); Competências interfederativas e regulação de contingência – Caso STF e proibição de corte de energia durante a pandemia; e Regulação de bens públicos e interfaces regulatórias – Caso STF e gratuidade do uso de bens públicos para instalação de redes.*

Maurício Soares Urti
Mestre em Direito da Regulação pela Escola de Direito do Rio de Janeiro da Fundação Getulio Vargas (FGV Direito Rio). Pós-Graduado em Direito Empresarial, com concentração em Direito Processual Civil e Societário e Mercado de Capitais (2011), ambos pela Fundação Getulio Vargas (FGV, Brasil). Graduado em Direito pela Universidade do Estado do Rio de Janeiro (2007). Advogado Especialista na TIM S.A. Tem experiência na área de Direito de Empresa, com ênfase em Direito Privado. Colaborou no capítulo: *Análise de impacto regulatório – Caso "ANS": Relatório de AIR/2017, ANS* (Seção 1, Capítulo 4).

FSC
www.fsc.org
MISTO
Papel | Apoiando o manejo florestal responsável
FSC® C092828

2023
CARBON NEUTRAL
SAVE cerrado

Esta obra foi composta em fonte Palatino Linotype, corpo 10
e impressa em papel Pólen Bold 70g (miolo) e Supremo 250g
(capa) pela Artes Gráficas Formato.